ENGLISH

100일 완성
생활영어 광내기

표현으로 정복하는 셀프스터디
영어회화 100일

본서는 현지에서 사용되는 실생활 영어표현들을 집대성한 책으로
영미 호주인들이 자주 사용하는 어휘력의 의미,
각종 숙어 표현들, 그리고 구동사의 적절한 사용법 등을
잘 설명해 놓은 이상적인 영어회화 학습서입니다.

최규범
Daniel Choi

도서
출판 행복에너지

For Ellina
in consideration of love and affection

100일완성
생활영어 광내기

초판 1쇄 발행 2023년 11월 11일

지은이 최규범 (Daniel Choi)
발행인 권선복
편 집 이항재
감수자 최정민 (Jessica Choi)
교정·교열 권보송
디자인 이항재
전자책 서보미
발행처 도서출판 행복에너지
출판등록 제315-2011-000035호
주 소 (07679) 서울특별시 강서구 화곡로 232
전 화 010-3993-6277
팩 스 0303-0799-1560
홈페이지 www.happybook.or.kr
이메일 ksbdata@daum.net

값 **25,000**원

ISBN : 979-11-92486-09-3 (13740)

Copyright ⓒ 최규범

흔들리지 않고 피는 꽃이 어디 있으랴
이 세상 그 어떤 아름다운 꽃들도
다 흔들리면서 피었나니
흔들리면서 곧게 세웠나니
흔들리지 않고 가는 사랑이 어디 있으랴

(도종환의 시 "흔들리면서 피는 꽃" 중에서)

다니엘 최 !
하면 떠오르는 첫 이미지가 도종환의 시처럼 시드니의 행복한 방랑자이다...

내가 다니엘 최를 처음 만난 때는 고등학교 시절이었다.
또래 친구들보다 나름 상당히 조숙했던 우리는 만나기만 하면 청춘과 사랑과 인생을 논하고 나는 통기타를, 그는 하모니카와 아코디언을 연주하며 수많은 밤을 지새웠고 기쁨과 슬픔도 함께 나누었다. 대학에 들어간 어느 초여름에 우리 둘은 세상을 알고 싶어 무작정 여행을 떠나기로 했다.

지금의 강남에 고층아파트를 짓는 공사장에서 막노동을

하며 무전여행 (지금의 배낭여행) 경비를 벌고 있었다. 밤이면 막걸리를 들이키며 음악과 인생을 논하고 낮에는 비지땀을 흘리며 피곤한 줄도 모르고 돈을 모았다.

그 시절부터 그렇게 여행을 좋아하더니 세월이 흘러 친구는 호주로, 나는 중앙아시아에서 지금까지 살고 있다. 그는 호주의 영원한 방랑자로 나는 실크로드 스텝초원의 영원한 방랑자가 되어...

그런데 그 친구가 영어책을 낸단다.

고교시절부터 우린 학과 공부에 별로 관심이 없었다. 그는 영어에 왕도가 없다며 영어책을 달달 외웠고, 나는 철학 사상과 문학책을 끼고 살았다.

평생을 그렇게 살아온 친구였기에 영어 회화책을 낸다는 건 어쩌면 당연한 일이기도 하다. 그의 집념과 끈기, 정직하고 성실함이 덩치만큼이나 늘 나를 압도하곤 했다. 그래서 고교 졸업 기념으로 서로 호를 지어 주기로 하고 나는 그에게 의암(意巖)이란 호를, 그는 나에게 늠호정(凜豪靜)을 지어 주어 지금도 그렇게 호칭하고 있으며 내 서재 이름도 "늠호정"이다.

고독하고 처절한 이민 현장에서 그의 피땀과 눈물로 쓰여진 이 책은 영어를 더 연마하려고 애쓰는 사람들에게는 필독서라고 확신한다. 왜냐하면 무슨 일에서든 한없이 낮은 자세로 자기 희생을 마다하지 않고 이웃을 도우며 우직하고 정직하게 살아온 그였기에 오랜 호주 이민생활에서 터득한 실제 생활과 삶의 현장에서 우러나온 영어 지혜서이기도 하기 때문이리라.

　나의 자랑스러운 친구 다니엘 최 선생의 이 소중한 책을 소개함이 나에게는 한없는 기쁨이요 행복이다...

키르기즈스탄 유라시아대학 총장 철학박사 장금주

36년 전이니 어느덧 강산이 3번 이상 변한 시간이다.

한창 혈기 왕성한 청년시절 호주에서 만난 규범 형제. 그 시절 우리는 영어의 brother 이란 표현처럼 가깝게 서로 '형제'라 부르며 신앙 안에서 우애를 다지며 인간적 끈끈함을 나눴었다.

그 당시 나는 호주에 오래 있지는 못하고 귀국해 한국에서 나름대로의 사업을 이끌며 내 삶을 살아왔고, 규범 형제는 호주 이민 1세대로서 여정을 걸어가면서도 우리 서로 간의 인연의 끈을 놓지 않았다. 열심히 살다 보면 지나가는 과거의 인연으로 치부하며 잊어버릴 법도 한데 우리는 평생 친구로의 관계를 이어온 어떤 '케미'(공감대)가 있었던 모양이다.

그 규범 형제가 산고의 고통처럼 지난 1년간의 집필을 통해 책을 완성했다. 오랜 해외 생활을 통해 현지에서 경험하고 터득한 살아 숨 쉬는 영어를 한국 독자들과 영어 습득에 어려움을 겪는 해외 교민들의 영어 실력 증진을 위해 그의 경험을 함께 나누고자 이 책을 발간한단다.

영어권에 살지 않더라도 실생활 영어 실력을 높이고자 하는 독자들에게 감히 추천할 수 있는 실용적인 회화서라고 믿어 의심치 않는다. 평생을 영어권에서 영어 가운데 살아온 그의 삶의 자취를 돌아볼 때 더욱 그렇다. 그의 집념, 노력과 열정에 경의를 표한다.

㈜모던아이 대표 송기채

영어 공부에 왕도(王道)는 없다. 즉, '영어 공부에 지름 길이란 없다' 라는 말이기도 하다. (There's no such thing as a shortcut in mastering English.) 부단한 관심과 노력만이 그 열매를 맺게 해주기 때문이다. 그리고 영어회화의 완성은 그 투자한 시간에 비례하기도 한다.

하지만 나에게 맞는 올바른 방법과 교재를 통해 그 완성의 해법을 찾는 것 또한 가능하다. 관심있는 분야부터 내게 맞는 영어 교재를 통해 재미를 붙여 가면서 시작을 해보자. 여기서 교재란 나에게 맞는 책은 물론이고, 유튜브를 통한 다양하고 유용한 콘텐츠 즉, 다큐멘터리, 정치, 사회 명사들의 명연설, 영화, TV 드라마, 그리고 국내외 다양한 영어 YouTuber 들이 제공하는 교재들을 통해 회화에 대한 자기 나름의 표현법을 익히는 과정에 도움이 되는 모든 것을 가리킨다.

영화를 비롯한 각종 Transcript는 인터넷 검색을 통해 쉽게 구할 수 있다는 점도 영어 학습자들에게는 이점이다. 이 회화서는 기초 영어실력을 갖춘 학생이라면 누구나 도움이 될 수 있는 내용으로 구성했고 실생활 회화에서 필요로 하는 유용한 표현들을 다양하게 다뤘다. 딱딱하고 지루하지 않도록 필자의 경험담이나 영어권 생활 속 이야기도 부분부분 담았다. 영어도 결국 인류 문화의 한 부분이기 때문에 그를 사용하는 나라의 문화를 이해하는 건 영어 공부에 당연히 도움이 된다.

구어체 영어는 대체로 쉬운 영어 단어의 조합으로 된 구동사 (phrasal verbs) 들을 많이 사용하는데, 평소 우리가 알고 있는 뜻과 전혀 다른 의미로 변형되어 사용되는 경우가 많다. 영화나 드라마를 보면 이런 표현들이 많이 나오는데 이러한 부분들을 최대한 많이 담았다. 그동안 몰랐던 내용은 새로 알았으면 이제 내 것으로 만들면 된다. 어렵고 복잡하다고 힘들어하지 말고 적극적으로 내 것으로 만들어 가면서 꾸준히 정진하면 반드시 좋은 결과가 있으리라 확신한다. 이 책은 처음부터 순서대로 읽어야만 되는 내용들이 아니므로 어느 부분이고 관심이 가는 대로 읽어 공부해도 된다.

영어회화를 잘 하려면 좋은 표현을 눈으로 보고 이해하는 것만으로는 부족하다. 입으로 소리 내어 읽고 연습해서 내 몸에 체득이 되도록 해야 한다. 원어민과 만나 대화하는 사건은 실전이지 연습이 아니다. 그때 나오는 표현이 바로 내 실력인 것이다. 마치 운동선수가 경기를 해 나가면서 배우겠다는 자세로 운동한다면 승리는 백년하청(百年河淸)이 될 수밖에 없는 것과 같다. 평소 쉬지 않고 체력 단련을 하고 기술을 연마해 실전에 대비하듯 영어공부도 그렇게 해야 된다.

지금 준비하고 연습하자. 외국인과 대화할 기회가 적은 게 현실이라면 혼자 중얼거리며 유용한 표현들을 끊임없이 올바른 억양으로 소리 내어 암기하고 혼자 대화해 보는 연습도 추천한다. 혼자 중얼거리고 다니면 남들로부터 영어에 미쳤다는 소리를 들을 때도 있게 되는데 그때가 비로소 영어회화의 마스터 단계에 접근하고 있다고 생각하면 틀림없다. 부디 이 책이 여러분의 목표인 영어회화 완성에 밑거름이 되기를 바라 마지 않는다.

끝으로 이 책의 발간을 위해 한국에서 기도로 응원해 준 가족들과 옆에서 조언과 도움을 아끼지 않은 Ellina, 생활영어 표현 감수(監修)에 큰 도움을 준 Jessica에게 고마운 마음을 전한다. 그리고 책이 나오기까지 애써 주신 도서출판 행복에너지 권선복 대표님과 편집 관계자분들께도 심심한 감사를 드린다.

2023년 10월 시드니에서 다니엘 최

Contents

01 It's all about location, location and location.
(뭐니뭐니 해도 위치, 위치가 가장 중요해요.)

우리가 평소 중요하다고 할 때, 'It's very important' 라고 흔히 쓰게 된다. 물론 틀린 표현은 아니다. 하지만 일상 생활에서 더 자주 쓰이면서 잘 알아 두어야 할 구어적인 표현이 있다. 어떤 상황에서 뭔가 또는 누군가가 중요하다고 강조할 때, It's (all) about ~ (가 (가장) 중요해.) 라는 표현이다.

It's all about family. (가족이 가장 중요해.)
It's all about making connections. (인맥을 쌓는 게 가장 중요해.)
It's all about teamwork. (팀워크가 가장 중요해.)

시합이나 시험을 보러 가는 아이에게 격려하며, "자신감이 제일 중요해." 라고 하고 싶으면, It's all about confidence, okay? 라고 해주면 좋다.

새 집을 구입할 때, '누가 뭐래도 위치가 가장 중요한 거지.' 라고 하고 싶으면, It's all about location, location and location. 이때 location 을 세 번 반복하면서 말하는 이유는, "첫째도 위치, 둘째도 위치, 역시 셋째도 위치지요." 라고 강조하는 의미가 담긴 것이라 볼 수 있다. 물론 It's all about location. 이라고 한 번만 해도 괜찮다. 대개 부동산 Agent 들을 만나보면 집이나 가게를 소개하면서 위치가 가장 중요하다는 말을 하면서 이 표현을 쓰는 것을 볼 수 있다.

즉, A is all about B: (A하기 위해서는 B가 가장 중요해. A의 핵심 가치는 B다.) 라는 형식으로 이해하면 도움이 된다.

A good Christian is all about prayer and devotion.
(훌륭한 기독교인의 핵심은 기도와 헌신입니다.)

Winning is all about teamwork.
(이기기 위해서는 팀워크가 가장 중요해.)

Good management is all about motivating the staff.
(좋은 경영을 위해서는 직원들의 사기진작이 매우 중요해요. 즉, 훌륭한 경영의 핵심은 직원들 사기진작이죠.)

The business is all about building trust.
(사업에서 중요한 것은 신뢰를 쌓는 것입니다.)

이와 반대로 '~은 중요하지 않아.' 하고 싶을 때는, It's not about~ 하면 된다. '돈이 중요한 게 아니야.' 할 때는, It's not about money. '외모가 중요한 게 아니야.' It's not about looks. '완벽해지는 게 중요한 게 아니라 시도해 보는 게 중요한 거야.' It's not about being perfect, it's about trying. 이런 식으로 사용하면 된다.

2020년부터 2022년까지 세계를 강타한 pandemic (전세계적 유행병) 상황에 적절한 표현도 이 구문을 이용해 말할 수 있을 것이다.

It's all about social distancing, in this pandemic.
(이런 대유행병 상황에서는, 사회적 거리두기가 가장 중요해.)

It's all about decreasing the frequency of interactions.

(상호간 교류의 빈도를 줄이는 게 가장 중요해.)

우리는 지난 Covid-19을 겪으면서 pandemic 이란 단어에 꽤 익숙해졌다. 전 세계적으로 유행하고 있는 전염병을 말한다. 그러면 endemic (엔데믹)은 무엇일까. endemic 은 일정한 지역 내에서 유행하고 있는 풍토병을 말한다. 열대지방 어느 특정 국가에서 쉽게 접하게 되는 말라리아 같은 풍토병이 endemic 인 것이다.

또 epidemic 이란 단어도 있다. 이것은 어느 공동체의 한정된 지역에서 일시적으로 유행하는 전염병을 말한다. 과거에 홍콩독감 같은 겨울 손님으로 매년 찾아오는 독감에는 예방 주사를 맞게 하는데 그런 유행병이 모두 epidemic 인 것이다. 이런 유행병을 가볍게 생각하다 큰 일을 치르는 수가 있으니 조심할 일이다. 대표적인 예로 2002년 중국에서 발생한 사스 (SARS. Severe Acute Respiratory Syndrome. 중증 급성 호흡기 증후군) [Syndrome : 씬즈로움]이나, 2014년 아프리카 서부에서 발생했던 Ebola가 있다. [Ebola : 이**보**울러]

여기서 demic이라는 접미어가 공통적으로 붙는데, 어원적으로 demic 은 그리스어로 population (대중)을 의미한다. pan- 은 all- 이라는 뜻이니까 pandemic의 의미가 파악될 것이다. 그래서 pandemic은 해외 모든 나라를 여행할 수 있는 여권을 소지한 유행병이라는 우스개 말도 있다.

최근에는 infordemic이라는 신조어도 나왔다. information과 demic의 합성어로서 '정보 전염병'이라고 부른다. 미디어나 인터넷을 통해 무차별적으로 난무하며 전파되는 가짜뉴스, 허위정보, 악성루머 등을 말한다. Infordemic - 그럴 듯한 말이다.

Netflix에서 근래에 방영했던 로맨틱 코미디 드라마로 Emily in Paris (Season 1 : 2020)가 있다. Episode 1회에 보면 주인공 Emily가 파리에 막 부임해서 첫 회의를 하는 장면이 있는데 이런 말을 하는 부분이 나온다.

Emily : it's not just about the number of followers. It's about content, trust, interest, and engagement. (중요한 건 추종자 수가 아니라 내용, 신뢰, 흥미 유발과 소비자 참여도입니다.)

여기서도 It's about ~ 이 '중요한 건 ~이다.' 라는 뜻으로 쓰였다.
It's all about ~. 정확한 뉘앙스를 잘 익혀서 유용하게 사용할 수 있어야 하겠다. 누구나 공감하겠지만 영어 회화는 입에서 익숙해질수록 더욱 편하게 대화가 가능해진다.

[English Humor with Double Meaning]

* **I pulled a muscle digging for gold. It was just a 'miner' injury.** (전 금을 캐다가 근육을 접질렸어요. 그저 광부의 부상이었던 거죠.)

여기서 miner는 minor (non-serious)의 발음과 같다. 그러므로 '심한 부상은 아니었어요.' 그저 사소한 부상이었다 라는 말도 된다.

02 What are you up to?
- 꼭 알아 둬야 할 4가지의 다른 뜻

이 표현은 일상에서 자주 등장하는 표현인데 어려운 단어가 하나도 없는데도 무슨 말인지 또는 어떻게 쓰였는지 의미 파악을 못 하고 있는 사람들이 의외로 많다. 이번 기회에 확실히 익혀보자.

첫번째로, 먼저 오랜만에 지인을 만났을 때, 안부를 묻는 인사말 중의 하나로 쓰인다. What are you up to, these days? 하면, '요즘 어떻게 지내?' 라는 뜻으로 의미가 더 분명해진다. '그 사람은 어떻게 지내요?' 라고 안부를 물을 때는, What is he up to? 하면 되겠다.

What's your brother up to, these days?
(네 형(or 오빠)은 요즘 어떻게 지내니?)

이 표현과 같은 의미로 상대의 안부를 물을 때, What's been going on? 이란 표현도 아주 흔히 사용된다. 다만 이 표현은 informal 한 표현으로 편하고 가까운 친구나 지인 사이에서 쓰인다.

현재 완료형을 사용하여, **What have you been up to?** 하면 오랜만에 지인을 만났을 때 '그동안 어떻게 지내셨나요?' 라는 안부인사가 된다. 여러분도 흔히 알고 있는 How have you been? 과 동일한 의미가 되겠다.

두번째로, 주말 아침에 친구에게 전화를 걸어 So, what are you up to now? 하면, '그래 너 지금 뭐 하니?' 라는 뜻으로, 특별한 약속 없으면 점심이나 같이 먹자고 말할 수도 있다. 이 때는 What are you in the middle of? (너 뭐 하는 중에 있어?) 라는 질문과 같다고 볼 수 있다. in the middle of 는, 어떤 시간이나 장소의 한가운데 있는 상태를 의미하므로 '뭐 하느라 바쁜 중 (be busy doing something)이다' 라는 뜻이다.

1985년도 발표된 007 영화 'A View To A Kill' 초기 장면에서 James Bond가 상사인 M을 만나러 사무실을 방문했을 때, 여비서 Moneypenny가 질문하는 장면이 나온다.

'I've been trying to reach you all morning. What have you been up to?' (아침 내내 연락 했었는데, 뭘 하고 계셨나요?)

여기서는 오랜만에 만나 '그간 어떻게 지내셨냐' 는 안부의 인사가 아니고, 두번째 뜻으로, 연락도 안되고 '지금까지 뭘 하고 계셨느냐' 는 뜻임을 알 수 있다. 그러므로 상황에 따른 적절한 의미 파악이 중요하다고 할 수 있겠다.

그리고 **세번째로,** 가까운 미래의 계획을 물을 때도 이 표현이 사용된다. 즉,

What are you up to + (미래 시간) 형태로 해서,

What are you up to, this weekend? (이번 주말 뭐할 거야?) 또는

What are you up to, tonight? (오늘 밤 뭐할 건가요?) 이렇게 사용된다.

우리가 학교 영어시간에 배운 be to 용법 중에 가까운 미래, 예정, 의무 등의 뜻이 있다는 것을 기억할 것이다. 그것과의 비슷한 연장선에서

be up to는 가까운 미래의 계획을 물어볼 때 사용된다. 그러나 It's up to you. (그건 네 결정에 달려있어.) 와 같이 to 다음에 인칭대명사가 오면 전혀 다른 의미가 된다.

끝으로 **네번째**, '네 속내가 뭐니?' 또는 '무슨 꿍꿍이니?' 등의 뜻이다. 친구가 날 a surprise (뜻밖의 선물, 또는 파티) 해 주려고 내 눈을 가리고 어느 장소로 잠시 데려갈 때, '너 뭐 하는 거니?' 혹은 '뭐 하는 짓이야?' 등의 뜻으로, What are you up to, buddy? 라고 말할 수 있는데, 뭔가 기대, 흥분 등의 감정이 포함돼 있다고 볼 수 있다. 또, 아이가 방에서 불을 꺼 놓고 엉뚱한 짓을 하는 모습을 보고 엄마가 아들에게 Darling, what are you up to? 하면 '애야, 너 뭐 하는 거지?' 라며 못마땅한 표정으로 말 할 수 있고, 또 밖을 보니 한 이웃 아줌마가 마당에 옷을 다 펼쳐 놓고 있음을 봤을 때, What the hell is she up to? 하면 '아니 도대체 저 아줌마 뭐 하는 거야?' 라는 뜻의 표현이 된다.

정리하자면,

1. 지인을 우연한 만났을 때나 전화 인사 등을 통해 안부를 물을 때. "요즘 어떻게 지내니?" 현재 완료형으로는 "그동안 어떻게 지냈어?" 등의 뜻으로, 대개 these days 등을 동반한다.

2. 현재 뭐하고 있는지 궁금해하며 물을 때. "지금 뭐 하니?" 의 뜻으로, now 등을 동반한다.

3. 가까운 미래에 대한 계획을 물을 때. "무슨 계획 있니?" 또는 "뭐 할 거니?" 의 뜻으로, tonight, this weekend, tomorrow 등 가까운 미래어

를 동반한다.

4. 지인이 나에게 예기치 않은 언행이나 행동을 할 때 또는 누군가가 벌여 놓은 이상한 상황을 접했을 때. "너 무슨 속셈이니? 속내가 뭐지? 저 사람 뭐하는 짓이지?" 등의 의미로 사용될 수 있다.

　같은 문장으로 쓰지만, 의미가 다르게 사용되는 이 What are you up to? 의 의미를 확실히 익혀 두자. 일상 표현에서 위에 언급한 4가지 상황을 벗어나지 않는다.

[English Humor with Double Meaning]

* A new Lego store just opened. People lined up for blocks!
(새 레고 가게가 문을 열었는데, 사람들이 입장을 위해 몇 블락 줄을 섰어요.)

　여기서 block은 a set of streets 로서 도로와 도로 사이 건물들이 모여 있는 한 구역을 말한다. 대도시에서는 대개 한 신호등에서 다음 신호등까지가 한 블락이 되는 경우가 많다. 그런데 또 blocks는 레고 가게에서 파는 여러 형태의 어린이 플라스틱 장난감을 의미하기도 한다 (a child's building toy). 그래서 레고 장난감 블락을 사기 위해 긴 줄을 섰다 라는 뜻도 되어 의미가 이중적이 된다.

03 I'm so into...

(나 ~ 에 푹 빠졌어요.)

이 시간에는 무엇을 좋아하거나 누구를 '많이 사랑한다' 라고 할 때 사용할 수 있는 다양한 표현들을 살펴보고자 한다.

우선 잘 아는 like 또는 love 를 생각해 볼 수 있다. I like reading. (난 독서를 좋아해.) like 뒤에 동명사와 to 부정사 사용의 구분을 간단히 설명하면, like 뒤에 동명사가 올 때는 과거부터 쭉 해왔던 행동의 경험을 좋아한다는 점을 강조하고, to 부정사가 올 경우는 앞으로 하게 될 특별한 사건, 행동의 결과를 좋아한다 라는 의미가 들어 있다. I like to take a walk early in the morning. (난 아침 일찍 산책하는 걸 좋아해.) 이건 일찍 산책도 즐기지만 그 산책을 함으로써 건강도 좋아지는 걸 느껴 만족하며 계속하고 싶다는 뉘앙스도 함축되어 있다. 즉, 그 효과까지도 좋아한다는 의미인 것이다. 그러나 대부분 그 구분의 경계선이 모호하므로 교차 사용이 가능은 하다. 두 의미의 차이를 보여주는 문장을 예로 보면서 차이점을 살펴보자.

I like skiing, but I don't want to ski this winter.

(난 스키 타는 것을 좋아하지만 이번 겨울엔 타고 싶지 않아.)

과거부터 해온 일상적인 행위였지만 이번 특별한 경우엔 하고 싶지 않다는 말이다.

I like being a mother of two boys.

(두 아이의 엄마인 게 난 좋아요.) - 이미 엄마임 -

I'd like to be a mother of three kids.
(세 아이의 엄마이고 싶어요.) – 미래의 엄마 –

love 를 사용하는 경우에는,
I love having a cup of coffee in the morning.
(아침에 커피 한 잔 마시는 거 좋아요.)
I love to hang out with my friends.
(난 친구들과 어울려 나가 노는 걸 좋아해.)

등과 같이 사용한다. (hang out with: ~와 어울려 놀다. ~와 시간을 보내다.) 그리고 '매우 좋아하다' 라는 다른 표현으로, be mad for, be mad about, be crazy for, be crazy about 등 다 사용해도 좋다. 그 의미는 '~에 미칠 지경이야', '무척 좋아해' 이므로 그 감정을 알 수 있으리라 생각한다.

I'm mad for the new TV show. (새로 나온 티비쇼 프로가 정말 좋아.)
I'm crazy about BTS. (난 방탄소년단이 엄청 좋아.)

최근 호주 젊은 층 사이에서는 '정말 좋다'라는 유행어로 fire 와 lit 를 흔히 쓴다. Blackpink is fire these days. (요즘은 블랙핑크가 핫해.) 또는 This is lit. (이게 인기 많아.) 와 같이 쓰인다.

또 무엇을 무척 좋아할 때, be big on (= like something very much) 표현도 있다. I'm big on classical music. (난 클래식 음악을 무척 좋아한다.) I'm not big on fast food. (난 즉석 식품은 별로야.) 등으로 사용한다. 여기서 고전음악 할 때 classic music 이라 하지 않고, classical music 이라고 해야 한다. classic 은 '일류의, 최고의'라는 뜻으로 사용되

며 그리스, 로마로 대표되는 고전적인 역사나 문화 예술 등을 가리킬 때
는 classical 이란 단어를 사용한다.

또 '~의 열혈 팬이다. 무척 좋아한다.' 라고 할 때 be a big fan of, 또
는 be an avid fan of 라고 표현한다.

He is known to be a big fan of baseball.
(그는 야구 열혈 팬으로 알려져 있다.)
I'm not an avid fan of cricket. (난 크리켓 게임에 별로 관심 없어.)

또 중요한 구어체 표현으로 be into (something or someone)가 있
다. 무엇인가에 크게 흥미를 가지고 좋아한다고 할 때 쓴다. I'm really
into jazz music. (나 재즈음악에 빠져 있어.) I'm really into playing golf
these days. (난 요즘 골프에 푹 빠졌어.) I'm really into it. (나 그것의
매력에 푹 빠졌어.) 간단하면서도 일상에서 자주 쓰는 생활영어 표현
이다. I'm just not that into him. (난 그에게 그리 빠져 있지는 않아요.)
처럼 대상이 사람이 될 수도 있다. You guys are obviously into each
other? (너희들 분명 서로 좋아하고 있는 거지?) 평서문에서 끝을 올
려 의문문화 하면 어느 정도 확신을 갖고 하는 질문이 된다. 이 be
into 구문이 들어간 영화도 있다. **He's Just Not That Into You** (그는
당신에게 반하지 않았다) (2009) 인데, 로맨틱 코미디 드라마로 박스
오피스 흥행을 거둔 영화다.

그리고 표현을 처음 대하는 독자들도 있겠지만, 누구를 대단히 흥
분되게 사랑하고 좋아할 때, be (fall) head over heels for 또는 be (fall)
head over heels in love with 란 표현을 쓰기도 한다. '~에게 홀딱 반

해 있다.' 라는 말이 되겠다. 그리고 물론 be (fall) in love with 만으로도 '누구와 사랑에 빠지다' 라는 표현이 완벽히 된다.

fall head over heels for 의 영영사전의 의미를 살펴보면 '누구와 갑작스레 깊은 사랑에 빠지다' 라고 되어 있다. (to fall suddenly and deeply in love with someone)

He is head over heels for his girlfriend. (그는 여자 친구에게 푹 빠져 있다.) 또는 He is head over heels in love with his girlfriend. 라고 쓸 수 있다.

I fell so head over heels for Anna. I'm really in love with her. (난 Anna 에게 푹 빠졌어. 그녀를 정말 사랑하나 봐.) head over heels의 원래 의미는 기쁘고 흥분해서 손 짚고 옆으로 재주를 껑충 껑충 넘는다 (turn cartwheels) 라는 뜻이다.

참고로, 결이 조금은 다르지만 cannot live without (~없이 살 수 없다.) cannot get through one's day without (~없이 하루를 보낼 수 없다) 이란 표현도 있는데 둘 다 모두 결국 뭔가를 '무척 좋아한다' 라는 뜻이 된다.

Well, we Koreans cannot live without Kimchi.
(우리 한국사람은 김치 없이 살 수 없어요.)
I cannot get through my day without coffee.
(난 커피 없이는 하루를 보낼 수가 없어요.)

04 Ben, there's someone who wants to see you now.

(벤, 지금 누가 당신을 보러 찾아오셨는데요.)

회사 근무 중 한 손님이 방문해 특정 담당자를 찾아왔을 때, 그 담당자에게 가서 "지금 누가 찾아오셨어요." 하고 전할 때 하는 말이다. 발음은 ('데어즈 썸원후 원스투 씨유 나우') 하고 빨리 발음해본다. 전화 상으로 "켈리, 지금 누가 당신과 통화하고 싶어 하네요" 할 때는, 유사하게

There's someone who wants to talk to you now, Kelly. 하면 될 것이다.

기본 영어 회화력 강화는 암기를 통한 유용한 표현을 마스터하는 것이 첫번째 걸음이라는 걸 명심해야 한다. There's someone who wants to see you now. (지금 당신을 만나보기 원하는 어떤 분이 와 있어요. → 지금 누가 찾아오셨어요.)

그런데 번지수를 잘못 찾아 그런 이름을 가진 사람이 없는 경우엔, **There is no one here by that name.** (여기에 그런 이름을 가진 분이 없습니다.) 라고 하면 된다. **Nobody by that name works here.** (그런 분 여기서 일하지 않아요.) 라고 할 수도 있다. '그런 이름 가진 사람 여기 살지 않아요'라고 할 때는 **Nobody by that name lives here.**이라고 하면 된다. 그리고 담당자가 마침 자리에 없을 때는 메시지를 받아 두는 게 business의 매너일 것이다. 전할 말씀이 있는지 여부를 물을 때 두가지 표현을 쓸 수 있다.

He just stepped out of the office. Can I take a message for him? (방금 사무실 자리를 비웠는데, 그에게 전할 말씀이 있으신가요?) 여기서 step out of the office는 사무실에서 멀리 가지 않고 잠시 화장실이나 또는 커피를 마시러 밖으로 잠시 자리를 비운 상태를 의미한다.

Take a message는 나를 중심으로 해서 '메시지를 받다' 라는 말이고, 상대방을 중심으로 해서는, Would you leave a message for him? (그 분께 메시지를 남기시겠어요?) 해도 좋다. Leave a message 는 '전언을 남기다' 란 뜻.

이 leave 란 단어는 회화에서 중요한 동사 중의 하나이므로 추가로 쓰이는 사례를 보면, 우선 leave는 명사로 '휴가'란 뜻이 있다. He's on leave now in Lord Howe Island. 하면 '그는 휴가차 로드하우섬에 가 있다' 라는 뜻이다. Lord Howe 섬은 Sydney 에서 북동쪽으로 700km 떨어져 있는 조그만 섬으로 천혜(天惠)의 관광지이며, NSW주 소속의 섬이다. 환경 보호를 위해 하룻밤 관광객 최대 수용인원을 400명 미만으로 제한하고 있는 섬으로도 알려져 있다.

또 '작별'을 뜻하는 말로도 쓰인다. '~에게 작별을 고하다' 할 때는 'take one's leave of~' 라는 관용적 숙어를 사용한다. 예) I want to take my leave of you. (당신에게 작별인사 드립니다.)

오래 전 (2002년) 호주 파견 영어학원장으로 대구에서 근무할 때다. 영어 강사 중 한 분이셨던 May McCan (메이 메컨) 이라는 아일랜드 출신의 젊은 여선생님이 계셨다. 그 선생님이 연말에 휴가 차 3주간의 미국 여행을 다녀오기 위해 출국하게 되었는데, (She was supposed to be off to New York.) 그 때 나에게 작별인사를 하러 왔었다. 그런데 그 말을 전해주시는 한국 선생님이 'Mr. Choi, May wants to take her leave of you.' (최원장님, May선생님이 원장님께 작별인사 드린다는군요.) 하고 말하는 것이었다. '우리 선생님 영어도 수준급이다' 라고 내심 만족해 했던 기억이 난다.

또 중요한 관용표현으로 **leave no stones unturned** (온갖 수단을 강구하다) 라는 표현이 있다. '~한 상태로 놓아두다' 라는 leave 동사 뜻에서, 직역하면 '돌들을 돌려놓지 않은 상태로 놔두지 않다' 니까, '할 수 있는 모든 수단을 다 쓰다' 라는 의미를 갖게 된다. The doctor left no stones unturned to save her life, but in vain. (그 의사는 그녀의 생명을 구해 보려고 백방의 노력을 다 했지만 허사였다.) 와 같이 사용된다.

또한 '~에게 (무엇을) 맡기다' 란 뜻으로 Leave it to me, I'll take care of that. 하면, (그거 나에게 맡겨. 내가 알아서 처리할게.) 라고 일상 회화에서 자주 사용된다. 듣기만 해도 든든해지는 표현이 아닐 수 없다. 그리고 '그 정도로 해 두다' 라는 표현으로 Leave it at that. 이 있다. 공부, 토론 등을 하고 난 후에 '그 정도로 해서 마무리하자' 라는 뜻과, '뭔가에 대해 더 이상 어떤 조치를 하지 않다' 라는 의미도 있다. You've said you're sorry, so I'm gonna leave it at that. (자네가 사과했으니 그만 그 정도로 해 두겠네.) 크게 선심쓰는 듯한 표현이 되겠다.

끝으로 leave out 이란 중요한 표현이 있다. '(뭔가를 포함시키지 않고) ~을 빼다. 빠뜨리다. 배제시키다.' 라는 뜻이다.
Sorry, I left that part out. (죄송해요. 그 부분을 빠뜨렸네요.)

I accidentally left the balance sheet out of our financial report.
(어쩌다 실수로 재정 보고서에 대차대조표를 빠뜨렸네요.)

회사 미팅에서 presentation을 마친 매니저가 Guys, have I left anything out? (여러분, 제가 뭐 빠뜨린 건 없습니까?) 했다면, 꼭 했어야 했는데 깜빡 잊고 미처 언급하지 않은 부분은 없는지 동료들에게 확인하는 말이 된다. '빠뜨린 것 없습니다.' 하고 싶을 때는 Nothing's left out. 하면 된다.

I want to make sure I don't leave out anything important. Any questions? (중요한 것을 빠뜨리지 않게 확실히 하고 싶습니다. 질문 있으신가요?)

I don't think it was deliberately left out.
(그 부분이 고의적으로 배제되었다고는 생각하지 않습니다.)

We shouldn't assume he deliberately left out that information. I mean, let's give him the benefit of the doubt. (그가 계획적으로 그 정보를 빠뜨렸다고 지레 짐작하지 말고, 일단 좋은 쪽으로 생각하도록 합시다.)

Give (someone) the benefit of the doubt 은 (확실히 모르니 일단)유리한 쪽으로 좋게 생각해 주다. ~를 믿어주다. 라는 좋은 관용 표현이다.
형사 사건에서도 범죄인에 대한 중요한 원칙이 있는데 범죄 무죄추정의 원칙이다. 영어로는 **'Everyone has the right to be presumed innocent until proven guilty.'** (유죄가 증명되기까지는 모든 사람은 무죄 추정의 권리가 있다.) 이다. 이 말은 '세계인권선언문'(Universal Declaration of Human Rights) 11조 항에 들어 있다. 모든 사람은 그

범죄가 유죄로 확정될 때까지는 무죄라는 원칙하에서 대우받고 재판을 받아야 한다는 말이다. 이 점에서 위 숙어 give (someone) the benefit of the doubt 표현과 일맥상통한다 하겠다.

* He's already gone for the day. (그 분은 이미 퇴근하셨습니다.)

누가 퇴근하다 할 때는 'for the day' 라는 명사구를 사용한다. '오늘은', 또는 '오늘의 모든 일과에 대해서는' 라는 의미를 가진다. 그래서 He has gone for the day. 하면 오늘 일과를 모두 마치고 가셨다니까 '퇴근하셨다' 라는 뜻이 된다. 그리고 go 동사 대신에 leave 동사를 사용하여 He has left for the day. 라고도 말할 수 있다. 일반적으로 He's gone for the day. 가 자주 사용되니 일단 이 표현을 입에서 자연스럽게 나올 수 있게 익혀 두자. He's gone 은 He has gone의 줄임 말인데 회화에서는 주로 줄여 사용된다.

또 '저는 오늘 하루 종일 외근 나가 있을 겁니다.' 하고 싶을 때에는 역시 for the day 를 사용하여 'I'll be out for the day.' 하면 된다. '존은 오늘 하루 외근입니다. 제가 도와드릴 일이 있을까요?' 하고 싶으면, John is out for the day. Is there anything I can help you with? 하면 된다.

'오늘은 하루 영업하지 않습니다.' 또는 '사무실 문을 닫습니다.' 라고 할 때도 for the day를 이용하여 We're closed for the day. The office is closed for the day. 같이 표현하고, '전 오늘 해야 할 일은 다 끝냈어요.' 할 때도 I'm done for the day. 하면 된다.

We've just finished packing the goods. I think we're done for

the day. (상품 포장을 막 마쳤습니다. 오늘 해야 할 일은 다 끝낸 것 같아요.)

이처럼 '오늘 퇴근하다. 영업하지 않다. 일을 마치다.' 등을 표현할 때 for the day 라는 명사구를 사용해서 유용하게 표현할 수 있는 것이다.

그런데 업무와 관련해서 End of day (EOD)라는 말이 있는데, 이는 하루의 끝인 당일 자정까지가 아니라 근무 시간이 끝나는 시간까지를 의미한다. 즉, 흔히 9 to 5 (9 AM - 5 PM) 로 대표되는 일반 직장인의 하루 근무시간의 끝인 5 PM 까지를 의미하는 것이다.

그래서 업무와 관련해서 '오늘 중으로' 라고 하고 싶을 때는 before the end of the day 라고 하고, '오늘까지' 는 by the end of the day 라고 표현한다. 그런데 EOD와 병행하여 COB (close of business) 라는 표현도 회사 업무에서 자주 쓰인다. EOD 처럼 근무시간 5 PM 까지가 COB 이다.

Could you send the PDF files before the end of the day?
(PDF 파일을 오늘 중으로 보내주시겠어요?)
I'll try to get it done before the end of the day.
(오늘 중으로 그걸 끝내 볼게요.)
I'll give you a call before the end of the day.
(제가 오늘 중으로 전화드릴게요.)

The end of the day의 발음은 정확히 하면 (디 엔드 오브 더 데이)이지만 빨리 발음할 경우 (디엔더더**데**이)라고 들리고 또 그렇게 발음해야 발음도 편해진다.

05 You can lead a horse to water, but you cannot make it drink.
(평안감사도 본인 하기 싫으면 못 하는 법)

영어로 이 표현은 '말을 물가로 데려갈 수는 있으나 말에게 물을 먹일 수는 없다' 라는 뜻이다. 좀 긴 표현이긴 해도 문장이 어렵지 않고 말뜻 그대로다. 우리말 속담 '평안감사도 자기 하기 싫으면 못 하는 법이다' 라는 말과 같은 표현이다. 여러 번 크게 반복해서 읽으면 반드시 외워진다.

Horse 에 관련된 관용구가 좀 더 있다. **Don't look a gift horse in the mouth.** 라는 표현이 있는데, 이는 '받은 선물에 대해 왈가왈부하지 마라' 라는 뜻이다. 이 표현은 '선물로 받은 말의 입을 보지 마라' 라는 뜻에서 나왔는데, 원래 말의 나이와 건강 상태는 입을 벌려보고 이빨의 상태를 점검해 보면 알 수 있다고 한다. 그래서 누가 말을 선물로 주었는데 앞에서 대뜸 입을 벌려 좋은 말인지 아닌지 점검하는 것은 준 사람에 대한 예의가 아닐 것이다.

여기서 알아 둬야 할 중요한 문법적 사항이 있다. 동물이나 사람의 신체부분의 접촉을 말할 때는, [동사 + 목적어 + 전치사 + the + 신체부분] 이런 순서로 반드시 말해야 한다.

[예문] (나는 그녀의 소매를 잡았다) 할 때, I grabbed her sleeve. (X) 라고 하지 않고, I grabbed her by the sleeve (O) 라고 해야 한다. (그

는 나의 엉덩이를 찼다.) 는, He kicked my buttock. (X) 이 아니라, He kicked me on the buttock. (O) 이라고 해야 맞는 표현이다.

Don't look a gift horse in the mouth. 이 문장 어순을 보면 이 문법적 원칙이 문장에 적용되어 있음을 알 수 있다. 참고로 앞선 예문에서 엉덩이를 이야기할 때 hip은 허리 옆 선을 따라 이루어진 골반 뼈를 의미하며, buttock은 근육으로 이루어진 둔부를 의미한다.

지난 2022년 7월 8일 Abe Shinzo 전 일본 수상이 참의원 선거 유세 중 피격당해 숨진 사건이 발생했다. 그 때 호주 ABC 뉴스는 속보 기사를 내보내면서 다음과 같이 썼다.

"Mr. Abe was campaigning in the city of Nara when a man shot him in the chest and neck outside a train station about 11:30 AM local time."
(Abe 씨가 일본 현지 시간 오전 11시 30분 나라시 한 기차역 근처에서 선거 유세 중 한 남성이 가한 총격에 가슴과 목을 맞았다.)

여기서 주목할 것은 A man shot his chest and neck. (X) 이 아니라 A man shot him in the chest and neck. (O) 으로 표현한 것이다. (한 남성이 그의 가슴과 목에 총격을 가했다.)

또 다른 예를 들어 보자. 지난 2022년 3월 Academy 시상식에서 한 happening이 있었다. 그 행사에서 영화 King Richard 로 남우 주연상을 수상한 배우 Will Smith가 사회를 보던 코미디언 Chris Rock의 농담에 분노해 무대에 오른 뒤 그의 뺨을 후려 갈긴 사건이 발생했다. 현장에 참석했던 배우들과 관계자들은 물론 이 행사를 Live로 지켜보던 전 세계 수천만명의 시청자들을 놀라게 한 사건이었다. Will Smith의 아내 Jada Pinkett Smith는 당시 alopecia (앨러피셔. 탈모증)의 병을 앓고 있어서 머리를 완전히 밀고 행사에 참석한 상황이었는데 이에 대해 Chris가 "Jada, I love you. G.I. Jane 2, Can't wait to see it. All right?" (제다, 사랑해요. 영화 G.I. Jane 2가 빨리 나왔으면 좋겠어요. 그쵸?) 라고 농담을 하자 Will이 분을 참지 못했던 것이다.

참고로 G.I. Jane 은 1997년 Demi Moore가 주연한 최초의 여성 특전단 훈련을 그린 액션영화이다. 흥행에는 큰 성공을 거두지 못했지만 머리를 밀고 남성들과 훈련하는 Demi의 강인한 모습을 잘 그린 영화다. 영화 속 여자 주인공 이름은 Jane 이 아니고 Jordan O'Neill 중위이다. G.I. Jane 은 미군 소속의 여성을 일반적으로 지칭하며 군을 사랑하거나 전통적으로 남성 직업의 영역에서 일하는 강인한 여성을 의미한다.

아무튼 이 happening으로 Will은 Academy 회원 정지 10년과 Academy가 주관하는 모든 행사 참석 불가라는 징계를 받았고 무엇보다도 앞으로 있을 많은 영화 촬영이 줄줄이 취소되는 큰 대가를 치르고 있는 중이다. 이와 관련된 연예 기사가 수없이 쏟아져 나왔는데 그 한 예를 소개한다.

Smith shocked the audience in the room and the millions of viewers watching the live broadcast of the Oscars when he mounted the stage and struck Rock on the face.

(Smith는 무대 단상에 올라가 사회를 보던 Rock의 얼굴을 가격함으로써 행사에 참석한 청중과 오스카 행사를 생중계로 지켜본 수백만 시청자들을 놀라게 했다.)

여기서 He struck Rock on the face. (그가 Rock의 얼굴을 후려갈겼다.) 이 표현도 앞서 언급한 원칙이 그대로 적용된 사례라고 볼 수 있다.

말에 관련한 또 하나 중요한 관용구는, **Shutting the stable door after the horse has bolted**. (소 잃고 외양간 고치기) 이다. 문장 뜻은 '말이 뛰쳐나간 후에 마구간 문을 닫기' 니까 그 의미를 알 수 있겠다. bolt는 명사로 '나사 볼트'를 의미하지만 동사로는 '벗어나다, 탈퇴하다, 뛰쳐나가다' 등의 의미로 쓰인다. 시드니 유명 라디오 방송국 2GB 나 2UE 등의 Talk Show 방송들을 들으면 진행자들이 화가 난 어투로 정부 관료들을 비난하면서 'Horse's bolted' 라고 빨리 말하는 걸 가끔 듣는다. ('말이 이미 뛰쳐나갔어요.', '소를 이미 잃었어요', '일이 이미 터지고 말았는데, 어떡하실 건가요?) 등의 의미이다. 일이 벌어지고 나서야 허둥지둥 사태수습을 하려 한다면 '사후 약방문'과 별반 다를 게 없다.

말과 관련된 또 다른 표현으로 **straight from the horse's mouth** 가 있다. 이 표현은 '확실한 소식통으로부터' 라는 뜻이다. 어떤 중요한 정보를 가장 믿을 만한 사람 또는 당사자로부터 들었을 때 쓸 수 있는 말이다. **I got that information straight from the horse's mouth.** (난 그 정보를 가장 믿을 만한 사람으로부터 알게 된 거네.)

그리고 **put the cart before the horse** 는 직역하면 '말 앞에 수레를 놓다' 라는 뜻인데, 말이 수레를 끄는 것이지 수레가 말을 끄는 것은 아닌 것이다. 즉 '주객이 전도되다.' 또는 '본말을 전도하다' 라는 뜻이다. 누군가 얼토당토않은 짓을 하려고 할 때 '그건 말이 안 되는 짓이다' 라고 말하고 싶을 때 이 표현이 적절하다고 하겠다.

"Mate, you're putting the cart before the horse."
(이 봐 친구, 자네 그건 말이 안되는 소리야.)

끝으로 말의 종류로는, 씨받이용 수컷 즉, 종마는 stallion 이라고 하고, 암말은 mare 라고 하며, 일 년 미만의 새끼 말은 foal (포울)이라고 한다. Mare는 은유적으로 '고집 불통'이라는 의미도 있다.

'**Money makes the mare go**' 는 '돈이 고집불통 암말도 가게 만든다' 니까 '돈이면 귀신도 부릴 수 있다'는 의미로 자주 쓰인다. 간단히 **Money talks.** ('돈이면 다 통한다') 라고도 곧잘 쓴다. 그리고 의외의 숨은 실력자를 dark horse 라고 칭한다. 원래 경주가 시작되기 전까지 몰랐던 '대항마'를 가리킨다. 운동, 정치에서 '의외의 능력을 가진 사람'이 dark horse 인 것이다. 농경사회인 우리들과 달리 서양인들은 오랜 유목생활(nomadic life)을 해 와서 그런지, horse와 관련된 표현들이 유난히 많음을 알 수 있다.

[English Humor with Double Meaning]

* My friend David had his ID stolen. Now he's just Dav. (내 친구 데이비드가 ID를 도난당했어요. 그래서 그는 이제 그냥 데이브입니다.)

ID 는 identification 의 약자로 운전면허증, 회사 신분증, 은행카드 등 내 신분을 확인해 주는 증명카드다. 여기서 ID 를 도난당했는데 정작 이름 David 에서 id 를 뺀 것으로 의미가 변화되었다. 그래서 David 가 Dav 로 된 것이다.

06 May I ask who's calling?

(누구신지 여쭤봐도 될까요?)
- 정중한 전화 예절 용어들.

이번에는 office 상황에서 전화영어를 살펴보기로 한다. 어떤 사람이 전화로 부서의 한 직원을 찾을 때, 찾는 사람을 바꿔주기 전에 전화한 사람의 신분과 용건을 확인하는 건 당연한 일이다.

위 표현은 영미 회사 안내직원 (receptionist) 들이 가장 보편적으로 사용하는 좋은 표현이다. 그저 간단히 Who's calling, please? (전화하시는 분은 누구시죠?) 해도 좋고, Who's this, please? 라고 간단히 말할 수도 있다. 상대방이 먼저 이름을 밝히지 않을 경우, '누구라고 전해드릴까요?' 할 때는, **Who should I say is calling?** 이라고 하면 된다. '무슨 용건으로 전화하셨나요?' 할 때는, What is this regarding? 이라고 한다.

She should be back in an hour. What is this regarding?

(그녀는 한 시간 안에 돌아올 거예요. 무슨 일로 전화하신 거죠?)

좀더 공손한 표현으로, Ma'am, May I ask what this is regarding? (부인, 무슨 일로 전화하셨는지 여쭤봐도 될까요?) 라고 하면 된다. 좀 비격식의 표현으로는 What is this about? (어떤 일로 전화주셨나요?) 라고 말할 수 있다. 격식을 갖추려면 May I ask~ 를 사용하여 May I ask what this is about? 이라고 하면 더 예의 바른 표현이 되겠다.

그리고 상식적으로는 전화를 했을 때, 본인이 누구인지 먼저 밝히고 대화를 시작하는 것은 기본 예의다. 전화를 건 사람이 전화 받고 있는 상대방의 이름 또는 신분을 확인하고 싶을 때는, **Who am I speaking to, please?** (지금 전화 받고 계시는 분은 누구신지요?) 라고 물으면 된다. 이름뿐만 아니라 상대방의 직책도 묻는 의미가 포함되어 있다. 그저 간단히 이름만 알고 싶을 때는, May I have your name, please? (성함이 어떻게 되시지요?) 라고 하면 된다. 전화 받는 사람으로서는 대체적으로 어느 부서 누구인지 밝히고 대응하는 게 기본 매너일 것이다. 항공예약이나 전기, 전화, 불만 신고 등을 하고 나서는 상담해 준 상대방의 이름을 꼭 물어봐야 한다. 불만 사항이 수정이 안 됐을 경우를 대비해 전에 누구와 통화했는지 추적이 가능하게 하기 위해서다.

우선, May I ask who's calling? 을 자신있게 말할 수 있도록 해보자. May I ask~ 에 이미 공손한 의미가 들어 있으므로 이 때는 굳이 please를 뒤에 안 붙여도 된다. 또 다른 유용한 표현으로, 전화를 건 용건으로, I'm returning his call. (그 분이 주신 전화에 대해 답전을 드리는 겁니다만.) 의 표현이 있다. 이는 우리 측 직원이 상대방에게 전화해 달라는 메시지를 남겼을 경우, 상대방이 전화를 다시 주면서 하는 말이다. 전화를 했던 담당자가 바로 받았을 경우엔, I'm returning your call, Bob. (밥, 회신 전화를 드리는 겁니다.) 라는 의미가 된다. 상대방의 콜을 되돌려주는 거니까 답전이 되는 것이다. 그에 대한 대답으로 '회신 전화를 주셔서 감사해요, 수잔' 할 때는 **Thank you for returning my call, Susan.** 이라고 하면 되겠다.

전화상으로 기다리라고 할 때는, Hold the line, please. (잠시 기다려 주시기 바랍니다.) 하면 된다. '전화선을 잡은 상태로 유지하라' 는 뜻이니 기다려 달라는 말이 되겠다.

또는 간단히 One moment, please. (잠시만요.) 해도 좋고, Hold on a second, please. (잠깐 기다리세요.) 해도 좋다. second는 1초이니까 아주 잠깐인 것이다.

"그분이 지금 통화 중이시거든요. 잠시 후 전화 드리라고 할까요?" 할 때는, He's on another line at the moment. Could I get him to call you back later? 라고 하면 된다. 또는 그저 He can't get to the phone right now, I'll have him call you back soon. (지금 전화 받으실 수 없거든요. 곧 전화드리시라고 하겠습니다.) 라고 해도 좋다. 물론 상대방 전화번호를 받아 두는 건 필수다.

여기서 get (someone) to +동사원형. 형태로 '누구 누구에게 ~을 하게 하다' 라는 뜻이다. have 동사를 사용할 경우, have (someone) + 동사원형. 형태가 된다. 이 두가지 형태는 영어 전반에서 유용하게 사용된다. 예를 들면,

We are trying to get him to stay in school. (우린 그가 계속 학교에 다니게 하려고 애쓰고 있습니다.) 와 같이 사용하는데, have 를 사용하면, We are trying to have him stay in school. 이 된다. get 와 have 를 사용할 때, 약간의 미묘한 뉘앙스 차이는 있지만 의미는 거의 대등하다. 둘 다 의뢰, 부탁, 요청 등을 통해 자발적으로 뭔가를 하게 하다 라는 뜻이 포함되어 있다. 군이 강도를 따지자면, have 가 get 보다 조금 뜻이 강하다고 볼 수 있다.

let(허가)나 make(강제)의 뜻을 지닌 사역동사도 let [make] someone + 동사원형. 형태로 사용되는데 예문을 한번 살펴보자.

Please let me know if something happens while you're doing that job. (그 일을 하는 중에 뭔 일이 생기면 나에게 알려줘요.)

Let him go for it if he is really into it. (그 친구가 그걸 정말 좋아한다면 한번 해보게 해 주세요.)

go for it (그걸 해보다), **be into it.** (그거에 빠지다. 즉, 그걸 좋아하다)

Let 동사 안에는 허락해 달라는 간청의 의미가 포함되어 있다. 반면 **make** 를 사용한 사례를 보면,

The judge made him apologize for his wrong doings.
(판사는 그가 범한 불법 행위들에 대해 사과하도록 했다.)

apologize for (~ 대해 사과(사죄)하다)

I will make it happen. (내가 반드시 그 일이 일어나도록 만들겠습니다.)
It is known that white rice makes blood sugar levels go up.
(백미는 우리의 혈당수치를 높인다고 알려져 있다.)

이처럼 사역동사 make는 반드시 뭔가 일어나게 만드는 강제성의 의미가 포함되어 있다. 사역(使役)동사란 제3자로 하여금 어떤 동작이나 행위를 하게 하는 동사라는 뜻이다.

전화 영어로 다시 돌아와서, '잠시만 기다려주세요. 연결하겠습니다.' 하며 사내 내선으로 담당자에게 돌려줄 때는, Hold on please, I will put you through. 라고 한다. 확인해 보니 담당자가 잠시 자리를 비웠을 때는, He is not available at the moment. I'll get him to call you as soon as he comes back. (지금 자리에 안 계시는데요, 돌아오시는 대로 전화드리시도록 하겠습니다.) 하면서 상대방의 전번을 받아 두면 된다.

상대방과 연결이 되었을 때 지금 통화하기 괜찮은지 묻고 통화를 계속하는 것이 예의일 것이다. 이 때는

Is now a good time? (시간 괜찮으세요?)
Is this a good time to call? (전화하기 괜찮으신가요?)
Is this a good time to talk? (대화 괜찮은 시간이신가요?) - 전화 또는 직접 대면 시.

위와 같이 물으면 좋다. 다음 표현도 아주 흔히 쓰는 좋은 예절 표현이다.

Did I catch you at a bad time? (불편한 시간에 전화드렸나요?)
Am I catching you at a bad time? (불편한 시간에 전화드리고 있는 건 아닌지요?)

과거형과 진행형이란 표현만 다를 뿐 의미는 같다. 하나를 정해서 내가 전화했을 때 통화 첫머리에 꼭 사용하는 습관을 들이기 바란다. 필자의 경우는 역시 같은 의미지만, **I hope I'm not catching you at a bad time.** (전화받기 불편한 시간이 아니길 바랍니다.) 이란 표현을 쓰면서 대화를 시작하는데 만약 상대방이 통화하기 좀 불편한 시간이면 나에게 양해를 구하고 나중에 통화하자고 제의를 할 것이다. 전화상이 아닌 사무실 문을 노크한 후 들어가 상대방의 양해를 구하는 표현으로 **I hope I'm not disturbing you.** (방해가 안 됐으면 합니다만.) 이라고 말하며 잠시 대화가 가능한지 여부를 확인할 수도 있다.

직접 대면할 때 (in person) 잠시 얘기할 시간 되는지 물을 때는 Do

you have a minute/ a moment? 또는 Can I borrow two minutes of your time? 등의 표현도 사내 업무 동료들 사이에서 많이 쓰는 표현이다.

'그 분은 언제 돌아오시지요?'라는 질문에는 expect 라는 동사의 사용을 기억하자. '기대하다, 예상하다' 라는 뜻을 갖고 쓰이게 된다.

When do you expect him back? (언제 돌아오실 것으로 생각하시나요?)
When is he expected to come back? (그가 언제 돌아올 걸로 예상되시나요?)
두 번째 문장은 수동형으로 사용된 형태인데 필자가 오래전부터 즐겨 쓰는 표현이다.

When can I expect to hear from him?
(언제쯤 그로부터 연락을 받을 수 있을 것으로 생각하면 될까요?)
When can I expect a call from you?
(언제쯤 전화주실 것으로 생각하면 될까요?)
When can we expect a response?
(우리가 언제 답변을 기대할 수 있을까요?)

담당자가 자리에 없어서 메시지 남기시겠냐고 물었을 때 그저 '다시 연락드리겠습니다' 라고 할 때 동사 try를 쓰면 된다. try back 구동사 사용도 좋지만 굳이 back을 함께 쓰지 않아도 된다.

A : He's not in the office at the moment. Would you like to leave a message? (지금 사무실에 안 계시는데 전언을 남기시겠습니까?)
B : No, I'll just try again tomorrow. (아니요. 내일 다시 전화할게요.)

I'll try him later this afternoon. (이따 오후에 다시 전화드려 볼게요.)

꼭 전화가 아니고 직접 방문했는데 부재중일 경우 한 시간 후에 다시 와 보겠다고 할 경우에도 try를 사용하여, I'll just try again in an hour. (한 시간 후에 그를 보러 다시 오겠습니다.) 라고 할 수 있다.
He's gone for the day. Would you like to try again tomorrow?
(오늘 퇴근하셨는데요. 내일 다시 전화 한번 주시겠어요?)

전화상 추가적으로 도움을 드릴 수 있는 부분이 있는지 물어볼 때 쓰는 표현으로는
Is there anything else I can help you with, today?
(오늘 혹시 더 도움이 필요하신 것 있으세요?)

Is there anything else I can do for you, sir? 또는 Is there anything else you need to know? 등등의 표현이 있는데 Is there anything else S+V 구문 형태를 응용하면 원하는 표현을 모두 만들어 사용할 수 있으니 유념해서 연습해 주기 바란다.

끝으로, 급한 일로 전화한 상대방을 오래 기다리게 한 후, 마침내 담당자와 연결이 될 경우,
I'm sorry to have kept you waiting so long. He's now on the line.
(오랫동안 기다리게 해서 죄송합니다. 이제 연결되겠습니다.)

라고 하면 되겠다. 얼굴을 직접 대면하지 않고 하는 영어 전화통화는 긴장이 배가 되는 게 사실이지만, 기본적인 패턴의 표현만큼은 잘 알아 두고 대비하면 전화 통화에도 더욱 자신감을 갖게 되리라 믿는다.

07 Where'd you learn to move like this, at a dime-a-dance night?

(어디서 이런 동작을 배웠어, 달밤에 체조하는 거니?)

미국에서 1920~30년대 한때 사교 댄스클럽이 유행했다고 한다. 여자 친구도 없는 초라한 신분의 남자들도 그 곳에서는 젊은 여성과 한 번에 10센트의 돈을 내고 춤을 추며 배울 수 있었던 것. [They can learn to dance for ten cents a dance]

당시 15~28세 사이의 여성 직업 댄서(taxi dancer)들이 돈을 받고, 남성들의 춤 상대가 되어 주며, 비슷한 또래의 직장 친구들보다 2~3배의 수입을 올렸지만, 떳떳하지 못한 직업으로 인해 춤추는 일을 숨기며 활동했다 한다. 대부분의 이런 댄스클럽들은 2차 세계대전 후 흐지부지 되었다가 1960년대 들어서며 완전히 자취를 감췄다. [Most of the taxi dance halls fizzled out after World War II, disappearing altogether by the 1960s.] (fizzle out : 흐지부지 되다)

2013년에 개봉된 영화 '42' 는 1940년대 전설적인 흑인 최초의 미 프로 야구선수, 브루클린 다저스 (BROOKLYN DODGERS) 소속의 Jackie Robinson 의 전기를 다룬 영화이다. 영화 Black Panther 로 전세계의 인기를 끌었던 흑인 배우 'Chadwick Boseman'이 주인공 (protagonist) 역할을 맡아 호연을 펼쳤었다. 그는 안타깝게도 대장암 3기 증세로 2020년 8월, 43세의 젊은 나이로 세상을 떠났다. 그리고 Harrison Ford 가 당시 구단 책임 이사인 Branch Rickey 역할로 나와 무게감있는 연기를 보여준다. 영화 '42' 에서 42는 Jackie Robinson 의

등 번호 42에서 나온 제목이다. 이 등 번호는 미국 프로야구에서 영구히 retire 되었다. ('은퇴 또는 퇴역하다'의 뜻의 retire는 스포츠 용어에서는 선수의 공적을 기려서 등 번호를 '영구히 결번으로 하다'라는 뜻으로 사용된다.) 미 프로 야구에서는 실제 2004년부터 매년 4월 15일을 'Jackie Robinson Day'로 정해 모든 프로 선수들이 이 날 등 번호 42가 새겨진 유니폼을 입고 그를 기린다고 한다.

오늘 표현은 이 영화 초기 장면 중 야구 연습장에서 선수가 볼 다루는 모습을 보고 코치가 못마땅해 하며 꾸중하는 장면의 대사다.

위 표현은 'at a dime-a-dance night?' (밤에 춤 당 dime (10센트)을 내고 사교 춤을 배우는 댄스홀에서 야구를 배운 거냐?) 라고 하는 비아냥 거리는 발언이다. 사교 댄스장에서 야구를 배울 리 만무하다. 그러므로, '그걸 야구라고 하고 있나'라는 말이니, 바꾸어 표현하면 '달밤에 체조하냐?'라는 뜻으로 의역할 수 있겠다.

1940년대 초반의 상황을 다룬 영화이니 이 표현은 시기 적절하다고 볼 수 있다. 여러분들도 어릴 적 구기운동 등을 배울 때, 특히 가르치는 코치나 선생님으로부터 때때로 '달밤에 체조하고 있나.'라는 말을 들었던 경험이 있을 줄로 안다. 악의는 없는 표현인 것이다.

요즘에는 미국에 이런 모습의 사교 클럽이 없으니 그 당시 유행하던 풍속을 모르면 이 말을 처음 대하는 젊은 미국인들조차도 이 말의 속뜻을 선뜻 이해하기 어려울 수도 있겠다는 생각이 든다. 참고로 1920년대 당시 a dime은 요즘 시세로 3불 정도 된다고 한다. 우리 말 '달밤에 체조하다'라는 말은 국어 사전에 비꼬아 이르는 말로, '격에 맞지 않는 짓을 하다' 라는 뜻으로 정의되어 있다. 그리고 Where'd 는 Where did 의 줄임 표현.

Where did you learn that footwork, at a dime-a-dance night?
(어디서 그런 발놀림을 배웠지? 달밤에 체조하나.)

빨리 그리고 유창하게 입으로 소리내어 읽어보기 바란다. 책은 눈으로 많이 읽으면 읽을수록 속도가 붙지만, 영어는 소리내어 읽지 않으면 유창함에 속도가 붙지 않는다.

구기운동(ball game), 무술(martial art) 등 몸을 숙달시켜야 하는 각종 스포츠에서 동작이 서툴 때, 저 표현으로 핀잔을 줄 수 있으리라. Where did you learn your kicking, at a dime-a-dance night? (그런 발차기 어디서 배웠어? 달밤에 체조하니?). Your pitching is awful. Did you learn at a dime-a-dance night? (너 볼 던지는 게 형편없구나. 달밤에 체조하나?)

위 내용과는 다르지만 또 하나의 중요한 영어 표현을 공부해보자.
어떤 공식 대화나 문서에서 **Rest assured** 라는 표현이 가끔 등장한다. 이 표현이 사용되면, 화자가 뒤에 나오는 절이나 구에 대해서 '확실히 보장한다.' 또는 '~ 할 것이니 안심하세요.' 라는 뜻을 가진다. 예를 들어보자.

Rest assured he probably has more common sense than you realize. (그가 당신이 생각하는 것 이상으로 상식이 있으신 분이라는 점에서 안심하셔도 됩니다.)

Rest assured that the police will recover your bag.

(경찰이 당신의 손가방을 꼭 찾아낼 것이니 안심하세요.)

You may rest assured that the event will be ready on time.

(그 행사는 제 시간에 맞춰 준비될 테니 안심하시기 바랍니다.)

즉, '그것이 예정된 시간에 준비가 됨을 제가 보장합니다.' 라는 확신의 의미가 강하다. 'You can rest assured', 'You may rest assured', 또는 'Rest assured' 다 좋다. 그리고 주어가 3인칭이 될 수도 있다. 예를 들어 여름 방학을 맞아 아이들을 여름 캠프에 보내는 부모들은 아이들의 안전에 대해서 걱정하게 된다. 그런 걱정하는 마음을 안심시키기 위해, '부모님들께서는 아이들의 안전에 최우선 중점을 둔다는 점에서 안심하셔도 됩니다.' 하고 싶을 때, The parents can rest assured that their children's safety will be of paramount importance. 라고 하면 된다.

(of importance = important; paramount : 최고의, 가장 우선하는)

뒤에 구가 올 수도 있다. 예를 들어, Whoever wins the title, rest assured of one thing; the champion will be Korean. (누가 타이틀을 따내도 한 가지 분명히 보장할 수 있는 것은, 챔피언이 한국인이 될 거라는 거죠.)

끝으로, '당신이 유리한 거래를 하게 될 거라는 점을 확실히 보장합니다.'를 영어로 어떻게 표현하면 될까. 어렵게 생각하지 말자. 답: (You can) Rest assured that you're going to make a good deal. 이라고 하면 된다. Rest assured 는 일상에서 중요한 표현이므로 개념의 확실한 이해가 꼭 필요하다.

08

Here you go! (여기 있어요!)
Here S+V, There S+V 의 다양한
표현들과 그 뉘앙스의 차이

이번 내용은 주의 깊게 읽어주기 바란다. 위 표현은 쉬운 단어로 된 표현이지만, 쓰임새에 대한 개념을 확실히 갖고 있는 사람들이 의외로 많지 않다. 여기서 you발음은 you(유)보다는 ye(이)로 Here ye go. ('히어리 고우') 라고 빨리, 그리고 go를 살짝 올렸다 내리는 기분으로 발음한다. 이 표현에 go가 들어가 있지만 어디를 간다는 의미는 전혀 없다. (It has nothing to do with going anywhere.) 대신에 우리가 누군가에게 뭔가를 줄 때 자주 사용하는 표현이다.

A : Can you pass me the salt, please? (소금 좀 건네 주시겠어요?)
B : Here you go. (여기 있어요.)
A : I just collected the mail and there are some letters for you. Here you go.
(방금 우편물 찾아왔는데, 당신에게 온 편지가 몇 있네요. 여기 있습니다.)

그리고 이 표현을 email에서도 사용할 수가 있다. 상대방이 어떤 서류를 좀 보내 달라고 했을 때, 요청한 서류를 첨부하면서, Here you go 하면 '여기 보내드립니다.' 라는 의미가 된다. 물론 Here is ~ (여기 ~ 보내드립니다.) 라는 좋은 표현도 있다. 이 Here you go 표현은 구어체 (colloquial expression)에서 주로 사용되며, 이메일로 사용할 때는 상대방과 비교적 잘 아는 관계에서 쓰면 좋다. 물론 직접 대면할 때는 처음 보는 사람일 경우에도 사용 무난하다. 가게나 음식점에서 점원이 물건이나 음식을 건네주면서 Here you go! 할 수 있다.

그런데, 바에서 바텐더가 고객이 주문한 칵테일을 건네주면서 There you go. 라고 할 수도 있는데, 이 역시 (여기 있어요. 주문한 칵테일이 다 됐습니다.) 라는 뜻으로, Here you go. 와 더불어 같이 사용할 수 있다.

또 There you go. 는 (잘한다. 역시 생각한 대로야.) 라는 뜻으로 뭔가 기대했던 것을 보거나 들었을 때, 찬성의 의미로 말할 수 있다. 자동차 경주나 스포츠 경기에서 기대했던 차나 팀이 결국 앞서 갈 때, There you go! (바로 그거야!) 라고 소리칠 수 있다. 또 막 걸음마를 시작한 18개월된 아이에게 There you go, darling! (아휴, 내 새끼 잘한다!) 라고 흥분하며 말할 수도 있을 것이다. 그리고 Automatic gear 가 아닌 Manual gear 를 가진 차를 운전해 보신 독자들은 알겠지만 처음 기어 바꾸는 훈련이 만만치 않다. 클러치 사용 미숙으로 시동 꺼지기를 반복하면서 배우게 되는데 마침내 부드럽게 기어 바꾸는 요령을 터득한 친구를 향해 'There you go, dude! You did it.' (바로 그거야, 친구. 해냈잖아.) 라고 격려해 줄 수 있다. 다시 정리하자면 ;

1. 무언가를 건네줄 때 (여기 있어요.)
2. 누군가를 격려하고 응원할 때 (잘했어! 장하다! 바로 그거야!)
3. 상대방이 깨달음을 얻었을 때 (바로 그거야. 이제 됐네.)
등의 의미로 'There you go.' 를 사용한다는 점 기억하기 바란다.

그런데 There you go again! 은 다른 의미를 갖는다. 상대방이 어떤 못마땅한 말이나 행동을 또다시 시작할 때, There you go again! I'm sick of it.

(또 시작이군! 지겹다. 지겨워.) 라는 뜻으로 부정적 의미를 담고 있다.

Here we go. 는 무슨 의미일까. 이 표현은 ('자 시작입니다. 자 갑시다.') 등 게임이나 경기를 개시할 때, 또는 어떤 상황이 점점 재미가 더해질 때, ('흥미진진하네요.') 등의 의미를 갖는다. 무대에서 공연 연습 준비를 하는데 감독이 나타나서 손뼉을 치며, OK, here we go. Everything is all set. 이라고 했다면, (자 자, 이제 시작합시다. 모든 게 준비됐어요.) 라는 의미로 단원들의 주의를 환기시킬 수 있을 것이다.

2021년 중반 Netflix를 통해 TV series 오징어 게임 (Squid Game) 이 세계적인 인기를 끌자, 지난 2021년 10월 6일 미국 TV - The Tonight Show 의 Jimmy Fallon 이 주요 출연자 4명을 화상으로 초청하여 대담프로를 진행하면서 가위바위보 게임을 하는 장면이 있었다. 이 때 이정재와 위하준이 결승에 오르자, 진행자 Fallon 이 Wow, here we go! 라고 흥분된 목소리로 외치는 장면이 나온다. "와, 재미 있어지네요." 라는 의미가 된다. 그리고 이정재와 위하준이 결승하기 전 Fallon 이 다시 한번 Now, here we go! 를 외치는 모습이 또 나온다.

Here we go again! 라는 표현도 쓸 수가 있는데, 이는 There you go again! 처럼 예상했던 뭔가 일어날 때 '또 시작이군!' 이란 의미로 사용된다. (said when something bad starts happening again, or indicate that something is happening again in the way that you expected, especially something unpleasant). 다만 you 가 아니고 we 가 쓰였으므로 나를 포함한 우리 모두를 중심으로 '올 것이 또 오고야 말았군.' 라는 뉘앙스로 이해하고 사용하면 된다.

그리고 again 이 따라오면 부정적 의미를 갖게 된다는 것을 기억하자. (Negative connotation when 'again' is added - not all the time, but most instances)

Teacher : Now, I would like to discuss your behaviour in class yesterday.
(선생님 : 자, 어제 교실에서 했던 너의 행동에 대해 이야기 좀 하고 싶다.)
Bill : (to himself) Here we go again!
(Bill : (혼자 말로) 또 시작이시군.)

Here we go again! They're digging up the road. It's the third time this year.
(또 시작이네요. 저들이 도로를 파헤치고 있어요. 금년 들어 세 번째입니다.)
Here we go again! Another train cancelled. This is getting ridiculous.
(또 시작이군. 다음 기차도 취소됐어요. 말도 안 되는 일이 일어나고 있는 거예요.)
Here we go again! Mom is being passive-aggressive with me for no apparent reason.
(또 시작이네요. 엄마가 분명한 이유도 없이 저를 은근히 무시하며 공격적이에요.)

위 예문에서 나온 passive-aggressive 는 수동적 공격성을 말하는 것으로 직접 대놓고 공격적인 게 아니라 간접적으로 상대방에게 하는 부정적 언행을 의미한다. 특히 직장에서 이러한 passive-aggressive behaviour 로는 상사나 동료의 연락 무시하기, 인사 안 하기, 은근슬쩍 반말하기, 중요한 말 전달 안 하기 등등의 수동적 공격성 행동들이 있을 수 있다. You have really big eyes for an Asian. (아시아인치고는 눈이 정말 크시군요.) 이 말도 언뜻 칭찬 같아 보이지만 은근 passive-aggressive 한 발언이다.

본론으로 돌아와서 또 다른 표현을 살펴보도록 하자.

Here you are. 표현도 있다. Here you go. 와 같은 의미이므로 서로 보완적으로 사용할 수 있다. 준비된 음식을 갖다 주면서 Here you are, sir. Enjoy the meal. (여기 주문하신 음식입니다. 맛있게 드세요.) 라고 하면 된다.

그런데 Here we are. 는 무슨 뜻일까. 우리가 도보나 자동차로 어느 목적지에 도착했을 때, '다 왔습니다.' 라는 뜻으로 Here we are. 를 사용한다. Are we there yet? (목적지 다 왔나요?), Almost there. (거의 다 왔어요.) 그리고 마침내, Here we are. (드디어 도착했습니다.) 라고 말할 수 있다. 그리고 집에서 주문한 생일 케익이 드디어 도착, 배달된 케익을 받아 들고 가족들에게 가져오면서 Well, here we are. Beautiful cake! (여기 케익이 도착했어요. 멋진 케익이네요!) 라고 말할 수 있다. 즉, 뭔가가 도착했을 때도 Here we are. 라는 표현을 쓸 수 있는 것이다. 1960년대 Hit 했던 Sitcom (Situation Comedy) 'The Lucy Show'에 이런 표현들이 자주 등장한다.

또 다른 의미의 표현들을 살펴보자. 한 가정 부부모임 파티에서 김씨 부부가 아직 도착을 안 했다. 그런데 벨이 울리고 두 사람이 집안으로 들어오고 있을 때, Here they are. (그들이 왔군요.) 남자분 혼자면, Here he is. (그가 왔네요.) 하면 된다. (근거리. close to or right next to you)

대형식당의 저녁식사 모임자리이다. 동료 Paul 이 아직 도착을 안 해서 문 쪽을 주시하고 있는데, 그가 멀리 입구에 나타났을 때, 내가 다른 동료들의 주의를 환기시키며, There he is! (폴이 왔다!) 라고 할 수 있다. (원거리. relatively farther away from you)

그럼 여기서 Here he is. 와 There he is. 의 차이는? 그건 위에서 언급한 대로 거리와 관계가 있다. 나의 바로 옆이나 근거리에 있을 때는 Here, 멀리 있을 때는 There 을 쓴다고 생각하면 된다. 예를 들어, 암컷 애완견이 금방 안보여서 찾고 있는데, 알고 보니 바로 내 옆에 있을 경우, Here she is! (여기 있었네.) 하면 되고, 저쪽 길 건너에서 용변을 보고 있는 걸 발견했다면, Oh my God, there she is! (에구, 저기 있구나!) 하면 된다.

그리고 There he is! 가 또 다르게 사용되는 예가 있다. 2022 Qatar World Cup 축구 결승전 France vs. Argentina 경기에서 2-0으로 뒤지고 있던 프랑스가 팀의 최고의 공격수 Mbappe 의 연속 두 골 성공으로 동점을 이루는 순간이 있었다. 첫 골은 페널티골 성공, 이어서 2분후 두 번째는 환상적인 volley (패스 된 공이 땅에 떨어지기도 전에 차는 골)를 성공시켜 프랑스 관중을 열광의 도가니로 만들었다. 이때 TV broadcaster 는 "There he is! He volleyed the ball spectacularly into the net." (역시 음바뻬 선수입니다. 그가 기막힌 발리슛으로 골망을 갈랐습니다.) 라고 외쳤다. 여기서 There he is. 는 '기대했던 그의 진면목이 드디어 나타났다' 라는 의미로 사용되었다. 프랑스는 아르헨티나에 패해 2위에 그쳤지만 Mbappe 선수는 2022 월드컵에서 7골을 기록한 Messi를 제치고 8골을 기록, 최다득골상을 수상했다. (Kylian Mbappe won the Golden Boot Award at Qatar 2022.)

참고로, 물건을 줄 때 Here you are. 또는 Here it is. 도 괜찮은데, 전자는 사람을 중심으로, 후자는 물건을 중심으로 표현한 차이가 있을 뿐 다 좋은 표현이다. 또 식당에서 친구가 안 보여서 찾다가 보니 화장실에서 과음으로 토하고 있는 친구를 발견하고, '너 여기 있었구나.' 는 뭐라고 할까. 이 때는 There you are. 이다. Here you are. 가 아니다. 원했던 사람을 찾다가 발견하고 '여기 있었군요.' 할 때는 모두 There you are! 이다.

우리가 기다리던 버스가 저쪽에서 온다면 뭐라고 할까. Here comes the bus. 하면 된다. 그냥 평이하게 Our bus is coming. 해도 좋다. 친구들끼리 여름철에 해변 펜션으로 놀러 갔는데 그중 두 친구가 산책을 나갔다가 돌아오는 것을 2층 난간에서 내가 보고 다른 친구들에게 Here they come! (쟤들이 돌아온다!) 이라고 말할 수 있다. 집 안 이층에서 외출 준비를 마치고 내려오면서, "저 준비 다 됐어요. 내려가요." 는 어떻게 말할까. "I'm ready now. Here I come." 이라고 하면 된다.

결이 조금 다르지만 서양에서는 길을 걷다가 모르는 사람이라도 서로 웃으며 인사를 한다. 그럴 때 Hi! 도 좋지만 Hi there! 이라고 말하면 좋다. Hi, there! 또는 Hello, there! 처럼 there 을 습관적으로 붙인다. 다만 How are you, there! 이렇게 말하지는 않는다.

Here you go/ Here you are/ There you go/ There you are/ Here he(she) is/ There he(she) is/ Here we go/ Here we are/ Here it is/ There you go again. 이 표현들은 비슷해 보이지만 뉘앙스와 그 내포된 의미들이 각기 다르다. 잘 알고 사용하면 일상 영어회화에 자신감이 한층 더해지게 되는 것은 두말할 필요가 없다.

09 Would you cut me a break this time?

(이번 한 번 좀 봐주시겠어요?)

운전 중 과속으로 경찰 단속에 걸렸을 때, 사정을 이야기하고 한 번 눈감아 달라고 부탁할 때 쓸 수 있는 말이 되겠다. 대체로 호주 경찰은 특별한 경우를 제외하고는 절대 봐주지 않는다. 혹 돈을 주어 무마하려 하지 말기 바란다. 뇌물 공여죄가 추가될 수 있다.

2017년 영화 A Very Country Christmas (YouTube 시청 가능)의 초기 부분에 남자 주인공이자 영화 속 인기 가수인 Zane 이 눈이 오는 지방 도로에서 여성 경찰의 과속 단속에 걸렸다. 대화의 장면을 잠시 보자.

POLICE : Do I even need to ask if you know why I pulled you over?
(내가 차를 세운 이유를 아는지 물어볼 필요도 없겠지요?)

ZANE : Going a little fast, I imagine.
(내가 좀 속도를 냈다고 생각해요.)

POLICE : Fast is putting it lightly, sir. Snow like this and reckless driving gets folks killed. License and registration.
(과속이라고 가볍게 말할 일이 아니고요, 이런 눈 오는 날씨에 무모한 운전을 하면 여러 사람 죽입니다. 면허증과 차 등록증 보여주세요.)

ZANE : Sorry, ma'am. You are absolutely right. Here you go.
(죄송해요. 경관님. 당신 말이 절대적으로 맞아요. 여기 있습니다.)

그런데 면허증을 확인한 여 경관, Zane 이 유명 가수인 걸 알고, 속도위반은 잊어버리고 팬 싸인 받기에 바빠진다. 위반 딱지 떼기는 커녕 서명을 받고 난 후 하는 말.

POLICE : Well, thank you, sir, for making this the very best day of my life. (고마워요. 오늘 내 생에 최고의 날로 만들어 주시다니.)

한심한 경관이 아닐 수 없다. 그러자 Zane 이 이렇게 답변한다.

ZANE : Hey, it's the least I could do for cutting me a break.
(과속을 눈감아 주셨는데 이 정도는 아무것도 아니죠.)

예문이 좀 길어졌지만 이런 상황적 묘사를 통해 이해를 더욱 잘 할 수 있으리라 생각한다. 즉, cut (someone) a break 하면 (누구를) 관대히 봐주다. 풀어주다. 없던 걸로 해주다. 등의 뜻이 포함되어 있다. 영영 사전에는 to be lenient or do something that makes a situation easier for someone else (관대하거나, 누군가를 위해 상황을 더 쉽게 만들어 주는 뭔가의 조치를 취하는 것) 이라고 정의하고 있다.

그런데 한 번 봐달라고 할 때, Please let me off this time, Constable. (경관님, 이번 한번 봐주세요.) 라고도 말 할 수 있다. Let (someone) off 는 (~를 책임, 의무에서 해방시켜주다) 라는 의미를 가진다. 이 때 명사나 대명사는 let 와 off 사이에 오는 게 일반적이다. Constable 은 영.호주에서 경찰을 칭할 때 쓰는 호칭이다. 미국의 officer 와 같다.

참고로 호주 경찰 직급에 대한 표현을 간단히 살펴보면 ;

Constable, Senior constable, Sergeant (경사), Inspector (경위), Superintendent (서장), Chief superintendent (경무관), Deputy Commissioner (부청장), Commissioner (경찰청장) 등으로 대략 형성되고, 물론 중간 중간에 여러 직급과 명칭들이 더 많이 존재한다. 특히 총경인 서장급은 LAC (Local Area Commander) 라고 불리며, 우리 한국처럼 한 지역의 경찰 사령관으로서 경찰 권한을 행사하고 있다.

다음 두 예문을 통해 이 let off 의 쓰임새를 파악해 보자.

1. At first, Kim was suspected of stealing money from the safe, but he was let off after security camera footage showed it was someone else. (처음에 킴이 금고에서 돈을 훔친 것으로 의심을 받았으나, 보안 카메라 장면을 통해 다른 사람임이 밝혀지자 면책되었다.)

2. I was meant to spend the weekend cleaning out the garage, but my wife let me off so I could go on the big fishing trip with my friends. (주말에 차고 청소를 하며 시간을 보낼 생각이었지만, 아내가 내 친구들과 함께하는 대규모 낚시 여행을 가도록 호의를 베풀어 주었다.)

let off 는 이렇게 '봐주다. 어떤 책임에서 면제해 주다.' 라는 뜻 이외에 '차량에서 내려주다' 라는 뜻도 있다. Please let me off at the next bust stop. (다음 버스 정류장에서 저를 내려주세요.) 세 번째로 '뭔가를 발사 또는 방출하다' 라는 의미도 있다.

I heard someone suddenly start letting off shots.
(난 누군가 갑자기 총을 발사하기 시작하는 소리를 들었다.)

The furnace stopped letting off heat last night.
(용광로가 어제 밤 열 방출을 멈췄다.)

앞에서 경찰과 대화 중, 호주 경찰은 운전 면허증만 요구하지만, 미국에서는 대개 면허증과 차량 등록증을 동시에 요구한다. 현재 호주는 경찰이 차량에서 Laser beam 을 Number Plate (차량 번호판)에 쏘면 자동차 등록 여부를 즉시 인식할 수 있게 된다. 이런 면에서 호주 경찰이 미국 경찰보다 한 단계 앞서 가는 게 아닌가 하는 생각이 든다.

처음으로 돌아와서 첫 문장 예를 한 두개 더 들어보자. 자동차 정비소에서 Mechanic (정비사)이 다른 고객과 차별해서 돈을 받자 한 고객이 불평을 한다.

고객 : You cut him a break and charged him much less than me. (저 분은 많이 봐주시네요. 나보다 훨씬 적게 비용 청구를 하시고.)
정비사 : Yeah, because he is a family member of mine, but you're not. (그래요. 저분은 내 가족 일원이고, 당신은 아니거든요.)

깎아주는 건 주인 마음이다. 손님이 이러쿵저러쿵 할 상황은 아닌 것이다.
또 다른 예. 도서관에 책을 오후 3시까지 반환해야 하는데 늦으면 벌금이다. 3시 30분쯤 도착해 반환하는데 도서관 직원이 벌금을 내란다. 이 때 할 수 있는 말.

Come on, cut me a break, will you? I was only half an hour late! (이봐요, 좀 봐주세요. 겨우 30분 늦었는데.)

명령문 뒤에 will you?를 붙이면 말을 부드럽게 만들어 주긴 하나, 아주 공손한 표현법은 아니다. Will you를 문장 앞에 붙이거나, 혹은 Would you 로 시작하면 좀 더 공손한 표현이 되겠다. 미국 드라마 에피소드에 이 두 표현이 다 나온 예를 보자.

[Weeds (2005): Season 1 Episode 9] : Nancy가 대학내에서 마약 전달을 하려다 캠퍼스 보안에게 걸린 상황.

Campus Security : ···Which is why I'm gonna cut you a break. I mean it. If you and your dopehead cohort ever come around here peddling, I am not letting you off again. Get out of here!
(...그래서 당신을 풀어주려는 거야. 잘 들어. 당신과 당신의 마약중독 무리들이 여기서 다시 약을 팔며 어슬렁거리면 다시는 봐주지 않을 거야. 여기서 당장 나가!)

이민 초창기 이야기다. 영어에 서툴었던 지인 한 분이 있었는데, 경찰에 과속하다가 걸렸다. 한번 봐달라는 이야기를 Please look at me once. (한번 날 봐주세요.) 라고 했겠다. 그러자 경관이, I sure do now. (그래 지금 보고 있잖아요.) 라고 하면서 벌금티켓을 발부했다는 일화가 있다. 이번 기회에 '한 번 좀 봐주세요'의 표현을 정확히 익혀 두자. 유사해 보이지만 알아 두어야 할 또 다른 중요한 표현이 있다.

* Give me a break! (말도 안돼! 날 좀 내버려 뒤!)

Give (someone) a break은 한마디로 딱 번역이 곤란하다. 상황에 따라 달라지기 때문이다. 격분(exasperation), 항의(protest), 불신(disbelief)을 표현할 때 쓰는 말이다. 즉, '믿을 수 없어. 말도 안 돼. 이봐, 왜 이래? 좀 봐줘. 나 좀 그만 내버려 둬. 이러지 마!' 등의 의미를 담고 있다. Cut me a break 처럼 단순히 '좀 봐달라'고 하는 느낌이 아니고, 못마땅한 감정을 여과없이 표출하는 말인 것이다.

바쁘지도 않은 한가한 일요일 오후, 시내 Council 주차요원(city ranger)이 가끔 불법 주정차 티켓을 떼는 것을 볼 수 있다. 남의 차이긴 하지만 이런 날에도 꼭 위반 티켓을 떼어야겠냐 라는 뉘앙스로 Give him a break, mate! (좀 티켓 떼지 말고 봐줘라. 친구야) 라고 소리 칠 수 있다.

경기장에서 줄 서서 입장료를 구입하는데 누군가 막무가내로 밀치고 들어오면, Give us a break, buddy! (이봐 왜 이래? 질서를 지켜.) 할 수 있고, 내가 물건을 배달했는데, 물건이 뭔가 잘못됐다고 수신인이 불평을 할 경우, Give me a break. I just deliver the stuff. You can give them a ring and complain about it. (왜 나한테 그러세요? 난 그저 물건 배달하는 것뿐인데. 물건 회사에 전화해서 불만을 접수시키세요.) 등의 다양한 상황에서 사용할 수 있겠다. 다만 항의의 뉘앙스가 들어있는 표현이므로 상황을 잘 구별해서 사용할 필요는 있다.

그저 날 좀 내버려 둬요! 할 때는 Leave me alone! 이란 표현이 있다. 이 표현은 그저 그 말뜻에 충실한 '나 혼자 있게 내버려 둬요.'라는 말 이상도 이하도 아니다. 그러나 Give me a break. 는 그 이상의 많은 의미를 포함하고 있음을 알 수 있다.

다시 말하면, 당신을 괴롭히거나 부당하게 대우하는 걸 멈추라고 말할 때 (to tell someone to stop bothering you or treating you unfairly) 쓰이고, 누군가의 말과 행동에 신뢰가 가지 않거나 역겹다고 말할 때 (to say you do not believe or are disgusted about what someone has said or done) 사용할 수 있는 것이다.

좀 더 예문을 보면 ;

A : Aren't you finished yet? (다 끝내지 않았니?)
B : Give me a break! I only started 10 minutes ago!
(이봐, 왜 이래. 시작한지 10분 밖에 안됐잖아.)

A : He says he went to Harvard.
(그 친구 하버드대 다녔다고 말하던데.)
B : Give me a break! I doubt he even graduated from high school. (말도 안 돼. 그 친구 고등학교나 나왔는지 의심스러워.)

이 모두 상대방의 말도 안 되는 소리에 코웃음치는 통렬한 반박이나 말대꾸 (scoffing retort)의 의미로 쓰인 예들이다. 밤 늦게까지 일하거나 작업하는 사람을 night owl (밤 올빼미) 이라고 흔히 말한다. 따라서 night owl allowance 는 '야근 수당'을 의미한다. 새벽 3시까지 일했는데 팀장인 Ben이 나에게 아침 8시까지 출근하라고 말했다면 좀 황당할 것이다.

BEN : Please come to the work by 8 AM. Okay?
(아침 8시까지 출근해 주세요. 알았지?)
ME : Give me a break, Ben! Is that fair?
(아 진짜. 벤. 그게 말이 되는 소리예요?)

10 기본 원칙을 알고 나면 자신감이 배가 되는 영어 발음법.

영어를 잘하는지 못하는지는 발음에서 판가름 난다고 해도 과언이 아니다. 어휘력과 단어 실력은 좋은데 그리고 문장력도 그리 나쁘지 않은데 발음이 엉망이면 알아듣기 힘들고 소통이 이뤄지기 힘들게 된다. 한국어 발음을 우리와 비슷하게 하는 미국인을 보면 훨씬 친근감이 느껴지고 한국어가 유창한 것처럼 생각되는 법이다. 그러면 언어의 자신감도 크게 향상되게 된다.

이번 시간에는 우리가 영미인들처럼 똑같이 발음을 하지는 못한다 해도 이것만 지키면 발음상 의사소통에 크게 문제가 안 되는, 우리가 흔히 간과하는 중요한 발음 규칙에 대해서 살펴보도록 하겠다. 발음의 한글 표기는 발음 자체에 충실하게 기재하였다.

첫째, L 발음이다. 이 L 발음은 우리 말 ㄹ 이 두 개 있는 것(ㄹㄹ)으로 생각하고 발음해야 한다.

즉, clearly는 '크리어리'나 '클리어리'가 아니고 '클리얼리'이다. Similarly는 '씨미러리'나 '씨밀러리'가 아니고, '씨멀럴리'이다. 전자 사전을 통해 발음을 꼭 들어보도록 하자. 즉, L 하나에 ㄹ 이 두개가 앞뒤로 붙어 다닌다고 생각하면 된다. 이런 예는 수없이 많다. 시드니 Eastern Suburb의 Vaucluse 지역에 유명한 Vaucluse House가 있다. 그 대저택을 둘러싸고 있는 도로가 Olola Ave이다. 발음은 '오로라' 나 '올로라'가 아니고, 원칙에 따라 '올랄러 에버뉴'이다. 발음 강세가 두번째 O에 있다. 그 옆 도로는 Coolong Road인데, 역시 발음은 '쿠롱 로우드'가 아니고, '쿨롱 로운' 으로 해야 정확하다.

그리고 이 L이 맨 앞에서 시작할 때는 그 앞에 (을)이 있다고 생각하고, 이 (을)을 아주 짧게 먼저 발음하면서 시작하면 확실하게 전달된다. 즉, Love는 '러브'가 아니고, '(을)러브'이다. 'I love you'는 '아이러브유.'가 아니고, '아일 러뷰'가 되는 이유이다. 이 때 혀는 반드시 혀끝을 앞 이빨 바로 뒤에 붙였다가 떨어뜨리는 기분으로 해야 한다. 우리 말 '빨래' 할 때, 혀의 위치와 발음을 참고하기 바란다. 혀를 입천장 중간에 붙이면 상대방이 어색하게 이해하게 된다. English 발음할 때, 혀를 입천장 가운데에 붙였다 떼면, '잉걸리쉬'가 된다. 정확한 발음이 아니다. 앞 이빨 바로 뒤에 붙였다 떼면, '잉그을리쉬'가 되는 것이다. 강세가 '잉'에 있으며, 빨리 발음한다. '잉그리쉬'가 절대 아니다. 예를 더 들어보자.

Lemon(을)레먼. How long ('하우롱'이 아니고 '하울롱'), 호주 중부에 있는 유명한 국립공원 Uluru (울러루) National Park, '우루루'가 아니다. 강세는 ru에 있다. Let me tell you. (을)렛미텔류. 이 L이 나올 때마다 혀를 앞 이빨 뒤에 잠깐이라도 대었다가 떨어뜨려야 된다는 걸 잊지 말자. 한국 TV 스포츠 뉴스에서 뉴스 앵커들이 흔히 '오늘의 하이라이트 (Highlight. 최고의 장면)'라고 흔히 말 하는데 서구인들은 하이라이트 하면 알아듣지 못한다. '하일라잇ㅌ'라고 강하게 발음해야 하다. Headlight (헤들라잇ㅌ), Ambulance (앰브란스→앰뷸런스)

L이 끝에 오는 경우도 같은 원칙이 적용된다. 대개 (모음+L)로 끝날 때, sail(쎄-열), meal(미이-열), appeal(어피-열), bill(비-열) 등으로 발음된다. 참고로 sail 과 sale 은 발음이 동일하다. 그리고 물론 필자가

쓴 저 한글 발음 그대로 읽어선 안된다. 거기에 가깝게 발음된다는 뜻이다. L이 단어의 끝에 올 때도 혀를 반드시 앞니 뒤에 대었다가 떨어뜨려야 한다. Tell me about it. (테열미 어바우릿ㅌ)

두 번째, S 발음. 우리말 ㅅ(시옷)과 같으므로, 별 문제가 없어 보이나 정확히 알아 두어야 할 사항이 있다. 즉, [S + 모음]으로 시작하면 이 S는 우리말 쌍시옷 (ㅆ)으로 반드시 발음해야 한다. salt는 소올트가 아니고, 쏘-올ㅌ. 장음으로 약간 길게 그리고 트는 약하게 발음한다. science (싸이언스) 여기서 c는 묵음. Saudi Arabia, savage, south, (싸우디 어레이비어, 쌔뷔쥐, 싸웃ㅆ) 모두 S 다음에 모음이 왔기 때문에 쌍시옷 발음으로 시작한다.

우리 기업 쌍용차를 보면 차 로고로 Ssangyong 으로 표시되어 있는데, 회사의 공식로고로서 그렇게 썼다면 이의를 달 일은 아니지만 발음상으로만 본다면 이때 S는 하나면 충분하다. 위 원칙에 따라 서구인들은 S를 하나만 써도 '쌩용'으로 발음한다. 강세가 있는 a는 우리의 강한 '애' 발음에 해당한다. Samsung 은 어떻게 발음할까. 영미인들은 위 원칙에 따라 백퍼센트 '쌤썽'으로 발음한다. S가 중간이나 뒤에 올 경우는 ㅅ 하나로 발음한다.

S 의 또 다른 원칙 : S + 격자음 (k, p, t) 이 오면, S는 쌍시옷이 아닌 단 시옷 (ㅅ)으로 발음하되, 뒤에 오는 크, 프 , 트, 등은 ㄲ, ㅃ, ㄸ로 즉, 격음으로 발음한다. 예를 들어보자.

Sky (스카이→스까이), Sty (스따이) – 돼지우리, spy (스빠이), stem cell (스템 쎌)– 줄기 세포, stay (스떼이), ski (스끼이), Scandal (스깬

덜), school (스꾸울) 등등 이런 예는 아주 많다.

세 번째, M 또는 N 은 철자가 두 개 이상 나와도 ㅁ, ㄴ 한 자음으로 발음한다.

Summer time (썸머 타임 X→써머 타임 O). Immature (임머츄어 X →이머츄어 O) - 미성숙한. 그룹 ABBA곡들로 각색된 뮤지컬 영화 Mamma Mia! (마마 미어) '맘마미아'가 아니다. 한국어 공식명칭은 맘마미아! 로 되어 있지만. 서양 사람들이 사용하지 않는 발음을 굳이 한국식으로 맘대로 써서 공식화한 사례인데, 새로 자라나는 어린 세대들에게 잘못된 정보를 주입하는 것이나 다름없다. Mammoth (맘모스 X→매머쓰 O)

과거 NSW 주 노동당 당수로서 2005-2008년까지 주 수상 (Premier)을 지낸 Morris iemma란 분이 있다. (독자들이 L소문자와 혼동을 피하기 위해 surname의 첫 자를 일부로 i 소문자로 썼다.) 이분의 이름을 당시 시드니 한인 지역신문들은 매주 '모리스 이엠마' 란 이름으로 기사를 쏟아 냈었다. 필자가 한 언론사에 발음의 오류를 지적했더니 모든 매체가 '이엠마'로 통일했단다. 어이가 없었다. 현지 사람들이 쓰지 않는 발음을 신문에 3년간이나 지속적으로 게재(揭載)하면 교민들은 호주 사람들과 이야기할 때 '프리미어 이엠마, 이엠마' 할 것 아닌가. 절대 못 알아듣는다. 당시 시드니 TV, 라디오 방송들은 주 수상 이름을 '모리스 예마'로 호칭했었다.

2차 세계대전 당시 북아프리카에서 명성을 떨쳤던 독일 장군 Erwin Rommel 이란 분이 있었다. 사막의 여우(Desert Fox)라는 별명도 가진 이 분은 흔히 우리가 '롬멜' 장군이라고 칭하지만, 올바른 발음은 '어-윈 라멀' 장군이다. 각종 2차 세계대전 다큐멘터리를 보면 바로 확인할 수 있을 것이다. 그리고 영국 출신의 유명한 여배우 Emma Thompson (1959년생) 은 '엠마 톰프슨' 이 아니고 '에머 탐슨' 이다. YouTube 등에서 영화 내용 소개하는 영상을 보면, 한국 해설가들이 '그리고 엠마는..', '엠마가 어쩌고 저쩌고' 하는데 무척 듣기 거북하다. 왜 발음을 제멋대로 구사하는가. K-문화 선진국 답게 영어의 발음도 이젠 제대로 해야 한다.

N도 마찬가지이다. N이 두개 이상 나와도 ㄴ 하나로 발음한다. Manny (남자 보모)의 발음은 '맨니'가 아니고, '매니'다. Many (많은)는 '메니' 로서 매니의 '매' 처럼 강하게 발음하지 않는다. 여성 보모는 물론 nanny (내니) 이다. innovate (혁신하다)은 '인노붸잇' 이 아니고 '이너붸잇' 이다. '이'에 강세가 있다. AD 2022 (서기 2022년) 에서 AD는 라틴어 Anno Domini (주님의 해) 라는 뜻의 약어이다. 발음을 굳이 한다면 어떻게 될까. '안노 도미니' 가 아니다. '애노우 다머니-' 이다. 이렇게 여러 번 발음을 강조하는 이유는 언어는 현지 원어민들이 하는 대로 하는 게 맞기 때문이다. 마치 전라도는 우리가 '절라도' 로 흔히 발음하는데 굳이 전.나.도.하면서 어렵고 틀리게 발음하면 되겠는가. 언어는 소통의 도구이다. 그래서 원어민들이 하는 대로 따라하면 된다.

네 번째, TR, DR 발음. t 나 d 다음에 r 이 오면 '트르, 드르'가 아니고 '츄루, 쥬루' 로 발음한다.

true (트루→츄루), dream (드림→쥬림), try (츄라이), trumpet (츄럼핏), tree (츄리), trip (츄립), travel (츄래뷀), train (츄레인), drink (쥬링

크), drama (쥬라머), drum (쥬럼), draw (쥬로). 예는 수없이 많다. 원칙만 지켜주면 문제될 게 없는 것이다.

다섯 번째, 다음 사항은 미국과 영국이 좀 다른데 미국식 발음은 다음과 같다.

T+모음+N 형태가 되면 '은' 발음의 비음이 들어가는 게 특징이다. eaten (잇-은), button 은 '버튼' 이 아니고 '버엇-은', cotton (캇-은), gotten (갓-은), Manhattan (맨햇-은), certain (써엇-은)으로 빨리 발음한다. 이러한 발음을 glottal stop (성문(聲門) 닫기) 라고 하여 목구멍의 입구를 순간 닫았다가 여는 방식이다. 즉 t와 뒤에 오는 모음 사이를 순간적으로 닫았다 여는 방식인 것이다. 그러나 영국식 발음은 '버튼, 카튼, 맨해튼' 식으로 그대로 발음한다. 본인 스스로 똑같이 발음하진 않아도 미국식 원어민의 발음을 알아듣고, 구분할 줄은 알아야 한다.

여섯 번째, count (수를 세다. 중요하다), counsel (상담하다)의 발음은 (카운트, 카운슬) 이 아니고, (캬운트, 캬운셀~)이다. co로 시작하는 단어의 첫 발음은, '카' 가 아니고 '캬' 인 것에 주의하자.

counter (캬운터), countdown (캬운다운-초읽기), countable (캬운터블-셀수있는), county (캬운티-군.읍) 등이다. 미국 LA에 한인들이 많이 거주하는 Orange County 라는 곳이 있는데, 이곳의 발음은 '아린쥐 캬운티'로 발음한다. 맨 앞 O 는 입을 크게 벌린 '오' 발음으로 '아'에 가깝다. 그런데 accountable (책임있는), bank account (은행구좌), accountant (회계사) 등에서 co의 발음은 어떻게 될까. 앞에 Ac가 어두로 왔을 때는 발음의 순리상, 어카~ 로 발음된다. 즉 '어카운터블, 뱅크어카운트, 어카운턴트' 등으로 발음한다. Country (지역. 지방. 나라. 국가)의 발음은 어떻게 될까. 이 때는 강한 '어' 발음으로, '어'와 '아'의 중간 발음이다. 그리고 tr 발음 원칙이 적용되어 '컨츄리' 이다.

발음을 공부하는 시간이지만 count과 관련된 표현 두 가지만 알고 넘어가자. 첫 번째는, **It's the thought that counts.** (마음이 중요한 거지.) 누가 나를 생각해 성의껏 선물을 했는데 열어보니 내가 별로 좋아하지 않는 것이었을 때, '성의가 고맙지 뭐, 생각해 주는 마음이 중요하지.' 하며 위로하고 넘기는 말이다. 여기서 count는 '중요하다'라는 뜻이다. 직역하면 '중요한 것은 생각이다.' 니까 그 의미를 알 수 있으리라. 여기서 '캬운츠' 라고 발음해야 하고 그래야 발음이 부드럽게 된다. 또 하나, **Don't count your chicken.** (김치국 마시지 마.) 이 때도 캬운트로 발음한다. 원래는 Don't count your chicken before they hatch. (부화하기 전에 닭을 세지 마라.) 인데 줄여서 자주 사용된다.

일곱 번째, 영어의 모음 발음의 경우, a는 강세 (stress) 가 올 경우 입을 크게 벌린 '애'로 발음한다. 예) apple (애플), animal (애너멀). 그리고 O 의 경우 강세가 있으면 '아'에 가까운 '오' 발음을 하는 게 일반적이다. 예) Ottawa (캐나다 수도)는 '오타와'로 흔히 칭하지만 미국사람들은 '아라와'로 발음한다. T나 d는 두 모음 사이에서는 연음법칙에 의해서 r 발음으로 변한다. 이를 유화(宥和)현상이라고 하는데 한자 뜻 그대로 부드럽게 해준다는 말이다. 예. I have to go. → I gotta go. (아이 가라 고우). gotta에서 o에 강세가 있기 때문에 발음이 '아'로 바뀐다. 연음법칙의 연장선상에서 s 가 단어 끝과 처음에 연속해서 나올 때는 하나를 생략하고 발음한다. bus stop (버스땁), gas station (개스떼이션), 유사하게 with that (위댓)도 마찬가지로 하나를 생략한다.

그리고 a,e,i,o,u 이 모음들은 강세가 없을 때는 거의 다 '어 (ə)' 발음으로 변한다. 영어에서 강세가 없는 음절에 있는 약모음(ə)을 문법 용어로 schwa (쉬와-)라고 하는데, 이 약모음 schua (ə)는 발음을 아주 약하게 하기 때문에 거의 들리지 않는 경우도 많다. 영화배우 Nicole Kidman 은 우리가 흔히 '니콜 키드먼'이라고 발음하지만 원어민은 '너콜 킨먼', 이라고 하고, 심지어 빨리 발음할 땐 '콜킨먼'으로 들린다. animal (애너멀), Barbara (바버러). a다음에 r 또는 h가 오면 '애'가 아니라 '아'로 발음한다. Alabama (앨러배머) - 이 경우는 강세가 첫 번째 a 와 세 번째 a 두 군데에 있다. celebrate (쎌러브레잇ㅌ), respiratory (레스퍼러터리 -호흡기의). 두 단어 모두 처음 e에 강세가 있다. 강세가 없는 모음들은 거의 다 이 '어(ə)' 발음 즉, schwa 로 약하게 바뀐다는 것을 알 수 있다. Foreign 란 단어는 어떨까. '포어린'이 아니고 '포어런'이다. 여기서 g는 묶음.

여덟 번째, -ntly로 끝나는 부사어에서 미국식 발음으로는 t가 묵음 처리된다. recently (뤼쓴을리), frequently (프리퀀을리)가 대표적. 그리고 - tely 로 끝날 때 역시 t가 묵음 처리되며 [을리] 발음나는 중요 부사들이 있다. lately (레잇을리), absolutely (앱썰룻을리), definitely (데퍼넛을리), unfortunately (아쉽지만. 안타깝게도. 언포춘넛을리), approximately (대략. 어프락시밋을리) 등이다. empty (엠티), prompt (프람트) 여기서는 p 발음이 뭉개지는 현상이 일어난다. 유사하게 모음과 모음 사이에 nt 가 끼어 있으면 t 가 묵음처리 된다. 물론 미국식 영어에서이다. Internet (이너넷), international (이너내셔널), wanted

(워닛), center (쎄너), printer (프뤼너) 영국 및 호주식에서는 t 발음을 그대로 발음한다. 다만 미국식 발음을 알아들을 수 있어야 하겠다.

끝으로 미국식 발음과 다른 호주식 발음의 차이점 중의 하나는 호주에서는 R의 떨림 발음을 하지 않는다. 미국식은 water 를 (워터~ 또는 워러~) 하면서 혀를 굴리나, 호주에서는 그저 단순히 '워타' 하고 만다. Center (호주: Centre) (센타), Prime Minister (프라임 미니스타) 등이다. 또 here 은 미국식은 (히어ㄹ~) 하고 굴리지만, 호주에서는 '히야' 하고 만다. Come here! 미국은 (컴 히-얼~), 호주에서는 '컴히야'다. 같은 언어라도 지역에 따라 발음도 제각기 다른 방식으로 바뀌어 쓰여지는 건 비단 영어만은 아닐 것이다.

[English Humor with Double Meaning]

* The wedding was so beautiful. Even the cake was in tiers!
(결혼식이 아주 멋졌어요. 심지어 케잌도 여러 층으로 된 케잌이었어요.)

여기서 to be in tiers 는 a tiered cake 를 의미한다. 여러 단을 이룬 큰 케잌인 것이다. 그런데 발음이 같은 tears 를 사용하면 to be in tears 는 (to cry) 눈물을 흘리는 것을 말한다. 즉 결혼식에 감동해서 케잌 조차도 눈물을 흘렸다는 의미도 된다. 참고로 cake 의 한국어 표준 표기법은 케이크이다. 영어 원어민 발음법과는 동떨어진 소리 표기법이지만 원칙은 그렇다.

11 It's the least I can do.

(그 정도는 제가 해드려야죠.)

위표현을 직역하면, '제가 할 수 있는 최소한의 일을 했을 뿐입니다.' 이다. 말 그대로 내가 할 수 있는 최소한의 일인 것이다. 즉, 대단히 크게 한 일도 아니다 라는 겸손의 표현이다. (the very minimum someone should do).

예) 애완견을 가까운 이웃에 맡기고 여행을 다녀온 후 그 고마움에 성의를 표현 후 나눈 대화다.

A(이웃) : Thank you so much for the lovely card and wonderful bottle of wine. (예쁜 카드와 귀한 와인을 주신 데 대해 매우 감사드려요.)
B(나): It was the least we could do, after you looked after our dog while we were away.
(우리 없는 동안 우리 개를 잘 돌봐 주신 데 대한 최소한의 성의일 뿐입니다.)

여기서 could, can 어느 것도 다 좋다. can 은 현재 지금 상황에서 말하면 좋고, could는 어느정도 과거 일이나 가정법의 의미가 들어 있을 경우 사용하면 더 적절할 것이다.

1960년대 중반 미국의 인기 sitcom, 'The Lucy Show'의 한 에피소드 중에 주인공 Lucy 와 Vivian (Viv.) 이 등장하는데, 이혼한 Vivian 이

Lucy 집에 렌트비를 내고 room share 를 하며 같이 살고 있는 설정이다. Vivian의 전 남편 Ralph 가 이혼수당, 즉 부양금 (Alimony. 앨러모우니)을 Vivian에게 제때 지불하지 않아 집세를 못 내고 있는 형편. 그러자 Lucy 가 한마디 한다.

Viv. : Ralph is three months behind with my alimony.
(랄프가 나에게 줄 부양금이 3개월이나 밀렸어.)

Lucy : With that pittance Ralph gives you, the least he could do is pay it on time.
(랄프 그 친구 말야. 그 쥐꼬리만한 돈 주면서, 최소한 재때에는 좀 주어야 하는 거 아닌가.)

VIV : Yeah, it's the least he could do.
(맞아. 최소한 그래야 하는데 말야.)

[Pittance (피튼스) : 소량. 적은 생활비]

　　Lucy 말을 직역하면, '랄프가 당신에게 주는 그 적은 생활비의 경우, 그가 할 수 있는 최소한의 일은 제때에 (on time) 그걸 지불하는 것이다.' 이므로, 우리 말의 자연스러운 표현이 위처럼 번역된다. 우리가 뭔가 불만을 이야기할 때의 영어적 사고 방식의 표현이므로 the least someone could do의 활용법을 간과하지 말아야 한다. 즉. '그 정도는 (주어)가 해야 하는 거 아닌가.' 라고 말하고 싶을 때 사용하면 되겠다.

　　최근 주변에서 들은 이야기다. 필자도 잘 아는 어느 식당에서 일을 열심히 잘 해왔던 주방 청년(Mick)이 주방 선배의 갑질을 못 견디고 사직서를 제출했다고 한다. 가게를 여러 채 소유하고 있는 사장(Ben) 한데 불만을 조심스럽게 제기했으나 별 조치를 취하지 않자 결국 참지 못하고 결정을 내린 것이다. 늦게 Mick을 붙잡았지만 그를 돌이키기에는 너무 늦었다. '벤을 위해 그렇게 큰 기여를 해왔던 걸 고려해 볼 때, 최소한 그 친구의 어려움과 불만에 미리 귀를 기울여 줬었어야 하는 거 아냐?'를 영어로 어떻게 표현할 수 있을까.

Given the great contribution he had made for Ben, the least Ben could do was to listen to his hard time and complaints proactively. 혹은
Given the great contribution he had made for Ben, Ben should've listened to his hard time and complaints proactively.

[should have +PP (~했었어야 한다.) 그런데 그렇게 하지 않아서 아쉽다라는 뜻.]

우리말의 의문문이라고 반드시 영어로 의문문을 만들어야 한다는 법은 없다. 그 반대도 마찬가지이다. 의사 전달이 중요한 것이다.

그런데 여기 문장에서 Given~으로 시작하는 명사절이나 구는, 'Given~ 이하를 고려해 볼 때', (taking something into account, considering a particular thing)라고 해석되며 또 그렇게 영작에 사용하면 유용하다. 여기서 Given은 전치사 (proposition) 로 사용된 점에 유의하기 바란다. 그래서 뒤에 명사나 명사절을 동반하는데 대개 the fact that이나 that으로 이끌리는 명사절을 만든다. 신문, 인터넷 기사, 각종 공식 서신 등에서 자주 등장하는 대단히 중요한 영작 표현법이다. 몇몇 예문을 보며 공부해 보자. 바로 다음 문장은 시드니에서 최근 접수된 어느 고소 사건에 대한 경찰 조서의 결론 문장이다.

"These actions and comments do not constitute a criminal offence *given the circumstances.*"

(여러 상황들을 고려해 봤을 때, 혐의자의 이러한 언행들은 범죄 혐의를 구성하지 않습니다.)

Given the circumstances, you've done really well.
(여러 상황들을 고려해 봤을 때 당신은 정말 잘해왔어요.)

Given the number of people we invited, I'm surprised so few came.
(우리가 초대한 사람들의 숫자를 고려해 봤을 때 극소수의 사람들만 참석한 게 놀랍습니다.)

Given the uncertainty over his political future, I believe the time has come to make a decision about what he has to do.
(그의 정치적 미래에 대한 불확실성을 고려해 볼 때, 그가 어떻게 해야 할지에 대한 결단을 내려야 할 시기가 왔다고 난 봅니다.)

Given the current situation, I don't think that's possible.
(현 상황을 고려해 봤을 때, 난 그게 가능하다고 보지 않아.)

Given a value of 3 for A, what is 5 times A?
(A에 3의 값을 주게 된다면, 5 곱하기 A는 뭐가 될까요?)

Given the fact that the work was done under bad conditions, she has done very well.
(그 일이 나쁜 조건하에서 진행됐다는 사실을 고려해 봤을 때, 그녀는 그 일을 아주 잘 수행했어요.)

Given 으로 이끌리는 여러 전치사구의 표현을 살펴봤는데, 그 쓰임새가 어렵지 않다. 평상시 대화에서나 문장 등에서 적절하게 사용하면 의사 전달을 용이하게 할 수 있게 된다.

처음으로 돌아와서 The least I can (could) do 의 예를 좀 더 들어보자. 주어로 I 대신에 you, he, she, they 등의 여러 인칭 대명사가 모두 올 수 있다.

I know you're angry with him, but he seems like he really wants to make amends. The least you could do is hear him out.
(그에게 화나 있다는 것은 아는데, 그 친구 정말 고치길 원하는 것 같아. 그러니 최소한 그의 말을 끝까지 한번 들어봐 줘라.) [hear (someone) out: (누구) 말을 끝까지 들어주다.]

A : Thank you for cleaning up the house.
(집 안 청소해줘서 고마워.)
B : It's the least I can do, seeing as I'm staying here rent-free.
(집세도 내지 않고 머물고 있는데 이 정도는 해야죠.)

더한 것도 해드려야 하는데 그러지 못해 아쉽다는 뉘앙스가 포함된 공손한 답변인 것이다. (A polite answer to someone who thanks you, usually when you feel you should do more to help)

Salsa 춤을 주제로 한 영화 Cuban Fury (2014)에서 보면 주인공 Julia 가 주택가를 서행 운전하던 중 음악테이프에 한눈을 팔다 그만 자전거 타던 회사 동료 Bruce 를 치는 사고를 일으킨다. 경미한 사고였지만 수

습 후 미안한 마음에 Bruce 를 집까지 차로 데려다 주며 이렇게 말하는 장면이 나온다.

You're alive. I mean, I hit you with my car. The least I could do is give you a ride home. (살아나셨네요. 제 말은 내가 당신을 쳤으니, 최소한 제가 집까지는 데려다 드릴게요.)

나만의 상황을 생각해 보고 이 표현법을 이용한 문장을 만들어 보자. 만든 표현은 여러 번 반복해서 내 입에 익숙하게 낭독해 본다. 영어의 유창함은 입의 숙달과 밀접한 관계가 있다. 눈으로만 읽어선 발전의 속도가 느리게 된다.

＊ Tell me about it. (누가 아니래. 그러게 말야. 내 말이!)

이 표현은 반어적인 표현이다. 상대방의 말 끝에 반응하며 '그 점에 대해 나에게 말해 봐' 라고는 했으나, 실제로는 '나도 이미 잘 알고 있어, 굳이 나에게 말 안 해도 돼' 라는 강한 긍정 및 공감의 표현인 것이다. 다시 말하면 '나도 과거 경험했기 때문에 네가 무슨 말을 하는지 잘 이해한다' 라는 의미가 함축되어 있다. (I understand what you're talking about as I have experienced it myself.)

Tell me about it. Some days, I get as many as 10 or 20 spam emails. (말도 마라. 어떤 날은 나도 열 통 또는 스무 통이나 되는 광고메일을 받는다니까.)
[spam mail : (스뺌 메-열) (일방적으로 보내져 오는 광고 등) 불필요한 이메일]

A : The traffic today is absolutely terrible.

(오늘 교통 진짜 최악이네.)

B : Tell me about it.

(에구, 누가 아니래.) – [즉, 그 말에 매우 공감한다라는 의미.]

A : He's driving me crazy with his stupid jokes.

(그 사람 말도 안되는 농담으로 날 미치게 하네.)

B : Tell me about it. He must be really stupid.

(그러게 말야. 정말 바보아냐?)

영화 An Evergreen Christmas (2014) 에서 보면 중반에 주인공 Evie 와 Adam 이 잠시 대화하는 장면이 나온다. Evie 는 가수 지망생으로 LA 에서 바삐 활동하던 중 농장을 운영하던 아버지의 갑작스런 죽음으로 남친과 함께 집을 방문 중이고, Adam 은 Evie 의 어릴 적 고향친구로서 대학에서 법을 공부한 후 최근 변호사 시험에 합격한 상태다. 그 사이 용돈을 벌기 위해 카페에서 알바도 하고 있던 상태.

EVIE : I cannot believe I am back here.

(내가 고향에 온 게 믿어지지 않아.)

ADAM : Tell me about it. I didn't think you'd ever come back.

(내 말이. 네가 돌아올 거라고는 생각지도 않았거든.)

EVIE : Well, I certainly wasn't going to stay around and be a young bride with…

(근데, 확실한 건 난 고향에 머물며 그저 …와 어린 신부나 될 생각은 없었거든.)

어깨를 툭 치며 친구의 말에 공감하면서 맞장구를 치는 장면을 상상하면 이 Tell me about it. 의 의미를 더욱 잘 이해하게 될 것이다.

12 물먹는 하마에 비유되는 왕성한 식욕 : He is eating her out of house and home.

이 표현은 누구네 집에서 누군가가 많은 음식을 먹어 치울 때 사용하는 관용적인 표현이다. 즉, Eat (someone) out of house and home. '(누구네 집) 음식을 다 먹어 치우다. 엄청 먹어 남아나는 게 없다.' 영어로는 (To consume a great deal of someone's food) 이다. 우리말에도 (누구 집) 음식을 '뽕빨내다' 라는 은어적인 표현이 있는데, 이 '뽕빨나다'의 표현은 국어사전에 원래 도박판에서 본전(뽕)이 다 털렸다 라는 의미로 쓰였다고 한다. 전부 상대에서 털린 게 '뽕빨나다' 라면, 뽕빨내는 것은 상대방 음식이든 뭐든 다 털듯 취해 버리는 것이 되리라. 어느 정도 영어의 뜻과 부합한다고 볼 수 있다.

물론 이런 표현을 풀어서, He eats a lot of food to the extent that nothing is left at her home. (그가 엄청 먹어 치워서 그녀 집에 남아 나는 게 없어요.) 정도 표현할 수 있을 것이다. 하지만 영어의 관용적인 표현이 주는 그 언어의 풍미는 풀어서 설명하는 것과 비교가 안된다. 마치 서양사람이 "그렇게 낭비하면 집안 기둥뿌리 빠지겠어요."라고 '기둥뿌리'를 언급했다면 그 한국어 수사력에 놀랄 것이다. 그런 언어의 세련됨을 느끼게 하는 게 관용 표현인 것이다. '기둥뿌리 뽑다'는 그 '근본을 망하게 하다' 라고 사전에 나와 있는 좋은 우리말 표현이다.

Kim may be tiny, but she has a big appetite, so don't be surprised if she eats you out of house and home. (킴은 작으나 식욕이 엄청나요. 그래서 당신 집에서 많이 먹어 치워도 놀라지 마세요.)

Mrs. Baker complains that her three teenagers are eating her out of house and home. (베이커 여사는 그녀의 세 십대 자녀들이 얼마나 먹어 치우는지 모른다고 불평한다.)

여기서 out of house and home 이란 표현법이 흥미롭다. 흔히 영어 표현에 남자는 house(집)을 만들고, 여자는 home(가정)을 만든다 라는 말이 있는데, 그가 얼마나 먹어 치우는지 그녀를 집과 가정 밖으로 쫓아낼 정도로 먹어 치운다 라는 의미가 함축된 느낌이 있어 재미있다.

미드(미국 드라마) 중에서 2004년부터 시작해 8 seasons 에 걸쳐 2012년까지 방영해 큰 인기를 끌었던 Desperate Housewives (위기의 주부들)가 있다. 4명의 주부들이 한 주택가 도로에 같이 이웃으로 살아가면서 일어나는 각종 사건들을 흥미롭게 그려낸 romantic, thriller drama이다. 그 중 Season 1, Episode 4 (4화)에 보면, Huber 부인이 Susan 과 대화 중 'Edie is eating me out of house and home, using up my hot water. (이디가 얼마나 음식을 먹어 치우는지 남아 나는 게 없네. 뜨거운 물도 다 써버리고.) 하면서 불평을 쏟아내는 장면이 나온다. use up 하면 '뭔가를 남기지 않고 다 써버리다' 라는 뜻이다.

He is eating me out of house and home.
(그 친구 엄청 먹어대니 우리 집 음식이 남아 나질 않아요.)

참고로 TV 드라마나 스포츠 경기 등이 한 해 어느 시점에서 시작해 어느 시점에 끝나는 방송기간이나 스포츠 활동기간을 시즌 (season) 이라고 부른다. 미드의 경우 대개 9, 10월에 시작해서 그 다음해 4, 5월에 끝난다. 그 기간이 1 season 이다. 그러므로 8 season 이라고 하면 8년에 걸쳐 방영이 됐다 라는 의미이기도 하다. 대개 인기 드라마나 sitcom 들이 당해 년도 10월경에 시작해서 다음 해 4월경에 마무리되는 이유는 아무래도 겨울철 비활동기에 시청자들이 TV 앞에서 더 많은 시간을 보내기 때문으로 보인다. 또 높은 시청률은 곧 광고비와 연결되니 중요하다.

[English Humor with Double Meaning]

* **Did you hear about the two guys who stole a calendar? They got 6 months each.** (달력을 훔친 두 사람에 관한 소식 들었어요? 그들은 각각 6개월 형을 선고받았어요.)

여기서 핵심은 get 동사. get + time 은 '형을 살다 (go to jail)' 라는 의미가 된다. 두 사람은 달력 하나 훔친 죄로 각각 6개월씩 복역했다는 것인데, 또 다른 의미로는 달력에는 12개월이 있는데 각각 나눠서 6개월분씩 달력을 나눠 가졌다는 뜻도 된다. Nonsense 같은 의미지만 이중적 의미가 들어 있다.

13 He is a real piece of work.

(그 친구 완전 밥맛이야.)

이번의 표현은 a piece of work 이다. 대개 주어가 물질 명사가 될 경우엔 a piece of work 은 '하나의 작품'이란 뜻이지만, 주어가 사람이 될 경우엔 전혀 다른 뜻이 된다. 즉 대단히 유별나고, 괴팍하고 (eccentric), 불유쾌한 (unpleasant) 사람을 지칭해 a piece of work 이라고 한다. '불쾌한, 싫은, 역겨운, 밥맛인 사람'을 말하는 것이다.

보통 상식을 벗어나 불쾌하고, 못되게 행동하는 사람은 다 a piece of work 이라 할 수 있다. 보통 직장에서 보면 일부 갑질하는 상사들이 있다. 국적을 막론하고 이런 사이코 (psycho : 정신병 환자) 인간들이 어디나 있게 마련이다. 육체적 고통은 참아도 정신적 고통은 참기 어려운 게 사람이다. 이런 류의 사람들이 a piece of work 이다.

Boy, our new boss is a real piece of work.
(야, 우리 신임 사장 정말 밥맛이야.)

My boss is always yelling at me and putting me down. He is a real piece of work.
(내 보스는 항상 내게 소리지르고 날 바보로 만들고, 정말 역겨워 죽겠어.)

Put (someone) down 은 누구를 '무시하다. 망신을 주다' 라는 뜻. 다시 말해서, to make someone feel foolish and unimportant (누구를 바보처럼 그리고 하찮게 느끼게 하다.) 라는 뜻을 가진 구동사이다.

A piece of work 하면 그저 함께 있기에 불편하고 불쾌한 사람이라고 생각하면 맞다. (Usually he or she is just an unpleasant person to be around)

미드 Desperate Housewives로 다시 돌아와서, Susan의 뼈아픈 비밀을 알고 있는 Huber 부인이 그 비밀을 지켜주는 조건으로 Susan에 대해 은근히 이것 저것 금전적 요구를 하면서 부드러운 협박이 이어지자, 참다 못한 Susan이 Huber 부인을 대면해 한마디 쏘아붙인다.

SUSAN : You're a piece of work. Do you know that?
(당신 밥맛이야. 알아요?)
HUBER : Oh, Susan, let's not be unpleasant.
(오, 수잔, 불쾌하게 굴지 마.)
We can go back to the same friendly relationship we've always had. (우리 과거 항상 그래왔던 것과 같은 우정의 관계로 돌아가자.)

We can go back to… 긍정으로 시작하는 제안이나 완곡한 명령법을 이해할 필요가 있다. 즉, '우리 전과 똑같은 우정관계로 돌아갈 수 있어.' 이런 말이긴 하지만 상대방을 배려한 완곡한 Let's go back to… 과 같은 의미로 해석하는 게 더 적절하다.

여기서 필자가 사용한 우리말 '밥맛'은 '됨됨이가 눈에 거슬리고 밉살맞아 상대할 마음이 없는 사람을 비유적으로 이르는 말'이라고 사전에 정의되어 있다. 즉, 영어의 A piece of work 과 딱 들어맞는 표현이다. 이 밥맛이란 우리 말이 그 본질의 의미와 다른 이런 뜻으로 사용되리라는 것을 한국어를 배우는 서양 사람들은 상상이나 할 수 있을까. 언어의 묘미를 새삼 느끼게 한다.

그리고 비슷해 보이지만 다른 의미의 관용표현이 또 있다. It's a piece of cake. 인데 이는 '한 조각의 케익이다.'라는 말이 아니고 '그건 누워서 떡 먹기야.'라는 뜻이다. 뭔가 무척 쉽다는 말을 할 때 사용된다.

끝으로 real 은 구어체에서 really 대신에 부사적으로 흔히 사용된다. He is a real idiot. (그 친구 정말 바보야.) 등으로 쓰이는데 특히 명사 앞에서 real 로 더 자주 쓰인다. 그 외에 real 은 부동산의 뜻으로 real estate처럼 쓰이고, 숫자를 나타낼 때는 실수나 정수를 나타낸다. 즉, real number (정수)는 소수점을 포함하지 않는 일반 숫자를 말하는 수학용어이다. 덧붙여서, 사전을 찾아볼 때 한 단어의 뜻만 찾아 이해하면 반쪽의 실력만 갖게 된다. 조금 시간이 걸리더라도 단어 전반의 뜻을 한번 다 훑어보는 습관이 중요하다.

예를 들어 item 하면 흔히 '물품. 품목. 항목' 등등을 뜻하는 일반 명사로만 알고 있다. 그러면, They're not an item any more. 하면 무슨 말일까. 여기서 They 는 물건이 아니라 사람을 가리킨다. '그들은 더 이상 물품이 아니다?' 해석이 당연히 어색하다. 뭔가 다른 뜻이 있으리라.

여기서 item 은 an item 해서 '육체관계를 맺고 있는 커플' 또는 '(사이좋게 붙어 다니는) 연인'을 의미한다. 즉, If two people are an item, they are having a romantic relationship. 이다.

I saw Darren and Emma come together. Are they an item?

(나 대런과 에마가 함께 오는 걸 봤거든. 두사람 연인 관계 맞아?)

I thought you two were becoming an item.

(난 너희 둘이 연인 사이가 되고 있다고 생각했어.)

An item 은 가까운 친구나 허물없는 사이에서 사용하는 informal (비격식)한 말이니 공식적인 (formal) 자리에서는 삼가는 게 좋다. 또 item 은 속어로 (뉴스) '가십거리, 소문거리' 등의 뜻도 가지고 있다. (A piece of news on television or radio, or in a newspaper) 인 것이다.

Ex) There's an interesting item on the back page.

(신문 뒷면에 흥미로운 기사가 있어.)

이렇듯 영화, TV드라마 또는 실생활 대화에서 한 단어의 다양한 뜻을 파악하고 있지 않으면, 쉬운 단어로 된 대화나 문장도 무슨 말인지 전혀 모르고 스쳐지나 갈 수밖에 없게 된다. 쉬운 단어라고 무시하지 말고, 혹시 다른 뜻은 없는지 다시 체크하고 살펴봐야 하는 습관이 필요하다.

14 I don't want to overstep my bounds here, but...

(이 부분에서 주제넘게 나서고 싶은 마음은 없습니다만...)

위 표현은 상대에게 뭔가를 충고하기 전에 조심스럽게 경고하는 의미가 담겨 있는 겸손한 표현이다. overstep the bounds of 하면 '주제 넘게 나서다. ~의 도를 지나치다' 라는 뜻이다. ~의 경계를 넘어가는 것이니 '과도하게 참견한다' 는 의미를 담고 있다. 상대방에게 굳이 안 해도 될 말이긴 하지만 그래도 그를 위해 한마디 해 둔다 라는 뜻이 되겠다. (To go further or do more than one should or is permitted.)

He was careful not to overstep his bounds.

(그는 주제넘게 나서지 않기 위해 조심했다.)

Occasionally she would overstep her bounds.

(가끔 그녀는 도를 넘곤 한다.)

여기서 would는 과거의 불규칙한 습관을 나타내는 조동사.

We don't want to overstep the bounds of our authority.

(우린 우리 권한 밖의 일에 나서고 싶지 않습니다.)

이와 연관하여 'step over the line' 이란 표현도 있다. '선을 넘다' 란 뜻으로 일정한 규칙이나 도덕적 기준, 또는 예상되는 행동 양식을 벗어나는 행위를 가리킬 때 자주 사용된다.

Don't step over the line by insulting her family.
(그녀의 가족을 모욕함으로써 선을 넘지 마세요.)

The comedian's jokes were funny, but he stepped over the line when he made offensive comments about a particular group.
(그 코미디언의 농담은 웃기긴 했는데, 특정 집단에 대해 모욕적인 발언을 해 선을 넘었습니다.)

조금 결은 다르지만 'step on one's toes'의 표현도 알아 두면 좋다. 말 그대로 '누구의 발을 밟다' 라는 뜻인데, 그 이면의 뜻은 '다른 사람의 권리나 영역을 침해하다. 감정을 상하게 하다.' 또는 '누구의 심기를 건드리다' 등의 뜻을 갖고 있다.

When working in a team, it's important not to step on anyone's toes and respect everyone's contributions. (팀에서 일할 때는 누구의 영역도 침범하지 않고, 모두의 기여를 존중하는 것이 중요합니다.)

I don't mean to step on your toes, but isn't it better to go with the first option? (당신의 영역에 간섭할 의도는 아니지만, 첫 번째 선택으로 가는 게 더 낫지 않을까?)

I'm not here to step on any toes.
(제가 뭐 이래라 저래라 누굴 간섭하러 여기에 온 건 아닙니다.)

I don't mind stepping on toes, as long as we get the work done. (일이 성사되게 하기 위해선 사람 감정 좀 상하게 하는 거 난 상관 안 해.)

2021년 영화 Nomadland (유랑자의 땅)는 제 93회 아카데미 작품상, 감독상, 여우 주연상 등을 휩쓸며 당해 최고의 영화로 선정되었다. 태생부터 서부개척 시대의 Frontier Spirit (개척자 정신)으로 유목민(Nomad)의 기질을 가진 미국 사회이지만, 현대판 유목민들이 존재하는 것도 사실이다. 영화는 이들을 조명하고 있다.

이 영화에서 주인공 Fern 이 어느 마을에 도착해 적당한 곳에 Van을 세우고 하룻밤 지내려고 한다. 눈 오는 강추위 때문에 걱정이 된 지역 관리원이 Fern에게 말을 건다.

FERN : Um, I asked someone, they said I could park here overnight. (음, 누군가에게 물어봤더니, 여기다 차를 대고 하룻밤 지내도 된다고 하더군요.)

RACHEL : Oh, you're fine. You're more than welcome. But you know, the temperature is gonna drop. It gets really cold here at night. (오, 좋아요. 얼마든지요. 근데 기온이 뚝 떨어질 거예요. 밤에는 여기 정말 추워지거든요.)

FERN : Yeah, I know. (네, 그러게요.)

RACHEL : Really cold. (정말 춥습니다.)

FERN : I can tell. (알 것 같아요.)

RACHEL : Yeah. I don't want to overstep my bounds here. There is a church down by 7-Eleven. It's a Baptist church, and they do have open beds. (주제넘게 나서고 싶지는 않습니다만, 저 아래 7-일레븐 근처에 교회가 하나 있어요. 침례교회인데 거기 가시면 빈방이 있을 거예요.)

FERN : I'm gonna be good. (저 괜찮아요.)

여기서 주제의 표현 이외에 주목해야 할 몇 가지 표현들이 있다.

You're more than welcome. 은 '환영 이상을 한다.' 라는 뜻이므로 '얼마든지 환영하고 말고요.' 라는 의미로 흔히 쓰인다. 적극적인 환영 의사가 담긴 표현이다.

FERN : Yeah, I know. 이렇게 답했을 때, 나도 추운 줄 이미 안다 라 기보다는 뭔가 겪어보니 또는 실제 보고 나니 '정말 알겠다' 라는 뜻 으로, '공감한다' 라는 의미이다.

FERN : I can tell. 여기서 I can tell 은 '난 말할 수 있다' 가 아니고, '알 수 있을 것 같다.' 라는 뜻이다. 그 외에 I can't tell them apart. 하 면 쌍둥이가 똑같아서 누가 누구인지 분간하기 힘들 때 '구별을 못 하겠네요." 라는 의미로 쓰인다.

한 엄마가 쌍둥이 자녀를 입학시키며 선생님께 드리는 당부의 말 이다. 'Completely identical. You can't tell them apart. They're like bookends. (완벽히 일란성이죠. 구분하기 힘드실 거예요. 판박이예 요.)' bookends 는 선반의 책들이 옆으로 넘어지지 않게 지지해 주 는 도서 받침대를 말한다. 흔히 '북엔즈' 라고 말하는데 여러 모양 과 디자인이 있는 걸 보게 된다. 쌍둥이가 같다는 것을 강조할 때 우 리는 '완전 판박이예요.' 란 표현을 쓰지만 영어에서는 'They're like bookends.' 라고 말한다.

참고로 이란성 쌍둥이는 fraternal twins 라고 하는데, 이는 두 난자 가 제각기 다른 정자와 수정해서 태어난 쌍둥이를 말한다. 발음은 '프러터늘'. 터에 강세.

끝으로 they do have open beds. 에서는 일반동사 앞에 do 조동사

를 쓰면 동사를 강조한다. 즉, 반드시 잘 수 있는 침대가 있다 라는 뜻. I do want to go there too. (나도 거기 꼭 가고 싶어요.)

그런데 여기서 알아 두어야 할 또 다른 표현이 있다. **With all due respect,** (외람된 말씀입니다만,) 이란 표현이다. 상대방에게 나의 반대 의견 개진이나 비판을 할 때 정중하게 단서를 다는 말이다. (to express polite disagreement in a formal situation)

I don't want to overstep my bounds. (내가 주제넘게 나서고 싶지 않지만)의 의미와 비슷해 보여도 사용의 결이 좀 다르다. 즉 with all due respect 는 내 영역 또는 지켜야 할 선을 넘고 안 넘고의 문제가 아니라, 이 말은 꼭 드려야 될 것 같아서 한 말씀드리니 건방져 보여도 양해 바란다라는 의미가 포함되어 있다. 격식을 갖춘 표현인 것이다. 격식을 갖춘 말이긴 하지만 당연히 상대방을 긴장하게 만드는 말이 되겠다. 예문을 들어보자.

With all due respect, this doesn't feel right.
(외람된 말씀이지만, 이건 아닌 것 같아요.)
With all due respect, I cannot agree with your last statement.
(죄송한 말씀이지만, 선생님의 마지막 진술에는 동의할 수가 없습니다.)
With all due respect, is that question relevant to this matter?
(건방진 말씀입니다만, 그 질문이 이 문제와 관련이 있는 겁니까?)

끝으로 영화 Nomadland 의 Highlight 인 주인공들의 마지막 대화에서 실제 유랑자들의 Leader 격인 Bob 의 고백을 함께 나누고자 한다. 잔잔하게 풀어내는 그의 진솔한 삶의 고백은 우리들에게 감동과 여운을 주고 있다.

BOB : I can... I can relate. Um... I rarely ever talk about my son. But, uh, today would be... Today would be his 33rd birthday, and five years ago, he took his (SOBS) life. (CLEARS THROAT) And I can still barely say that in a sentence. And for a long time, every day was, uh... The question was... how can I be alive on this Earth, when he's not? And I didn't have an answer. And those were some hard, hard days. But I realized that I could honor him by, uh, helping people, and serving people. It gives me a reason to go through the day. (CHUCKLES) Some days that's all I've got. And out here, there's a lot of people (of) our age. Inevitably, there's grief and loss. And a lot of 'em don't get over it either. And that's okay. That's okay. One of the things I love most about this life is that there's no final goodbye. You know, I've met hundreds of people out here and I don't ever say a final goodbye. I always just say, "I'll see you down the road." And I do. And whether it's a month, or a year, or sometimes years, I see them again. And I can look down the road and I can be certain in my heart that I'll see my son again. You'll see Bo again. And you can remember your lives together then.

BOB : (공감이 갑니다. 음, 전 거의 제 아들 이야기를 한 적이 없는데. 그런데, 오늘이… 오늘이 그 아이 33번째 생일입니다. 5년전 아이는 스스로 (훌쩍이며) 목숨을 끊었어요. (목소리를 가다듬고) 아직도 난 그걸 말로 표현하기 힘이 듭니다. 오랫동안 매일 매일이… 문제는 내가 어떻게 이 지구상에서 그 아이 없이 살아 갈 수 있겠느냐는 거죠. 답을 찾지 못했어요. 그리고 그런 날들이 너무 너무 힘이 들었고요.

그런데 난 사람들을 돕고, 사람들을 섬김으로써 아들을 기릴 수 있다는 것을 깨달았습니다. 그것이 내가 매일의 삶을 지탱할 이유를 주고 있어요. (웃으며) 어떤 날들은 그것밖에 없어요. 여기 보면 우리 나이 또래의 사람들이 많이 있습니다. 그들 중에는 필연적으로 깊은 슬픔과 상실도 존재하죠. 근데 많은 사람들이 그걸 극복하지 못해요. 그런데 괜찮아요. 그거 괜찮습니다. 이런 삶에서 내가 가장 사랑하는 부분 중 하나는 마지막 작별인사란 없다는 겁니다. 알다시피, 여기서 내가 수백 명의 사람들을 만나고 하지만, 떠날 때 마지막 작별인사를 한적이 없습니다. 난 그저 항상 "후에 다시 만나요"라고 말하죠. 그리고 실제 그렇습니다. 한달이든, 일 년이든, 아니면 수년이 지난 후든 난 다시 그들을 보게 되거든요. 내가 미래를 바라보며, 내 마음속에 확신할 수 있는 건 내 아이를 다시 볼 수 있을 거라는 겁니다. 당신도 Bo 를 다시 보게 될 거예요. 그러면 그때 그와 함께 당신의 삶을 추억할 수 있을 겁니다.)

I can relate. 은 '공감이 간다'라는 구어 표현이다. 칼럼 Ch 22에서 다시 다루겠지만 대개 I can relate to that. (그 점에 공감이 갑니다.) 형태로 자주 쓰인다. '나 역시 비슷한 상황을 경험해 봐서 당신의 그러한 감정을 이해하고 공감한다'라는 의미가 있는 좋은 표현이다.

다음으로 중요한 down the road 표현의 의미를 살펴보자.

"I'll see you down the road." 여기서 down the road 는 '길에서'란 뜻이 아니고, in the future, at a later date (미래에, 장차, 앞으로, 나중에) 란 뜻이다. later 란 단어 대신에 down the road 란 구를 사용하여 길과 벗하며 살아가는 유랑자들의 삶과 적절히 맞아 떨어지는 표현이 된 것이다.

물론, 나와 같은 도로에 가까이 위치해 사는 이웃이나 지인 또는 건물, 장소 등을 언급할 때도 down the road (저 아래 멀지 않은 곳에) 란 표현이 쓰이기도 한다. 예문을 들어보자.

The mechanic's shop is right down the road. You can't miss it.
(바로 저 아래 자동차 정비소가 있어요. 반드시 찾으실 거예요.)

down이 들어갔다고 꼭 '내리막길'을 의미하지는 않는다. 그저 '멀지 않은 근거리에' 있다 라는 뜻이다.

Why worry about something that's 90 years down the road?
(90년 후의 일을 왜 걱정하시는 거죠?)

영화를 보면, 자막에 I'll see you down the road. 를 (길에서 다시 만나요.) 로 번역돼 있는데 이 Nomad 삶과 맞아 떨어져 그럴듯해 보이는 번역이긴 하지만 오역(誤譯)이다. 굳이 '길에서 다시 만나요.' 하고 싶으면 I'll see you on the road. 라고 하면 된다.

2022년 8월 8일(미국시간) 새벽에 한 비보(悲報)가 인터넷 뉴스에 떴었다. 반세기를 풍미했던 가수 올리비아 뉴튼 존 (Olivia Newton-John) 이 73세의 일기로 세상을 떠났다는 뉴스였다. 그녀를 괴롭히던 breast cancer가 몇 년 전 세번째 재발하면서 이번에는 그 병마와의 싸움(bout)에서 이기지를 못했던 듯하다. 그녀는 영국에서 태어나 호주에서 어린시절을 보냈으며 미국에서 가수로서의 활동을 이어갔다. 1978년 Musical 영화 Grease 에서 같이 주연을 맡았던 남자 배우 John Travolta는 이날 새벽 자신의 인스타그램에서 Olivia의 죽음에 대해 다음과 같이 추모했다.

"My dearest Olivia, you made all of our lives so much better. Your impact was incredible. I love you so much. We will see you down the road and we will all be together again. Yours from the first moment I saw you and forever! Your Danny, your John!"

(내 가장 사랑하는 올리비아. 당신은 우리 모두의 삶을 훨씬 풍요롭게 해주었어요. 당신의 영향력은 놀라왔고요. 당신을 많이 사랑합니다. 우리 나중에 (down the road) 만나요. 그리고 우린 모두 다시 함께 할 겁니다. 당신을 처음 본 순간부터 난 당신의 사람이었고 앞으로 영원히 그럴 겁니다. 당신의 대니 (Grease 속 남자 주인공 이름), 당신의 존이!)

여기서 down the road는 문장에서 느꼈겠지만 길에서 다시 만나자라는 뜻이 전혀 아니다. 앞으로, 장차 천국에서 다시 보자라는 의미가 숨어있다.
다음은 조기 유아교육에 대한 오바마 전 대통령의 연설의 일부이다.

"Study after study shows that the earlier a child begins learning, the better he or she does down the road." - Obama on Early Childhood Education -
(반복된 연구 조사에 따르면 어린 아이가 학습을 일찍 시작하면 할수록 그 아이는 나중에 더 잘하게 된다는 결과를 보여주고 있습니다.)

15 식당 입구에서 제일 먼저 듣는 말
: How many in your party?

이번에는 우리들이 식당에 갔을 때 필요한 영어 표현들을 살펴보도록 하자. 우선 입구에 들어서면 알아서 테이블을 선택해 앉는 게 아니고 직원이 안내할 때까지 입구에 서서 기다리는 게 서구식 관례다. 입구에서 대기하면 안내 직원이 와서 처음 환영인사 (Welcome greetings)와 함께 던지는 질문이 바로 How many in your party? 이다. 더욱 간단하게 How many? (몇 분이시죠?) 라고도 한다. 원래 How many people are there in your party? 에서 줄인 말이다. 여기서 party는 '일행'이란 뜻. 이에 대한 대답으로 I'd like a table for two, please. (2사람 자리 부탁드립니다.) 또는 Can we get a table for two, please? 라고 하면 된다. 간단하게 Table for two, please. (2명입니다.) 라고 해도 된다.

식당에 들어서서 예약을 사전에 했을 경우, What name is it under? (무슨 이름으로 예약이 되어 있나요?)라는 질문을 받게 되면, 역시 전치사 under를 사용해서 I have a reservation under Smith. (Smith 이름으로 예약을 했습니다.) 라고 하면 되고, 'Kim으로 2명 테이블 자리를 예약했습니다.' 할 때는 Table for two under Kim. 하면 되겠다.

Waiter : Did you make a reservation? (예약하셨나요?)
Guest : Yes, I did. It should be under Daniel.
(예. 대니얼로 예약되어 있을 거예요.)

It should be under (이름). 는 식당은 물론이고, 호텔, 렌트카 등등 모든 상황에서 본인 예약을 확인할 때 사용할 수 있다. 여행지 호텔 프론트에 도착해서 Two rooms under Gibbs. 하면 (Gibbs 란 이름으로 방 두개 예약했습니다.) 한번 명단을 확인해 주십시오. 라는 뜻이 된다.

그런데 인기있는 식당은 예약을 하고 오지 않았을 때 자리가 꽉 차 있는 경우도 있다. 그 때 How long do we have to wait? (얼마나 기다려야 하나요?) 라고 물으면 어감에 따라 다르겠지만 짜증과 불만을 제기하는 어투로 들릴 수도 있다. 이 때는 이 표현보다는 How long is the wait? (대기 시간이 얼마나 될까요?) 라고 물으면 더 좋다. 여기서 wait는 '대기 시간' 이란 뜻의 명사로 쓰였다. 또는 간단히 What's the wait time? 이라고 해도 좋다.

Table or booth? (테이블에 앉으실래요, 아니면 부스에 앉으실래요?)

Booth는 ㄷ 자형 소파로 칸막이 된 자리를 말한다. 예약이 다 되어 있다면 할 수 없지만 그렇지 않으면 booth 자리는 사적공간이라 더 편안함을 느낄 수 있을 것이다. 또 하나, Patio (패티오-패리오로 발음됨) 로 불리는 야외 테라스가 있다. 클럽이나 호텔 등 건물 내에서 해가 잘 비치는 바깥 공간이라 할 수 있다.

Waitress : Your group's in the patio. I'll show you the way.
(일행분들이 패리오(야외 테라스)에 계세요. 제가 안내해 드릴게요.)

식당에서 물을 주문하면 웨이터가 이렇게 질문할 수 있다. Tap or bottled? (수돗물 아니면 병에 든 물 어느 것을 드릴까요?) 차이점은 무료와 유료다. 더 많은 설명이 필요없으리라 본다. Tap water를 주문했다고 사람의 격이 떨어지는 것은 아니다. 호주에서의 일반 물은 절대 비위생적이지 않다. 혹시나 수돗물 냄새가 날 경우를 대비해 With lemon, please. 하면 물에 레몬 조각을 띄워 준다.

그런데 Sydney 고급식당에 가면 waiter나 waitress로부터 Sparkling or still? 라는 질문을 받을 수도 있다. 둘 다 돈을 지불하는 물이다. Sparkling water는 미네랄 워터를 말하고 still water는 일반 생수인 것이다. 굳이 그런 물이 필요 없다고 생각하면 I'd like table water 또는 I'd like tap water. 해도 좋다. 둘 다 돈을 지불할 필요 없는 물이다. 그리고 대개 대형 클럽내의 식당에 가면 Bar 한쪽에 물과 얼음을 스스로 가져다 먹는 (Self-service) 코너가 준비되어 있는 경우가 많다.

Waiter : Tap water or bottled?
(수돗물 아니면 병에 든 물 어느 것 드릴까요?)
Guest : Tap water's fine with some lemon, please.
(수돗물 주셔도 됩니다. 레몬조각 띄워 주시고요.)

뭘 먹어야 할지 아직 결정을 못 해서 좀 더 시간을 달라고 말할 때는, We're not ready yet. Please give us a minute. 또는 We need a minute 하면 된다. 주문할 때는 교과서적인 표현 I'd like to order (음식 이름)으로 해도 되지만 현지인들이 잘 쓰는 표현은 Could I get a (rump steak)? or I'll get (have) a (pizza). 와 같이 get 나 have 동사를 잘 사용한다. 그리고 **I'll go with ~** (전 ~로 하겠습니다.) 라는 구동사 표현도 자주 쓴다는 점을 꼭 기억하자. I'll go with a Kimchi stew. (전 김치찌개로 할게요.) 또는 I think I'm gonna go with the seafood fried rice. (전 해물볶음밥으로 할까 해요.) 등과 같이 사용한다.

Waiter나 Waitress가 뭘 주문하시겠냐는 질문으로는;
May I take your order? (주문을 받아도 될까요?), 또는
What can I get for you? (어떤 걸 드시겠습니까?) 또는 더 간단히
What'll it be, ma'am? (사모님, 뭐 드실거죠?) 등을 흔히 사용한다.

음식을 포장해 갈 때는 미국에서는 takeout 이라고 하지만 영, 호주에서는 takeaway 라고 한다. 이 두 단어는 가지고 가는 행위 또는 그런 식당을 의미하지만 주문할 때 표현은 좀 다르다. 이 때는 to go 라는 말을 주문 뒤에 붙이면 된다.

I'll have a chicken burger to go. (치킨버거 하나 포장해 주세요.)
Can I have three coffees to go, please? (커피 3잔 포장해 주실래요?)

'여기서 드시겠어요 아니면 포장해 가시겠어요?' 라고 할 때 호주에서는 **Have (or Eat) here or takeaway?** 라고 한다.

그리고 대개 RSL (Returned Servicemen's League. 재향군인회) 클럽이나 Pub에서 맥주를 마실 때 잔당 매번 돈을 지불하고 사 마시는 경우가 일반적이지만 다 마시고 나중에 한번에 계산하는 경우도 있다. 이 때는 바텐더가 Would you like to start a tab? 이라고 묻게 된다. 여기서 tab 은 외상장부를 의미한다. 계산서라는 의미도 있다. 수돗물의 tap과 발음이 거의 동일. 그러므로 역시 상황에 따라 센스있게 이해하면 되겠다. 술을 마실만큼 다 마시고 이제 계산을 하고 싶을 때는, I'd like to close my tab. (이제 계산할게요.) 이라고 하면 된다. 알아 둬야 할 것은 이 tab을 시작할 때는 본인의 credit card를 Bartender에게 맡겨 놓아야 한다는 점이다.

Pub에서 무슨 특별한 날 고객들에게 무료 맥주를 한잔 제공할 경우도 있을 수 있다. 그래서 '이건 저희 술집 (또는 식당)에서 서비스로 드리는 겁니다.' 리고 할 때는, **It's on the house.** 라고 말한다. 그 가게에서 부담한다 라는 의미다. It's on me. (내가 사는 거야.) It's on ~. 해서 얼마든지 응용이 가능하다.

Here you go. First round's on the house.
(여기 있습니다. 첫 잔은 서비스입니다.)

City pub이나 local pub(지역 선술집)에 가면 Happy Hour 란 단어를 종종 볼 수 있다. 이는 특별시간대의 할인 메뉴나 음료 가격을 말한다. 대개 보면 오후 3-6시 사이에 많이 등장한다. 맥주 값이 할인되니 이 시간대에 손님들이 붐비는 경우도 꽤 있다. 애매한 시간대에 매상을 올리려는 상술이긴 한데 관례로 이미 자리잡은 할인 시간대이다.

Does it come with ~? (~ 과 같이 나오나요?)

음식 주문 시 '그것이 ~과 같이 나오나요?' 라고 묻고 싶을 때, 이 표현을 이용하면 되겠다. Do these fried chips come with tomato sauce? (튀긴 감자칩스에 노ㅓ도 소스도 함께 나오나요?)

한국 닭 튀김요리는 단순한 서양식 Kentucky Fried Chicken 등과 달리 다양한 소스와 맛을 자랑한다. 그래서 그런지 요즘은 호주에서도 한국식 닭 튀김요리의 인기가 많다. 그런데 소스를 미리 뿌려주는 경우도 있지만 각종 소스를 따로 담아서 알아서 찍어 먹게 해주는 경우도 많고, 그렇게 선택하는 주문도 많은 게 사실이다. 그럴 때 '소스는 위에 뿌리지 말고 따로 주세요.' 라는 말을 하고 싶을 때는 어떻게 할까. 이 때는 on the side 라는 표현을 사용하면 된다.

Can I have the sauce on the side? (소스는 따로 주시겠어요?)

샐러드 주문도 마찬가지다. 드레싱을 따로 달라고 하고 싶으면, Two green salads, dressing on the side, please. (샐러드 두 접시 주시고요, 드레싱은 따로 주세요.) 하면 된다. 드레싱 종류도 다양한데 몇 가지 맛과 취향을 알아 두고 자신있게 주문하면 더 멋질 것이다. 참고로 샐러드 드레싱에는 Balsamic, Thousand island, Italian, Ranch, French, Coconut cream, Honey mustard, Mango lime, Blue cheese, Green goddess 등등이 있다.

그리고 음식의 맛을 평가할 때 쉽게 떠오르는 단어는 delicious 일 것이다. 그런데 영미인들은 이 delicious 보다 더 쉽고 편한 용어로 '맛있다' 라는 표현을 한다. How's the dishes? 또는 How's the food? (음식이 어떤가요?)라는 질문에 맛이 참 좋을 경우 ;

Everything's been great so far. (음식 지금까지 다 훌륭해요.)/ The food's amazing. (음식이 놀랍군요.)/ So good. (정말 맛있네요.)/ Everything's amazing. (모든 게 맛있어요.) This is really good! (정말 맛있네요.) 또는 It's incredible! (끝내줍니다!)

This tastes great! (맛이 좋습니다.) 또는 This is really tasty. This is to die for! (죽여주네요.) 등으로 칭찬을 아끼지 않는 멘트를 쉽게 들을 수 있다. 어떤 표현이든 내가 쉽게 잘할 수 있는 표현으로 변화를 주면서 사용하면 되겠다.

뭔가 갑자기 먹고 싶어 질 때, I feel like something sweet. (단 게 먹고 싶다.)처럼 feel like를 사용할 수도 있고 I'm craving something spicy. (매운 게 땡기네.) 처럼 crave 라는 동사를 사용해도 좋다. Crave 는 '~을 갈망하다.' 음식에 대해서는 '~을 몹시 먹고 싶어하다.' 라는 뜻으로 구어에서 사용된다.

누구한테 내가 만든 음식의 시식을 부탁하며 맛이 어떤지를 물어볼 때는 'Is it delicious?' 라고 하면 문장은 이상이 없지만 원어민이 듣기에 좀 진부한 표현이다. 대신에 So, how does it taste? (그래, 맛이 어떤가요?) 라고 물어야 감정에 맞다. 발음은 [하우러즈잇 테이스트?] 테에 강세를 주고 트는 약하게 발음한다. 또는 간단히 How's it? (어떤가요?) 또는 Is it alright? (괜찮아요?) 등으로 물으면 좋다.

그렇다면 반대로 맛이 없을 경우는 어떨까? It's not delicious. 로 하면 역시 진부하다. 대신에 This is really bland. It needs a little seasoning. (맛이 맹맹하네요. 양념 좀 쳐야겠어요.) bland는 양념이 거의 안 되어 간도 안 맞고 맛이 심심해서 병원 환자들이나 먹을 만한 맛이라는 의미가 들어있다. 품명이나 상표를 뜻하는 brand로 발음하면 안된다. bland (블랜드)로 L 발음을 강하게 해줘야 한다. bland의 뜻은 음식이 '풍미가 없고, 단조로우며, 전혀 자극이 없다' 라는 뜻이다.
맛이 없다고 할 때 좀 심하게 This tastes horrible. (맛이 끔찍해요.) 또는 This is unacceptable. (도저히 못 먹겠네요.), This is disgusting. (역겨워요.) 음식의 부정적인 평가는 조심할 필요가 있지만 특히 마지막은 강한 표현이니 주의해서 사용하면 되겠다. 두 번째, 세 번째 표현은 꼭 음식이 아닌 상황에서도 사용될 수 있다.

Can I have a box to go? (포장할 수 있는 용기 있으신가요?)

Can I have a to-go cup? (포장용 컵 있으시나요?) 음료수도 남는 경우 포장해 갈 수 있다. 과거엔 남은 음식을 싸올 경우, Can I have a doggy bag, please? (남은 음식 우리집 개에게 주려는데 포장용 백 주시겠어요?) 라고 둘러대던 시절이 있었는데 이젠 그럴 필요 없다. 싸 가지고 가서 본인들이 먹을 거라는 거 다 알고 있고, 식당 측에서도 남은 음식 버리느니 손님이 그렇게 포장해 가져가는 걸 오히려 환영한다. 미국식으로는 to-go box 라고 하지만, 호주에서는 takeaway container 라고 한다.

Can I get this in a takeaway cup? (포장용 컵에 담아 주시겠어요?)

음식을 직접 담을 경우 - Could I get a takeaway container? (포장 용기 하나 주시겠어요?), 부탁을 할 경우 - Could I get this takeaway please? (이거 포장해 주시겠어요?) 또는 Could you put this in a takeaway container? (이거 takeaway 용기에 좀 담아 주시겠어요?) 라고 하면 되겠다. Sydney 일부 식당은 이를 대비한 용기를 미리 준비해 두고 용기 값 50센트 (약 400원)를 계산서에 포함하기도 한다.

음식을 큰 거 하나 시켜서 같이 오손도손 나눠 먹을 경우는 share 가 되겠고, 처음부터 아예 똑같이 나눠 따로따로 먹는 거는 split 이 된다. 금액도 나눠서 내면 된다. 식사 후 각자 시켜 먹은 걸 각자 내는 경우는 Dutch pay 라고 하는데, 각자의 계산서를 따로 요구할 때는 separate bill (각자의 계산서) 이 되겠다. 그런데 전체 식사 금액에서 친구 4명이 똑같이 나눠 낸다고 가정했을 경우, 이 때는 split the bill (계산서를 똑같이 나누다) 이다. 즉, 총 금액에서 일행 숫자로 똑같이 나눠 계산하는 경우다.

Cashier : (Is this) Pay separately or together?
(따로 내실 건가요, 같이 내실 건가요?)

Guest: Together, please. (같이 계산하겠습니다.)

그리고 대형 쇼핑몰 내에 있는 식당 이용 시 대체로 정해진 무료 주차시간이 넘으면 초과한 시간만큼 주차료 징수를 하는 경우가 많다. 이 경우에 "무료 주차권 발급 확인을 좀 해 주시겠어요?" 라고 하고 싶을 땐 뭐라고 할까. 이때는 **Could you validate my parking?** 하면 된다. validate 은 '~을 (법적으로)유효하게 하다' 라는 동사다. 반대로 직원이 무료 주차 확인증 받기를 원하시냐고 물을 때는 Do you need parking validation? (주차 확인증 해 드릴까요?) 라고 물을 수 있다. 필요하면 Yes, I do. Thank you. 하면 되겠다. 손님이 무료 주차 확인을 받기 위해 **I need to validate my ticket.** (무료주차 확인 필요합니다.) 라고도 자주 한다. 기계에 넣었다 빼면 확인이 바로 되는 절차이다. 여기서 중요한 단어는 validate, parking validation이다.

끝으로 먹고 남은 음식은 leftover 라고 한다. 피자나 라자냐 등 먹고 남은 음식을 다시 데워 먹을 경우, I heated up some leftover lasagna. (남은 라자냐 좀 데워왔어.) 라고 말하며 친구와 나눠 먹을 수도 있을 것이다.

16 It's not all it's cracked up to be.

(소문이나 명성만큼 좋지 않아요.)

뭔가 소문에 크게 기대를 했건만 막상 겪어보니 또는 실제로 보니 기대한 만큼 그리 만족스럽지 못할 때 쓰는 표현이다. 예를 들어 음식이 맛있다고 소문이 나서 그 식당에 가서 먹어보니 다른 식당과 별반 차이가 없을 때, The restaurant is not all it's cracked up to be. 하면 (소문처럼 그리 맛있는 집이 아니네요.)라는 뜻이 된다. 즉, It was a disappointment. It failed to meet expectations. (실망이었고, 기대에 미치지 못했어요.)라는 말이다.

누가 어느 영화 아주 잘 만들었으니 꼭 한 번 가서 보라고 했는데 실제 보고 나니 별로였고, 실망이었을 때에도 The movie is not all it's cracked up to be. 라고 말할 수 있을 것이다. 여기서 crack up 은 'praise' 란 의미로 사용되었는데, crack 의 단어가 이 의미로 사용되는 경우는 이 표현을 할 때뿐이라고 한다. 즉, '칭찬받을 정도까지는 아니다'니까 기대에 부응하지 못한 것이 된다. It is not all that. 또는 It is not as good as it was made out to be. 와 같은 의미가 되겠다.

Honestly, the movie isn't all it's cracked up to be. Maybe I'm just not the right audience for it. (솔직히 그 영화 소문처럼 재밌지 않았어요. 아마 난 그런 장르를 좋아하지 않는 관객인지도 모르지요.)

If you ask me, amusement parks just aren't all they're cracked

up to be. (굳이 물으신다면, 놀이공원들이 명성만큼 좋은 것은 다 아니에요.)

여기서 **It doesn't live up to the hype.** (그건 기대에 못 미쳤어요.) 도 동일한 의미를 갖는 표현이다. Hype는 '과대 광고'라는 뜻을 갖고 있는데 live up to hype 하면 '기대를 충족하다. 기대에 부응하다. 과대광고에 걸맞은 성과를 내다.' 라는 뜻을 지닌다. 일상에서 제품의 성능, 품질, 영화 평론, 음식 리뷰 등에서 자주 들을 수 있다.

흔히 이 때 It was nice and all, but It didn't quite live up to the hype. (좋긴 좋았는데 기대만큼 대단하진 않았어.) 하는 표현으로 흔히 사용된다. It was nice and all, but... 형식으로 앞에 단서를 달면서 시작한다. 예를 들면, 어느 식당을 다녀와서, It's nice and all, but I'm not sure that I would go again. It's just really expensive. (좋긴 좋은데, 다시 갈 건지는 확실하지 않아. 정말 비싸거든.) 라고 말할 수 있다.

결국 It doesn't live up to the hype. 은 '광대 광고된 만큼 기대에 부응하지 못한다'는 뜻이니 부정적인 평가라고 할 수 있다.

The new restaurant everyone was talking about didn't live up to the hype. The food was mediocre and the service was slow. (많은 사람들이 말하고 있던 그 새 음식점은 기대에 부응하지 못했습니다. 음식은 그저 그랬고 서비스는 느렸어요.)
[mediocre [미디오우커] : 그저 그런. 평범한. 보잘것없는.]

I was really excited to watch that highly anticipated movie, but it didn't live up to the hype. The storyline was weak and the acting was subpar. (매우 기대되는 그 영화 보는 것에 매우 흥분하였었

는데, 기대에 부응하지 못했습니다. 스토리가 약하고 연기는 수준 이하였어요.)
[subpar : 표준(수준) 이하의.]

* Cat got your tongue? (뭔가 말 좀 해 보지 그래?)

뭔가 말을 해야 할 사람이 말을 하지 않고 가만히 있을 때 (used to ask someone why he or she is not saying anything) 이 표현을 사용한다.

You've been unusually quiet tonight. What's the matter? Cat got your tongue? (자네 오늘밤은 이상하게 조용히 있네. 무슨 일이지? 왜 꿀 먹은 벙어리가 되었어?)

중세 때부터 생겨났다는 이 표현은 그 어원은 확실치 않지만 말을 해야 할 사람이 말하지 않고 있을 때 주의를 환기시키며 말 좀 해 보라고 하면서 던지는 말이다. 직역을 하면 '고양이가 네 혀를 집어 삼켰니?' 정도의 말이 되겠다.

Has the cat got your tongue? 라고 말하기도 하나 흔히 Cat got your tongue? 으로 짧게 말한다.

Are you still on the phone? (No response). Joan, I asked if you're still on the phone. (Still no response) Why aren't you answering? Cat got your tongue? (아직 있어? 조엔, 아직 전화 받고 있냐고 물었어. 왜 대답 안 해? 꿀 먹은 벙어리가 되거니?)

* Put yourself out there! (도전해봐, 노력해봐.)

이성 간의 관계에서 누군가를 만나보려는 노력 없이 집에만 있다면, 아무도 집 문 앞에 백마 탄 왕자나 신데렐라가 찾아와 주지는 않을 것이다. 나가서 사교클럽에도 가고 옛 친구들을 만나고 어울려야 기회도 생기는 법이다. 자신이 누구인지 솔직하게 공개적으로 드러내고 어필해 보라는 의미가 들어 있는 표현이다.

You just need to put yourself out there.
(가만히만 있지 말고 도전해 보는 게 필요해요.)

All I'm saying is that if you really like something, you've got to put yourself out there. Got to reach out and grab it. (내 말은 네가 뭔가 정말 좋아한다면 노력하고 도전해야지. 손을 뻗어 그걸 잡으란 말야.)

결국 put yourself out there 은 다른 사람들과 내 생각과 감정을 소통하면서 새로운 경험을 시도해, 원하는 것을 찾아내다 라는 뜻이 담겨있는 표현인 것이다.

Why are you so afraid of what people might think?
(사람들이 뭐라고 생각할까에 (남의 이목에) 왜 그렇게 두려움을 갖는 거니?)

Why can't you put yourself out there?
(왜 너를 자신 있게 드러내지 못하니?)

I know it's scary, but if you want to find love, you'll have to put yourself out there and start dating.
(무서울 수도 있지만, 만약 사랑을 찾으려면, 나서서 자신을 드러내고 데이트를 시작해야지.)

I'm going to have to~

(~를 해야만 할 것 같아요.)

뭔가를 꼭 할 수밖에 없는 상황에 직면했을 때, 또는 상대방이 썩 반기지 않는 일을 해야만 할 때 이 패턴 표현을 사용하면 좋다. 특히 상대방의 초대나 제의를 거절해야 할 때 사용하면 공손한 표현이 된다.

퇴근하고 술 한잔 하자는 동료의 제안을 거절할 때,

I'd love to, but I'm going to have to pass this time.
(그러고 싶은데 이번엔 그냥 넘어가야 할 거 같아.)

I wish I could, but I'm going to have to take a rain check.
(나도 그랬으면 좋겠는데, 다음에 합시다.)

I wish I could.는 해 줄 수 없거나 거절할 수밖에 없는 상황에서 아쉽지만 할 수가 없어 유감이다라는 뜻이다. 예를 들어 Can you cut down the price a bit? (가격을 좀 깎아주시겠어요?) I wish I could. (나도 그랬으면 좋겠는데.) '그렇게 해드릴 수 없습니다' 라는 의미가 포함되어 있으니 의미 파악에 혼선이 없어야 하겠다.

Rain check 은 원래 스포츠 경기에서 우천으로 인해 경기가 취소되었을 때 다음 경기에 무료로 입장할 수 있는 티켓을 말한다. 그래서 take a rain check 하면 일반 생활영어에서는 '다음 약속을 잡자' 라는 의미로 사용된다.

I'm going to have to get back to you.

(제가 나중에 연락드려야 할 것 같네요.)

I'm going to have to think about it.

(제가 생각을 좀 해봐야 할 것 같아요.)

오늘밤 했던 약속을 취소할 때도 이 패턴을 사용하여,

I'm sorry, but I'm going to have to cancel it tonight.

(미안합니다만, 오늘 밤 그 약속을 취소해야 할 것 같네요.) 또는

I'm afraid I'm going to have to reschedule our meeting.

(우리 모임 일정을 다시 잡아야 할 것 같습니다.)

I'm afraid는 문장 첫머리에 쓰여 I think 와 같은 의미와 역할을 하지만 좋지 않은 일, 별로 반갑지 않은 부정적인 상황에서 쓰인다고 생각하면 되겠다. 그리고 물건을 반품할 때 I want to return this. 하는 것보다 I'm sorry, but I'm going to have to return this. 로 표현하면 더 좋다.

* I'll go ahead and + V (바로 ~할게요.)

지체하지 않고 바로 뭘 하겠다는 중요한 표현으로 원어민들이 자주 사용한다.

I'll go ahead and email it to you. (이메일 바로 보내드릴게요.)

I'll go ahead and read this to you. (여러분들에게 이걸 바로 읽어드릴게요.)

I'll go ahead and get ready. (지금 바로 준비할게요.)

I'll go ahead and see if he's in the office.

(그가 사무실에 계신지 지금 확인해 볼게요.)

I'll go ahead and ask a question here.
(여기서 바로 질문해 볼게요.)

'우리 지체 말고 바로 ~합시다' 할 때는 Let's 를 사용하여 Let's go ahead and +V 하면 되겠다.

Let's go ahead and get started. (자 그럼 바로 시작합시다.)

Let's go ahead and pick a date for our next meeting.
(바로 다음 미팅을 위한 날짜를 잡읍시다.)

* I'm sorry if I ~ (~ 했다면 미안해요.)

의도치 않게 기분 나빠 보였을 경우 상대방에게 사과할 때 이 표현을 사용하면 좋다.

I'm sorry if I offended you. (제가 한 말에 기분이 상했다면 미안해요.)

I'm sorry if I overstepped. (내가 선을 (도를) 넘었다면 죄송해요.)

I'm sorry if I overreacted. (내가 과민하게 반응했다면 미안해요.)

I'm sorry if I seemed rude. (제가 무례하게 보였다면 미안해요.)

I'm sorry if I came across as rude.
(무례한 인상을 주었다면 미안해요.) [come across as : '어떠한 인상을 주다']

I wanted to apologize if I came across as aggressive.
(공격적인 인상을 주었다면 그 점 사과드리고 싶었습니다.)

* I'm thinking of ~ing (~할까 생각 중이다.)

쉬운 표현이라 별 거 아닌 듯해 보여도 일상 생활에서 유용하게 사용되는 표현이다. 예를 들어 나 커피 사러 갈까 하는데, 뭐 좀 사다 줄까? 나 지금 산책하러 갈까 하는데, 같이 가실래요? 등과 같이 사용할 수 있다.

I'm thinking of getting a coffee. Would you like anything?
I'm thinking of going for a walk. Would you like to come with me?
I'm thinking of getting a haircut.
(머리를 좀 자를까 생각 중이야.)
I'm thinking of taking up guitar lessons.
(기타를 좀 배워볼까 생각 중이야.)

[take up : '새로운 취미나 활동을 시작하다. 배우다.']

반대로 '~할 생각이 없다' 라고 표현할 때는 I'm not thinking of ~ing 하면 된다. **I'm not thinking of going back to school yet.** (아직 학교로 돌아갈 생각은 없어요.)

* The thing is~ (실은 말이야. 문제는 말이야.)

상대방이 한 말에 대해서 의견을 제시하거나 문제점을 말하고 싶을 때, 사용한다. 친구가 퇴근 후 저녁 같이 먹자고 했을 때,

The thing is I have to work late tonight.
(실은 말이야. 오늘 나 야근이야.)
The thing is I have a lot of work to catch up on.
(나 실은 밀린 일이 많거든.) [catch up on : '밀린 일을 따라잡다.']

18

보다 완곡하게 부탁할 때 사용되는 유용한 간접 표현법들.

누구에게 뭔가를 부탁을 하거나 허락을 구할 때, 영어에서는 우회적으로 돌려서 또는 간접화법으로 공손하게 말하는 게 일반적이다. 어쩌면 우리말에도 그런 화법이 전혀 없진 않다. 예를 들어 한 시간 후에 저 좀 픽업해 주시겠어요? 를 한 시간 후에 저 좀 픽업해 주시는 게 가능하시겠습니까? 라고 할 수 있다. 당연히 완곡한 부탁의 표현일 것이다.

영어에서도 Would you please~ 나 Could you please~ 로 시작하는 공손한 표현이 있지만 이 표현들 역시 직접적인 부탁의 표현이기 때문에 가깝지 않거나 예의를 갖춰야 하는 관계에서 또는 손윗사람에게 사용하기에는 공손함에 부족한 느낌이 든다. 따라서 이번 란에서는 완곡하게 부탁하는 표현 세 가지 즉 Question phrase (의문구)를 앞에 붙여 간접 의문문 형태로 바꿔 표현하는 방법을 한번 살펴보기로 하자.

* Is there any chance you could ~?
(혹시~을 해주시는 게 가능할까요?)

가깝지 않은 누군가에게 도움을 청할 때,
Sorry to bother you, but is there any chance you could help me? (귀찮게 해서 죄송합니다만, 저 좀 도와줄 수 있을까요?)
Is there any chance you could write me a recommendation

letter? (혹시 추천서 써 주시는 게 가능할까요?)
Hey Kim. Any chance you could meet me tonight?
(킴, 근데 오늘 밤 좀 만날 수 있을까요?)

누구와 약속을 취소하거나 변경을 해야 할 때도 이 표현 패턴을 사용하면 좋다. Could we reschedule? 하는 것보다 Is there any chance we could reschedule? (약속 날짜를 다시 잡는 것이 가능할까요?) 하면 훨씬 공손한 표현이 되겠다. 또한 친한 사이일지라도 그 사람에게 신세를 져야 할 때 이 표현을 사용하면 공손하게 된다. 즉,

Could you give me a ride? 라는 직접적인 표현보다 Is there any chance you could give me a ride? (나 좀 태워다 줄 수 있을까?) 라고 하면 말은 좀 길어지지만 표현은 더 공손해진다. 비슷하게 Okay, is there any chance that you could take me home? (날 집에 데려다 줄 수 있을까요?)

가까운 지인일지라도 직접적으로 Could you babysit my daughter this weekend? 보다는 Is there any chance you could babysit my daughter this weekend? (이번 주말에 내 딸아이 좀 봐주는 게 가능할까요?) 라고 하면 훨씬 공손해진다.

* I was wondering if~ (~해 주셨으면 합니다만. ~하셨는지 궁금해서요.)

위 표현은 부탁뿐만 아니라 공손하게 질문할 때도 잘 사용되는 패턴이다. Did you finish the report? (보고서 끝냈어요?) 대신에 I was wondering if you finished the report. (보고서를 끝냈는지 궁금합니다.)

하면 더 좋다. 혹은 I was wondering if you could finish the report. (보고 서를 끝낼 수 있었는지 궁금합니다.) 라고 해도 공손한 표현이 되겠다.

I was wondering if you got a chance to look at the book that I gave you the other day. (지난 번에 제가 드린 책 보실 기회가 있으셨는지 궁금합니다.)

여기서 I am wondering if ~ 와 차이가 뭔지 궁금해질 수가 있는데 의미는 비슷하지만 과거시제 was 를 쓰면 현재의 의문표시이기 보다는 현재에서 멀어진 과거시제이기 때문에 의미가 더 완곡하게 우회적으로 바뀌게 된다. 그래서 조심스럽게 부탁을 하거나 허락을 구할 때 과거시제 was 를 잘 사용한다는 점 유념해 주기 바란다.

Could you do me a favor? (부탁 하나 들어 주겠니?) 또는 캐쥬얼하게 Do me a favor, will you? 라는 표현을 어렵게 부탁을 해야 하는 상황에서는 좀 더 완곡하게,

I was wondering if you could do me a favor. (부탁 하나 들어줄 수 있을까 해서요.)라고 표현할 수 있을 것이다.

I was wondering if you could help me with something.
(뭔가 나 좀 도와줄 수 있는지 궁금하네요.)
I was wondering if you were free tonight.
(오늘 저녁에 시간이 되는지 궁금해서요.)

* **Would it be possible for you to~?** (~을 해 주실 수 있으신가요?)
* **Would it be possible for me to~?** (제가 ~을 하는 게 가능할까요?)

위 표현은 상대방에게 허락을 구할 때,

Could I look at those files? (그 파일들 좀 볼 수 있을까요?) 라는 표현보다는

Would it be possible for me to look at those files?
(그 파일들 좀 보는 게 가능할까요?)

Would it be possible for me to see a list of your patients, just to be certain? (환자 명단을 좀 보는 게 가능할까요? 확인을 좀 하기 위해서요.)

Excuse me, sir. Would it be possible for my son to see his coach?
(실례지만 제 아들이 그 아이 감독님을 좀 만나보는 게 가능할까요?)

업무상 무엇을 요청할 때도 직접적인 요구보다는 간접적으로 이 패턴을 사용할 수 있다. Could you send the files by tomorrow morning? 라기보다는

Would it be possible for you to send me the files by tomorrow morning? (파일을 내일 아침까지 저에게 보내주시는 게 가능할까요?)

Would it be possible for you to come down to my office to chat for a few minutes? (내 사무실로 내려와서 잠깐 나와 대화를 좀 나누는 게 가능할까?)

지금까지 상대방에게 공손하게 부탁을 하거나 허락을 구할 때 사용할 수 있는 극존칭에 해당하는 간접표현법 3가지를 살펴봤다. 잘 익혀서 손윗사람 또는 잘 모르는 사람, 잘 아는 지인이라 할지라도 예의를 갖춰 부탁을 해야 할 때 이런 표현들을 사용하면 대화가 훨씬 부드러워진다는 건 두말할 나위도 없다. 하지만 아주 허물이 없는 사이이거나 비교적 친분이 있고 가까운 사이라면 Would you~, Could you~ 로 시작하는 의문문의 사용도 전혀 문제가 되지 않는다.

19 Don't bite off more than you can chew.

(지나치게 분에 넘치는 일을 하지 마라.)

이번에는 bite (물다) 와 관련된 표현들을 살펴보는 시간을 갖고자 한다.

위 표현은 직역하면 '씹을 수 있는 양 이상으로 물려고 하지 말라' 이고, 그 속에 내포하고 있는 뜻은 '본인이 감당할 수 있는 것 이상의 과한 일을 하려고 하지 말라' 라는 뜻이다. (Do not try to do something that is too difficult for you.)라는 뜻이다. 사과를 한입 무는데 과하게 먹으려고 입을 너무 크게 벌려 물다가 턱이 빠지는 수가 있다. 뭐든 능력이나 분에 넘치게 하려고 하면 탈이 나는 법이다. 실생활에 유용한 표현이니 입에서 자연스레 나올 때까지 연습해 두면 좋다. 이 표현의 Aussie English version은 Don't do anything you couldn't do! 인데 조금 변이된 표현이기는 하지만 그 의미는 동일하다. 이제 bite 의 두 번째 표현을 살펴보도록 하자.

* **Bite me!** (냅 둬! 상관 마!)

이 표현은 나를 물어라 라는 뜻이 아니다. 상대방의 말에 무례하게 대꾸하는 속어 표현이다. (Used to say to someone who made you feel angry or embarrassed) 즉, 상대방이 나를 화나고 당황하게 느끼게 했을 때 퉁명스럽게 내뱉는 말인 것이다. 예를 들어, 골프를 치는데 오늘 shot 이 별로인 지인에게 하는 말과 그에 대한 대답을 보자.

A : You're looking a bit rough today.
(너 오늘 좀 잘 안 풀리는 거 같구나.)
B : Oh, bite me! (아, 냅 둬!)

A : Your handwriting sucks. (너 글씨 진짜 못 쓴다.)
B : Bite me! (잘 쓰든 못 쓰든 상관 마!)

A : Yikes, what did you do to your hair?
(아니, 네 머리에 뭘 한 거니?)
B : Bite me! (신경 꺼!)

이제 세 번째 표현을 살펴보자.

* **Okay, I'll bite.** (좋아, 그렇게 해 보지 뭐. 한번 해보죠.)

I'll bite 는 I'll bite the bait. (미끼를 물다.)라는 뜻에서 알면서도 상대방이 하자는 대로 한번 장단을 맞춰 준다는 뉘앙스가 포함되어 있다. 즉, 반신반의하지만 그리고 뭔가 미심쩍은 부분은 있지만 일단 관심은 가니 동조 또는 장단을 맞춰 주겠다 (play along) 라는 말인 것이다. 그리고 "일단 어디 한번 얘기를 들어볼 테니 말해 봐." (I'll engage with you on this topic.) 라는 의미도 있다.

A : It may not be telling you what you think it is.
(생각하시는 것과 다를 수 있어요.)
B : Okay, I'll bite.
(좋아. 일단 (네 말을 들어볼 테니) 계속 말해봐.)

지인이 나에게 일생 일대의 좋은 사업 투자 기회가 있다면서 이 기회를 놓치면 후회한다고 호들갑이다. 이럴 때,

All right. I'll bite. What's the opportunity? (그래. 좋아. 한번 들어보자. 그 기회가 뭔데?)라고 하면 되겠다. 이 때 All right. I'll bite. 을 말하기 전 약간 pause (주춤 또는 뜸들임)를 취한 다음, 이 표현을 쓰면 더욱 의미전달이 잘 되겠다. 그리고 이 표현은 문맥의 전후 상황에 따라 우호적 (friendly) 또는 비우호적 (unfriendly)인 분위기로 느껴질 수 있다는 점도 유념해 두자. 다시 말해 비웃듯 하면서 불신 가득한 표정으로 이 말을 했다면 비우호적인 분위기가 되는 것이다. 예문을 하나 더 들어보자.

A : **So lucky to have you.** (당신과 함께 해서 무척 행운이예요.)
B : **Okay, I'll bite. Why are you so lucky?**
(좋아. 한번 들어나 봅시다. 왜 그렇게 행운인 거죠?)

I'll bite 과는 결이 다르지만 **I won't bite.**라는 표현도 있다. 그 직설적인 의미와 일맥상통한다고 보면 되겠다. '물지 않겠다. 해치지 않을 거다. 두려워 마라' 라는 의미가 포함되어 있다. 영화 The Intern (2015) 장면 중에 나이든 비서로 취직한 Ben (Robert Deniro 분)이 회사 CEO인 Jules (Ann Hathaway 분)에게 뭔가 말하고 싶어 머뭇거리자 Jules가 "It's okay. I really won't bite" (괜찮아요. 화 안 낼테니 편히 말씀하세요.)라고 하는 장면이 나온다. 즉, 두려워하거나 다가가기 어려워할 필요가 없다. '화 안 낼테니 편히 얘기하거나 행동하세요.' 라는 의미인 것이다. (Someone has no reason to be afraid of one; Someone should not be shy about approaching or talking to one.)

Don't be nervous. I won't bite. (안절부절하지 마. 화 안 낼테니.)
Just go ask her. She won't bite.
(그녀한테 가서 여쭤봐요. 괜찮을 거예요.)

Bite에 관한 네 번째 표현으로

* Let's grab a bite (to eat). (간단히 뭐 좀 먹자.)

점심 때 fast food 점에서 요기를 위해 잠깐 짧은 시간에 뭔가를 사 먹을 때 이 표현을 흔히 쓴다. 다만 격식있는 표현이라기 보다는 Casual한 표현이므로 점잖은 자리나 위사람 앞에서 사용하는 것은 예의에 어긋날 수 있으니 주의가 필요하다. 편한 친구들 사이나 동료들에게 쓸 수 있는 표현이다. 그리고 친한 친구들이나 형제 간에 Can I have a bite? (한입 먹어봐도 돼?) 라는 표현도 흔히 들을 수 있다.

끝으로 bite 와 관련된 속담이 있다. **The biter bit.** (혹 떼러 갔다가 혹 붙여 온다.) 물려는 자가 오히려 물리는 경우가 이에 해당되겠다. 남을 해치려거나 괴롭히려는 자가 도리어 같은 나쁜 결과를 당할 때 쓰는 말이다.

It is an instance of the biter bit.
(혹 떼러 갔다가 혹 붙여 온 경우군요.)

20 My name is Kim, K for kilo, I for India and M for Mike

- 영어 철자를 소개할 때 쓰이는 알파벳 공식 명칭들

우리가 전화로든 직접적이든 누군가에게 내 이름, 회사명, 이메일 주소 등을 알려줄 때 정확을 기하기 위해 스펠링을 하나하나 불러주는 경우가 자주 있게 된다. 잘못된 소통으로 인한 오류를 방지 하기 위한 것이다. 예를 들어 My name is Daniel Choi. D-a-n-i-e-l and Choi, C for Charlie, H for Hotel, O for Oscar and I for India. 이와 같이 하 면 된다.

영어의 Christian name 들은 대체로 크게 문제되지 않으나, 생소한 이 름이나 성은 꼭 확인이 필요하다. 이 때, 철자 확인을 위한 철자 단어의 예를 제각기 마음대로 쓰는 것을 많이 본다. 예를 들어 M for Mary, N for Nelly, S for Sam 이런 식으로 제각기 생각나는 대로 사용하기도 하는 데 물론 틀리는 건 아니지만 이러한 무질서한 음성 기호 사용을 체계 적으로 바로잡기 위해 1950년대 후반에 국제적인 표준 음성 통일 규 약을 만들었다.

이 국제 Phonetic Alphabet (음성철자) 규약은 The International Telecommunication Union (ITU:국제전기통신연합), The International Maritime Organization (IMO:국제해사기구), The International Civil Aviation Organization (ICAO:국제민간항공기구), 그리고 심지어 The North Atlantic Treaty Organization (NATO:북대서양조약기구) 에서도

사용하는 국제 표준 체계이다.

 전화 접수 시 이름 철자나 이메일 주소 철자가 잘못되면 낭패를 보는 수가 있다. 특히 필자는 surname 을 상대방이 Choy 로 잘못 알아듣는 경우가 많기 때문에 나의 경우 철자 끝에 반드시 묻지 않아도 i for India 라고 확인해 주는 습관을 가지고 있다. 독자 여러분들도 이 국제 음성 알파벳 표준 규약을 잘 숙지해서 사용할 수 있기 바란다.
 다음은 국제 표준 음성 알파벳 규약 표이다.

The ITU Phonetic Alphabet

A	ALPHA	N	NOVEMBER
B	BRAVO	O	OSCAR
C	CHARLIE	P	PAPA
D	DELTA	Q	QUEBEC
E	ECHO	R	ROMEO
F	FOXTROT	S	SIERRA
G	GOLF	T	TANGO
H	HOTEL	U	UNIFORM
I	INDIA	V	VICTOR
J	JULIET	W	WHISKY
K	KILO	X	X-RAY
L	LIMA	Y	YANKEE
M	MIKE	Z	ZULU

21 의사들이 제일 싫어한다는 말: An apple a day keeps the doctor away.

'하루 사과 하나면 의사 없이도 산다.' 이 표현을 잘 알고 있는 독자들이 많으리라 생각한다. 영어 표현의 기본이기 때문이다. 비타민이 풍부한 사과를 매일 하나씩 꾸준히 먹으면 우리 몸의 병에 대한 면역력이 커져서 결국 좋은 건강을 유지한다는 뜻이 되겠다. 의사들은 이 표현을 싫어한다는 우스갯말도 있다.

여기서 a day 의 a 는 per (..당, 마다)의 뜻이다. 20년전 필자가 한국에서 영어 학원 원장을 하고 있을 때 처음 등록한 초등학생들에게 영어 속담 1호로 항상 가르쳤던 표현이기도 하다. 장담컨데 우리가 필수 영어 속담 200개 정도만 잘 외우고 있으면 일상 대화에서 사실상 막힘 없이 꺼내 유용하게 대화에서 쓸 수 있는 실력이 된다. 건강과 관련된 표현들이 더 있다.

An ounce of prevention is worth a pound of cure.

(1온스의 예방이 1파운드의 치료 가치가 있다.)라는 뜻이다. 1 ounce [발음: 아운스]는 약 28g이며, 1 pound는 약 450g 정도이다. 그런데 이 표현은 우리 건강에도 그 원칙이 그대로 적용된다고 할 수 있다. 간단히 줄여서 Prevention is better than cure. (예방이 치료보다 낫다.)로 말하기도 한다.

또 건강에서 흔히 인용되는 속담으로 **Early to bed and early to rise makes a man healthy, wealthy and wise.** (일찍 자고 일찍 일어나는 것은 사람을 건강하고 부유하고 현명하게 만든다) 라는 표현도 있다. 길게 풀어 썼으니 추가 설명이 필요 없는 표현이다. 어려운 문장이 아니니 여러 번 반복해서 외우도록 해보자.

건강에서 주의해야 할 것은 가만히 있는 것이다. 우리 인간은 동물(動物)이다. 즉 움직이는 생물인 것이다. 그러므로 가만히 있으면 당장 큰 문제는 없겠으나 퇴화되어 결국 건강을 잃게 된다. 그래서 영어에서도 **A rolling stone gathers no moss.** (구르는 돌에는 이끼가 끼지 않는다) 라는 말이 있는 것이다. 우리 몸은 움직여야 한다. 우리 두뇌도 마찬가지일 것이다. 아침에 자고 일어나면 몸이 굳어지는 것을 느낀다. 그래서 아침 체조를 하는데 매일 자고 나면 해야 한다. 그렇게 건강을 잘 유지하면 **A stitch in time saves nine.** (제때의 바느질 한 번이 아홉 바느질을 던다.) 라는 말처럼 건강을 지키게 되는 것이다. 예방의 중요성을 강조한 말이라 하겠다.

* **What's keeping him, I wonder.** (그 친구 왜 이렇게 늦지?)

누군가와 만나기로 해서 도착할 시간이 되었는데도 그가 아직 아무 소식이 없을 때 이 표현을 중얼거리듯 말할 수 있다. 직역하면 '무엇이 그를 붙잡고 있는지, 궁금하다' 라는 뜻인데 더 자연스럽게는 '그가 왜 이렇게 늦는 거지?' 라고 해석하고 이해하면 정확하다. 유용한 생활영어 표현이니 전체를 한 문장으로 외워 두면 좋다.

A : "**What's keeping him, I wonder. He should've been here by** now." (그가 왠일로 이렇게 늦지? 지금쯤 도착했었어야 하는데.)

B : "Maybe he got stuck in traffic. It's been pretty congested lately." (아마 교통 체증에 걸렸을지도요. 요즘 교통이 꽤 막히고 있거든요.)

A : "I hope he's okay. He's usually very punctual."
(그가 별일 없기를 바래. 항상 시간을 잘 지키는 친군데.)

B : "I'm sure he'll be here soon. Maybe he just got caught up with something unexpected." (그래요, 곧 오겠지요. 그냥 무슨 예상치 못한 일에 발목이 잡혔을지도 모르겠네요.)

[get caught up with : ~ 일에 휘말리다. 붙잡히다.]

A : "Here he comes! Looks like he's finally made it."
(앗, 저기 오네요! 드디어 도착한 모양이네요.)

* I have nothing to write home about.
  (전해드릴 특별한 소식 없어요.)

Nothing to write home about 은 '크게 내세울 게 없는, 특별한 게 없는'(Not exciting, nothing special)의 뜻으로, 원래 멀리 떨어진 전장에서 병사들이 집에 보낼 편지에 적을 마땅한 소식이 없을 때 사용했던 표현에서 유래되었다고 한다. 특히 1차 세계대전에 참가한 미군병사들이 고국의 가족들에게 소식을 전하면서 주로 사용되었다. 오늘날에는 관용적으로 다양한 상황에서 특별한 일이나 대단한 것이 아니다라고 말할 때 사용된다. 결국 I have nothing to write home about.은 내 삶 속에 특별한 일이 없으므로 소식으로 전할 이야기가 없다 라는 말이 되겠다.

I tried the new restaurant in town, but the food was mediocre.

It was definitely nothing to write home about.
(읍내에 새로 생긴 음식점을 가봤는데, 음식은 그저 그랬어. 정말 특별할 만한 게 없었어.) [mediocre : 평범한. 그저 그런]

I visited a famous tourist attraction, but it was overcrowded and didn't live up to my expectations. It was nothing to write home about. (나는 유명한 관광지를 방문했지만 사람이 너무 많았고 내 기대에 부응하지 못했어. 딱히 전할 게 없네.)

[English Humor with Double Meaning]

* My friend's bakery burned down last night. Now his business is toast. (내 친구 빵가게가 어젯밤 전소되었어요. 이제 그 친구 사업은 망했어요.)

여기서 핵심은 toast 의 의미다. toast 는 '노르스름하게 구어진 바삭한 빵'을 말하는데 속어로 '끝장이 난(finished), 파괴된(destroyed), 외부의 힘에 의해 갑자기 기능을 멈춘' 등의 뜻이 있다. 빵집에 불이 났으니 사업이 일단 끝장나는 건 어쩌면 당연한 일인지 모른다. 빵집과 연관되어 toast 란 단어가 적절하게 쓰인 예다. 발음은 '토우스트'이다.

22 Did you break it to him?
(그에게 그 안 좋은 소식 전했어?)

이번에는 일상에서 역시 중요하게 사용되는 구어 표현들을 살펴보겠다.

1 Did you break it to him?
(그에게 그 안 좋은 소식 전했어?)

Break it to (누구)는 누군가에게 부정적이고 안 좋은 소식(it)을 전하게 될 때 이 표현을 사용한다. (When you tell something negative, unpleasant that will upset them) 직장 해고, 가족의 불상사 또는 중병의 고지 등 여러가지 안 좋은 말이나 곤란한 뉴스를 전할 때 사용한다.

[미드 WEEDS : Season 1]
I hate to break this to you, but…
(너에게 이런 얘기 전하기가 그렇다마는…)

Did you break it to him that he's not getting the promotion?
(그가 승진에서 누락됐다는 걸 그에게 전했나요?)
I don't want to be the one to break the news to him.
(내가 그에게 그 소식을 전하는 사람이 되고 싶진 않네.)
It's never easy to break it to someone that their loved one has

passed away. (누군가에게 사랑하는 사람이 돌아가셨다는 사실을 전하는 것은 결코 쉽지 않아.)

The doctor gently broke it to the patient that he had a serious illness. (의사는 환자에게 심각한 질병이 있다는 것을 부드럽게 알렸다.)

She finally broke it to her husband that she wanted a divorce. (그녀는 마침내 남편에게 이혼을 원한다는 사실을 말했다.)

2 You gotta kick it up a notch!
(한 단계 끌어 올려봐.)

이 표현은 어떤 일이나 활동을 보다 더 열심히 그리고 활기차게 진행해야 한다는 뜻을 전달할 때 사용한다. (You need to make more effort or increase your performance). 더욱 분발하고 노력해서 성과를 내야 한다는 독려의 뜻이 담겨있다. 물론 이러한 요구에는 그에 따른 적절한 보상도 따라야 하겠지만 말이다.

여기서 kick it up 은 '분발하다' 라는 의미로 쓰인다. Notch 는 '단계, 등급'을 의미하고, notch 를 이용한 단어 중에 복합 형용사로 top-notch 가 있다. State-of-the-art, cutting-edge 와 함께 '최신식, 최첨단, 일류의'의 뜻을 갖는 중요 형용사다. Top-notch facility (최신식 시설), Cutting-edge technology (최첨단 기술), State-of-the-art equipment (최첨단 장비) 등과 같이 사용된다.

If you want to win the competition, you gotta kick it up a notch and train harder. (경쟁에서 이기고 싶다면, 더욱 노력해서 더 열심히 훈련해야 해.)

Our sales numbers are not meeting the targets. We have to

kick it up a notch and implement a more aggressive marketing strategy. (판매 실적이 목표를 달성하지 못하고 있어. 더욱 노력해서 보다 공격적인 마케팅 전략을 시행해야 해.)

3 Cut it out, will you?
(그만 좀 하지 않겠니?)

'그만해, 좀 그만둬.' 라는 뜻의 구어표현으로, 누군가가 귀찮거나 성가신 행동을 계속할 때 그만하라는 강한 명령의 표현이다. (Tell someone to stop doing something annoying, frustrating, unwanted.) 행동이 아닌 말에 대해서 쓸 때는 '그만 좀 닥쳐라' 라는 뜻으로 쓸 수 있다.

Stop doing it! 또는 stop it! 등으로도 표현할 수 있으나, 그보다 더 강한 표현이 Cut it out 이다. Cut it out, will you? I can't concentrate on my study. (좀 가만히 있어라! 공부에 집중할 수가 없잖아.) Cut it out! (강한 명령), Cut it out, will you? 또는 Cut it out, would you? (좀 더 순화된 표현) 등으로 사용하면 되겠다.

Stop teasing your little sister. (If he keeps doing it) Cut it out, will you? (여동생을 놀리는 거 그만둬. (그래도 계속할 경우) 그만 좀 못 하겠니?)

You keep tapping your pen on the desk. Cut it out, will you? (책상에 계속해서 펜을 두드리는데. 그만 좀 해 줄래?)

I'm trying to concentrate on my work, but your loud music is

distracting. Cut it out, will you? (일에 집중하려고 하는데, 네 큰 음악소리로 인해서 집중이 안 되네. 이제 그만 좀 해 줄래?)

4 I can relate to that!
(그 말에 공감이 갑니다!)

누가 I can relate. 또는 I can relate to that. 이라고 말하면 '그것과 연관 지을 수 있겠네요.' 라는 말이 아니다. 이 말은 '그 상황을 이해하고 그 감정에 충분히 공감이 간다.' (to understand a situation or someone's feelings because you've experienced it personally)라는 뜻이다.

내가 Can you relate to that? 이라고 물었다면 이 말은 '당신도 나와 같은 경험을 한 적이 있나요?' 그래서 '그거에 공감이 가시나요?' 라는 뜻이 된다.

I can relate to having doubt on it.
(그 점에 의심을 가질 만도 해요.)
I can relate to feeling unsure about it.
(그거에 관해 불안감을 느끼는 거 공감해요.)
When my friend talked about the struggles of learning a new language, I could really relate to that.
(내 친구가 새로운 언어를 배우는 과정에서의 어려움에 대해 이야기했을 때, 나는 그거에 정말 공감할 수 있었습니다.)

Hearing about her experience of losing a loved one, I could

truly relate to that feeling of grief.
(그녀가 사랑하는 사람을 잃은 경험을 듣고 나는 정말 그 비통한 감정에 공감할 수 있었어요.)

그런데 To be related to (someone) 처럼 be related to 구동사 다음에 사람이 오면 '누구와 혈연관계이다' 라는 뜻이다. 즉, A blood relative (family member) 관계가 되는 것이다.

How are you related to that person?
(그 사람과 가족 관계가 어떻게 됩니까?)

5 Are you getting cold feet? (겁이 나니?)

Get cold feet 은 '찬 발을 얻다' 라는 직역인데 사람은 발이 따뜻해야 안정이 되는 법이다. 발이 차가우니 안정이 안 되고 불안한 상태라고 볼 수 있다. get cold feet 은 결국 어떤 일을 하기로 했지만, 막상 그 일을 하기 직전에 두려움이나 불안감 때문에 망설이는 상태를 말한다고 할 수 있다. (You're getting nervous and hesitating about actually doing the thing.) 그래서 이 구동사는 '긴장하여 망설이다. 겁을 먹다.' 등의 뜻으로 사용된다.

I was planning to ask her out, but I got cold feet.
(나는 그녀에게 데이트를 제안하기로 했었는데, 망설여졌어.)
We were going to jump off the cliff, but my friend got cold feet at the last moment.

(우린 절벽에서 뛰어내리려고 했는데, 친구가 마지막 순간에 겁을 먹었어.)

I was gonna accept the job, but I started to get cold feet. I was worried about the duties and staff relationship, whatever it is.
(그 일을 하기로 할 예정이었는데 겁이 나기 시작했어요. 업무와 직원관계 등 뭐든지 간에 걱정이 되었어요.)

이 정도의 상태면 거절하는 게 정신 건강에 좋을 듯하다. 뭔가 안절부절 못하고 불안하면 getting cold feet 이다.

6 Well, if it isn' t...! (아니, 이게 (누구) 아니시던가!)

Well, if it isn't (누구) 하면 예상치 않은 장소에서 오래전이든 현재든 잘 아는 지인을 마주쳤을 때 놀라움이나 반가움을 나타내는 감탄표현이다. (To express surprise about meeting someone when it is not expected)

Well, if it isn't Michael! What a surprise to see you here.
(아니, 마이클 아니던가! 여기서 너를 보다니 정말 반갑네 그려.)
Why, if it isn't my high school mate, Bill! It's been ages!
(아니, 내 고교친구 빌 아닌가! 참 오랜만이네.)
[Why: 아니, 이런, 어머나. (문두에 와서 의외. 놀라움을 나타내는 감탄사로 자주 쓰임.)]

23 내 죽은 몸 위에서나 가능한 Over my dead body!

이번에는 중요한 3가지 영어 관용표현을 살펴보도록 하겠다.

위 표현은 '절대 안 된다'는 나의 강한 반대의사를 표현할 때 쓴다. 꼭 하려면 내가 죽거든 그 죽은 몸 위를 밟고 지나가면서 하든지 말든지... 내 눈 뜨고 있는 동안엔 안 된다라는 강한 부정의 의사를 담고 있다. 오래 전 재임 시 George Bush 미 대통령이 대 테러와의 전쟁 (Global War against Terror) 관련 연설에서 양보할 수 없다는 뜻으로 이 표현을 쓰는 것을 보았고, 증세는 결코 없을 것이라는 연설에서도 이 표현을 사용했었다. (I will not accept a tax increase. Over my dead body!)

우리도 '내 눈에 흙이 들어가기 전에는 안 돼!' 라는 표현을 어른들이 흔히 쓰곤 한다. 뭔가 강한 부정적 의견 또는 거부감을 나타낼 때 사용하는 어법이라고 할 수 있다. 다시 말하면, 어떠한 상황에서도 그러한 일이 일어나는 것을 허용하지 않겠다. (Under no circumstances will that be permitted to happen.)라는 강한 의지의 표현인 것이다. 예문을 보도록 하자.

I will not let you marry him, over my dead body.
(난 그와의 결혼 허락 못 한다, 절대로.)
Over my dead body will you drive home after you've been drinking! (음주 후에는 집에 올 때 절대 운전대를 잡아선 안 돼!)

Daughter: Mom, can I get a tattoo? (엄마, 나 문신 하나 해도 돼?)
Mom: Over my dead body! (뭔 소리, 절대 안돼!)

두 번째, **You ain't seen nothing yet.**
(진짜 재밌는 것은 지금부터야.)

뭔가 재밌고 인상적인 것을 보거나 경험해서 놀라고 있는데 그걸 소개하던 친구가 '아직 이게 다가 아니야. 진짜 좋은 게 기다리고 있으니 기대해.'라는 뜻으로 말할 때 사용하는 표현이다. (However extreme or impressive something may seem; it will be overshadowed by what is to come.)

직역하면 '넌 아직 아무것도 보지 않았어'이니까 '더 좋은 볼거리가 남아 있다'라는 뜻이리라. 여기서 ain't 는 hasn't, haven't 의 구어체 표현이며, 위 표현은 관용어로 굳어진 표현이므로 그대로 사용해야 한다. ain't 는 또 am not, are not, is not 를 대체해서 구어체에서 흔히 사용된다. 오락 장기에서 종횡무진 움직일 수 있는 차(車)처럼, 문장 어디나 다 통용되는 만능 기능을 가졌다 할 수 있다. 영화대사 등에서 이 표현이 많은 것을 보게 된다.

You ain't seen nothing yet. 은 공식 석상에서도 이 표현이 사용되는 것을 볼 수 있는데, 1988년 11월 9일 백악관 Rose Garden에서 당시 Ronald Reagan 미 대통령이 기자들 앞에서 새로 대통령에 당선된 George Bush Senior와 부통령 당선자 신분인 Dan Quayle을 축하하는 연설을 하는 중에 다음과 같은 표현을 사용했다.

"This is not the end of an era but a time to refresh and strengthen our new beginning, in fact, to those who sometimes flatter me would talk of a Reagan Revolution. Today, my hope is this, you ain't seen nothing yet."

(이 시간은 한 시대의 끝이 아니라 우리의 새로운 시작을 새롭게 하고 강화시키는 시간인 것입니다. 사실 나에게 가끔 아첨하면서 뤼건 혁명을 이야기하곤 했던 사람들에게 특히 말입니다. 오늘 제 희망은 바로 이것인데요. 여러분은 진짜 중요한 일들을 앞으로 보게 될 것입니다.)

멋진 표현이 아닐 수 없다. 평소에 잘 외워 두었다가 적절히 쓰면 대화의 맛과 풍미를 더하게 되는 좋은 표현이다. '앞으로 더 좋은 일들이 많이 있을 테니 기대해도 좋다'라는 좋은 의미를 담고 있기 때문이다. 예문을 좀 더 보자.

I could tell your parents are already impressed with the house, but they ain't seen nothing yet.
(네 부모님들이 그 집에 벌써 반했다는 것을 알 수 있는데, 근데 더 좋은 점들이 있다는 걸 아직 모르고 계시지.)

A : Wow, there is so much going on in this city all at once.
(와, 이 도시에는 한꺼번에 진행되는 행사들이 엄청 많군요.)
B : Just wait, darling, you ain't seen nothing yet. It only really comes alive at night. (여보 기다려 봐. 아직 보려면 멀었어. 밤에 정말 활기를 띠거든.)

세 번째, **Get out of here!** (말도 안돼! 믿기지 않아!)

내가 반에서 일등을 했다고 하자, 친구가 Get out of here, man! 이라고 하면, '야 이 친구, 믿기지 않는데?' 라는 뜻이 된다. 누군가에게 믿기지 않는 좋은 일이 생겼을 때 사용한다. 말 뜻 그대로 '여기서 나가라' 라는 뜻으로도 사용할 수 있겠으나, 말하는 상황에 따라 의미를 달리 하니 상황과 분위기를 잘 파악해서 이해하도록 해야 한다.

Jane is dating Tom? Get out of here! (제인이 톰과 데이트한다고? 그럴리가. 말도 안 돼.) 이 경우는 꼭 좋은 일인지 어쩐지는 불명확하지만 아무튼 믿기지 않은 상황을 말하고 있다라고 할 수 있다.

[English Humor with Double Meaning]

* **Why did the melons have a wedding? Because they cantaloupe.** (멜론이 왜 결혼식을 올렸을까요? 왜냐하면 그들은 몰래 결혼해서 달아날 수 없었기 때문이에요.)

여기서 핵심은 cantaloupe 이다. cantaloupe 는 과일로서 멜론의 일종이다. 그런데 다른 뜻으로 Can't elope 와 발음이 흡사하다. elope 는 몰래 결혼하다. (get married secretly) 또는 눈이 맞아 남녀가 함께 달아나다, 특히 기혼여성이 가정을 버리고 애인을 따라 도망가다 라는 뜻이 있다. '캔털로웁'. 두 발음이 거의 같다.

24 He is tall, dark and handsome.
- 키 크고 검고 잘 생긴 남자?

여성이 남성에게서 매력을 느끼게 되는 요소들이 많이 있겠지만 제각기 특별한 경우를 제외하면, 우선 외적으로 키가 크고 잘생기면 후한 점수를 받게 되는 게 사실이다. 그런데 남자가 키 크고 잘생겼어도 돈이 없거나 변변한 직업이 없다면 여성에게는 결정적인 결격 사유가 된다. 사실 모든 조건을 다 갖추었어도 사귀면서 드러나게 되는 못된 성격적 결함도 관계를 파국으로 만드는 요인이 되기도 한다. 그러나 여기서는 그런 세세함의 차이는 무시하고 대체로 무난하다고 가정했을 때 (All other things being equal) 앞의 전제는 유효하다고 할 수 있다.

All other things being equal (모든 다른 조건이 같다고 가정했을 때), 이 말은 경제학이나 논리학에서 다른 전제 조건들을 다 고정시키고 변수가 없다고 가정했을 때 전개된 사항들이 어떻게 변화하고 어떤 결과를 가져오는지 분석할 때 많이 쓰이는 분사구문이다.

An increase in demand, all other things being equal (unchanged), will cause the equilibrium price to rise; quantity supplied will increase.
(모든 조건이 같다고 가정할 경우 (불변일 경우), 수요의 증가는 균형가의 상승을 일으키며, 공급량을 증가시킨다.)

All other things being equal, I'd prefer to have a young and

dynamic person. (모든 조건이 같다면 난 젊고 활기 넘치는 사람이 더 좋아요.)
All other things being equal, small car will cost less than a larger one. (모든 조건이 같다고 가정했을 경우, 소형차가 더 큰 차보다 가격이 적게 나간다.)

그런데 엔진도 터보엔진을 달고 여러가지 최신 옵션이 들어간 소형차는 대형차보다 고가인 경우도 물론 있다. 전제 조건에 변수가 생기면 논리의 일반화가 무의미해진다. 그래서 논리의 이해를 쉽게 하기 위해 다른 변수를 고정시킬 때, 이 문구를 사용한다는 것을 알 수 있다.

자, 그러면 오늘의 표현 tall, dark and handsome 에서 dark (검은)은 왜 들어갔을까. 혹시 흑인을 의미하는 것일까 생각할 수도 있겠으나 그게 아니다. 여기서 dark는 tanned (햇빛에 그을린, 거무잡잡한) 이란 뜻으로 쓰였다.

아프리카 흑인이나 중동, 아시아 사람들은 해변에서 suntan을 반드시 해야 하는 것으로 생각하지 않지만 백인들은 다르다. 하얀 피부를 갈색 톤 (brownish tone)으로 약간 그을리면 더 매력있다는 생각을 하고 있다.

그래서 그런지 여기 Sydney 에서도 봄 여름철에 그 유명한 Bondi beach (발음: 본다이 비-취. Bondi는 Aboriginal 말로 'high wave' 란 뜻이라고 한다.) 에 가 보면 맑은 날 항상 해변에 tanning 하는 사람들로 붐빈다. 반대로 흑인계통의 사람들은 약간 흰색 톤으로 칼라를 바꾸면 더 매력적이라고 생각해서 피부에 공을 들인다고 한다.

어쨌든 미국 사람들은 이렇게 휴가 때 해변에서 몸을 그을리는 여행을 하는 게 하나의 꿈이기도 하다. 동 서부 해안 쪽에 사는 사람들은 비교적 쉽겠지만 중부 지방에 사는 사람들은 휴가 한번 다녀오는데 많은 돈이 든다. 그래서 중부 Iowa 나 Kansas 주에 사는 사람이 동남부 해안의 Florida 주에 있는 Miami beach 나 서부 California 주에 있는 Santa Monica beach 에서 휴가를 보내고 와서 거무스름해진 피부를 자랑하면 '돈 좀 썼네. 여유있는 친구인가 봐' 라고 생각하게 된다. 이 dark 라는 표현이 '부유한' 이라는 뜻으로 해석되는 배경이다. 그래서 백인이 키 크고 잘 생겼는데 피부까지 거무잡잡해져 있다면 일단 외적으로 여성들에게 매력 조건을 다 갖춘 것으로 여겨지게 되는 것이다. 그런 남성들은 gold digger (돈 보고 남성에게 접근하는 여성) 들의 target 이 되기도 하니 조심할 일이다.

필자가 어느 날 업무상 처음 만난 젊은 호주 친구와 대화를 하게 되었는데 키도 크고 잘생겼는데 피부는 하얬다. 그래서 내가 인사하면서 'You're tall and handsome, but not dark.' 이라고 한마디 해 주었더니 그 친구 크게 웃으면서 'You're right, Daniel.' 이라고 응수하던 기억이 난다. 여기서 not dark 는 물론 백인이니까 피부가 검을 리가 없겠지만, 다른 뜻으로 '그런데 돈은 없는 거지?' 라는 의미가 내포되어 있었다. 그런데 상대방이 그 말의 의미를 알아듣고 웃었던 것이다. 물론 웃으며 분위기를 좋게 하기 위한 가벼운 농담인 것이다.

위의 관용구를 필요할 때 적절히 활용해서 쓸 수 있게 되기를 바란다. 여기서 핵심은 dark의 의미다. 얼마전 시드니 시내의 한 옥외 광고에 신형 검은색 아우디 (Audi) 차 홍보 광고가 나왔었다. 그런데 그 광고 문구가 흥미로웠다. 필자가 사진을 찍어 두었는데, 검은 중형차

사진 밑에 다음과 같이 씌어 있었다.
Tall, dark and extra handsome.
Discover the Audi Black Edition range.

"크고 부티나고 더 멋진 (아우디)."
여기서 dark 는 물론 검은색 승용차니까 dark 라고 썼겠지만 앞서 설명한 대로 '부유한', '고객의 품격에 맞는 부티나는 차'라는 이중적 의미를 담고 있는 광고 copy 문구인 것이다. 검은색 승용차라서 단순히 dark 가 쓰인 게 아니다.

여기서 또 한 가지 알아 두어야 할 사항은 -ish 표현이다.
정확하지는 않지만 어느정도 그 무렵, 시간, 나이, 그 색깔과 비슷하다고 표현할 때 명사나 형용사 뒤에 -ish 를 붙여서 표현한다. (somewhat, in a way, not exactly) 또는 '~의 성질을 가진, ~같은' (characteristic of; having a touch or trace of)의 의미를 가진다. 예를 들어 보자.

A: Give it to me straight. How do you feel about my case?
(솔직히 말해 주세요. 제 소송 건에 대해 어떻게 생각하시나요?)
B: Good-ish. (괜찮아 보여요.)
She is dating a tall-ish man with young-ish age.

(그녀는 어려 보이는 나이의 키가 좀 큰 남자와 데이트하고 있다.)

I'll give you a ring tomorrow. Noon-ish.

(내일 전화 줄게. 정오 쯤에.)

See you tonight at 7:30-ish. (오늘 밤 7:30분쯤 보자.)

She looks fifty-ish. (그 여자분 50세쯤 되어 보여.)

She is pretty-ish. (그녀는 예쁘장해.)

A: What time tonight? (오늘 밤 몇 시죠?)

B: 7-ish? (7시경?)

A: Awesome. I'll be there. (좋아요. 거기서 봐요.)

색깔에도 이 -ish를 붙이면 엇비슷한 색깔의 형용사가 만들어진다.
whitish (희끄무레한), yellowish (누르스름한), blueish (파르스름한), brownish (갈색을 띤) reddish (불그레한), greenish (푸르스름한), blackish (거무스름한)

원어민들의 실생활 회화에서 자주 쓰이는 이 -ish를 잘 사용하고 잘 알아듣는 것도 중요하다고 할 수 있다. 특히 whitish, reddish 스펠링에 유의하기 바란다. 색깔을 말할 때 -ish는(-) 하이픈을 쓰지 않고 색 형용사 바로 뒤에 붙여서 쓴다.

25 Take my word for it.

(내 말을 그대로 믿어 주세요.)

Take someone's word for it. 은 누군가의 말을 증명하거나 조사하지 않고 그대로 사실로 받아들이는 것을 말한다. 즉, 진심이니 그대로 믿어 달라는 의미다. 영어에 Doubting Thomas 란 말이 있다. 성경의 '의심 많은 도마'를 지칭하는데, '증거 없이는 믿지 않는 사람'을 지칭한다. 예수님의 손에 난 못 자국을 보고서야 예수께서 부활하신 후 다시 오신 것을 믿게 된 도마를 빗대어 생겨난 표현이다. You're a doubting Thomas, aren't you? (너 의심이 참 많구나.) 라고 사용한다. 그런 의심 많은 도마와 같은 사람에게 Take my word for it, please. (제발 제 말을 믿어주세요.) 라고 말 할 수 있겠다. 예문을 보면,

I took his word for it. (난 그의 말을 그대로 믿었습니다.)
If she says she's sick, you have to take her word for it.
(그녀가 아프다고 하면, 그 사람 정말 아픈 거야.)

믿기 어렵다는 표현으로 미국에서만 적용되긴 하지만 I'm from Missouri. (난 미주리주 출신입니다.) 라는 표현이 있다. 이 말은 You'll have to show me that you're right. (당신 말이 맞는지 보여 주세요.) 라는 강한 의심의 의미를 갖고 있다. 그래서 그런지 Missouri 주의 별명 또한 'The Show Me State' 이다. 그래서 I'm from Missouri. Show me, please. 하면 '저 못 믿겠는데요. 증거를 보여주세요.' 라는 말이 되겠다.

There is no way I believe that she can eat that many hamburgers in an hour. I'm from Missouri. (어떻게 한 시간 안에 그렇게 많은 햄버거를 먹을 수 있는지 믿을 수가 없네요. 전 의심이 많거든요.)

미국 Missouri 주가 왜 Show Me State 이 되었는지에 대한 여러 설이 있지만 가장 잘 알려진 이야기는 19세기 말 미 하원 의원을 지냈고 학자이며 작가였던 Willard Duncan Vandiver 라는 분의 1899년 Philadelphia's Five O'Clock Club 에서의 다음과 같은 연설에서부터였다고 전해지고 있다.

"I come from a state that raises corn and cotton and cockleburs and Democrats, and frothy eloquence neither convinces nor satisfies me. I am from Missouri. You have got to show me." (난 옥수수, 목화, 도꼬마리풀을 기르는 주 출신이고 민주당원입니다. 시시한 웅변으로는 날 확신도, 만족도 시켜주지 못할 것입니다. 난 미주리 출신이거든요. 나에게 반드시 보여줘야만 됩니다.)

미국은 주가 많다 보니 별명도 다양할 수 있겠다는 점은 인정되지만 주 전체 주민을 의심 많은 사람 취급하는 건 좀 도가 지나치다는 생각도 든다.

* **Don't sweat it!** (걱정하지 마세요! 신경 쓰지 말아요!)

우리가 잘하는 Don't worry about it. Don't let it bother you. (신경 쓰지 마세요.) 와 똑같은 표현이 Don't sweat it. 이다. Sweat은 원래 '땀을 흘리다.' 라는 뜻인데 '걱정하다. 근심하다.' 라는 뜻도 있다. 초조해하며 땀을 흘리는 상상을 하면 느낌이 올 것이다. 아주 casual 하며 호의적인 표현으로서 일상 대화에서 편하게 쓰면 되겠다.

A : I'm sorry for being late to the meeting. (회의에 늦어서 미안해요.)
B : Don't sweat it. We haven't started yet. Let's get started now.
(걱정하지 마세요. 아직 시작하지 않았어요. 이제 시작합시다.)

* I'll give you that! (그건 인정할게!)

I'll give you that. 은 '너에게 그걸 주겠다'라는 직역의 의미로도 물론 사용할 수 있겠지만 대개는 구어체 생활영어에서 '그 점은 내가 인정해.' 라는 의미로 사용된다. 즉, 상대방 말에 대해 일정 부분 사실로서 인정한다는 뜻이다. (It is used say that one is willing to admit or concede that at least part of something someone says is true.)

You're a bright enough kid, I'll give you that, but the problem is that you're not making any efforts. (넌 충분히 명석한 아이야. 그건 내가 인정하지. 근데 문제는 어떤 노력도 안 한다는 거지.)
It's quite a place. I'll give it that. (거긴 대단한 장소더군. 그건 인정해.)

A : "The movie had some flaws, but the cinematography was stunning." (그 영화는 몇 가지 결점이 있었지만, 영상미는 놀라웠어.)
B : "I will give you that. The visuals were indeed breathtaking.
(그건 나도 인정해. 시각적인 면에서 정말 아름다웠으니까.)

A : "I don't understand why you're so upset. I told you I'd be late" (왜 그렇게 화를 내는지 이해가 안 가네. 내가 늦을 거라고 말했잖아.)
B : "Ok, I will give you that, but 11:00 AM isn't just a little bit late! (좋아, 그건 인정한다. 근데 오전 11시는 조금 늦은 게 아니잖아!)

26

Your guess is as good as mine.

'네 생각이 나만큼 훌륭하다' 로 해석하면
오역 중의 오역.

결론부터 말하면 Your guess is as good as mine. 은 "나도 잘 모르겠어." "모르긴 나도 마찬가지일세." 라는 말이다. 영어에는 모르겠다라는 표현이 다양하게 있다.

기본적으로, 제일 쉽게 많이 쓰는 I don't know. (몰라요.) 가 있고, I have no idea. (도무지 모르겠는데요.) 어떻게 해서 이런 일이 생겼는지 전혀 감이 안 올 때, 이 표현을 쓴다. 또 I don't have any clue. (전혀 모르겠습니다.) 어떤 사태의 단서나 실마리를 찾을 수 없을 때, 이렇게 말 할 수도 있다. 또 다른 표현 I'm completely unaware of it. (난 전혀 그거에 대해 모르고 있어요.) 으로 unaware of ~ 또는 not aware of ~ 를 사용하여, '전혀 인지하고 있지 못하다' 라는 의미로 사용할 수 있다.

그리고, It beats me. (모르겠어요.) 어떤 상황이나 누군가의 행동에 대해 이해할 수 없을 때, It beats me. 라고 할 수 있다. "It beats me how she got the job." (그녀가 어떻게 그 직업을 구했는지 모르겠어요.)

영화 3:10 To Yuma (유마로 가는 3:10분 열차 - 2007년 개봉)의 끝 장면에서 3시 10분의 시간이 되었는데도 Yuma로 가는 죄수 호송 열차가 도착하지 않자, 다음과 같은 대화가 이어진다.

DAN : What time is it? (몇 시지?)

MAN : 'Bout ten past three. (3시 10분경 일세.)

DAN : Where's the 3:10 to Yuma?

(유마로 가는 3시 10분 열차는 어딨는 거야?)

MAN : Running late, I suppose. (늦는 거 같아.)

DAN : How late? (얼마나 늦는데?)

MAN : Beats me. Gets here when it gets here.

(모르겠어. 올 때 되면 오겠지.)

BEN : Goddamn trains. Never can rely on them, huh?

(빌어먹을 기차들, 도무지 제 시간 지키는 걸 못 봤단 말야.)

라며 응수하는 장면이 나온다.

대체로 It를 생략하고 그저 Beats me. 라고 흔히 말한다. 이 영화에서 Russell Crowe는 Ben의 역할로 나와서 열연을 펼친다.

끝으로 Your guess is as good as mine. 이 표현은 직역하면, "네 추측이 내 추측만큼 훌륭해." 라는 말이다. 즉, '네 추측이나 나의 추측이나 그게 그거다. 네가 모르면 나도 모른다. 난들 어찌 알겠는가.' 라는 의미가 되겠다. 남들이 아는 정도 이상은 나도 알고 있지 못하는 상황을 이르는 말이다. '모르기는 나도 마찬가지다' 라는 뜻인 것이다. 위 표현 모두 구어체 표현이므로 문서가 아닌 일상 대화에서 주로 사용된다.

A : Who do you think will win this election?

(이번 선거 누가 이길까요?)

B : Your guess is as good as mine.

(난들 알겠어요? 나도 잘 몰라요.)

007영화 A View to a Kill (1985년) 첫 부분에서, 의심되는 경마 결과를 두고 James Bond 와 동료가 나누는 대화 장면이 있다.

BOND : Fixed? (애들이 짜고 한거지?)
Godfrey : Your guess is as good as mine. The French Jockey Club has hired a detective friend of mine, Aubergine, to look into it. (그건 나도 잘 모르지. 프랑스 경마 클럽이 그걸 조사하려고 내 친구인 '오버진' 형사를 고용했어.)

[English Humor with Double Meaning]

* **Why did the scarecrow win an award? He was out standing in his field.** (허수아비는 왜 상을 받았지요? 자기 분야에서 뛰어났기 때문이에요.)

Outstanding 하면 '뛰어난, 걸출한'의 뜻이다. 여기서는 밖 들판 밖에 서 있는 (to be out somewhere) 허수아비를 뜻하면서도 '뛰어난 성과를 거둔' 이란 이중적 의미가 된다. field는 들판, 야외를 말하지만 어느 특정한 전문 분야를 지칭하기도 한다.

27

My Work took a lot out of me today.

(오늘은 일로 많이 지치고 힘들었어요.)

Take a lot out of (someone)는 '(누구를) 많이 지치게 하다' 라는 뜻으로, (누구에게) 많은 노동과 에너지를 요구해서, 육체적으로나 감정적으로 그 사람을 무척 피곤하게 했을 때 사용하는 표현이다. 단순히 짧은 어제 오늘의 일뿐만 아니라 과거 어떤 힘들었던 경험을 말할 때도 사용할 수 있다.

Life in Germany as an overseas student took a lot out of me.

(독일에서 유학 생활은 나에게 무척 힘들었습니다.)

That interview really took a lot out of me.

(그 면접은 정말 내 진을 뺐어요.)

이 표현들에서 보듯이 사람이 아닌 어떤 유무형의 사물이나 상황이 주어로 온다는 점을 유념해 주길 바란다. 기진 맥진하여 녹초가되었을 때, I'm exhausted. 또는 I'm worn-out. 이란 표현도 알아 두면좋다. ('~으로 지치다.')의 뜻인 tired, fatigued 사용시, be tired of~, be fatigued with~ 형태의 구문으로 사용된다.

A : He looked exhausted, as if the argument had taken a lot out of him.

(그 논쟁으로 인해 많이 지친 탓이었는지 그는 녹초가 되어 보였다.)

역시 007 영화 A View to a Kill 첫 부분에서 정보국 사무실을 방문한 Bond와 비서 Moneypenny가 나누는 대화 장면이다.

Moneypenny : I've been trying to reach you all morning. What have you been up to? (아침 내내 연락했었는데. 뭘 하고 계셨어요?)

BOND : Rest and recreation, my darling. The trip back from Siberia took a lot out of me. (휴식과 기분전환 좀 했어, 내 귀여운 아가씨. 시베리아 다녀온 여행으로 내가 무척 지쳤거든.)

Moneypenny : Your dedication when you're on the job is most commendable, James. (일할 때 당신의 헌신된 모습은 무척 칭찬받을 만해요, 제임스)

제임스 본드는 이 영화 시작 장면에서 눈 쌓인 시베리아 산야에서 스키를 타며 탈출하는데 러시아 군의 헬기 및 육상 공격에 죽을 고비를 여러 번 넘기고 살아 귀국한다.

무척 피곤하고 지쳤을 만하다. 여러분도 이 영화를 보면 역시 007은 초반부터 절대 죽지 않는다는 원칙을 재확인하게 될 것이다.

* I've gotta hand it to you. (대단하십니다. 당신한테 손 들었소.)

Have got to hand it to (someone) 은 상대방이 이룬 성취나 기술, 능력 등을 인정하고 훌륭하게 평가할 때 쓰는 표현이다. 즉 평소에 친하게 지내지도 않고, 칭찬하지도 않는 사람에게 칭찬하게 될 때, 또는 내가 한 일에 대해 뭔가 잘못됐다는 것을 증명해 보이는 사람에게 어쩔 수 없이 그 사람의 주장을 받아들이고, 인정하게 될 때도 사용된다. 예문 표현들을 보자.

I mean you've got to hand it to her, she's brought up those three children all on her own.
(제 말씀은 당신은 그 여자분이 대단하다는 것을 인정해야 해요. 세 자녀를 혼자 힘으로 키워 왔잖아요.)

I've got to hand it to you, the company has really turned a corner since you started managing the accounts.
(당신 대단합니다. 당신이 회사 회계관리를 맡아 관리를 시작한 이 후로 정말 회사가 변곡점을 맞이하고 있네요.)

Still, you have to hand it to Jenny - She sure knows how to throw a party.
(역시 제니가 잘한다는 거 인정하셔야 해요. 그녀가 확실히 파티 개최하는 요령을 잘 알고 있으니까요.) [throw a party: 파티를 열다.]

[English Humor with Double Meaning]

* **Why are spiders so smart? They can find everything on the web.** (거미들은 왜 그렇게 영리하죠? 웹에서 모든 걸 찾을 수 있어서요.)

Web 은 spider's web 해서 거미줄이란 뜻도 되지만 인터넷 검색창이기도 하다.

28 Recently, Lately, These days, Currently & Nowadays

'최근'이란 뜻의 단어들을 구별해서 사용하는 법.

우리가 일상에서 흔히 사용하는 말들 중에 비슷해 보이지만 미묘한 차이(subtle difference)가 있는 단어들이 있다. 바로 recently, lately, these days, currently and nowadays 등의 말이다. 뜻이 비슷해 보여 구분없이 쓰는 경우가 많은데 이 말들의 사용 용도를 정확히 이해해서 일상회화에서 틀리지 않게 사용할 수 있어야 하겠다.

첫째, recently. 최근에 일어났었던 어느 하나의 사건에 대해서 말할 때, 반드시 recently를 써야 한다. 대체로 recently가 쓰인 문장에서는 동사로 과거형이 온다.

A friend of mine had a baby recently.

(내 친구가 최근 아이를 낳았어요.)

이미 일어난 과거의 일이지만 아주 가까운 근래에 일어났다. 즉 상황이 다 마무리된 시점이 최근인 점을 기억하기 바란다.

두 번째, Lately. Lately는 과거부터 현재까지 이어지고 있는 반복적이고 지속적인 일에 대해서 사용한다. Lately가 들어간 문장에는 동사가 현재완료형이 되는 게 일반적이다. 그 의미는 지금도 지속되고 있는 일이라는 뜻인 것이다. 일회성으로 한 번 일어난 일을 말할 때 사용하는

recently와는 그런 면에서 차이가 있다.

The air pollution has gotten really bad lately.
(요새(최근에) 공해가 엄청 심해졌어요.)

Lately, I've been having strange dreams at night.
(나 요새 밤에 잘 때 계속 이상한 꿈을 꿔.)

세 번째, these days는 지금 현재에 정착된 트랜드이고 앞으로도 지속될 것으로 전망될 경우의 의미를 내포하고 있다. these days가 쓰인 문장에는 동사로 현재형이 쓰이는 점도 유의하기 바란다.

These days, a lot of men wear makeup, too.
(요즘은 남자들도 화장을 많이 하고 다녀.)

Recently(최근), lately(요새), these days(요즘은) 등으로 해석되는 경향이 있고 또 그렇게 하면 구별이 용이하나 반드시 그렇게 해야만 하는 것은 아니므로 참고만 해 두기 바란다. 다음 예문들의 문장을 살펴보면서 이 단어들의 용례를 익혀보자.

[예문들]

1. 걔네들 상당히 오래 사귀다가 최근에 결혼했어. (과거형)
(They recently got married after going out quite a while.) or
(They dated for a really long time and recently got married.)
[결혼은 한 번 하는 1회성 사건이고 이미 일어났음. recently가 적절]

2. 외국으로 이민하는 사람들이 요새(최근에) 엄청 늘었대요. (현재 완료형) (There have been a lot of people moving overseas lately.)
[과거부터 현재까지 이어지고 있는 반복 지속적인 일임.]

3. 요새는 명절 때 해외여행을 하는 사람들이 많아졌어요.
(Lately, a lot of people have been traveling overseas during the holidays.)

4. 최근에는 그녀와 연락을 안 한지 좀 됐어요. [아직도 안 하고 있는 상태.] (I haven't been in touch with her lately.)

5. 요즘 코로나 19 규제들 때문에 가게가 그렇게 안 바빠요. (현재형) (These days, my shop is not very busy due to Covid-19 restrictions.)
[최근 현상이고 앞으로도 그러리라 전망되는 경우.]

* 요새는 많이 안 바빴어요. (Lately, I haven't been very busy.)

6. 저 요새 살 엄청 쪘어요. (I've gained a lot of weight lately.)

7. 최근에 책을 하나 읽기 시작했는데 엄청 재밌어요.
(Recently I started reading this book and it's really fun.)
[책을 읽기 시작하는 것은 처음 한 번만 일어나는 사건이므로 recently, 그리고 이미 읽기 시작했으므로 동사시제는 과거형.]

8. 처음에는 약간 좀 어려웠는데 요새는 많이 적응이 되어서 괜찮아요.
(At first, it was a bit (kind of) hard, but lately I've gotten much more used

to it, so I'm OK.) [적응이 되어가는 과정은 한 번으로 일어나는 사건이 아니고, 점차 변화되어 일어나므로 lately와 현재완료형이 적절하다.]

끝으로 nowadays 와 currently.
Nowadays는 과거와 달라진 지금의 모습을 부각해서 말할 때 쓰면 좋다.

예) I used to be a heavy drinker, but nowadays I just don't enjoy it anymore. (전에는 술고래였는데 요즈음은 더 이상 술을 즐기지 않아요.)

Currently는 '현재는 (지금은)'의 뜻. '요즘은 아파트에서 살아요.'라고 말하는 것 보다 '현재는 아파트에서 살아요.' (Currently, I'm living in an apartment.) 가 더 적절하다. 이는 앞으로 상황이 바뀔 거라는 기대나 예상을 가지고 있음을 암시한다.

'현재는 아이폰을 쓰고 있어요.' (I'm currently using an iPhone.) 라고 하면 앞으로 다른 폰을 사용할 수도 있음을 암시하고 있는데 이 때도 currently가 적절하다. 또 형용사로 'My current phone is an iPhone 11.' 이렇게 사용할 수도 있다.

참고로 영국식 영어에서는 아파트를 flat이라고 한다. 호주도 영연방에 속하니 영국식 영어의 영향권에 있다고 볼 수 있다.
'최근'을 의미하는 단어들의 사용법을 살펴보았는데 나만의 상황을 생각해 보면서 다양한 문장들을 만들어 보면 좋다. 지금 연습해 두지 않으면 실제 상황에서 바로 적절히 사용하기란 쉽지 않기 때문이다.

29 알다. 이해하다. 인지하다. 등의 올바른 사용법.

알다' (know)를 나타내는 여러가지 표현법들이 있다. 이들의 차이점과 개념을 잘 이해하면 영어 사용에 자신감이 붙게 된다. 차례차례 살펴보도록 하자.

1 Know 는 단순히 어떤 사실이나 정보를 알고 있을 때 또는 모르고 있을 때 (don't know) 사용한다.

2 Understand 는 일상 대화에서 '이해하다' 와 함께 '알고 있다' 라는 뜻으로 많이 사용된다. I understand how you feel. (난 당신이 어떤 기분인지 알고 있어요.)

I don't understand what it means. (그게 무슨 의미인지 모르겠어요.)
As I understand, he is a jack of all trades.
(제가 알기로 그 사람은 만물박사예요.)
[Jack of all trades : 만물박사. 이와 관련된 속담 : **Jack of all trades, and master of none.** (만물박사치고 한 가지 일에 뛰어난 사람없다.)]

'알게 되다' 라고 표현할 때는 단순히 '알다' 라는 의미와 달리 모르는 상태에서 알게 되는 상태로 전환될 때 사용하는데, 이에 적절한 표현은 ;

3 Find out 또는 figure out 이 있다.

I found out about that just yesterday.

(난 그걸 어제서야 알게 됐어요.)

I figured out how to use it.

(어떻게 사용하는지 알게 됐어요(알아 냈어요).)

I figured out how to get there.

(거기에 어떻게 가는지를 알아 냈어요.)

I figured out how to set up the alarm.

(알람 설치하는 법을 알아 냈어요.)

4 Realize. '깨닫다' 인데 어떤 정보나 사실 등이 머릿속에서만 이뤄질 때 **realize** 를 사용한다.

I finally realized what the problem was.

(뭐가 문제인지 마침내 알게 됐어.)

I realized that my study method was wrong.

(난 내 공부 방법이 잘못됐다는 것을 깨닫게 되었다.)

5 Notice. Notice 는 동사로 '알리다' 라는 뜻이 아니고, (반드시 외부와의 접촉의 결과로) 그저 어떤 변화의 조짐이나 모습을 알아차리거나 파악했다는 의미로 사용된다. 즉 '알아차리다. 인지하다.' 의 뜻. (알리다. 통보하다. 뜻의 동사는 notify 임).

예) : **I saw my friend at school today and I noticed she had gotten a haircut.** (오늘 학교에서 내 친구를 봤는데 걔가 머리를 잘랐더라구.)

She came out with a new album and I noticed her style had changed a lot. (그녀 새 앨범을 들고 나왔는데 스타일이 많이 바뀌었더라구.)

I ran into my friend on the street this morning, and I noticed she looked a little different. (오늘 아침 거리에서 친구를 만났는데 좀 달라 보였어.) [run into : ~를 우연히 마주치다.]

I noticed you were drinking a lot of coffee today; did you have trouble sleeping last night? (내가 보니 너 오늘 커피를 많이 마시던데, 어젯밤 잠을 설쳤니?)

6 Recognize. '무엇(누구)인지 알다.'로 쓰인다. 즉 뭔가를(누군가를) 보고 그게 뭔지(누구인지) 아는 상황에서 쓰인다는 말이다.

This morning, someone said hello to me on the street, but I didn't recognize him.
(오늘 아침 길에서 나에게 누군가 인사했는데, 그가 누구인지 도무지 모르겠어.)

She looked very familiar, but I couldn't recognize her.
(그녀가 낯은 익는데 누구인지 알 수가 없었다.)

If you saw your boyfriend's handwriting, would you recognize it? (남자친구 글씨체를 보면 그걸 알아보시겠습니까?)

7 Be aware of. 그거에 대한 지식 여부는 상관없고, 어떤 존재의 여부에 대해서만 이야기한다. know가 어떤 지식을 갖고 있는 거라면, be aware of는 어떤 상황이 존재하는지에 대해서만 인지하고 있다는 의미다.

I'm not aware of that policy. (난 그런 정책이 있다는 것을 모릅니다.)
We are aware of the rules. (우린 그 규칙들이 있음을 알고 있습니다.)
They were not aware of the situation at the time.
(그들은 당시에 그 상황을 인식하고 있지 않았습니다.)

8 Be familiar with 는 (어떤 상황에 대해서 '뭔가를 잘 알다' '익숙하다' '숙지하고 있다') 라는 뜻이므로, **know well** (~를 잘 알다) 라는 뜻과 구별이 필요하다.

I'm not very familiar with this topic.
(전 이 주제에 대해서 잘 알고 있지 않아요.)

Are you familiar with this kind of situation?
(이런 상황에 익숙하신가요?)

9 Tell. '판단하다' 의 뜻인데, 해석은 '알다' 로 한다.

예) **I can't tell what it says.** (뭐라고 씌어 있는지 모르겠어.)
I can't tell the difference. (난 어떤 차이가 있는지 모르겠는데.)
Can you tell what this is? (이게 뭔지 알 수 있겠니?)

Tell 이 '말하다' 라는 뜻으로 쓰일 때는 뒤에 인칭 목적어가 오는 게 일반적이다.
Can you tell me who he is? (그가 누군지 말해 주겠니?)
Can you tell me how to get there? (거기 어떻게 가는지 알려 주시겠어요?)
Let me tell you something. (자네에게 한마디 하겠는데.)

알다, 인지하다 라는 뜻의 여러 동사들을 살펴봤는데 그 쓰임새가 조금씩 다름을 알 수 있다. 그 사용에 정확성을 기하기 위해서는 올바른 뉘앙스의 파악이 중요하다 하겠다.

30 대충 넘어가서는 절대 안 되는 영어의 핵심 사항 - Must have +PP (Past Participle: 과거분사)

Must have + PP : ~했나봐. ~였음이 확실해.
Might (may) have + PP : ~했(던 것이)었을 수도 있다.
Couldn't (can't) have + PP : ~이었을 리가 없다.

우리가 과거의 사건에 관해서 얼마나 확신을 갖고 있는지 (how certain you are about past events) 그 정도를 추론(deduction) 하는 영어 표현에서 3가지의 형식이 있다는 것을 학교에서 학습한 적이 있을 것이다. 즉 이를 법조동사 (modal verbs)라고 하는데 must, might, could 등이 되겠다. 이 시간에는 일상회화에서 사용하지 않고는 지나칠 수 없는 이 표현들에 대한 확실한 개념을 정리하고 회화에 자신감을 갖는 시간이 되도록 해보자.

먼저 각각 예문을 하나씩 보기로 한다.

An earthquake? That must have been terrifying!
(지진이라고? 엄청 공포스러웠겠다.)

We don't know for sure that Jim broke the tea table. It might have been the cat.
(우린 Jim이 그 티 테이블을 깼는지 확실히 몰라. 아마 고양이였을 수도 있어.)

How did she fail that exam? She can't have not studied very

much. (그녀가 어떻게 그 시험에 떨어졌지? 열심히 공부 안 했을리가 없는데.)

먼저 must have + pp는 일어난 사건에 대해 확신을 느낄 때 (When you feel sure about what happened) 사용한다. 여기서 주목할 것은 [must have + PP]는 기본적으로 그 의미는 같지만 3가지의 미묘한 해석의 차이를 가지면서 쓰인다는 것인데 예문을 통해 그 의미를 잘 파악하는 게 필요하다. 그 기본적인 뉘앙스는 같다.

I. ~했나봐. You must've been really hungry! (너 많이 배고팠나 보구나.)
II. ~했었나보죠? ~했던 모양이네. You must've been so embarrassed so that you forgot to mention it. (많이 당황했었나봐. 그걸 언급하는 걸 잊어버리고.)
III. ~했겠다. You must've been really frustrated. (정말 답답했겠다.)

예문을 들어 보자.

Who told the newspapers about the president's plans? It must have been someone close to him. (누가 대통령의 계획에 대해 신문사들에 이야기했지? 틀림없이 그의 측근일 거야.)

The thief must have had a key. The door was locked and nothing was broken. (도둑이 분명 열쇠를 가졌던 게 분명해. 문은 잠겨 있었고 아무것도 부서지지 않았거든.)

Oh, good! We've got milk. Mum must have bought some yesterday. (오, 다행이네. 우유가 있어. 어머니가 어제 좀 사 놓으신 게 확실해.)

두 번째 might have + pp. (= may have + pp) '~ 했던 것이었을 수도 있다.' 라는 뜻으로, 뭔가 일어났을 가능성이 있다고 생각할 때 (when we think it's possible that something happened) 사용한다. 이때 might have 와 may have 다 사용이 가능하다. 다만 may have 가 좀 더 격식 (formal)을 갖춘 표현이라면 might have 는 구어적인 표현으로 일상회화에서 더 빈번히 사용된다고 하겠다.

I think I might have left the air conditioning on. Can you please check? (제가 에어컨을 틀어 놓고 나온 거 같아요. 한번 점검해 주시겠습니까?)

Police think the suspect may have left the country using a fake passport. (경찰은 용의자가 가짜 여권을 사용하여 출국했었을 수도 있다고 보고 있다.)

세 번째 couldn't have 또는 can't have. 이 표현은 뭔가 일어났을 가능성이 없다고 생각할 때 (when we think it's not possible that something happened) 사용된다.
그러니까 might have 와 반대되는 뜻이라고 보면 된다.

She couldn't have driven there. Her car keys are still here.
(그녀가 거기에 운전해 갔었을리가 없어요. 차 키가 아직 여기에 있거든요.)

I thought I saw Adam this morning, but it couldn't have been him. He's in Greece this week.
(아침에 아담을 봤다고 생각했는데, 근데 그였을리가 없어요. 그는 이번 주 그리스에 가 있거든요.)

(대화 예문) - 단독 대화임.

1. 제 친구 중 하나가요, 최근에 일을 그만뒀어요.
(One of my friends recently quit her job.)

2. 글쎄요, 상사와 문제가 좀 있었던 게 분명해요.
(I don't know, she must've had some problems with her boss.)

3. 그렇게 되었거나 아니면, 몸이 갑자기 안 좋아졌거나 정말 아팠던 것일 수도 있고요. (Either that, or she might've had some health problems. Or she might've gotten really sick.)

4. 어쨌든 (어느 쪽이든 간에), 걔가 그 일이 질려서 그랬었을 리가 없어요. (Either way, it couldn't have been because she got tired of her job.)

[English Humor with Double Meaning]

* **Why couldn't the bicycle stand up by itself? It was two-tired.** (자전거는 왜 스스로 서 있을 수가 없었을까요? 타이어가 두 개였기 때문이었죠.)

Two-tired 는 too tired 와 발음이 같아서 '너무 피곤했기 때문이죠.' 라는 의미도 된다. tire는 고무 타이어도 되고, '지치다. 피곤하게 하다. 라는 두가지 의미가 있다. 고무 타이어는 tire(미), tyre(영) 등으로 철자한다.

31 You just felt like it all of a sudden?

(그냥 갑자기 하고 싶어진 거야?)

친구가 '주말에 뭐 했니? (What did you do on the weekend?)' 라고 물었을 때, '응 집 벽에 페인트 칠을 좀 했어. (I just painted my walls.)' 라고 답하자, '꽤 큰 일이었겠다. (That must've been a pretty big job.)' 이라고 하면서, '그냥 갑자기 하고 싶어진거야? (You just felt like it all of a sudden?)' 라고 물을 수 있다.

이 때 Did you~ 로 시작하지 않고, 평서문으로 말하면서 끝만 올려 질문을 하게 되면, 질문자가 하고 있는 짐작을 확인 차 묻는 질문이 된다. 즉, 몰라서 하는 질문처럼 '그냥 갑자기 하고 싶어진거야?' 라기 보다는 '갑자기 그렇게 하고 싶었던 게로군' 이라는 짐작을 하면서 확인하는 질문이 된다는 의미다. all of a sudden 은 '갑자기 (suddenly)'의 뜻으로, suddenly 보다 좀 더 casual 한 구어체 표현이다. 그에 대한 답으로, Actually, it's something I'd been meaning to do ever since I moved here. (사실 여기로 이사한 이래로 줄곧 해야지 하고 생각했었던 거야.) 라고 하면 적절하다.

It's something I had been meaning to do. 는 '하려고 쭉 의도해 왔었던 그런 거였다' 라는 뜻. 그러면서 But I only got around to it now. (이제야 그렇게 할 기회가 온 거지) 라고 덧붙이면 '돌아돌아 이제서야 그걸 할 기회/시간을 찾았다.' 라는 뜻이 된다. get around to 는 '~할 시간을 내다' 라는 구동사이다. 중요한 표현이니 잘 숙지해두기 바란다.

I got a tattoo today. (오늘 문신을 했어.) 이어서, Well, actually I've been meaning to for a while. (사실 한동안 해야지라고 생각하고 있었던 거야.) 라고 할 수 있고,

I bought a nice bag. Well, actually I've been meaning to get one for a while. (나 좋은 가방 하나 샀어. 사실 한동안 사야지라고 생각하고 있었던 거야.)

I had a good massage this afternoon. Well, actually I've been meaning to get one for a while. (오늘 오후 괜찮은 마사지를 받았어. 사실 한동안 서비스를 받아야지 라고 생각하고 있었던 거야.)

등과 같이 말할 수 있겠다. 최근 필자는 유튜브에서 the Maldives (몰디-브즈) 군도의 모습을 담은 여러 동영상을 보게 되었는데 참으로 지상의 낙원이 따로없다라는 느낌을 받았다. 인도 서남쪽 인도양에 자리 잡은 the Maldives는 1200여 개의 크고 작은 섬들로 이뤄진 다도해 국가이다 (archipelagic state : 아커펄래직). 남북으로 그 길이가 900km에 달하는 광범위한 섬들의 집합체 국가라고 한다. 공식명칭은 the Republic of the Maldives. 수도는 Malé(말레) 이다. 이 평화롭고 아름다운 섬에 휴가를 가게 되었다면 이렇게 표현할 수가 있겠다.

Holiday in the Maldives! That's my dream trip that I've been meaning to make for a long time.
(몰디브 섬에서 휴가! 그것이야 말로 내가 오랫동안 하고 싶은 꿈의 여행이야.)

I've been meaning to + 동사 : '~하려고 쭉 의도해오다.' 이 문장의 쓰임새에 주목하여 실 생활에 잘 활용할 수 있기 바란다.

* It looks to me like (that) S + V : (내가 보기엔 ~ (that 이하)처럼 보여요.)

It looks to me like 라는 표현은 주관적인 관찰 또는 생각을 나타낸다. 특정 상황에 대한 나의 예측을 말하는 것으로 '내가 보기엔 ~인 것 같아.' 라고 말할 때 사용하면 유용하다.

It looks to me like it's going to rain.
(비가 올 것 같아 보입니다.)

It looks to me like she's hiding something.
(그녀가 뭔가를 숨기고 있는 것 같아 보여.)

It looks to me like he's in love with her.
(그가 그녀와 사랑에 빠진 듯해 보인다.)

It looks to me like the project is going well.
(프로젝트가 잘 진행되고 있는 것 같아 보입니다.)

It looks to me like they're having a great time.
(그들이 즐거운 시간을 보내는 것 같아 보여요.)

It looks to me like that's the way she wants it to stay here.
(내가 보기엔 그녀가 여기 머물기 위해 그걸 원하는 것처럼 보여.)

[영화 The Gunfighter (1950)]

32 Be (get) hooked on (something)

~에 꽂힌. 빠진. 중독된.

I was really hooked on Japanese beer for a while, but now I'm not really into anything in particular. (난 정말 한동안 일본 맥주에 빠졌었지. 그러나 지금은 특별히 어떤 걸 꼭 좋아하는 건 아니야.)

* Get (누구) hooked on (something) : ~누구를 (무엇)에 꽂히게 하다.

My sister is actually the one who got me hooked on investing in the first place. If it weren't for her, I never would've even thought of getting into it. (애초에 날 투자에 빠지게 했던 사람은 사실 내 누나였어요. 누나가 아니었으면, 난 그 투자에 발을 들일 생각조차 결코 안 했을 거예요.)

* Be hooked on the idea of : ~한다는 생각에 꽂혔어.

I don't remember exactly how it all came together. But all I remember is being hooked on the idea of being able to reach thousands of learners at the same time and I think that's still what motivates me to work hard. (어떻게 그런 결정에 이르게 됐는지 기억이 정확히는 안 나지만 수많은 학습자들에게 동시적으로 다가갈 수 있다는 생각에 꽂혔던 기억이 나요. 그리고 지금까지도 일을 열심히 하도록 동기가 되어 주는 것이 바로 그것인 것 같아요.) - 어느 영어 유튜브 강사의 고백.

* Hook up with (somebody) : ~ 와 일시적 성관계를 갖다.

Hook up with는 일반적으로 이성 간의 성적 관계를 맺거나 불특정 다수와 불규칙한 성적만남을 가리키는 표현이다. 맥락에 따라 조금 다르게 해석될 수도 있지만 이 구동사로는 주로 진지하지 않은 일시적인 성적관계를 맺는 것을 의미한다.

I heard she hooked up with someone at the party last night.
(어젯밤 파티에서 그녀가 누군가와 성관계를 가졌다고 들었어요.)
They hooked up after a few drinks at the bar.
(그들은 바에서 몇 잔을 마신 후에 성관계를 가졌어요.)
He's not looking for a serious relationship; he just wants to hook up with people. (그는 진지한 관계를 원하지 않아요. 그는 그저 사람들과 성관계를 맺기를 원하죠.)
We hooked up a couple of times during our vacation, but it didn't lead to anything more. (휴가 동안 우리는 두세 번 성관계를 가졌지만, 그 이상으로는 이어지지 않았어요.)

* Hook (somebody) up with (something) : 누군가에게 뭔가를 구해주다.

누군가에게 그가 필요한 것을 구하는데 도움을 주다 (to help someone get something that they need or want) 라는 의미이다. 주로 어떤 서비스나 기회를 제공하거나, 두 사람을 연결시켜 도움을 주는 상황에서 사용된다.

Hey, can you hook me up with some tickets to the concert next week?
(다음 주 콘서트 티켓 몇 장 좀 구해줄 수 있을까?)

My friend hooked me up with a job interview at his company.
(내 친구가 자기 회사에서 내게 취직 면접 기회를 주었어.)

She hooked me up with a discount on the latest smartphone.
(그녀가 최신 스마트폰에 대한 할인을 내게 제공해 주었다.)

The organization hooked up the students with mentors on their respective fields.
(그 단체는 학생들을 각자의 분야에서 멘토와 연결해 주었다.)

Well, a friend of mine is a used-car salesman and he hooked me up with a great deal.
(친구가 중고차 판매원인데 그 친구가 좋은 가격에 괜찮은 차를 구해줬어.)

요즘 유행하는 말로 괜찮은 차 구하는데 친구 챤스를 좀 썼다는 말이 되겠다.

33 The grass is always greener on the other side of the fence.
(남의 떡이 커 보이는 건 동서고금 동일.)

필자가 20대 시절 한국에서 첫 직장 생활을 할 때다. 동료 직원이 '남의 떡이 커 보인다'를 영어로 어떻게 하지? 하고 물어봐서 이 표현을 알려 주었던 기억이 있다. '담장 넘어 이웃집 잔디가 항상 더 푸르다'라고 해석되는데 우리 속담 '남의 떡이 커 보인다'에 해당하겠다. 아무리 내 집 잔디가 푸르고 잘 다듬어져 있어도 남의 집 잔디가 더 좋아 보이는 건 인지상정(人之常情)인 것이다. 위 표현을 줄여서 간단히 **The grass is always greener.** 라고도 흔히 표현한다.

(This expresses the idea that other people's circumstances always seem better than one's own. The proverb carries an implied warning that, in reality, the grass is equally green on one's own side and that you should be satisfied with what you have.)

그러면 이거와 연관지어 '그게 그거다'라는 표현도 있을 수 있다. 즉 너희 잔디나 내 잔디 모두 '그게 그거다' 또는 '대동소이(大同小異)하다'라고 말할 수 있는데 이 표현은 어떻게 할까. 한자 성어로 말한다면 오십보백보 (五十步百步)이다. 즉 50 걸음이나 100걸음이나 거기서 거기다 라는 뜻으로 '별 차이가 없다'는 말이다.

이 표현을 영어로는 **It's six of one and half a dozen of the other.** 이

라고 한다. 즉, 한쪽이 6개나 다른 쪽이 12개의 반이나 똑같다는 것이다. 여기서 one, the other (한쪽, 다른 한쪽) 대귀 용법이 쓰였다. one, the other 은 두가지 경우의 수에서 비교할 때만 사용된다. 필자도 "그게 그거야." 말하고 싶을 때, 재빨리 (It's) six of one (and) half a dozen of the other. 이라고 자주 말하는데 아주 유용한 생활 표현이 아닐 수 없다. 자연스럽게 입에서 나올 때까지 연습해 두자. It's 나 and는 생략하거나 거의 들리지 않게 발음해도 무방하다. 중요 부분인 '씩스어브원 해프어더즌 어브 디아더' 라고 빠르게 발음한다.

그게 그거야. 거기서 거기야. 너무 샘내지 말게.
"(It's) six of one (and) half a dozen of the other."

그런데 Glass is half empty or glass is half full 이란 표현이 있다. 컵의 절반의 물이 들어 있는 경우 보는 관점에 따라 다르게 본다는 뜻이다. optimistic (긍정적인) 관점과 pessimistic (부정적인) 관점이 되겠다. 다시 말해 "Glass is half full"은 남은 공간에 주목하여 긍정적으로 생각하고자 하는 관점인데 반해, "Glass is half empty"는 이미 소진된 양에 주목하여 비관적으로 생각하고자 하는 관점이라 하겠다.

Glass is half full. Let's focus on what we have achieved so far.
(잘해 왔으니까요. 우리는 지금까지 이룩한 것에 집중합시다.)
Glass is half empty. We still have a long way to go.
(상당한 부분을 소진했는데 우린 아직 갈 길이 머네요.)

I'd like to see the glass half full. (긍정적으로 생각하는 것을 좋아해요.)
Always try to think as glass half full. (항상 긍정적으로 생각하려고 해봐.)

34 잘 모르면 당황하는 전형적인 Down Under의 인사 : G'day, Mate!

이른 아침에 시드니 공항에 도착하여 입국장을 향해 걸어 나오면 호주 전통적인 Akubra (아쿠브라) 모자를 쓴 배불뚝이 중년 남성 나이의 안내직원이 G'day, mate! Welcome to Australia. (안녕하세요, 친구분! 호주 오신 걸 환영합니다.) 하고 인사하는 것을 경험할 수도 한다. 일전에 시드니의 Talk Show 라디오인 2GB에서 인기 진행자로 일하고 있는 Chris Smith 씨가 이런 멘트를 하는 것을 들은 적이 있다. 그가 과거 Sydney CH 9 TV 방송국 기자로 근무할 당시 중국 베이징 특파원으로 3년간 근무를 마치고 귀국하게 되었는데 시드니 공항에 도착하여 G'day mate! 을 듣는 순간 그 소리가 귀에 감미로운 음악과 같이 들렸다고 고백했다. (It had sounded music to my ears.) 호주 사람들에게 익숙한 이 인사를 듣는 순간 '아, 내가 드디어 호주 땅에 왔구나! 라고 느꼈다는 것이다. 호주에 오래 살아온 필자로서는 공감이 가는 말이다. 이처럼 이 표현은 호주를 대표하는 말 중의 하나다.

여기서 G'day는 Good day의 준말로서 Hello! 또는 How are you doing? 과 같은 의미다. mate는 friend, buddy, pal, dude, chap등과 같은 친구라는 의미다. G'day, mate! 발음은 거의 '기레이 마잇!' 으로 들린다. 호주에서는 가까운 친구부터 처음보는 낯선 사람에 이르기까지 모두가 여러분의 mate이다. 그리고 해안과 멀리 떨어진 내륙지방 (the remote area from the coast)를 outback (오지)이라고 부른다. 그래서

Darwin 이 주 수도로 있는 Northern Territory는 Outback State 라는 별칭을 갖고 있다. 호주에서는 여름철에 산불이 자주 일어나는데 이 산불을 bush fires 라고 한다. 반면에 미국에서는 forest fires 또는 wild fires 라고 하는 모양이다.

그런데 호주에서의 이 mate 는 그저 친구 이상의 깊은 뜻이 담겨있다. 그 의미를 잠시 살펴보기로 하자.

먼저 Down Under는 호주를 지칭하는 별명이다. 지구 남반구에 위치해 있으니 그 의미 그대로다. 북반구엔 북두칠성 (the Big Dipper)이 있다면 남반구엔 남십자성 (the Southern Cross) 별자리가 자리하고 있는데 호주 국기에 그 남십자성이 상징처럼 새겨져 있어 Down Under 의 표상이 되고 있다. 또한 'Down Under' 라는 제목의 pop music 이 있는데 호주의 대표적인 5인조 락밴드 Men at Work (1978년 결성)이 1980년에 발표해서 전 세계적으로 크게 힛트했던 호주를 상징하는 대표적인 노래다. 리듬이 흥겹고 경쾌(upbeat)하다. 2000년 시드니 올림픽 개막식에서 Men at Work 이 이 노래를 연주하며 불렀다. 가사 내용은 어느 한 호주인이 세계를 여행하면서 만난 사람들의 호주에 대한 관심을 담았는데 lead singer 인 Colin Hay 자신의 경험담을 이야기하고 있다고 알려져 있다. 가사 중에 'I come from a land, Down Under.' 라는 부분이 반복해서 나온다.

Mate 이야기로 돌아와서, 우선 호주의 mateship (동료애. 우정. 동료의식)에 대한 이해가 좀 필요하다. 역사책이 아니니 길게 쓸 수는 없겠으나 이 mateship 정신은 240여 년 전 호주 정착 당시부터 이야기가 거슬러 올라간다. 그러나 이 정신이 크게 싹튼 계기는 1915년 1차 세계대전 이후부터라고 한다. 당시 1차 세계대전은 참호전쟁 (trench war)이라고 불릴 만큼 참호를 통한 전투가 주를 이루었다. 이 참호전쟁을 통해 사지에서 동료들과 나눈 절대적 동지애, 충성심, 우정 등이 이 mateship 에 복합적으로 함축되어 있다. 이러한 전장에서 나눈 깊은 전우애에 뿌리를 둔 유대감이 백 년을 넘게 이어오면서 끈끈한 동료의식으로 발전되어 왔으며, 그런 점에서 동료애 (Mateship)와 그에 따른 충성심 (loyalty)은 호주의 중요한 두 정신적 가치라고 할 수 있다.

그리고 호주는 매년 4월 25일 우리의 현충일에 해당하는 ANZAC Day (the Australian and New Zealand Army Corps: 호주 뉴질랜드 연합군)행사를 엄숙히 진행한다. 이날 시내 퍼레이드에는 1, 2차 세계대전, 한국전, 월남전, 이라크전 등등 세계 모든 전투에 참전한 호주의 백전 노장들이 다 참가한다. 다만 1차 대전 생존자는 2005년을 기점으로 그 맥이 끊겼다. ANZAC Day는 1915년 4월 25일 새벽 4시반 에게해 (Aegean Sea 발음: 이쥐-언 씨-)에 맞닿아 있는 터키 동부 Gallipoli 해변에서 대규모 연합상륙작전이 있었던 날로서 그 때 희생된 군인들 (fallen diggers)을 추모하는 날이다. 호주 뉴질랜드 육군들을 diggers 로 호칭하게 된 건 1차 세계대전 이후다. 참고로 이런 전장에서 나눈 특별한 '전우애, 동지애'를 영어로 camaraderie (카머라더리)라고 한다.

아무튼 이러한 mateship의 전통은 호주 사회에 현재까지도 잘 계승되어 내려오면서 일반인들 사이에서 초면인 사람에게도 친근감 있는 호칭으로 흔히 사용되고 있다. 이 mate는 앞서 말한대로 호주에서는 친구 이상의 의미를 담고 있고, 200년 전 초기 정착 당시 고난을 함께 나눈 깊은 서로 간의 유대감, 상호 존중 그리고 조건 없는 도움의 손길을 주는 뜨거운 동지애가 얽혀 있다고 볼 수 있다. (In Australia, a 'mate' is more than just a friend and is a term that implies a sense of shared experience, mutual respect and unconditional assistance.)

　필자는 처음 호주에 와서 친교를 나눴던 호주인 친구 중 하나가 처음에 가르쳐 준 인사법이 Ta, mate 이었다. 호주에서는 누군가에게 뭔가 신세를 졌을 때 고맙다는 인사로 'Ta, mate!' (고마워, 친구야!) 이라고 한다는 거였다. 남성의 동지애를 표시하듯 손을 거칠게 잡으며 Ta, mate! (타마잇!) 한다는 말인데 처음엔 어색하면서도 흥미로운 인사법이다라고 생각했던 기억이 난다. 이제는 너무나 익숙하고 그 말 속에 묻어나는 따뜻한 인간적 친근감은 호주에 살아 봐야 느끼게 되지 않을까 하는 생각도 해 본다.

　이 mate는 어린 청년이 나이든 장년들에게도 거리낌 없이 사용한다. 호주에 여행오거나 정착하게 되었을 때 독자 여러분도 이 mate를 잘 기억하고 적절히 사용해 보기 바란다. 호주 생활이 꽤 순탄해진다. 이 mate는 가까운 친구부터 처음 만나는 낯선 사람까지 (from a friend to a complete stranger) 차별 없이 사용된다.

35 실생활에서 너무도 중요한 E-mail 쓰기. (I)

인터넷 소통이 주를 이루는 현대 사회에서 이메일 쓰기의 중요성은 아무리 강조해도 지나치지 않다. 이번 코너에서는 모든 상황을 다 다룰 수는 없지만 중요하게 사용되는 문장 등을 위주로 필자가 선별한 빈번도가 높은 이메일 표현들을 다뤄 보기로 하겠다.

먼저 우리는 이메일을 보낼 때 계절에 따른 인사를 첫머리에 넣는 경향이 있다. 이를테면, "뜨겁게 작열하던 태양도 이제 그 기세가 서서히 꺾이는 계절입니다." 등과 같은 인사말을 쓰기도 하는데, 한마디로 영어에는 이러한 한국식 인사법은 없다. 그저 의례적인 간단한 안부 인사 후 바로 본론으로 들어가는(to get straight to the point)게 관례다.

그리고 문장 작성 시 가장 중요시해야 할 사고 방식은 영어는 연역법(deductive method)을 사용한다는 것이다. 즉 바로 목적을 첫 문장에서 말한다. 그걸 Topic Sentence 라고 한다. 중요 단락의 첫 문장을 말하는데, 이 문장에서 내가 말하고자 하는 바를 분명하게 언급하고 이야기를 시작한다는 것을 꼭 기억하기 바란다. 반면에 우리 한국식 사고는 배경과 이유를 길게 말한 후 그래서 "결론은 ..을 해 달라는 것입니다." 등으로 최종 목적을 말하는 귀납법(inductive method)을 사용한다. 이 사고의 차이점 때문에 일어나는 에피소드도 있다.

과거에 한국의 어느 한 지자체에서 큰 프로젝트 진행을 위해 해외 투자자들을 유치해 대 강당에서 설명회를 갖게 되었는데 확실한 목적을 언급하기 전, 길고 장황한 설명을 30분 이상 늘어 놓고 나니 많은 사람들이 지루해 졸고 있더라는 웃지 못할 일화가 있다. 영어에서는 그러면 절대 안 된다. 뚜렷한 목적과 이유 등을 먼저 말하는 게 순서다. 그리고 추가 설명을 이어 가면 된다.

그럼 인사말은 어떤 것들이 있을까. 한번 살펴보기로 하자.

Hope you're well (and safe!). (건강(하고 안전)하시길 빕니다!)
Hope you're doing well. (잘 지내고 계시길 바랍니다.)
필자도 이메일에서 자주 사용하는 가장 무난한 첫 인사이다.

사업상 진행한 일이 계획된 대로 잘 풀렸길 바란다는 안부를 곁들인다면,
I hope you're doing well and everything worked out like it was supposed to. (잘 지내시고 원래 계획했던 대로 모든 게 다 잘 풀렸길 바래요.)

또는 조금 변형된 형태로 다음과 같은 표현들도 다 좋다.

Hope you've been well. (건강하셨기를 빕니다.)
Hope your day is going well. (오늘 하루 잘 되시기를 바랍니다.)
Hope you're having a great day. (좋은 하루 보내고 계시길 바래요.)
Hope September is treating you well so far.
(현재까지 9월 한 달 잘 보내고 계시길 바랍니다.)
Hope this email finds you well.
(약간 격식. 건강하시길 바랍니다.)

Hope your business is going well. (사업이 잘 진행되시기를 바랍니다.)

안부 인사는 이런 식으로 하면 무난하다. 위에 여러 예시를 제시했지만 하나 정해서 적절히 사용하면 된다. 의미는 비슷하다. 물론 다 앞에 I, 또는 We 가 생략되었는데, 회사를 대표할 때는 We 를 사용하면 된다. 어느 것을 사용하든 크게 문제가 되지 않기 때문에 대개 생략하고 쓴다. 특히 Covid-19 pandemic 시기를 거치면서 근래에는 건강을 묻는 인사가 주를 이루고 있다.

비교적 빈번히 주고받는 관계라면 다음과 같은 인사도 좋다.
I hope your day is going great. (순탄한 하루 되시길 바랍니다.)
I hope your week is going well. (순탄한 한 주 되시길 바랍니다.)
I hope your week got off to a great start. (한 주 잘 시작하셨기를 바랍니다.) [get off to a good(great) start : 좋게 출발하다.]

이런 식으로 인사를 한 줄 건네고 이메일을 시작하면 된다.

I hope는 이외에도 자료 설명이나 첨부자료를 보내주면서 I hope this helps. 라고 할 수도 있는데, 이는 "이 자료나 설명이 도움이 되기를 바랍니다." 라는 첨언이 되겠다.
좀 더 formal 한 표현은 I hope you find this helpful. (이 자료가 도움이 되길 바랍니다.)

상대방이 뭔가 이메일로 질문을 했을 때는 설명을 곁들이고 나서 "귀하의 질문에 이게 답변이 되었기를 바랍니다." 하고 싶을 때는 I hope this answers your question. 하면 된다.

그리고 대기업 등에 입사하면 같은 회사인데도 인원이 많아 부서 간 교류가 없으면 누가 누구인지 모르는 경우가 많다. 그런데 이메일로 처음 인사하며 업무교류를 해야 하는 상황이라면 By way of introduction, my name is...라고 자기 소개를 하면서 이메일을 보내면 적절하다.

By way of introduction, my name is Sarah and I'm the new marketing coordinator. I have a background in digital marketing and I'm thrilled to be part of this talented team. Looking forward to working with you!
(소개를 드리자면 저는 사라입니다. 새로 온 마케팅 조정관이고요, 디지털 마케팅분야에서 일한 경험이 있습니다. 이 실력 있는 팀의 일원이 되어 대단히 기쁘고요. 당신과 함께 일할 때에 잘 부탁드리는 바입니다.)

이메일에서 가장 중요한 것은 본론에서 내가 말하고자 하는 목적을 언급하는 것이다. 다음 두 표현은 필자가 이메일 본론 서두에 애용하는 표현이다.

I'm writing this email about~ (~ 관해서 이 이메일을 씁니다.)
I'm referring to~ (~ 에 대해 말씀드리고 있습니다.)

I'm writing this email about the headset that I bought at your store the other day. (일전에 귀하의 가게에서 구입한 헤드셋에 관해 이 이메일을 씁니다.)

I'm referring to the conversation I had with you over the phone

yesterday. (어제 전화로 귀하와 상의한 대화에 대해 언급하고 있는데요.)

좋은 소식일 때는 I'm pleased to + 동사. 구문을 사용하여 하고자 하는 말을 하면 된다.

I'm pleased to inform you that you will get 10% salary rise from next month. (다음 달부터 있게 될 10% 봉급인상 소식을 알려드리게 되어 기쁩니다.)

I'm pleased to introduce you to two new staff in our team. Please make our new members feel welcome and give them help and advice if needed. (우리 팀에 합류한 새로운 두 직원을 소개하게 되어 기쁩니다. 부디 그들을 환영해 주시고 필요한 도움과 충고도 제공해 주시기 바랍니다.)

이런 식으로 하고자 하는 말을 topic sentence 에 담아서 확실히 전한다. 다음은 회사 manager 가 staff 들에게 보내는 사내 통지문 형식의 이메일의 첫 문장에 사용되는 형식이다.

I have been advised this morning that~ (오늘 아침 ~라는 통보를 받았습니다.)

I'm reaching out to kindly advise you that~ (여러분들에게 ~ 를 통보해 드리기 위해 연락을 드리고 있습니다.) 여기서 kindly를 사용함으로써 공손하게 통보드린다 라는 존중함이 포함되어 있다. 이 전체를 관용어로 암기하는 게 좋다.

This is to advise that~ (이 이메일은 ~를 통보드리기 위한 것입니다.)

다음은 복덕방에서 밀린 렌트비를 독촉하는 이메일 첫 문장이다. 호칭을 언급하자 마자 바로 Topic Sentence 를 통해 의도를 명확하게 전한다. 군더더기가 전혀 없다.

Dear David,

I hope you're well.
Our records indicate that your rent is currently paid to June 2021 being 60 days in arrears. As per the terms of your lease agreement rent should always be paid up to date and in advance.
(저희 기록에 귀하의 렌트비는 2021년 6월까지 현재 완불이 되었고, 60일분이 체납된 상태로 있음을 보여줍니다. 임대차 계약 조건에 따르면 렌트비는 항상 현재시점까지 그리고 미리 앞서서 지불되야 한다고 명시되어 있습니다.)
(in arrears : 체납된. 연체된)

그러면서 조속한 완납을 기대한다고 말하면서 의문 사항이나 문의가 있으면 언제든지 연락해 달라고 언급하며 메일을 마친다. 딱딱하고 사무적이지만 의도를 정확히 전달하는 것이 비즈니스 메일의 생명이다.

Please rest assured that ~ (that 구문 이하에 대해서 안심하셔도 됩니다.)
이 형태의 문장은 앞선 칼럼에서도 설명한 바 있다. 이메일에 빈번히 등장한다. (You can) Rest assured는 '안심하세요.', 보장하고 장담하오니 걱정하지 마시기 바랍니다.' 라는 확언의 표현이다. (to be certain that something will happen)

(예문.)

You can rest assured that you're going to get a good deal.

(제가 장담컨데 이번에 좋은 거래를 하게 될테니 안심하시기 바랍니다.)

Please rest assured that I will keep you posted when I receive further updates from the supplier.

(공급자로부터 추가적인 최신 정보를 받으면 여러분들께 알려드리겠사오니 안심하시기 바랍니다. (keep (someone) posted. ~에게 진행되고 있는 일이 어떻게 되어 가는지 알려주다. ~에게 최신 소식을 전하다.)

Keep (someone) in the loop (~에게 진행상황을 알려주다) 라는 표현도 같은 뜻으로 사용된다. 고리라는 뜻의 loop 는 여기서 같은 공간이나 상황에 있을 수 있게 알려주다 라는 의미가 들어있다.

Please keep me in the loop and tell me what happens.

(저에게 계속 정보를 알려주시고, 무슨 일이 일어나는지 말해 주세요.)

I CC'd Sarah on this email to keep her in the loop.

(제가 진행 상황을 알려 주기 위해서 이 이메일에 Sarah를 참조인 추가했어요.)

I hope this helps us all be on the same page with how to deal with these matters. If there is still any confusion, please reach out to any of the supervisors.

(앞에서 설명드린 이 점이 우리 모두가 이 문제점들을 다루어 나가는 데에 있어서 내용 파악이 다 되었기를 바라며, 여전히 혼동이 되시면 관리자 중 한 분에게 연락해 주시기 바랍니다.)

* Be on the same page : (다른 직원들과 같이) 진행 상황을 다 숙지하다. 이해하다.

Please be advised that free flu vaccinations will be available to all NSW residents over the age of 6 months from 1 June 2022 to boost immunity for the winter season.
(6개월 이상 나이의 NSW 주 주민 모두에게 겨울철 면역 증진을 위한 무료 독감 백신이 2022년 6월 1일부터 이용 가능하다는 점을 통보드립니다.)
[호주는 June, July & August 가 winter season 에 속한다.]

'통보드리다' 할 때 I (kindly) advise you that~ 도 물론 좋지만 **Please be advised that~** (~을 통보드립니다.) 이라는 수동 형태로도 많이 쓰임을 기억해 주기 바란다.

편한 관계에서는 (This is) Just a quick email to ~ 라는 표현도 있다. '~을 하기 위해 간단하게 이메일을 보내요.' 라는 표현으로 여기서 quick 은 '간단한'이란 뜻으로 쓰였다. 이 표현은 informal (비격식)한 표현이기 때문에 직장동료나 친구, 가족 등 편한 사이에서 간단히 이메일을 쓸 때 사용하면 좋다.

Just a quick email to update you on the progress. (당신에게 진척 상황에 관한 최신정보를 알려드리기 위해 간단한 이메일 보내요.)
Just a quick email to ask you have finished the proof-reading.
(교정을 다 끝내셨는지 여쭙고자 간단한 이메일 보냅니다.)

Just a quick note to let you know that I won't be joining the meeting this afternoon. (오늘 오후 미팅에 참석치 못할 거라는 것을 알려드리기 위해 간단한 이메일 보내요.) 여기서 email 대신에 note 를 사용할 수도 있다.

독촉의 의미로 빠른 시간 내에 뭔가를 요청할 때는 as soon as possible 이 쉽게 떠오를텐데 강요하는 듯한 인상을 주는 이 표현보다 는 as early as you can 이나 더 표현이 순화되고 격식을 갖춘 at you earliest convenience (편하실 때 가능한 한 빨리) 라는 표현이 적절하 다. ASAP(에이샙)는 물론 '내가 빨리하겠다' 는 뜻으로 나 자신에 대 해 쓰면 상관없다. 늦어도 언제까지는 할 때 '늦어도' 는 at the latest 이다. 예문들을 보자.

Could you send it to me at your earliest convenience?
(편하실 때 가능한 빨리 저에게 보내주실 수 있을까요?)
So please email me back at your earliest convenience.
(편하실 때 가능한 빨리 저에게 이메일 회신 부탁드립니다.)
Please let me know your opinion by next Monday, at the latest. (늦어도 다음 월요일까지 귀하의 의견을 알려주시기 바랍니다.)

I would be grateful if you could~ (~ 해 주시면 대단히 감사하겠습니다.)
이 표현도 대단히 공손하며 formal 한 표현이다.
I would be grateful if you could ring me back by tomorrow.
(내일까지 저에게 전화를 주시면 대단히 감사하겠습니다.)
비슷하게 수동형태를 써서 다음과 같이 표현해도 훌륭하다.
If you could call me back before noon tomorrow, that would be greatly appreciated. (내일 정오 전에 저에게 전화해 주시면 대단히 감 사하겠습니다.)

I was wondering if~ (~일지 궁금해서 말씀드립니다.) be 동사로 현재형 am 대신 과거형 was 를 사용한 점에 주목하기 바란다. 과거형을 쓰면 간접적인 화법으로 변화되어 더 공손한 표현이 된다. 앞선 컬럼에서 다룬 적이 있다.

I was wondering if you could look over my report.
(제 보고서를 한번 검토해 주실 수 있으신지 해서요.)

I was wondering if you could help me with something.
(뭔가 나를 좀 도와줄 수 있는지 궁금해서요.)

Could we arrange~? (~할 시간이나 날짜)를 잡을 수 있을까요?
Arrange 는 정리하다 배열하다. 라는 뜻도 있지만 뭔가를 정하다, 날짜 등을 잡다. 등의 뜻도 있다.

If you give me a call, then we'll arrange a time to meet.
(전화를 저에게 주시면 그때 우리 만날 시간을 잡도록 하죠.)

I'll arrange a date to inspect the property sooner rather than later. (조만간 빨리 제가 그 건물을 둘러볼 날짜를 잡아보겠습니다.)

I'd like to arrange a meeting with you.
(당신과의 미팅 약속을 잡고 싶습니다.)

The conference has been arranged for 10 AM on Friday.
(회의는 금요일 오전 10시로 잡혔습니다.)

어떠한 상황을 "참고(유념)해 주세요." 라고 말할 때는 Please note that ~ 를 사용한다. 여기서 note 는 동사로 ~에 주의하다. 주목하다. 라는 의미다. '참고하다' 라는 뜻으로 refer to~ 라는 표현도 있는데 이것은 어떤 물리적인 자료나 문서 등을 참고해 보라고 할 때 쓰인다.

Refer to 는 '정보를 얻기 위해 보다' 라는 뜻이 들어 있기 때문에 이 메일에서는 첨부자료를 보내면서 자료를 참고로 한번 검토해 보시라는 뜻으로 사용하면 된다. 물론 처음에 기술한 '~에 대해 언급하다.' 라는 뜻으로 문장 서두에서 쓰일 수도 있다는 점도 기억해 두기 바란다.

Please note that the meeting has been pushed back to next Monday. (미팅이 다음 월요일로 미뤄졌다는 것을 참고해 주세요.)

Please note that I won't be in the office next week. (제가 다음 주 사무실에 없을 거라는 것을 참고해 주시기 바랍니다.)

Please note that while this event is free you must get a ticket ahead of time. (이 행사는 무료인 반면, 시작 전에 일찍 티켓을 받아야 한다는 것을 참고해 주세요.)

Please refer to the attachment for the details. (더 자세한 내용은 첨부파일을 참고해 주세요.)

For more information on our products, please refer to the link below. (저희 제품에 대한 정보를 더 얻고 싶으시면 아래 링크를 참고해 주시기 바랍니다.)

첨부 파일은 an attached file 또는 단순히 the attachment 라고도 한다.

* 팬데믹으로 인해 사무실 근무가 제한되고 재택근무에 들어 갔을 때 다음과 같은 당부의 말도 자주 보인다.

Please take this opportunity to protect yourself against serious

illness. (심각한 질병으로부터 여러분을 보호하는 기회로 삼아 주시기 바랍니다.) **I'd like to take this opportunity to thank you for your ongoing support this year. This year has seen many challenges, most of us still adjusting to this new level of normality amid the pandemic. We want you to know that we appreciate your cooperation and support through these times. We couldn't have done it without you.**

(저는 이 기회를 빌려 금년 여러분들의 지속적인 지원에 감사하다는 말씀을 드리는 바입니다. 금년은 많은 도전들이 있었고, 우리 대부분은 여전히 이 세계적 유행병 가운데 새로운 수준의 정상화에 적응하고 있는 중입니다. 이번 기간을 통해 회사는 여러분의 협조와 지지에 감사하고 있다는 것을 알아주셨으면 합니다. 여러분들 없이는 그것을 해낼 수 없었을 것입니다.)

좋은 표현들이니 위 내용 잘 참고해 주기 바라며 소리 내어 여러 번 읽는 연습도 병행해 주면 좋겠다. 특히 This year has seen many challenges 는 There have been many challenges this year. 와 같은 뜻으로 see 동사를 사용한 문장의 활용에 주목하자.

The meeting saw several dissonances between members.
(모임에서 회원들 간에 여러 불협화음이 있었다.)
Minari has seen a great success in the cinema world in 2021.
(미나리는 2021년 영화업계에서 대단한 성공을 거두었다.)

이메일에서는 친구나 사내 동료 간에 Email acronyms (두문자어)를 흔히 사용한다. 이메일에 등장하는 대표적인 표현들을 소개한다.

Email acronyms : (알파벳순)

ASAP (As Soon As Possible), **BTW** (By The Way), **EOD** (End of Day), **ETA** (Estimated Time of Arrival), **FWD** (Forward), **FYI** (For Your Information), **HTH** (Hope That Helps), **IDK** (I Don't Know), **IMO** (In My Opinion), **LET** (Leaving Early Today), **LMK** (Let Me Know), **OOO** (Out Of Office), **OT** (Off Topic), **PFA** (Please Find Attached), **PRB** (Please Reply By), **WFH** (Working From Home), **YTD** (Year-to-Date)

예문들 :

LMK if you have any questions.
Here's the latest version, FYI.
I've attached the visuals from last year's event – HTH.
Hi Kim, please could I have an update on the design brief by EOD?
Will you be joining us for the party? If so, PRB Thursday.
Thanks for sharing. OT – Did you watch the drama this weekend?
Just to remind everyone, I'm LET – reach out to me before 2.30pm if you need anything.

36 실생활에서 너무도 중요한 E-mail 쓰기. (II)

계속 이어서 이메일에 사용되는 중요 표현들을 공부해 보자.

I would like to inform you that ~
(that 이하를 통지드리는 바입니다.)
I would like to inform you that I still have not received any emails from your manager. (귀하의 메니저로부터 아직 어떤 이메일도 받은 적이 없음을 통지드리는 바입니다.)

궁금한 점이 있으면 언제든지 연락 바란다는 표현으로는 다음과 같은 것들이 있다.

Please do not hesitate to **contact us** should you have any questions.
Please do not hesitate to **reach out to me** should you have any queries.

Reach out to (someone): (누구)에게 연락을 취하다. [= get in touch with]
* **Thank you for reaching out to me.** (저에게 연락을 주셔서 감사합니다.)
(= Thank you for getting in touch with me.)
* **Thank you for your prompt action on this matter.**

(이 문제에 대한 귀하의 신속한 조치에 감사드립니다.)

Thank you for getting back to me so quickly.

(아주 빨리 회신주셔서 감사해요.)

(get back to~ 에게 회신을 주다. casual 한 표현임.)

Should you have any queries = If you have any queries 같은 표현이다. Should 조동사가 앞에 사용된 형태인데 이메일이나 서신에서 관용적으로 많이 사용된다.

Should you have any questions, please feel free to reach out to me.

(feel free to (동사) : '언제든지 ~해달라' 라는 뜻으로 아주 좋은 표현이다.)

'주저 말고 ~해달라' 라는 Do not hesitate to (동사)의 표현도 문서나 이메일에 자주 등장하지만 feel free to~ 가 구어적이고 상대방에게 더 편안한 느낌을 주는 표현이라 하겠다.

As requested = As you requested : 귀하가 요청하신 대로
As promised = As I promised : 제가 약속드린 대로
As discussed = As we discussed : 우리가 상의한 대로

As requested, I've sent you the sample of our new product.
As promised, I've applied 20% discount to your order.

Here is ~ '~입니다. ~보내드립니다.'
뭔가 자료를 보내거나 서류를 첨부할 때 I'm sending 대신에 이메일에

서 간편하게 자주 사용된다. Informal 한 표현이 되겠다. I've attached~ 이런 식으로 시작해도 좋다.

Here is the information you wanted. (요청하신 정보 보내드립니다.)
Here is the file you requested. (요청하신 파일입니다.)

좀 더 formal 한 표현은 Please find attached~ 를 사용한다.

Please find attached the file. (파일을 첨부하오니 확인 부탁드립니다.)
Please find attached the requested form.
(요구하신 양식 첨부하오니 확인 바랍니다.)

Please also be reminded that ~ (~을 상기시켜드리는 바입니다.)
Please be reminded to submit your timesheet before the end of the day. (오늘 중으로 일한 시간을 제출해 주실 것을 상기시켜 드립니다.)
Please make sure to utilize ~ (~을 이용하시도록 해 주세요.)
Please also be reminded that next Monday, June 13 is a public holiday so our office will be closed. (다음 주 월요일 6월 13일은 공휴일이라서 사무실 문을 열지 않는다는 점 또한 상기해 주시기 바랍니다.)

I look forward to + 명사 (or 동명사) ~ 하기를 기대합니다. 또는
I'm looking forward to + 명사 (or 동명사) ~ 하기를 기대하고 있습니다.

이 문구는 서신 마무리 단계에서 뭔가를 기대하고 당부하는 표현으로 거의 항상 등장한다. 필자 역시 자주 사용하고 있다.

I look forward to seeing you soon. (곧 뵙기를 기대합니다.)
I'm looking forward to your reply. (귀하의 회신을 기대하고 있습니다.)
I look forward to hearing from you. (귀하로부터 소식 듣기를 기대합니다.)
We look forward to a successful working relationship with you in the future. (저희는 귀하와 장차 성공적인 실무관계를 기대합니다.)

마무리의 경구는 여러가지가 있으니 바꿔가면서 사용하면 된다.
Best wishes, Best regards, Warm regards, Kind regards, 또는 허물 없는 사이에서는 간단히 Regards, 도 쓰긴 하나 아랫사람이 윗사람에게 보낼 때 또는 예의를 표해야 하는 이메일에서는 Regards, 단독으로 쓰는 것은 절대 피해야 한다.

Yours sincerely ('拜上' (배상): '절하고 올린다' 라는 뜻) 등의 경구는 격식을 갖춘 formal 표현이어서 이메일보다는 공식적인 서신에서 주로 사용된다. 경구로서 주를 이루는 두 표현으로 Yours sincerely 와 Yours faithfully 가 있는데, 교차 사용이 가능하지만 굳이 엄격한 구분을 한다면 필자의 경험으로 서신에서 상대방의 이름을 알고 있을 경우는 Yours sincerely 를, 상대방의 이름을 알지 못할 경우는 Yours faithfully 로 구분해 사용되는 예를 많이 보아왔다. 그 외에도 Yours respectfully 심지어 음악에 관련된 서신에는 Yours musically 등의 경구도 등장한다.

'첨부하다' 는 attach. 란 동사를 사용한다. '첨부파일 확인해 주세요.' 라고 할 때 동사 confirm 또는 check 등의 동사를 사용하지 않고, find 또는 see 동사를 사용한다는 점을 기억하기 바란다. '첨부 파일 확인을 부탁드립니다.' 하고 싶을 때는 Please find an attached file. 또는 Please find attached. 와 같이 쓴다. 또 주 동사형태로 I've attached를 사용하여 I've attached a PDF file. I've attached a detailed report. I've attached it below. 이런 식으로 사용해도 좋다.

(Email example)
Please see attached the important correspondence from the Commission. (위원회에서 보내는 첨부한 중요한 서신을 확인해 주시기 바랍니다.)

'첨부파일로~' 는 as an attachment. 라고 한다.
You can email it as an attachment. (첨부파일로 보내주셔도 됩니다.)
I'll send the contract agreement to you as an attachment.
(계약서는 첨부파일로 보내드릴게요.)

'변동사항이 생기면' 이라고 할 때는 if anything changes. 라고 한다.
If anything changes, I'll let you know.
(변동사항이 생기면 알려드릴게요.)

Can you CC me on that email?
(그 이메일에 저를 참조인 추가해 주시겠어요?)
I already CC'd you on my email.
(이미 제 이메일에 귀하를 참조인 추가했습니다.)

CC는 Carbon Copy 의 약자로 '참조인 추가하다.' 라는 뜻이다. 과거형은 CC'd. 이메일 주소란에 반드시 있다. 어느 특정 이메일을 추가된 참조인에게도 같이 보낸다는 의미다. 참조인도 이 이메일의 내용을 알아야 할 때 보내게 된다. BCC 도 있는데 Blind Carbon Copy 의 약자로서 '익명의 참조인' 을 말한다. CC 와의 차이점은 발송인이 BCC 란을 이용하면 이메일을 받는 메인 상대방은 추가된 참조인이 누군인지를 볼 수 없게 된다. 참조인을 굳이 공개할 필요가 없을 때 사용한다고 하겠다.

또 carbon copy 는 복사한 것처럼 누구를 꼭 닮았을 때 사용하는 관용어이기도 하다. Mark is a carbon copy of his father. (Mark는 자기 아버지를 빼닮았어요.) 처럼 사용한다. 누구를 꼭 닮았다고 할 때 spitting image (빼닮음) 이라는 말도 있다. She is the spitting image of her mom. (그녀는 자기 엄마를 꼭 닮았어요.) The stone looked the spitting image of the Virgin Mary. (그 돌은 성모 마리아를 빼닮아 보였어요.) 등과 같이 쓰인다. 똑같이 닮았다 할 때 dead ringer 라는 표현도 있다. 영어로 exact duplicate 또는 100% duplicate의 뜻이다. 원래 경마에서 똑같아 보이는 말을 가리킨 데서 나온 이 dead ringer 역시 잘 통하는 표현이니 안심하고 써도 좋다.

She's a dead ringer for her mother. You can hardly tell them apart. (그녀는 어머니와 너무 닮아서 거의 구별할 수 없어요.)
The counterfeit bills were dead ringers for the real ones, fooling even the experts. (위조 지폐들은 진짜와 너무 닮아서 전문가들도 속게 했어요.)

'전달하다' 는 forward.
Could you forward me the email?
(그 이 메일을 나에게 전달해 주시겠어요?)
I just forwarded you a list of top ten cardiologists in Sydney. Please have a look and go over it. (제가 방금 시드니의 최고 심장병 전문의 10명의 명단을 전달해 드렸어요. 한번 보시고 검토해 보세요.)

Please let me know if there's anything I can do to help.
(제가 뭔가 도울 일 있으면 알려주세요.)

너무 고맙고 감동적인 표현이다. 발음할 때 끝 부분에서 '이프 데어즈 에니씽 아이컨 두더헬ㅍ.' 라고 빨리 연음으로 발음하면 호흡 통제도 쉬우면서 발음이 유연해진다.

끝으로 follow-up 이란 표현이 있는데, 이 뜻은 이미 일어난 일에 대해 추가적으로 조치를 하는 것을 말한다. 질문이든 행동이든 뭔가 후속조치를 할 때 이 표현이 등장한다고 보면 된다. 동사로는 '더 알아보다' 라는 뜻으로 이미 일어난 사건에 대해 좀더 자세히 알아보려고 하는 것을 말한다. (to find out more information about something and take action if necessary)

Did you follow up on that? (그거에 대해 더 알아봤어요?)
I'd like to follow up on one of your earlier answers.
(전 당신이 아까 주신 답변 하나에 대해 더 알아보고 싶습니다.)

그리고 이미 추진하고 있는 것을 재촉하기 위해 연락을 취하며 알아보려고 할 때 이 표현을 쓰면 적절하다.

Did you follow up with her? (그녀에게 연락해서 더 알아봤나요?)
그녀의 결정, 진행 또는 추가 정보가 필요한지 여부 등을 묻기 위해 연락을 취해서 알아보는 경우가 되겠다.

Follow up question (추가 질문)

Follow up appointment (추가 건강 점검을 위한 진료 약속. 재진 약속)

(Email example) – 늦어진 주급 지불 관련한 실제 이메일.

Just a follow up in regards to the late payment issue. Please be advised that our team leader has already reminded this to the Payroll team, and they are investigating the issue. Please rest assured that she will get back to us as soon as she gets an update. If you notice that your pay is now in, please advise.

Sorry for any inconvenience.

(늦어진 주급 지불 문제에 관한 추가 상황 설명(a follow up)입니다. 우리 팀장께서 급여팀에 이미 이 사실을 환기시켰고 급여팀에서는 그 문제를 조사하고 있다는 말씀을 드립니다 (be advised). 팀장께서 새로운 진행상황 (update)을 받는 대로 우리에게 알려 주실 것이니 (get back to us) 안심하고 계시기 바랍니다 (rest assured). 주급 지불이 지금 확인되신 걸 인지하시면 (notice) 알려 주시기 바랍니다. 불편을 드려 미안합니다.)

호주 회사의 실제 사내 이메일의 일부인데 우리가 일상 이메일에서 사용해야 하는 중요한 표현들이 완벽하게 다 잘 녹아 있다. 즉 그 말은 지금까지 필자가 앞에서 기술한 중요 내용들이 반복되어서 사용된다는 의미이기도 하다. 그리고 '말씀드린 이 내용이 도움이 되었기를 바랍니다.' 하고 싶을 때는 I hope you find this helpful. 이라고 하면 좋다.

Did you find that helpful? (그게 도움이 되었나요?)

Here is the list of high schools in the Sydney Metropolitan city. I hope you find this helpful. (여기 시드니 광역시에 있는 고교 명단입니다. 도움이 되셨으면 합니다.)

그저 간단히 I hope this helps. (이게 도움이 되길 바래.) 라고도 흔히 한다. 정보를 제공하거나 금전적인 도움을 주면서 많지는 않더라도 도움이 되었으면 한다라는 의미가 들어 있다. 캐주얼하게 주어 I 를 생략하고 말하는 경우도 흔하다.

Last but not least, 정말 끝으로 그리고 절대 소홀히 할 수 없는 **Just a friendly reminder** 라는 표현이 있다. Just a friendly reminder 는 상대방에게 이미 뭔가를 하도록 언급한 내용을 잊지 않고 꼭 하도록 다시 한번 상기시키는 공손한 표현으로서 서신, 이메일, text message 등에서 빈번히 등장한다. 의미는 '혹시나 해서 상기시켜 드립니다. 깜빡하실까봐 다시 말씀드립니다.' 라는 뜻이다.

Just a friendly reminder, tomorrow is the last day you can submit your application. (혹시나 해서 상기시켜 드립니다. 내일이 신청 마지막 날입니다.)

그리고 특히 어떤 특별한 사항에 대해 언급 또는 경고성 지적을 할 때, It has been brought to our (my) attention that ~ 이라는 표현도 중요하게 쓰인다. (~라는 점이 우리의 (나의) 관심을 끌었습니다.)

It has been brought to our attention that a few workers have been lying down on the couches in the shared common space. Please bear in mind that we do not support this practice.
(몇몇 직원들이 공동으로 쓰는 공간에 있는 소파의자에 누워 있는 경우가 있다는 점이 저희의 주목을 끌었습니다. 우리는 이러한 행위를 지지(용인)하지 않는다는 점을 명심해 주기 바랍니다.)

Bear in mind that ~ : ~을 명심하다. 마음에 새기다.

Pencil (someone or something) in for: 일단 (~ 를) 계획에 잡아 놓다. [to put (someone or something that may be changed later) on a schedule or list.]

나중에 변경될 수도 있겠지만 누군가 또는 뭔가를 일단 계획에 잡아 놓을 때 pencil in for 라는 구동사를 사용한다. 업무상 이메일에서 빈번히 등장하는 표현이므로 의미를 정확히 파악하고 있어야 하겠다. 연필로 써 놨기 때문에 나중에 수정할 수 있다 라는 뉘앙스가 들어 있다.

Would you like me to pencil a meeting in for Thursday morning at 10 AM? (미팅을 목요일 아침 10시로 일단 잡아 놓을까요?)
He was penciled in as the director's replacement.
(그는 그 이사의 교체인물로 일단 지목되었다.)
Analysts have penciled in a forecast of $3.98 per share in profits at JP Morgan. (분석가들은 JP 모건사의 이익을 주당 $3.98 로 잠정 잡아 놓고 있다.)
You can use them as you need, but both are penciled in for your branch. (두 사람 필요하신대로 쓰세요. 그런데 두 신입사원은 일단 당신 분원에 배치된 겁니다.) – 본사에서 분원장에게 보낸 이메일에서 –

이메일은 우리 일상 생활 및 비즈니스에서 필수이기 때문에 교양 있고 예절 바른 이메일 쓰기 반드시 마스터하고 가야 한다. 그런 만큼 이에 대한 설명도 좀 길어졌다.

37 You reputation precedes you.
(자네 명성은 익히 들었네.)

상대방의 명성이나 소문을 이미 들어서 잘 알고 있을 때 쓰이는 관용구문이다. Positive or negative connotation (긍정 또는 부정의 의미) 모든 경우에 사용된다. 직역하면 '당신의 명성은 당신을 앞섭니다.' 인데 달리 말하면 '당신을 만나기 전부터 명성이 자자한 것을 이미 들어 잘 알고 있다' 라는 의미가 함축되어 있다.

얼마전 필자는 시드니 교민 사회의 원로이신 승원홍 전 한인회장님을 직접 만나 같이 커피를 나눌 기회를 가졌다. 그 만남에서 나는 그의 자서전 '나의 꿈과 도전' 이라는 책을 선물로 받았다. 평소 존경해 왔던 어른이시지만 책의 방대한 분량과 세세한 사진, 내용의 꼼꼼함에 또 한번 놀라지 않을 수 없었다. 그 책 한권에 그 분의 삶 전체가 잘 녹아 있었다, 난 만나자마자 그에게 "Your reputation precedes you as a highly respected community leader, Mr. Seung." (크게 존경받는 교민사회 지도자로서의 명성은 이미 자자하십니다. 승 회장님.) 이라고 인사를 드렸고, 회장님은 밝고 환한 미소로 화답해 주셨다.

Tom Cruise 주연의 TOP GUN MAVERICK (2022) 영화 초반부에 보면 다음과 같은 장면이 나온다.

Cyclone: Captain Pete "Maverick" Mitchell. Your reputation precedes you. (피트 매버릭 미첼 대령, 자네 명성은 익히 들었네.)

Maverick: Thank you, sir. (감사합니다, 제독님.)
Cyclone: It wasn't a compliment. (칭찬 아니었네.)

Captain은 육군에서는 대위의 계급이지만 해군에서는 대령계급으로 함장 등의 임무를 맡는다. Maverick 은 해군 소속 전투기 조종사로서 직급이 대령이다. 다른 예문을 좀 더 살펴보면서 위 표현의 쓰임새를 확실히 익혀보자.

I heard about the new manager joining our team; apparently, her reputation precedes her as a great leader. (새로 합류할 새로운 매니저에 대한 이야기를 들었어요; 분명하게 훌륭한 리더로서의 그녀의 명성은 이미 나 있더군요.)

The restaurant had exceptional reviews, and its reputation preceded it as the best place in town for Italian cuisine. (그 식당은 탁월한 리뷰를 받았고, 이태리 요리의 최고 명소로 이미 명성이 나 있었습니다.)

The company's reputation precedes it in the business world, known for its commitment to quality and customer satisfaction. (그 회사는 업계에서 명성이 자자합니다. 품질과 고객 만족에 대한 약속을 잘 지키는 걸로 잘 알려져 있죠.)

Our manager's reputation precedes him as a difficult person to work with. (저희 매니저는 함께 일하기 어려운 사람으로 명성이 자자합니다.)

물론 누구를 만나 '말씀 많이 들었습니다.' 하고 싶을 때 I've heard

a lot about you.' 라고 말할 수 있다. 역시 좋은 표현이고 주로 긍정의 의미로 쓰인다. 반면에 Your reputation precedes you. 는 상대방의 명성과 소문에 대해 많이 들어왔지만 그게 좋은 소문일 수도 있고 아닐 수도 있다. 전후 대화 문맥을 살펴서 이해하면 되겠다.

* I'll leave you to it. (너에게 맡기고 난 가볼게.)

Leave someone to something 하면 상대방이 뭔가 하던 일을 방해받지 않고 계속하도록 내버려두다 라는 뜻이 된다. (to allow someone to do something without one's involvement or interference)

Anyway, I'll leave you to it. (어쨌든 방해 그만 하고 난 이만 가볼게.)
다시 말해, '난 이만 가볼 테니 하던 일 계속하게.' 또는 '그 일 좀 잘 처리해 줘.' 라는 뉘앙스가 들어 있다.

"I'll leave it to you"와 "I'll leave you to it"은 비슷한 의미를 가지지만 미묘한 차이점이 있다. "I'll leave it to you"는 누군가에게 그저 어떤 일을 맡긴다는 의미다. 이것은 상대방이 어떤 일을 잘 처리할 수 있을 것이라 믿고 그에게 책임을 맡긴다는 뜻인 것이다. 회의 중에 어떤 사람에게 특정한 일을 부탁하며 논의를 진행할 수도 있다. 즉, 어떤 결정이나 작업에 대해 상대방이 책임을 질 수 있도록 권한 위임을 하겠다는 말이다. 예를 들면, "I'll leave it to you to organize the party" 라고 하면 '파티행사의 준비 조직을 당신에게 맡기겠다' 는 뜻이다.

반면에 "I'll leave you to it"은 누군가가 무언가를 하는 동안 그를 방해하지 않겠다는 뜻이다. 즉, 상대방이 어떤 일을 하고 있을 때, 그의 활동에 개입하지 않겠다는 의미를 담고 있다. 예를 들면, "You can work on your project, and I'll leave you to it"은 당신이 프로젝트에 집중할 수 있도록 방해하지 않겠다는 뜻이다. 따라서, "I'll leave it to you"는 어떤 일의 책임을 상대방에게 맡길 때 사용되고, "I'll leave you to it"은 상대방이 무언가를 하는 동안 그를 방해하지 않겠다는 의미로 사용된다는 점을 유념해 두면 된다. 이 때는 뒤에 to + 부정사 또는 to + 명사 모두 올 수 있다.

I'll leave you to discuss. (자리 비켜줄 테니 논의 잘 해봐.)
I'll leave you guys to talk. (너희들끼리 이야기 나누도록 자리 비켜 줄게.)
I'll leave you to your work. (너 이제 일해. 난 이만 가볼게.)
I'll leave you to your movie then. (그럼 영화 계속 봐. 나 가볼게.)
I'll leave you to your lunch. (점심마저 먹어라. 난 그만 가볼게.)

＊ You don't strike me as ~ (저에겐 ~로 보이지 않습니다.)

이 관용구문에서 쓰인 동사 strike 는 ~에게 강한 인상을 주다. 또는 ~에게 (~라고) 느끼게 하다. 라는 의미로 쓰였다. 여기서 해석을 '~로 보인다' 라고 했지만 그 안에는 '~로 강하게 느껴진다' 라는 의미가 들어 있다. 따라서 You don't strike me as the kind of person who is honest. 하면 '당신은 정직한 그런 사람으로 보이지 않아요.' 라는 뜻이다. 그리고 She strikes us as a right candidate for the job. (그녀는 그 직에 딱 맞는 후보라는 강한 인상을 우리에게 주네요.) 처럼 긍정의 의미로도 사용할 수 있다. 예문을 좀 더 보면서 의미 파악을 해 보자.

The design just doesn't strike me as anything unique or interesting. (그 디자인은 저에겐 독특하거나 흥미롭게 보이지 않습니다.)

You don't strike me as someone who enjoys sports.
(당신은 운동을 즐기는 사람 같지 않아요.)

They don't strike me as people who value tradition.
(그들은 전통을 소중히 여기는 사람들로 보이지 않습니다.)

He doesn't strike me as a person who cares much about fashion. (그 사람은 패션에 크게 신경 쓰는 사람으로 보이지 않아요.)

[English Humor with Double Meaning]

* **How was your camping trip? It was intense.**
  (캠핑 여행 어땠어요? 힘들었어요.)

Intense 에는 '극심한, 강렬한, 격렬한' 이란 뜻이다. 즉 difficult or serious 의 뜻으로 캠핑여행이 만만치 않았다는 말이다. 그런데 다른 한편으로 intense 는 in tents 와 발음이 아주 유사하다. 즉 '텐트 안에서 지냈어요.' 라는 의미도 된다. 캠핑이 원래 텐트에서 먹고 자고 하는 것인데 너무 당연한 답변이 아닐 수 없다. 이중적 의미를 역시 담고 있다.

38 You have it handy?
(그거 지금 옆에 가지고 있나요?)

Handy라는 단어는 일상회화에서 자주 등장한다. 제일 먼저는 handyman (숙련공) 처럼 '손재주가 있는' 이라는 의미로 사용되는데 대개 서술적인 형용사로 쓰인다. 특정 전문가는 아니지만 배관, 전기, 목공, 페인트 등등 건물의 간단한 여러 일들을 척척 해내는 사람을 가리킨다. handyman을 부르면 전문 plumber, electrician, carpenter 등을 불러 일 처리하는 것보다 훨씬 저렴하고 손쉽게 일을 봐주니 호주에서도 인기가 높다. 필자도 집안에 무슨 일이 있을 때 큰 문제가 아닌 경우는 handyman을 부르곤 한다. You're so handy with electrical work. (전기 일에 손재주가 아주 있으시네요.) 등으로 사용할 수 있다.

또 다른 의미로 handy는 '유용한, 편리한, 도움이 되는' 이란 뜻으로 사용된다. 무슨 일을 하다가 옆에 필요로 하는 도구들이 다 갖춰져 있다면 It is very handy. (그거 아주 편리하군요.) 라고 말할 수 있다. 그리고 Oh, this jacket has a lot of pockets. Very handy pockets. (오, 이 자켓은 주머니가 많군요. 아주 유용한 주머니들이네요.) 등으로 쓰면 된다.

그리고 세 번째 '곁에 있는, 바로 쓸 수 있는' 의 뜻의 handy 이다. Do you have (something) handy? (지금 옆에 ~ 이 있나요?) 와 같이 쓰인다.

Do you have a pen handy? (지금 펜 가지고 있나요?)

Do you have your ID handy? (신분증명서 지금 가지고 있나요?)

I don't have that handy at the moment.

(지금 당장 소지하고 있지 않습니다.)

I don't have that information on hand, but I can look it up and email it to you before the end of the day. (그 정보를 지금은 갖고 있지 않지만 찾아보고 오늘 중으로 이메일 발송해 드릴게요.)

I don't have one handy, but I will see if I can make that available to you. (지금 그거 갖고 있지 않지만 여러분께 제공 가능한지 한번 알아보겠습니다.)

I don't have those figures handy.

(그런 수치 내역까지는 지금 갖고 있지 않아요.)

I don't have the data handy, but something like 60%.

(그 데이터를 지금 제가 갖고 있지는 않지만 한 60프로 정도입니다.)

Do you have that information handy? 에 대한 답변으로 'I do. I thought you might ask.' 했다면 '준비해 뒀어요. 당신이 질문할지도 모를 거라는 생각을 했다.' 그래서 미리 준비해 뒀다 라는 의미가 된다.

I'll keep it handy. (옆에 갖고 있을게요.) 언제 필요할지 모르니 항상 곁에 두고 있겠다라는 의미가 되겠다. 여기서 handy의 또 다른 구동사 표현은 **come in handy** 이다. '필요한 상황에 딱 도움이 된다. 쓸모가 있다.' (to turn out to be useful when needed)의 뜻이다.

I think I'll keep them. It might come in handy someday.

(그것들은 내가 갖고 있어야겠어요. 언젠가 쓸모가 있을지 모르니까.)

누군가에게 뭔가를 주면서 'I just thought this might come in handy.' (전 그저 이게 쓸모가 있을지도 모른다고 생각했어요.) 그래서 드리는 거니 기꺼이 받아 주세요. 라는 의도로 말하면서 사용할 수 있다.

Gotta make a note of that one. Might come in handy someday. (저거는 노트해 놔야겠다. 언제 필요가 있을지도 모르니까.)

위 표현을 입에서 자연스럽게 나오도록 외우면 좋다. 그리고 우리가 흔히 말하는 휴대폰은 미국에서는 Cell phone, 영.호주에서는 Mobile phone 이라고 하는 반면 독일에서는 Handy 라고 한다고 한다. 우연하게도 영어의 handy 뜻과 일치하는 듯해서 재미있는 듯하다. 하지만 그 어원의 발생은 자체 표현법의 변화에 의해서 생겨난 표현이라고 한다.

＊ What was Kimchi like? (김치가 어떠신가요?)

What is … like? 는 (… 이 어떤가요?) 라는 질문으로 그 대상의 외관, 성격, 속성, 행위 등을 묻는 질문이다.

A : What's her new house like? (그녀의 새 집은 어떤가요?)
B : It's a modern one, quite big, with a nice garden. No backyard, though.(현대적이고 아주 크며, 좋은 정원도 갖췄어요. 근데 뒷마당은 없어요.)

Though는 문장의 맨 뒤에 와서 '그러나, 그렇지만' 등의 뜻으로 사용된다. 그리고 바로 앞에 코마(,)가 온다.
A : What's your new teacher like? (새로 오신 선생님은 어떠시니?)

B : He's very good-looking and nice! He's quite strict, though.
(선생님은 아주 잘생기시고 좋으신데, 꽤 엄격하세요.)

이때 주의해야 할 사항은 How is …like? 와 같이 묻지 않는다는 것이다. 흔히들 "오늘 날씨가 어때?" 할 때 How's the weather today? 이렇게 묻는 경우가 많은데 잘못된 표현이다. '어떠냐'라는 말에 이끌려 how 를 쓰면 안되고, 뭔가의 속성, 상황, 성격 등의 설명 묘사를 요구할 때는 What 의문사를 사용해서 What's the weather like today? (오늘 날씨가 어떤가요?)라고 해야 한다. How 는 주로 방법을 묻는 의문사로 기억하면 좋다.

A : Have you ever tried Kimchi? (김치를 드셔 본 적이 있으신가요?)
B : Yes, I have. (그럼요.)
A : What was it like? (어떠셨어요?)
B : It was a bit spicy, but I really loved it.
(좀 매웠으나 정말 맛있었어요.)

여기서도 '어떠셨어요?' 할 때, How was it like? 이렇게 하면 안되고 What was it like? 와 같이 말해야 한다. 그리고 지금 이 상황에서는 먹어보니 맛이 어떠셨냐고 질문할 때, How did you like it? (그 맛이 어떠셨나요?) 이런 식으로도 자주 말한다. 즉 여기서는 "어떤 방법으로 그 김치를 좋아하셨습니까?" 라는 직역에서 나왔다. 지금 현재 맛을 보고 바로 질문할 때는 현재형을 써서 How do you like it? (지금 맛이 보시니 어떠신가요?) 라고 하면 된다. 이 질문은 자동 패턴으로 나와줘야 한다. 맛을 보셨냐고 물어보고 나서 추가 질문을 안 해 준다면 그게 오히려 어색한 대화법이라 하겠다.

내가 경험해 보지 못한 것을 상대방에게 여쭤볼 때 What was it like (doing something)? 형태로 문장을 만들면 된다. '~ 하는 것이 어땠나요?' 라는 말이 되겠다.

What was it like working with Tom Cruise?

(톰 크루즈와 작업하는 게 어떠셨나요?)

톰 크루즈와 같은 대 스타와 영화를 같이 찍어보니 기분이 어떻던가요 라는 질문이 되겠다.

What was it like growing up in Russia?

(러시아에서 성장하셨다고 하셨는데 그 과정이 어떠셨나요?]

So, what's it like owning your own business?

(그래, 내 자신의 사업을 갖고 운영해 보시니 어떠신가요?)

What was it like being in bed with Sean Connery?

(숀 코너리와 침대에 같이 있는 느낌이 어떠셨나요?)

추가로 영화에서는 1편의 대 성공에 힘입어 2편, 3편 시리즈가 나올 때 그 시리즈 물을 franchise 라고 한다. 우리가 흔히 franchise 를 외식, 의류업체의 독점 판매권을 갖는 체인점으로만 알고 있는데, 영화 이야기를 할 때 franchise 는 연속 시리즈물을 의미한다. 영화 Die Hard, Indiana Jones, Terminator, The Godfather, Star Wars, Harry Potter, The Lord of the Rings 등이 franchises 의 대표적인 예에 속한다고 할 수 있다.

39 불만사항을 이야기할 때
PET PEEVE
(짜증나게 하는 것. 혐오스러운 것)

우리가 살아가다 보면 주변 일상에서나 직장에서 우릴 짜증나게 하는 여러 상황에 접하게 된다. 이렇게 주변을 짜증나게 하거나 눈에 거슬리는 것들이 pet peeve 이다. (something that a particular person finds especially annoying)

여기서 pet 이란 단어가 들어갔으니 애완동물과 관련이 있을 것으로 생각하면 오산이다. pet name 할 때는 귀여운 애완동물을 연상해서인지 "애칭" 이란 뜻으로 쓰이기도 하나 pet peeve 에서 pet 은 '기분이 언짢음' 을 뜻하고 peeve 역시 불쾌한 기분이나 화남, 불평을 의미하는 말이다. 그러니 기분이 언짢은 불만사항을 의미하는 것이 되겠다.

대중이 이용하는 지하철에서 큰 소리로 통화를 하거나 거리에 침을 뱉는 행위 등 눈살을 찌푸리게 하는 모든 행동들이 다 pet peeve 이다. 직장에서도 여러 pet peeve 상황들이 일어날 수 있다. 껌 씹는 소리, 반복적인 책상 두드리는 소리 (repetitive tapping), 동료들과 식사 중에 계속적인 text message 를 주고받는 행위 등도 간접적이긴 하지만 이러한 pet peeve 에 해당된다고 할 수 있다. 그리고 각 개인마다 특별히 못 참는 pet peeve 들이 있을 수 있다. 그러므로 집단으로 모이는 곳에서는 공공의 예의범절에 더 많은 주의가 필요하다. 우리 주변에 여러 pet peeves 들이 있을 수 있다. 몇 가지 예를 들어보면 ;

Interrupting during a conversation (대화 중 끼어드는 행위)

Texting during a meal (식사 중 문자 보내기)

Taking a phone call in public (공공 장소에서 통화)

Scraping silverware (식사 중 cutlery로 식기를 긁는 행위)

Cutting lines (새치기하는 행위)

Driving too slow (규정 속도 이하의 저속 운전)

Unsolicited advice and recommendations
(도움을 청하지 않았는데 주는 충고와 권고)

Being late (상습적인 지각. chronic lateness)

Know-it-alls (똑똑한 체하는 사람들)

Cracking knuckles (손가락 관절 꺾는 소리 내기)

Bad tippers (팁에 인색한 사람들)

어쨌든 위에 열거한 것들 외에 수십 가지의 pet peeves 들이 더 있을 수 있다. 여러분들도 내 눈에 거슬리고 짜증나게 하는 pet peeves 들이 무엇이 있는지 생각해 보고 혹시 나는 남에게 이런 불편을 주지는 않는지 생각해 보는 것도 나쁘지 않을 것이다. 나의 무심코 하는 행동이 남에게는 참을 수 없는 pet peeve 가 될 수 있기 때문이다.

One of my biggest pet peeves is poor customer service at the restaurant. (날 가장 짜증나게 하는 것 중의 하나는 식당에서의 형편없는 고객 서비스예요.)

My biggest pet peeve is people driving too slowly on the highway. (날 가장 짜증나게 하는 것은 고속도로에서 아주 저속 운전하는 사람들이죠.)

40 부정직하고 부적절한 행동을 뜻하는 HANKY-PANKY

영어의 비격식 (informal)의 표현에 hanky-panky라는 말이 있다. 비격식어란 격식을 갖춘 (formal) 자리나 문서 등에서는 사용하기 부적절한 표현이라는 말이다. hanky-panky는 받아들일 수 없는 부정직한 행동이나 문제의 소지가 될 수 있는 비밀스런 (underhanded) 속임수의 행동들을 통칭한다. 특히 이 단어는 금전적인(financial) 면과 부적절한 성적인 관계 (sexual activity)를 언급할 때 주로 쓰인다. 어느 파티에서 갑자기 알게 된 한 커플 사이에 일어날 수 있는 로맨틱하고 성적인 어떤 것도 hanky-panky이다. 딱 꼬집어 한 마디로 정의하기도 곤란한 게 이 표현이다.

Hey you two! Remember, no hanky-panky in the backseat!
(이봐 너희 둘, 기억해, 뒷좌석에서 이상한 짓 하면 알지?)

There was a bit of hanky-panky going on at the Christmas party. (크리스마스 파티에서 남녀 간에 좀 그렇고 그런 일들이 있었다.)

I warned them not to try any hanky-panky.
(그들에게 난 어떠한 부정직한 짓도 하지 말라고 경고했다.)

I'm telling you, please don't engage in political hanky-panky.
(진심인데, 정치적인 이면공작에 가담하지 마세요.)

I think there was some hanky-panky with the last election.
(지난번 선거에서 뭔가 부정한 일이 있었다고 생각해요.)

I don't know what kind of hanky-panky was going on between you and that girl, but you better be careful. (당신과 그녀 사이에 어떠한 부적절한 관계가 있었는지 난 모르겠으나 앞으로 조심해야 할 거요.)

Danish 유로 팝 댄스 그룹인 AQUA 가 1997년 발표해서 선풍적인 인기를 끌었던 Barbie Girl 이란 경쾌한 리듬의 곡이 있다. 이 곡 가사 중에 다음과 같은 부분이 있다.

"You are my doll, rock' n' roll, feel the glamor in pink, Kiss me here, touch me there, hanky-panky."
(당신은 나의 인형, 락큰롤을 추며 핑크색 옷의 황홀한 매력을 느껴 보세요. 여기 날 키스하고, 저기 날 만지고요, 섹시하게요.)

이 노래의 큰 인기에 힘입어 가사에 나온 hanky-panky에 대한 뜻도 큰 관심을 갖게 되었던 것은 두말할 나위도 없다.

여담이지만 Barbie girl 인형의 제작자인 Mattel 은 앞서 언급한 Kiss me here, touch me there, hanky-panky의 가사 내용과 "I'm a blond bimbo girl in a fantasy world." (난 환상의 세계에 살고 있는 백치미의 금발 소녀예요.) 라는 이러한 blonde bimbo girl 등의 가사가 Barbie girl 의 그 순수한 이미지에 큰 손상을 가했으며 이 때문에 바비인형 본래 이미지 실추와 인형 판매에 상당한 손실을 입혔다면서 미국 법원에 AQUA 와 이 곡의 북미지역 판권을 가진 음반 제작사 MCA Records 에 명예훼손 소송을 걸었다.

참고로 bimbo 는 품행이 나쁘거나 머리가 텅 빈 여자를 지칭한다. 그러니 blonde bimbo 하면 그 의미가 좋을 리 없는 것도 사실이다. 하지만 아쉽게도 Mattel 은 1, 2심은 물론 최종 미 대법원에서도 패소하고 만다. 양쪽이 맞고소한 상황에서 대법원은 모두의 상고를 기각하며 서로 진정하고 냉정을 찾으라는 판결로 수년간 끌어온 재판의 결론을 낸다.

또 hanky-panky 와 관련된 표현이 영화 대사에도 나온다. 1966년 발표된 영화 ARABESQUE는 당시 최고의 배우였던 Gregory Peck 과 Sophia Loren 이 주연을 맡아 열연을 펼친 코미디 액션영화이다. 옥스포드 대 고대 아랍 성형문자 전문가인 Pollock 교수 (Gregory Peck) 는 Nejim Beshraavi (villain. 악한)의 정부인 Yasmin (Sophia Loren) 과 묘하게 bathroom에 숨어 있다가 Beshraavi 에게 발각되는 장면이 있다. Pollock 이 그곳을 나오면서 변명하는 말. "No hanky-panky, Mr. Beshraavi." (우리 둘 사이에 아무 일도 없었습니다. 베쉬라비씨.) 그러자 Yasmin 도 함께 거든다. Yasmin: Believe him, Nejim. He means it. He said he'd kill me. (정말이예요. 네짐. 그 사람 말이 맞아요. 그가 날 죽이겠다고 했어요.)

Hanky-panky. 뭔가 구린 구석이 있으면 hanky-panky 이다. 이 단어는 셀 수 없는 명사이기 때문에 복수형은 물론 없다.

Hi guys, no hanky-panky in this party. Got it?
(애들아. 이 파티에서는 이상한 짓 없는 거야. 알아들었지?)

41 신분을 알 수 없는 평범한 사람들 : Tom, Dick, and Harry

사회적 특권이나 경제적 부를 누리지 못하는 일반사람들을 서민 (庶民)이라고 일컫는다. 필자는 유년 시절 한 때 막연히나마 나는 서민이 아닐 거라고 생각했었다. 하지만 아버지께서는 생필품 값이 오를 때마다 "물가가 오르면 우리 서민들은 어떻게 사나." 하고 걱정을 하시곤 하셨는데 그 때서야 나도 별수 없는 서민이구나 하고 인정했었던 기억이 난다.

이러한 서민(commoner)을 영어로 Tom, Dick, and Harry 라고 한다. 이 Tom, Dick, and Harry 가 가장 평범한 영어 이름에 속하기 때문이리라. 요즘은 들을 기회도 별로 없는 갑남을녀(甲男乙女), 장삼이사(張三李四), 필부필부(匹夫匹婦), 초동급부(樵童汲婦) 등이 모두 다 평범한 일반 사람들을 가리키는 사자성어들이다.

This is not the information for every Tom, Dick, and Harry to have access to. (이건 일반 사람 모두가 접근할 수 있는 그런 정보가 아닙니다.)

You'd better get a licensed plumber to fix this - you don't want any Tom, Dick and Harry messing around with your pipes.
(이걸 고치시려면 자격 있는 배관공을 부르셔야 해요. 일반 사람 아무나 손댔다가 집안 파이프 엉망으로 만드는 걸 원치 않으실 거잖아요.)

또 다른 표현으로 rank and file 이라는 말이 있다. 이 rank and file 은 조직의 일반 구성원을 말한다. 회사의 평사원, 군대의 사병, 정치적 당의 일반 평당원 등이 rank and file 에 속한다. 어느 조직의 대부분을 차지하는 구성원들을 지칭하는 것이다. 그러니 간부나 중요한 직책을 맡았다면 그는 더 이상 rank and file 이 아니다.

The party's rank and file are beginning to question the president's choice of advisers.
(당의 구성원들은 대통령의 보좌관들 선택에 의문을 제기하기 시작하고 있다.)

In response, meetings for rank-and-file prosecutors are planned across the country.
(이에 따른 반응으로, 전국에 걸쳐 평검사 회의가 예정되고 있다.)

People Power Party is considering increasing the monthly salary of rank-and-file soldiers to 20 percent in order to boost their morale. (국민의힘은 일반 사병들의 사기진작을 위해 일반 사병 월급 20%까지 인상을 고려하고 있다.)

우리가 흔히 '짚신도 짝이 있다.' 라는 말을 자주 쓴다. 어느 누구나 자기에게 맞는 배필은 있기 마련이다. 영어에 '짚신도 짝이 있다.' 라는 표현은 **Every Jack has his Jill.** 이다. 여기서 Jack과 Jill은 Tom, Dick, and Harry처럼 평범한 일반 남녀의 이름이다. 우리의 철수와 영희 정도에 해당한다.

Darling, I know you're upset that Anna dumped you, but try to keep in mind that every Jack has his Jill. Right person will come

along. (애야, Anna가 널 차버려서 기분 상해 있다는 걸 아는데 짚신도 짝이 있다라는 말 기억하도록 해. 좋은 사람이 나타날 거야.)

필자는Jill 하면 생각나는 배우가 있다. 바로 Jill Ireland 이다. 영국 출신의 미모의 Jill Ireland는 tough하고 근육질의 (brawny: 브로니. 건장한) 배우로 1960-70년대를 주름잡던 Charles Bronson의 부인이었다. 1976년에는 From Noon till Three (정오부터 3시까지)라는 영화에 부부가 주인공으로 함께 출연하기도 했다. Jill은 안타깝게도 1990년 유방암으로 인해 54세라는 이른 나이에 세상을 떠난다.

전통적으로 기독교 문화권인 서양에서는 이름이 성경(Bible)에서 나오는 경우가 많다. Maria, Joshua, Adam, Paul, Peter, Matthew, Esther 등등 그 예는 수없이 많다. 그리고 공식적인 이름은 그대로 두고 애칭으로 가족이나 친구들 간에 줄여서 부르는 경우도 흔하다. 다음은 흔히 등장하는 영어 이름과 줄임 애칭인데 알파벳 순서로 일부 이름들을 정리해 보았다.

Andrew (Andy), Alexander (Alex), Anthony (Tony), Benjamin (Ben), Catherine (Cathy, Cate), Christine, Christopher (Chris), Daniel (Danny, Dan), Douglas (Doug), Edward (Ed, Eddy, Ted, Teddy), Elizabeth (Beth, Betty, Eliz, Lisa, Liz), Frederick (Fred), Gregory (Greg), James (Jim), Jeffrey (Jeff), Jessica (Jess), Joshua (Josh, Joe), Kenneth (Ken), Kimberly (Kim), Leonard (Lenny), Margaret (Maggie), Michael (Mike), Nicholas (Nick), Patrick (Pat), Raymond (Ray), Richard (Rick, Dick), Robert (Bob), Ronald (Ron), Samantha (Sam), Stephen (Steven, Steve), Timothy (Tim), Thomas (Tom), William (Bill)

42 호텔에 투숙할 때만 쓰는 걸로 알고 있으면 곤란한 Check in

호텔에 투숙하기 위해 입실절차를 밟거나 항공기 탑승 시에 좌석 지정을 밟고 짐을 부치는 과정을 check in 한다고 한다. check-in 하면 명사형태로도 쓰여 호텔 투숙이나 항공기 탑승 절차를 의미한다. Express check-in은 호텔에서 VIP 손님 등이 입실절차를 밟지 않고 바로 객실로 가는 것을 의미한다. 호텔 프론트 데스크나 항공기 탑승 수속 안내 창구는 물론 Check-in counter 이다.

그런데 check in 에 이 뜻만 알고 있으면 안된다. 어떠한 일이 문제없이 잘 진행이 되고 있는지 확인 차 연락하는 것을 또한 check in 이라고 하기 때문이다.

I'm just checking in. (잘 진행되고 있는지 확인차 연락해 봤습니다.) 여기서 발음할 때 미국인들은 I'm just checkin' in. ('아임 저슷 췌키닌') 이라고 한다. '체킹-인' 이라고 발음하면 호흡에 힘이 더 들어간다. 발음도 간편하게 하려는 게 인간인 것이다.

I would like to know 또는 I want to know 로 시작하는 직접적인 표현 보다 가볍게 진행 상황을 확인하는 의미가 들어 있어서 상대방에게 무례하지 않게 여쭤보는 좋은 표현이 된다.

이 표현은 I'm just checking in to see if ~ 또는 I'm just checking in to make sure ~ 와 같이 자주 쓰인다.

I'm just checking in to see if the report is ready.
(보고서는 준비가 되었는지 확인 차 연락 드려 봤어요.)

I'm just checking in to see how you're enjoying your stay.
(어떻게 머무시는데 불편함은 없으신지 확인차 연락드려 봅니다.)

I'm just checking in to see how it's going in London.
(런던에서의 일은 어떻게 되어가고 있는지 연락해 봤습니다.)

Just checking in to see if you need anything.
(필요하신 것이 있으실까 해서 연락해 봤어요.)

I just wanted to check in with you and make sure everything's going all right.
(아무 문제없이 잘 진행되고 있는지 연락해 봤습니다.)

Can you check in with the control center about it?
(그거에 관해서 통제센터에 확인해 봐 주실 수 있나요?)

Check in 의 또 다른 뜻으로는 '추가 정보를 얻기 위해 연락하다' 라는 뜻이다.

I just wanted to check in with you about your attendance.
(귀하의 참석 여부에 관해서 확인차 연락드렸습니다.)

We'll check in with you later. (나중에 다시 연락드릴게요.)

Can you check in with me tomorrow?
(내일 다시 연락해 줄 수 있나요?)

Why don't you just check in with me later, John?
(존, 나중에 저에게 추가 정보를 위해 꼭 연락주세요.)

Why don't you~로 시작하는 문장은 왜~ 하지 않느냐' 라는 직역의 의미보다는 강력한 권유의 뜻으로 '꼭 ~해 주세요' 라는 의미로 해석해야 한다.

Why don't you stay for dinner? (계시다가 저녁드시고 가세요.)
Why don't you take a break and relax for a while?
(잠시 쉬고 휴식을 취하는 게 어때요?)
Why don't you join us for dinner tonight? (외식할 경우)
(오늘 저녁 식사에 우리와 함께 하지 그래요?)

* Bummer! (아, 짜증나!)

평소 기대에 어긋나는 경험에서 오는 실망감이나 좌절감, 또는 무슨 일의 진행이 잘 안된 것에 대한 불만과 짜증남을 표현할 때 쓴다. 편한 지인이나 친구들 앞에서 사용하면 좋다.

A real bummer, man. (이봐 친구, 정말 왕 짜증난다.)
* 이 경우처럼 호칭으로 man을 쓸 때는 남녀구별 없이 사용한다.
What a bummer! (에구, 많이 아쉽네.), **It's a bummer!** (그거 대 실망이다!)
It was such a bummer when we missed the train. (기차를 놓쳐 왕짜증났어.)

[미드 Weed] 고교생인 Silas가 파티를 위해 맥주를 사러 갔다가 그냥 오자 동급생 여친 Chelsea 가 신분 체크에 걸렸냐고 묻는다.

Chelsea : What happened? Did you get carded or something?

(무슨 일 있었니? 신분체크에 걸렸어?)

Silas : Yeah. Yeah, that's right, I got carded. (응, 맞아. 걸리고 말았어.)

Chelsea : Bummer! (아이고, 아쉽네. 운이 안 좋았구나!)

Get carded 는 나이트 클럽 입장이나 술을 구매할 때 법적 나이가 되었는지 신분증 검사를 받는 것을 말한다.

I'm 30 years old, but I look so young that I get carded all the time. (내 나이 30인데도 어려 보여서 그런지 항상 신분증 검사를 받네.)

여러분도 뭔가 bad news 에 "Bummer!" (저런! 안됐구나!) 라고 반응할 수 있다.

[English Humor with Double Meaning]

* Did you know the first French fries weren't actually cooked in France? They were cooked in Greece.
(최초의 프렌치 감자칩스가 프랑스에서 요리되지 않았다는 걸 알고 계셨나요? 그건 그리스에서 처음 요리되었어요.)

Greece는 grease (oil) 와 발음이 정확히 같다. 즉, 나라 그리스와 기름에 튀겨졌다라는 이중적 의미가 함께 들어 있다.

43 Time flies, doesn't it?
(세월 참 빠르죠?)

나이가 들어 갈수록 세모(歲暮)가 가까워지면, 덧없는 세월(歲月)을 한탄하게 된다. 유수 같은 세월을 누가 막을 수 있으랴. 시간을 아껴 쓰는 지혜는 과거나 현재나 마찬가지다. 이 표현은 이렇게 빨리 지나가는 세월을 아쉬워하는 표현이다. 우리 말에도 '화살 같이 날아가는 세월'이라는 말이 있다. 영어로도 말 그대로 Time flies like an arrow. (시간이 화살처럼 날아간다.)이다. 줄여서 Time flies. 라고도 한다. 위 표현에 대한 대답으로는 Yes, it does. (네, 그렇죠.) 라고 하면 된다. 이 때 does를 강조한다.

꼭 연말이 아니더라도 어떤 파티에서 시간이 즐겁게 빨리 지나갔을 때에도 쓸 수 있다. 사랑하는 사람이 옆에 있으면 시간 빨리 가는 느낌, 더욱 두말할 나위 없을 것이다.

시간과 관련한 좋은 표현들이 많이 있다. Time cures all things. (시간이 모든 걸 치료해준다.) 또는 Time is a great healer. (시간이 위대한 치료자이다.) 등도 시간 경과의 가치를 표현해주는 말이라고 할 수 있다. '세월은 사람을 기다려주지 않는다'고 할 때는, Time and tide wait for no man. 이라고 하고, '모든 건 때와 장소가 있다'고 할 때는 There is a time and place for everything. 하면 된다. 중요한 표현이다. 자고로 때와 장소를 구별할 줄 모르면 배운 사람 취급 못 받기 마련이다. 즉 한국의 선비에 속하지 못하게 된다. 동서고금 마찬가지이다.

선비 이야기가 나왔으니 말인데 필자는 세종대 호사카 유지 교수님께서 저술하신 '조선 선비와 일본 사무라이' (2007. 김영사) 라는 책에서 이런 한국의 선비정신과 일본 사무라이 정신이 잘 비교 대비된 점에서 깊은 감명을 받았다.

또 fly는 동사 '날다', 명사로는 '파리'를 뜻하고, '바지 앞섶'을 의미하기도 한다. 그래서 'Sir, your fly is open.' 하면 '선생님, 남대문이 열렸습니다.' 라는 뜻이다. 내가 멋쩍어서 말해주지 않고 그냥 넘어가기보다는 말을 해 줌으로써 상대방이 더 많은 대중들 앞에서 쑥스러움을 당하지 않게 하는 게 더 좋으리라. 그리고 flyer는 '낱장의 전단지'를 말한다. 반면에 brochure, pamphlet 는 작은 '소책자'를 의미한다.

그런데 여기서 꼭 알고 넘어가야 할 fly 의 관용 표현이 하나 있다. That's not gonna fly. (그건 받아들여지지 않을 거야.) 인데, 여기서 fly 는 '날다' 라는 뜻이 아니고, (계획 등이) 성공하다, 또는 먹혀 들다. 받아들여지다. 수용되다 (be successful or popular, win popular acceptance) 등의 뜻이다. 일상에 흔히 등장하는 표현이니 이해하는 데 혼란이 없어야 하겠다.

That kind of attitude is not gonna fly.
(그런 태도는 받아들여지지 않을 거요.)

I don't think that's going to fly with him. 은 미래에 어떤 제안이나 아이디어가 그 사람에게 받아들여지기 어렵다고 생각함을 나타내는 표현이다. 즉, "그건 그에게 통하지 않을 것 같아"라는 의미이다.
I want to ask for an extension on the project deadline, but I

don't think that's going to fly with him. (나는 프로젝트 기한 연장을 요청하고 싶지만, 그건 그에게 통하지 않을 것 같아.)

Well, that's not gonna fly this time. (이번에는 그게 통하지 않을 거야.)
Just apology is not gonna fly this time. (이번에는 그저 사과하는 것으로 그냥 넘어가지는 않을 거야.)

처음 표현으로 돌아와서, doesn't it? 은 억양의 끝을 내려 읽어야 한다. 서로 공감하고 있는 기정 사실을 말하는 거니까 그렇다.
'Time flies, doesn't it?' (시간 참 빨리 가네요.)

시간이 간다는 것은 나이를 먹어 간다는 말과 일맥상통한다. 한국에서는 추석 명절이 지나면 찬바람이 불기 시작하면서 한 해가 다 가고 있음을 느끼게 된다. 한 해 시작이 엊그제 같았는데 벌써 한 해를 마무리하는 시간이 된 것이다. 누가 대화 중 대뜸 궁금해하며 나에게 나이를 물으면 굳이 대답할 의무도 없지만 다음과 같이 되받아서 질문하는 것도 대화의 묘미다.

How old do you think I am? (제가 몇 살로 보이시나요?)
상대방이 나에게 단도직입적으로 How old are you? 라고 물으면 특히 숙녀에게는 예의가 아니다. 병원도 아니고 업무에도 상관없는 이 질문에 대해, 기분 나빠 얼굴을 찡그리며 '(It's) none of your business.' (당신 상관할 바 아니에요.) 또는 'Mind your own business.' (당신 일이나 신경 쓰세요.) 라고 답하기 보다는 How old do you think I am? 이렇게 되물어서 상대방이 'Um, I guess you are 33.' (음, 33세 같은데요.) 라고 하면, 웃으면서, 'Pretty close.' (꽤 근접했네요). 'I'm always 29.'(전 항상 29살입니다.) 하고 젊음을 자랑하는 말로 사태를 넘어가면 좋다.

그리고 시드니 주말 밤 Radio Talk Show (청취자 전화 대담프로) 중 특히, 의료 상담 방송에서 나이 지긋한 상담 의사는 70대, 80대 어르신들을 의료 상담해 드리며 나이를 여쭐 때, 'How young are you, darling?' (할머님, 아직 얼마나 젊으시나요? 즉, 나이가 어떻게 되시지요?) 라고 반어법을 사용하기도 한다. 직설적인 old보다 young을 사용하여 아직 젊어서 더 오래 사실 수 있다는 희망을 주려는 역설적인 표현인데 일상에서도 흔히 사용된다. May I ask your age? (나이를 여쭤도 될까요?) 라는 표현도 좋다. 여담이지만 서양권에서는 이력서에 나이나 결혼 여부 등을 기재하도록 요구받지 않는다. 나이와 결혼여부는 성, 인종, 종교 여부 등과 함께 차별금지의 일환이기 때문이다. 그저 업무경력과 신분확인이 중요한 사항일 뿐이다.

실제 나이보다 젊어 보일 때는, You look so young for your age. (나이에 비해 아주 젊어 보이세요). 동갑 나이인데도 불구하고 나보다 많이 젊어 보일 때는 'You look 10 years younger than me.' (나보다 10년은 더 젊어 보여요.) 라고 칭찬해 주면 좋다. 나이는 들어가는데 젊어 보인다는 칭찬만큼 듣기 좋은 말도 없을 것이다. 특히 여성들에게는 말이다. 가끔 필자는 장수하는 호주 할아버지, 할머니를 만나면 What's the secret of your longevity? (장수의 비결이 무엇인가요?) 라고 묻곤 하는데 80프로의 어른들이 It's a gene. (유전이에요.) 라고 답하는 것을 들었다.

나이와 관련된 속담 중에 A man is as old as he feels, and a woman as old as she looks. (남자는 느끼는 만큼 나이가 들고, 여자는 외모만큼 나이가 든다.) 라는 표현이 있다. 그래서 남자들은 일에 스트레스 받지 말고 생각이 젊어야 젊은 법이고, 여성들은 어쩔 수 없다. 일단 외모가 젊어 보여야 젊고 활기차게 사는 모양이다.

44 Fake it till you make it!

(부딪히면서 배우는 거지!)

Make it 은 구동사로 '해내다. 성공하다.'라는 뜻이다. 떠나려는 전철을 뛰어가 타는데 성공했을 때 'I've made it!'이라고 소리칠 수 있다. 취업, 시험 합격 등 뭔가 목표한 것을 달성했을 때 모두 사용 가능하다. Make it 은 어떤 물리적인 목표뿐만 아니라 내가 가지고 있는 앞으로의 계획이나 어떤 목표달성 (the level of success you have achieved)의 등에도 모두 사용 가능하다.

I never thought I would make it this far.

(내가 이 정도까지 성공할 것으로 생각한 적이 없었어요.)

Nobody expected BTS would make it that far.

(방탄소년단이 그렇게까지 성공하리라고는 아무도 예상하지 못했다.)

Dad : Hey, son. Can we have dinner together?

(얘야, 저녁 같이 먹을까?)

Son : Sorry, Dad. I won't be able to make it today.

(죄송해요, 아빠. 오늘은 안 될 것 같네요.)

이와 더불어 make it to (명사)의 형태로도 자주 쓴다. 역시 '~까지 해내다. 성공하다.'의 뜻으로 해석하면 된다.

I don't think I can make it to that meeting in time.

(그 모임에 제 시간에 갈 수 없을 것 같아요.)

Only a few made it to the very top. (몇몇 사람만이 정상에 올랐다.)
The team made it to the finals after all. (그 팀이 결국 결승전에 올랐다.)

다음은 make it through의 표현이다. '끝까지 해내다. 뭔가를 통과해 버텨내고 견뎌내 이루다.' 또는 '이겨내다.' 라는 뜻. 다시 말해, 어려운 상황과 도전, 시련 등을 겪은 후 성공적으로 극복하고 이겨내는 상황을 나타낸다.

I'd be surprised if we made it through the month.
(우리가 이번 한 달을 버틴다면 전 놀랄 거예요.) - 못 버틸 확률이 크다라는 의미.
It helped me make it through some really hard times.
(그것이 내가 정말 어려운 시기를 버텨내는데 도움이 되었어요.)

Many businesses had to take extreme measures in order to make it through the pandemic. (많은 사업장들이 팬데믹 시기를 버텨내기 위해 극단적인 조치들을 취해야만 했었다.)

The students studied diligently for their exams and were relieved to finally make it through the semester. (학생들은 시험을 위해 열심히 공부하고, 결국 학기를 잘 마무리하고 지나갈 수 있어 안도감을 느꼈다.)

The marathon runner struggled with fatigue and muscle cramps, but with sheer willpower, he was able to make it through to the finish line. (마라톤 선수는 피로와 근육 경련에 고전하였지만, 강한 의지력으로 결국 결승선에 이를 수 있었다.)
After months of intense rehearsals, the actors were thrilled

to make it through their opening night without any major mishaps. (몇 달에 걸친 강도 높은 리허설 끝에 배우들은 개막 공연을 무사히 성공적으로 마칠 수 있어 기뻤습니다.) [without mishap: 무사히]

70년대 country song 가수 Kris Kristofferson의 Help Me Make It Through the Night 이라는 유명한 곡이 있다. '밤을 지샐 수 있도록 날 도와줘요.' 라는 뜻인데 '혼자 있기 힘드니 밤새도록 내 옆에 있어 주세요.' 라는 간청의 의미가 들어있다. 가사 전체 내용이 이런 로맨틱한 내용인데 여기서도 make it through 가 쓰였다.

Fake it 은 '허세를 부리다. 아는 체하다' 라는 뜻이다. 성공할 때까지 허세를 부리는 거니까 '될 때까지 부딪히면서 경험하고 배우는 것' 이 된다. 이건 사실 좀 무대포적인 접근이 아닐 수 없다. 파리에 뉴스 특파원으로 파견된 기자가 불어를 한마디도 못 한다고 하면 말이 되겠는가.

'Emily in Paris' 드라마 초반에 Emily는 사실 불어를 전혀 못 하는 상태로 미국 Chicago에서 파리로 부임할 예정으로 되어 있었다. 미국 marketing 방식을 Paris에 접목시키기 위한 회사 방침의 일환으로 결정된 것인데 이에 남자친구 Gabriel 이 걱정이 되어 한마디 한다.

Gabriel : Unless I missed something, you don't speak French.
(내가 알기로는, 넌 불어를 전혀 못 하잖아.)
EMILY : Fake it till you make it. You look worried.
(부딪히면서 배우는 거지, 뭐. 너 걱정되는 표정이구나.)
Gabriel : Oh, I'm not worried. It's the French who should be worried. (아니, 나 걱정 안 해. 걱정할 사람들은 불란서 사람들이지.)

Fake it till you make it. 은 자신감(competence), 긍정적 사고 방식 (optimistic mindset) 등을 통해 자기가 추구하는 목표를 달성해 보겠다는 의지의 표현이라고도 할 수 있다. 사람은 실수를 통해 배우기 때문에 안되면 될 때까지 Fake it till you make it! 하면서 계속 배워 가면 되긴 된다. 언어뿐만 아니라 실제 여러 분야에 경험이 많지 않은 사회 초년생들에게 이 말은 더욱 유용할 것이다.

Apprenticeship (도제기간)을 끝내고 실질적으로 tradesman (숙련공) 지위에 오른 사람일지라도 아직 경험이 많이 필요하다. Electrician, carpenter, plumber, mechanic, painter & welder 등 여러 직종의 사람들은 부딪히면서 경험을 쌓게 되고 완숙한 경지에 오르게 된다. 그 때 우리는 Fake it till you make it. (부딪히면서 배우는 거야.) 라고 말할 수 있다. 의사의 임상경험처럼 숙련공의 현장 경험이야말로 산 교육이 될 것이기 때문이다.

Unless I missed something,은 그 자체로 (내가 뭔가 놓치고 있지 않다면, 내가 뭔가 잘못 알고 있지 않다면) 이란 뜻이다. 즉, '현재 내가 알고 있는 바로는' 이란 의미가 되는 표현이다. 호주 라디오 방송을 듣다 보면 자주 등장하는 표현으로 If my memory serves me correctly, 또는 If my memory serves me right, (내 기억이 맞다면) 이란 관용표현이 자주 등장한다. 잘 기억해 둘 좋은 표현이다. 그 의미는 If I remember right 또는 if I'm not mistaken 과 같다고 볼 수 있다.

If my memory serves me correctly, you're the one who won the chess competition last year, right?
(제 기억이 맞다면, 당신은 작년에 체스대회에서 우승하신 분 맞으시죠?)

45 아주 중요한 문장 연결 표현법.
'While you're at it' (~을 하는 김에)

시장에 다녀오는 김에 ~ 좀 사다 주시겠어요? 처럼 '~하는 김에 ~ 좀 해 주시겠어요?' 를 영어로는 어떻게 표현할까.

While you're out, could you pick up cooking oil for me?
(나간 김에 식용유 좀 사다 줄래요?)

여기서 while you're out 은 나가 있는 상태를 의미한다. 시장에 가 있는 동안에 부탁한 식용유 하나만 사다 달라는 의미인 것이다. 가볍게 사는 것을 buy 나 get 동사 대신에 일상 회화에서는 pick up 이라는 구동사를 사용한다. 그것 자체가 목적이 아니라 뭔가 다른 주된 일을 보면서 나간 김에 곁들여서 하나 사는 행위일 때는 pick up 이란 구동사가 이 상황에서는 가장 잘 어울리는 구어적 표현이 된다.

이에 대한 대답으로 **Sure, I guess I can stop by a supermarket on my way back.** (그래, 돌아오는 길에 수퍼에 잠깐 들르지 뭐.)

'어디를 들리다.' 할 때 stop by 외에 drop by 또는 swing by 다 좋다. 그리고 'I guess I can stop by'처럼 I guess 를 문 두에 사용함으로써 '잠깐 들리지 뭐.' 라는 뉘앙스가 잘 살아있게 된다. 이 I guess I can 으로 이끄는 문장은 일상의 구어체 회화에서 양념처럼 자주 쓰인다. on my way back 은 물론 '돌아오는 길에' 라는 뜻.

I guess I can get back to you soon.
(곧 연락드릴 수 있을 거 같아요.)

I guess I can discuss it with you again next week.
(다음 주 당신과 다시 그 문제 이야기할 수 있을 거 같아요.)

최근 필자의 자녀 중 한 명이 외국 여행 중 가족 톡에 올린 "Hi family, sorry to be a bother, but is anyone able to pick me up at the airport on the 24th around 9:30 am?" (안녕, 가족 여러분, 부담을 줘서 미안한테 24일 오전 9시 30분경에 공항에서 저를 픽업해 주실 분 있을까요?) 라는 요청 질문에 대해 필자가 'I guess I can pick you up at the airport on that day. (그날 내가 공항에서 널 픽업해 주도록 할게.)' 라고 답했다.

오늘의 표현 while you're at it 은 '~을 하는 김에' 라는 뜻이지만 중요한 점은 일반적인 행동을 하는 동안에 곁들여서 할 수 있는 일을 암시하고 있다. it 가 바로 서로 인지하고 있는 그 무언가를 가리킨다. 예를 들어, '방 청소하는 김에, 이왕 세차를 하는 김에, 문을 고치는 김에' 등등 서로가 인지하고 있는 어떤 행동과 더불어서 라는 의미가 포함되어 있다. 그러므로 it 는 그런 모든 행동을 가리킨다. 따라서 나간 김에 할 때는 while you're at it 보다는 while you're there, 또는 while you're out 이라고 표현해 주는 게 더 적절하다.

While you're at it, could you clean my room too?
(청소하는 김에, 내 방 청소도 좀 해 줄래?)
While you're at it, could you fix my chair?

(그거 하는 김에, 내 의자도 좀 고쳐 주겠어?)

While you're at it, I actually have one more thing I need, if you don't mind. (사러 가는 김에 사실 나 필요한 게 하나 더 있는데. 부탁 좀 할게.)

여기서는 시장 보러 나가는 것이란 뜻으로 While you're out 으로도 쓸 수 있겠지만 쇼핑한다는 그 전체 행위에 초점을 맞추면 While you're at it (쇼핑하는 김에) 이라고 표현해도 의미전달에 큰 문제가 없다.

이 때 '어차피 살 게 있으면 그냥 나랑 같이 가자.' 라고 하고 싶으면, (If you have something to buy, you might as well just come with me.)

여기서 '어차피 ~하면' 이란 뉘앙스를 살리기 위해서는 might as well 이라는 표현을 썼다. '~하는 게 낫다.' 라는 뜻인데, 강압적이지 않은 제안에 쓸 수 있다. 우리가 흔히 아는 [had better + 동사]와 구별해야 한다. had better 는 강한 의무나 압박의 뜻이 있어 의미가 아주 강하다. 반면에, might as well 은 부드러운 권유의 표현이다. (To make an unenthusiastic suggestion). Might 대신에 may 를 사용할 수 있으나 통상 might as well 이 더 흔하게 사용된다. 예문을 하나 더 살펴보자. Might as well 은 일생회화에서 주어가 생략되는 경우도 흔하다.

Ben : Should we try to get there for the first showing of the film? (영화 첫 회 상영을 보러 가볼까?)
Sam : Might as well. Nothing else to do.
(그러는 게 좋겠다. 딱히 할 일도 없잖아.)
Ben : Might as well leave now. It doesn't matter if we arrive a little bit early. (그럼 지금 떠나는 게 좋겠어. 조금 일찍 도착해도 상관없잖아.)

그런데 여기서 '말이 나온 김에' 라는 표현도 생각해 볼 필요가 있다. 이 '말이 나온 김에' 할 때는 앞서 언급한 '~을 하는 김에'의 표현과 결이 좀 다르다. On that note, 로 표현되는 이 말은 어떤 대화의 전환 즉, 새로운 화제로 이어갈 때 사용된다. 그리고 두 번째로 상대방의 대화를 부드럽게 종결하고자 할 때 뒤에 이어지는 문장 없이 On that note… "그 점은 그 정도로 해두고요." 뜻으로 사용된다.

I really enjoyed the pancakes. It was so nice. On that note, can I do the dishes? (팬케익 정말 잘 먹었어요. 진짜 맛있었어요. 말 나온 김에 설거지는 제가 할까요?)

Mom : I'm sorry, but you're too young to get your ears pierced.
(미안하지만 귀를 뚫기에는 넌 아직 어려.)

Daughter : Mom, you're always telling me to try new things. Getting my ears pierced would be a new thing.
(엄마, 항상 새로운 거를 시도해 보라고 하시면서. 귀 뚫는 것도 새로운 거예요.)

Mom : On that note, I have a new diet program for you to try.
(말이 나온 김에 새 식이요법 프로그램이나 한번 시도해 보거라.)

Daughter : No! (싫어요!)

Mom : If you try this new program, I'll give you permission to pierce your ears.
(이 새 프로그램 시도해 보면 엄마가 너 귀 뚫는 거 허락해 줄게.)

Daughter : Deal! (그럼 좋아요!)

대화를 부드럽게 마무리하는 예도 한번 살펴보자.

A : I don't care what any of you think! I'm going to do

whatever the hell I want! (여러분이 뭐라고 생각해도 난 상관 안 해. 난 내가 원하는 것은 뭐든 하고 말거니까.)

B : Well, on that note...

(그 점은 뭐 그 정도로 해 두죠.)

A의 어감에 화가 나서 큰 소리의 분위기가 느껴진다. B는 통제되지 않는 부적절한 대화 상황에서 직접 대응하지 않고 차분한 (calm) 그리고 교양 있는 (civilized) 어조로 상황을 진정시키고 마무리하는 모습이다. 이때 On that note...란 표현이 빛을 발한다.

앞에서 언급했던 시장 다녀오는 길 이야기의 연장선상에서 다음 표현을 끝으로 마무리해 보자. '나 지금 재래시장에 좀 다녀올게. 2시간 정도 걸릴 거 같아.' 라고 말할 때, 우리 말처럼 '(어디)를 다녀온다' 라는 말과 정확히 일치하는 영어 표현은 없다. I'll go and come back from 식으로 쓰면 표현이 어색해진다. 위 두 문장을 자연스럽게 연결시키면서 그 의미가 전달되도록 해야 한다. 즉,

I'm on my way to a traditional market right now. I'll be back in about two hours.

(지금 재래시장에 좀 다녀올게. 약 2시간 정도 걸릴 거 같아.)

'~로 가는 중'이라는 on my way to 와 I'll be back in '~ 후에 돌아오겠다' 라는 말이 조합되면서 다녀온다라는 의미가 잘 전달된다. '대략 ~정도 걸린다' 할 때는 It'll take about ~ 라는 정확한 표현이 있긴 하나 '다녀온다' 라는 의미를 전달하기 위해서는 I'll be back in about (시간). 이런 식으로 쓰면 더 적절하다.

46 이거 원래 그래? 날씨가 원래 이래? 등의 '원래 그래'의 영어 표현.

우 리가 일상 생활에서 자주 쓰는 표현 중에 '이거 원래 그런 거야?' '쟤는 성격이 원래 저래?' 등의 표현이 있다. 이것을 영어로 어떻게 표현하면 좋을까. '원래'라는 단어에 사로 잡혀 originally, basically 또는 by nature 등의 단어가 떠오를 수 있지만 뭔가 어색하다. 모두 '본래, 처음부터, 기본적으로, 천성적으로' 등의 의미가 포함되어 있는데 이거 원래 그래? 라는 말에 대입하기는 어색하고 뭔가 적절치 않아 보인다.

이 표현은 두 가지 측면에서 생각해 볼 수 있는데 어떤 대상이 정상이다라는 면에서 '원래 이래'라는 뜻으로 be supposed to 라는 구동사를 사용하여

It's supposed to be like this. (이건 원래 이래.)
즉 이 말은 이게 원래 정상인 거야. 원래부터 이랬어. 라는 의미로 쓰인 경우다.

A : The door is hard to open. Is it supposed to be like this?
(문 열기가 힘드네. 이거 원래 이래?)
B : Yes, it's been supposed to be like that.
(그거 원래 저랬어.)

두 번째 경우는 사람이나 어떤 상황에서 원래 이러니? 라는 표현을 하고자 할 때는 그저 쉽게 always 라는 부사를 사용하면 적절하다. 여기서 '항상 그래.' 또는 '원래 그래.' 모두 의미가 거의 일맥상통한다. 그러므로 쓰는데 무리가 전혀 없다.

Is she always like this? (저 여자 원래 이래?)
Yeh, she's always like this. (응. 저 여자 원래 이래.)

또는 '저 여자 원래 이래왔어.' 라고 표현하고 싶은 때는 완료시제를 사용하여 She's always been like this. 하면 된다. 여기서 She's 는 She has 의 준말.

Sydney 의 건조하고 시원한 기후에 익숙한 필자는 3여년의 코로나 안개 정국이 걷히자 2022년 인천공항에 도착했다. 시기는 9월 초순. 선선한 가을 바람이 불 거라는 예상과 달리 공항 로비를 나오자마자 후덥지근한 습도가 확 밀려옴을 느꼈다. 무더위가 완전히 가시지 않은 것이다. 어린시절 한국의 기후에 잘 적응해 살아왔음에도 불구하고 35년이 넘는 오랜 외국생활 때문인지 과거는 까맣게 잊어버리고 스스로 이런 푸념이 나도 모르게 나왔다.

Why is it so muggy in September? Has it always been like this?
(9월에 왜 이리 후덥지근하지? 원래 이랬었나?)

그러자 옆에서 동료가 **It HAS. Summer's still hanging around.** (원래 그래왔어. 여름이 아직 안 가신 거지.) 라며 한마디 거들었다. 여기서 has 를 강조하기 위해 대문자(capital letter)를 사용했다.

그 사람 원래 저래? (Is he always like that?), 물이 세게 안 나오네. 샤워기 물이 원래 이래? (The water is not powerful enough. Is the bathroom shower supposed to be like this?), 이 식당 사람이 꽉 찼네. 원래 이리 붐벼? (The restaurant is full of people. Is it always like this?)

원래 이래? 라는 표현의 뉘앙스와 적절한 표현법을 살펴봤다. 정리하자면 '어떤 것이 정상적이다' 라는 맥락에서 '이거 원래 이래.' 는 It is supposed to be like this. 라는 표현을 기억하면 좋고, 어떤 상황이나 사람에 대해서 쓸 때는 It's always like this. (이거 늘 이래.) He's always like this. (그 사람 원래 이래.) 처럼 표현할 수 있다는 것을 기억하면 되겠다.

그런데 '무엇이 원래 그렇다.' 라고 표현할 때 사람, 물건, 상황 모두를 아우르는 표현법이 또 있다. 그건 바로 That's just the way something is. 이다.

That's just the way he is. (그 친구 원래 그래.)
That's just the way my school is. (우리 학교는 원래 그래.)
That's just the way things are. (이런 상황은 원래 그래.)

위에 설명한 세 가지 표현법의 뉘앙스 차이를 잘 이해하고 '원래 그래.' 라는 표현을 하고 싶을 때 막힘이 없어야겠다.

* **I don't really have anything in mind.**
(전 딱히 뭐 생각해 둔 게 없는데.)

우리 일상에서 식사 때가 되면 끼니 걱정하는 게 우리 생활의 중요

부분이 아닐 수 없다. 과거 우리 어머니들은 어려운 삶 가운데서 가족들 끼니 걱정을 하며 하루하루를 보냈을 것을 생각하니 머리가 숙여진다. 장성해보니 그 마음을 조금이나마 이해하게 되는 것이다. 토요일 주말이면 역시나 필자도 아내와 이런 대화를 자주 나눈다.

What do you want to eat for lunch? Shall we eat out?
(점심으로 뭐 먹지? 밖에 나가 먹을까?)

Sounds great. You have something in mind?
(좋아요. 뭐 먹을지 생각해 둔 게 있나요?)

No. I don't really have anything in mind. What do you want?
(아니. 딱히 생각해 둔 것은 없는데. 당신은 뭐 먹고 싶은데요?)

'특별한 게 없다.'는 특별히 마음에 생각해 두고 있는 것이 없다라는 뜻이다. 즉, I don't have anything in mind. 라고 표현하면 된다.

Have ~ in mind 란 표현은 실 생활에서 유용하게 사용이 된다.
날씨가 화창하고 좋아서 어디 바람 쐬러 나가려고 할 때 다음과 같이 표현하면 된다.

Do you have a particular place in mind?
(어디 특별히 생각해 둔 장소라도 있나요?)

Please tell me what you have in mind. (갖고 계신 생각을 말씀해 보세요.)

'당신 생각은 어떠신데요?' 하고 싶을 때는 **What's on your mind?** 라는 표현도 자주 쓰인다. 라디오 방송에서 진행자가 청취자에게 의견을 물을 때 흔히 사용된다.

47 호주에 살면서 잘 모르면 난감한 표현. Fair Dinkum

시드니에서 가장 인기있는 Talk Show 라디오 방송국인 2GB에서 오전 방송 시간대의 고정 진행자로 지난 2002년부터 20년 이상 자리를 지켜온 Ray Hadley 라는 분이 있다. 고교졸업의 학력임에도 불구하고 Ray는 스포츠 중계와 시사방송 모두에서 최고의 rating (청취율)을 획득했고, 특히 스포츠 중계에서 쏜살같고 격정적인 어조의 중계 방송은 타의 추종을 불허한다.

그런데 이 분의 멘트에서 이 Fair Dinkum 이란 말이 하루도 빠진 적이 없을 정도로 자주 나온다. 즉 이 말은 전형적인 Aussie slang 에 속한다.
Fair Dinkum의 뜻은 genuine, honest, true(ly), real(ly) 등의 형용사, 부사로 두루 쓰인다. '진짜인, 진실의, 정직한, 사실의' 등등의 의미가 다 있다. 즉 어떤 것에 대해 진실이고 정말이라고 확인하고 강조할 때 이 말이 양념처럼 들어간다.

These cigars are fair dinkum. (이 시가는 진짜야.)
He is a fair dinkum good man. (그 친구 정말 괜찮은 사람이야.)
Is it fair dinkum? (그게 정말이야?)

A : Recently I got a job in the city. (최근 시내에서 직장을 구했어.)
B : Fair dinkum, bro? That's a great news. (친구야, 정말이야? 좋은 소식이네.)
This is a fair dinkum Aussie food. (이거 진짜 호주 음식이야.)

호주를 대표할 만한 음식은 실은 별로 없는 거 같다. 호주에서는 meat pie가 유명하고, 영국에서부터 유래한 fish and chips 가 인기가 많다. 지방을 여행하다 보면 이 fish and chips shop 들이 반드시 주변 상가에 있기 마련이다. 포를 뜬 신선한 생선에 밀가루를 묻혀 기름에 튀기고, 역시 고소하게 기름에 튀긴 감자칩이 인기가 있기 때문에 필자도 관광지나 소도시를 여행하게 되면 주로 이 fish and chips shop을 찾곤 한다. 참고로 시드니를 벗어난 관광지로는 서부엔 Blue mountains, 북쪽으로는 Terrigal, Entrance 등을 포함한 광활한 Central Coast 지역과 Swansea, New Castle 등이 있고, 남쪽으로는 Wollongong, Kiama, Kangaroo Valley, Nowra 그리고 더 남쪽으로 연방 자치령인 Jervis Bay 등이 있다.

Fair dinkum은 좋은 의미와는 달리 답답함과 좌절감을 표시할 때도 쓰인다. This is absolutely disgusting, fair dinkum! (이거 대단히 역겨운 일이군요. 정말이지.) 라고 푸념하는 멘트도 자주 듣곤 한다.

Fair dinkum과 더불어 소개할 호주의 대표적인 관용 표현들이 더 있다. **Bloody oath!** 가 바로 그것이다. 의미는 I agree! Too right! That's certainly true. (정말 그렇다. 확실히 맞아. 그럼 말이 되지.) 등의 뜻을 갖고 있다. Bloody oath, I'm cold. It's freezing out here! (정말이지 춥다. 여기 나오니 얼어 죽을 거 같네.) '피로 맹세' 할 정도로 사실이다 라는 의미로 기억하면 될 듯하다. Bloody oath는 호주에서 잘 통하는 관용 어귀이지만 비속어에 속하기 때문에 공식적인 자리에서보다는 가까운 지인 사이에서 사용하면 된다.

I'll be there on time, mate. Bloody oath!
(시간 맞춰서 갈게, 친구야. 정말로 확실하게 약속해!)

You're going to the party tonight, right?" - "Bloody oath!"
(오늘 밤 파티에 갈 거지? – "맞아, 정말 갈 거야!")

It's gonna rain today, bloody oath! (오늘 비 올 거야, 확실해!)

You want me to fix your car? Bloody oath, mate!
(네 차를 고치라는 말이지? 알았어. 그렇게 할 게, 친구야.)

다음은 **deadset.** 이 역시 true, genuine. or truthfully, genuinely (정말로 그렇다. 확실하다)란 뜻. Assuring someone that what you've said is the truth (내가 말한 것이 사실이라는 것을 다른 사람에게 확신시킬 때) 사용한다.

I'm not lying, it's deadset. (나 거짓말 아냐. 정말이야.)

Deadset, it wasn't me! (정말이야. 나 아니었어.)

I'm deadest. So serious! (나 정말이야. 확실하다니까.)

He's deadset on going to the concert.
(그는 정말로 그 콘서트에 가려고 한다.)

The town is deadset against it.
(마을은 그거에 결사반대하고 있어요.)

The deal is deadset, we're moving forward.
(거래가 완전히 확정되었어, 우리는 앞으로 진행하는 거야.)

Deadset 역시 비격식어이므로 편한 사이에서 사용하는 게 좋다. Fair dinkum, bloody oath, deadest 모두 진실하고 확실하다 라는 의미를 담고 있는 유사 관용어들로서 호주 현지인들이 일상에서 사용하는 대표적인 관용 표현들이다.

토속적이고 재미있는 Aussie English 표현 하나 더 소개한다. Woop woop이 바로 그것. 개 짖는 소리가 아니다. '오지, 촌구석, 외진 곳, 멀리 떨어진 곳'을 의미하는 woop woop 은 any remote, far-away or alien place (아주 멀리 떨어진 외계의 장소) 또는 a mythical outback town (가공의 오지 마을, 알 수 없는 곳) 등을 의미한다. 대도시에서 멀리 떨어진 이름을 알 수 없는 작은 마을이나 장소 등을 말하는데 현재 위치에서 특정할 수 없는 상상의 장소, 멀리 떨어진 '알 수 없는 장소'를 지칭할 때도 이 woop woop 을 사용하면 적절하다. 이 역시 비 격식어이다.

남한의 70배에 달하는 광활한 호주이다 보니 이런 알 수 없는 장소인 woop woop 은 수없이 많다고 할 수 있고 지역명도 여기 원주민인 Aborigine (애버리저니)어로 된 곳이 아주 많다. 그래서 이런 곳에서 대도시로 온 사람들이 외계인 취급을 받는 것은 어쩌면 당연한지도 모른다.

I'm not sure exactly where they live, but it's out woop woop.
(그들이 어디서 사는지 정확이 모르는데 저기 어디 오지에 살고 있어.)

대학 캠퍼스 내 한 강의실이 아주 멀리 떨어진 건물에 있을 경우 그런 강의실에 수업을 다녀왔다면 이렇게 말 할 수 있다.
Feels like I just walked to woop woop and back.
(아주 저기 먼 오지에 갔다 온 기분이야.)

Their cabin is located in the middle of woop woop.
(그들의 오두막은 매우 외딴 곳에 위치해 있다.)

I got lost and ended up in woop woop.
(길을 잃어서 알 수 없는 곳에 오게 되었다.)

We're going camping out woop woop this weekend.
(이번 주말에 우리는 멀리 떨어진 시골에서 캠핑을 갈거야.)

48 Film Industry에서 사용되는 Top Billing의 의미

실생활영어와 달리 영화와 관련된 기사나 영화 Behind Story 등을 이야기할 때 Billing 이란 단어가 등장하기도 한다. 이번 코너에서는 영화계에서 사용되는 이 Billing의 단어가 무슨 의미를 가졌는지 살펴보기로 하자.

이 Billing은 영화 광고 포스터, 예고편, 그리고 본 영화 상영 시 처음에 소개되는 출연 배우들의 '게시 순위'를 의미한다. 즉, 주연 배우 (protagonist)일수록 맨 앞에 소개된다. 너무 당연한 일이기도 하다. 그걸 top billing (the first and most prominent position in a list of actors)이라고 하고, 그런 배우들을 top billed actors 라고 한다. 영화 로마의 휴일 (Roman Holiday. 1953) 에서는 Production Company(제작사)에 이어서 주인공 Gregory Peck 이 첫 번째로 소개가 되었고 이어서 "as introducing" 이란 접두어와 함께 Audrey Hepburn 이 두 번째 등장한다. 이어서 Film title (영화 제목)이 뒤따르고 그 다음 Director (감독), Producer (연출가) Main cast (주요 출연진), 순으로 소개가 이어진다. 처음 주연의 Hepburn은 이 영화로 아카데미 여우 주연상을 수상하면서 일약 톱스타 반열에 오르게 된다.

수십 년이 지난 후일담이지만 노년의 Gregory는 Audrey Hepburn 사후에 청중들과의 공개 만남의 대화자리에서 말하기를 Audrey 가 아카데미 여주연상을 수상한 후 그는 본인 Agent를 통해 제작사에 official top billing 자리를 Audrey에게 주고 자신은 second billing 위치로 내려가겠다고 요청했다고 한다. 당시 아카데미 수상자에게 top billing자리를 내 주지 않으면 영화가 상영되었을 때 "I'm gonna look like damn fool." (내가 아주 바보처럼 보이게 될 겁니다.) 라고 말했었다고 고백한다. 선배라고 해서 아카데미 수상자보다 먼저 소개되는 것은 그 상황에 맞지 않다고 판단한 Gregory의 도량 넓은 그 생각이 돋보이는 대목이다.

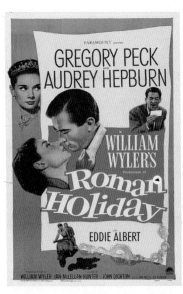

그러나 영화 스타들 사이에선 이 top billing 자리를 놓고 신경전이 치열하다고 한다. 이 자리를 받지 못해 영화를 포기하는 경우도 종종 있었다. 영화배우 Spencer Tracy는 영화 The Desperate Hours (1955)에서 Humphrey Bogart와 서로 상대 주연배우로 캐스팅되었으나 top billing 자리를 놓고 서로 양보를 하지 않다가 결국 Spencer가 출연을 철회하고 만다. 그리고 The Cincinnati Kid (1965) 란 영화에서 당시 떠오르는 신예 스타 Steve McQueen과의 경쟁에서 top billing 자리를 역시 차지하지 못하게 되자 그 영화 출연도 철회하고 만다. 사실 Spencer Tracy자신 역시 30년 대 말 두 번에 걸쳐 아카데미 남우 주연상을 수상한 톱스타이고 Steve McQueen (1930년생) 보다 30년 대선배이지만 나이 들어 한물간 배우 대접을 받는 게 자존심 상했던 것이라.

또 다른 에피소드로서는 1974년 개봉한 재난 영화로 The Towering Inferno 라는 영화가 있다. 필자도 어릴 적 재미있게 그리고 손에 땀을 쥐며 봤던 기억이 난다. 이 영화에서도 두 top star 주인공들이 부딪힌다. Steve McQueen 과 그보다 5살 연배인 Paul Newman 이 그 주인공들이었다. 두 주연 배우의 양보할 수 없는 신경전은 제작사의 중재로 원만하게 마무리된다. 즉 한 화면 안에 동시에 이름을 띄우되 왼쪽 약간 하단 쪽에 Steve McQueen 이름이, 그리고 오른쪽 약간 상단에 Paul Newman 을 위치시킴으로써 절충점을 찾았다. 좌측이 우측보다 우선하고 위가 아래보다 우선하는 위치 안배를 둠으로써 합의를 본 것이다.

영화 한 화면에 이름을 같이 배치하는 것을 equal billing이라고 하고 포스터에서 높낮이를 다르게 하면서 좌우로 배치하는 것을 stacked billing이라고 한다. The Towering Inferno 예고편 (trailer) 에는 Steve McQueen을 먼저 언급하고 대신에 본 영화 마지막 출연진 소개 자막이 올라갈 때는 Paul Newman을 먼저 떠오르게 위치시켰다. 글을 좌우로 읽는 것을 감안하면 Steve가 first billing 자리를 차지한 것이지만 위아래로 읽으면 Paul 이 first billing 자리를, Steve가 second billing 자리를 각각 차지한 것이 된다.

이와 아주 유사한 경우가 또 있었는데 2002년 나온 Chicago란 영화에서 Catherine Zeta-Jones 와 Renee Zellweger 사이에 이 stacked billing이 포스터에 등장한다.

The Godfather (1973) 에서는 주인공이 Al Pacino 이지만 top billing 자리는 출연의 분량이 적음에도 불구하고 대 선배인 Marlon Brando가

차지한다. 이러한 신경전은 영화를 제작할 때마다 불거지는 문제로 제작사와 배우들 간에 처음부터 출연 계약서에 명문화하는 걸로 알려져 있다.

1956년 나온 유명한 고전 영화 GIANT는 주연이 Rock Hudson (1925년생), Elizabeth Taylor (1932년생), James Dean (1931년생) 주연의 영화이다. Texas의 풍경과 당시의 멕시코인들에 대한 인종차별, 유전개발로 부가 뒤바뀌는 파란만장한 당시의 역동적인 상황을 잘 그려낸 대 서사시적 내용을 담고 있다.

이 영화는 Pulitzer Prize (퓰리처상)을 수상한 바 있는 미국 여류 소설가 Edna Ferber의 원작 소설 Giant (1952)를 내용으로 하고 있다. 그런데 이 영화에서 top billing 자리를 선배인 Rock Hudson이 Elizabeth Taylor 에게 양보한다. 당대 최고 미녀 배우에게 top 자리를 양보함으로써 영화에 대한 관심을 크게 높였고, 그런 겸양의 미덕이 돋보이는 배우였지만 Rock Hudson 자신은 1985년 AIDS에 걸려 60세의 나이에 세상을 떠나게 된다. 이 GIANT 영화는 2005년 미국 National Film Registry (국립영화기록소)에 "문화적으로, 역사적으로, 미학적으로 중요한" (as being "culturally, historically, or aesthetically significant") 영화로 선정되어 보존되게 된다. 그리고 The Godfather 은 같은 자격을 1990년에, Roman Holiday는 1999년에 각각 받았다.

2022년 10월에 개봉한 로맨틱 코미디 영화 'Ticket to Paradise' 한국판 Poster에도 전형적인 stacked billing의 예가 등장한다. 두 정상급 할리우드 배우 Julia Roberts 와 George Clooney가 그 주인공. George

Clooney의 이름을 왼쪽에 배치하여 우위를 주는 대신에 Julia Roberts는 오른쪽 상단에 배치함으로써 두 주연 배우의 존재감에 균형을 맞춰 준 것이다. 영화 말미의 출연진을 소개하는 rolling up 자막에도 똑같은 원칙이 적용된 것을 알 수 있다. 영화 팬들은 대수롭지 않게 스쳐 지나갈 법한 일일 수 있으나 배우들에게는 중요하게 여기는 부분이 바로 이 Billing이라 하겠다.

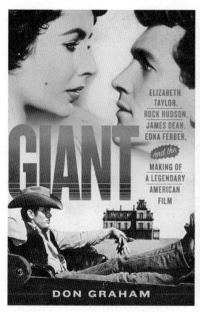

49 How are you? 에 대한 답변은 반드시 필요할까?

실생활영어 인사에서 How are you? 를 안 들어 본 사람은 없다. 우리가 영어를 처음 배울 때 초등 영어 첫 과정에서 How are you? 에 대한 답변으로 I'm fine, thank you. And you? 가 공식처럼 등장했었다. 여기서 thank you는 인사해 주고 내 안부에 관심을 가져줘서 고맙다는 취지의 의례적인 말이다. 그런데 사실 How are you? 라는 말 자체가 상대방의 답변에는 크게 관심을 두지 않는 의례적인 인사말이다. 그런 의례적인 표현을 Phatic Expression이라고 한다. 즉, 크게 의미를 전달하지 않는 표현인 것이다. 그러므로 상대방은 나의 대답에 별 관심없이 인사만 하고 지나쳐 버릴 수도 있다. 그저 Hello there! 또는 How's it going? (어떻게 지내요?) 과 같은 표현인 것이다. 그래서 상대방이 How are you? 했는데 나 역시 바로 How are you? 로 인사할 수도 있다.

우리의 인사법에 '식사는 하셨나요?' 하고 묻는 경우가 종종 있다. 과거 6.25한국 전쟁을 겪으면서 전후 세대에는 끼니를 걱정하던 때가 있었다. 옛 어른들의 어려운 시절의 인사법이 굳어져 오늘날까지도 통용되고 있다는 말도 있다. 어쨌든 이런 인사는 아주 의례적인 인사이므로 답도 정해져 있다고 볼 수 있다. 상대방이 밥을 사줄 것도 아닌데 속이 안 좋아서 안 먹었다는 둥, 친구가 와서 점심을 거나하게 먹었다는 둥 그런 말을 늘어 놓는다면 상대방은 오히려 의외라며 눈썹을 치켜 뜰 것이 뻔하다. 그저 "네. 식사했어요. 감사합니다." 하면 그만이다. 잘 친하지 않는 사람과의 인사에는 더더욱 그렇다. 이때는 무조건

긍정적인 짧은 답변이 답이다. 긍정적이면 어떤 답변도 무방하다.

영어에서의 답변도 마찬가지다. 그저 Hi 또는 동문서답 같지만 Good to see you! (만나 반가워요.) 도 좋다. I'm not doing well. 또는 I feel terrible. 등의 부정적인 답변은 상대방이 재차 질문을 하게 만드는 부담되는 답변이 되는 것이다. 그리고 아주 기분이 좋다는 지나치게 긍정적인 답변도 역시 상대방에게 부담이 된다. 그것 역시 왜 그리 좋은지 물어봐 줘야 된다는 부담감을 주기 때문이다.

인사에 대한 의례적인 답변으로 크게 부담 없이 사용할 수 있는 여러 표현들로는

Hi, there.
I'm fine. I'm all right. I'm okay. I'm good.
Never been better. (최상이예요.) (이렇게 좋은 적이 없었어요.)
Not too bad. (그리 나쁘지 않아요.)
Can't complain. (불평할 일 없을 정도로 괜찮아요.)
Couldn't be better. (이보다 더 좋을 수 없어요.)
I've been better.
(별로 안 좋습니다.) - 전과 비교해 사업 장사 등이 신통치 않다는 말.
I'm getting by. (그럭저럭 지내요.)
I'm hanging in there. (잘 버티고 있어요.)
Surviving. (견뎌내고 있어요.)
So-so. (그저 그래요.) 라는 표현은 명백하게 안 좋다는 뉘앙스가 있는 표현이므로 별 특별한 일이 없다는 표현으로는 사용을 피하는 게 좋다. I'm hanging in there. Surviving. 등도 부정적 의미를 담고 있다. 그

저 I'm okay. (괜찮아요.) 나 I'm getting by. 또는 The same as usual. (평소와 같아요.) 가 긍정적 의미로 '그저 그래요.' 라는 뜻에 더 가깝고 무난한 답변이 되겠다.

위 답변들은 어느 정도 안면이 있는 지인들에게 하는 말들이다. 인사를 위한 질문 표현으로는 How are you? 외에

How's it going? (어떻게 지내요?) – 빈번히 쓰이는 표현.
How are you doing? (안녕하세요?)
How's your day been? (오늘 어떠신가요?) – 빈번히 쓰이는 표현.
How have you been? (잘 지내셨나요?) – 오랜만에 만났을 때.
How are you getting along? (어떻게 지내세요?)
How's everything? How's your business going?
How's business today? How're things goin' on?
How're you holding up? (어려운 상황을 어떻게 잘 견뎌내고 있나요?)
How're you settling in? (새로운 환경, 직장 등에 잘 적응(정착)하고 있나요?)

제3자와의 관계회복 등의 안부를 묻는 경우는 How are things with (someone)? 을 사용한다.
How are things with your brother? (네 형과의 관계는 좀 어떠니?)
How is (your new car) working out for you?
(어떻게 새 차 잘 나가고 있어?)
How is (the golf lesson) working out for you?
(골프강습은 잘 받고 있는 거야?)

일반적으로 모든 면에서 묻는다면 How are things working out for

you? (어떻게 모든 게 잘 되고 있는 거지?) 라고 물을 수 있겠다.

이러한 다양한 안부 인사법과 함께 앞 부분에서 공부한 What are you up to these days? (요즘 어떻게 지내세요?) 도 물론 좋다. 그리고 대화 중에 상대방 이름을 언급해 주면 좋다.

A : Hi, how are you, Kim?
B : Oh, hi. How's it goin', Sam? (going을 줄여서 goin' 이라고 흔히 발음.)

가까운 지인이라면 인사에 이어 간단한 대화 (small talk) 도 나쁘진 않다.

A : How's your day been? (오늘 하루 어떠셨나요?)
B : A bit of a rough day, but I'm okay. How are you?
  (약간 힘든 하루였지만 괜찮아요. 당신은요?)

헤어질 때 인사 말은 크게 어려울 게 없다. 그저 간단히 Bye-bye. 물론 괜찮다. Bye for now! (다시 볼 때까지 안녕!)는 조만간 다시 보자는 의미가 들어 있다. 라디오 프로그램에서 끝인사로 많이 사용된다.
(I'll) see you later. = Catch you later.
Catch up with you later. (잠시 후 바로 갈게.)
Catch you later 는 가까운 지인에게 격의 없이 나중에 보자 라는 뜻이라면 Catch up with you later. 는 You go ahead. I'll catch up with you later. (먼저 들어가. 잠시 후 바로 갈게.) 즉, 널 곧 따라 가겠다라는 의미로 아주 가까운 시간을 나타낸다.
See you later on. [뒤에 on 이 오면 좀 더 가까운 시간을 의미]
See you soon. = Catch you soon.

Let's catch up soon. (곧 또 보자.) 라는 뜻으로 오늘 헤어졌는데 내일 다시 보는 경우 등이 되겠다.

(It was) Nice meeting you. (만나서 반가웠어요.)
Good seeing you. = Nice seeing you.
Good to talk to you. (얘기 나눠 반가웠어요.)
It was great catching up with you.
(오랜만에 만나 근황을 알게 되어 반가웠어.)
(* catch up with 는 '밀린 일을 따라잡다' 라는 기본 뜻 외에 인사에서는 '지인을 오랜만에 만나 최근 근황과 소식을 서로 나누다')

그리고 '만나서 반가웠어요.' 라는 상대방의 인사에 대한 답으로는 'Likewise.' (저도요.) 또는 'You too' (저도요.) 라고 답하면 적절하다. 되받아서 Nice seeing you too. 라고 해도 좋고, 방금 언급한대로 You too. 혹은 Likewise. 라고 간단히 인사하고 헤어지면 된다. '저도요.' 라는 우리 말에 사로잡혀, Me too. 라고 하면 틀린 답변이 된다.

얼마전 필자는 둘째 아이와 볼 일이 있어 Sydney 한 쇼핑센터에서 만나기로 했었다. 그런데 전에 만난 적이 있는 그의 외국인 친구가 같이 왔길래 'Nice to see you again.' (다시 만나서 반가워요.) 하고 인사했더니 그 친구 바로 'Likewise' (저두요.) 라고 대답했다.

I'll see you around.
(그럼 언제 한번 봐요.) 볼 수 있음 좋고 안 봐도 무방한 인사.

Let's keep in touch. = Let's stay in touch. (또 연락하자.)
Take care. (건강 잘 챙기고.)

Take it easy. (잘 지내.)

[Take it easy. 는 헤어질 때 인사말로 쓰이는 것 외에 일을 '쉬어 가면서 해.', 화내지 말고 '진정해' 그리고 서둘거나 조급하게 굴지 말고 '천천히 차근차근 해 보세요.' 성화대지 말고 '차례를 기다리세요.' 등등의 여러 의미로 많이 사용된다.]

Have a good one. (좋은 날(시간) 되세요.) – 편안한 느낌의 일반적인 표현.
Enjoy the rest of your day. (evening, trip)
남은 하루 (저녁, 여행)도 즐거운 시간 되세요. 비교적 정중한 인사 표현.
Cheers! (고마워, 잘 가요.)

Cheers! 는 이 단어 안에 '고마웠고, 이제 잘 가요'(Thank you and goodbye.) 의 의미가 함께 들어 있는 영.호주에서 흔히 쓰이는 대표적인 작별 인사말 중의 하나다.

중요한 점은 이 cheers! 인사는 가까운 친구나 가족, 지인사이에서는 잘 쓰지 않는다. 대체로 처음 보는 사람, 가게에서 서비스를 주고받은 손님과 직원, 택시기사와 손님, 어떤 이유로 처음 만나 대화를 주고받은 사이 등등에서 작별인사로 흔히 사용한다.

그런데 파티에서 Cheers! 하면 '건배!' 라는 뜻이고, Cheer up! 하면 '힘내!' 라는 뜻이다. 반면에 Toast는 건배사를 곁들이며 하는 건배로서, 건배의 의미를 부여하는 공식적인 건배를 의미한다. Propose a toast to ~ (~를 위해 건배를 제안하다.) 등과 같이 숙어로 사용된다.

50 It's not like···
"~하는 것도 아니고."
"~도 아닌데 뭐"

위뜻은 '~과 같은 것(또는 상황)은 아니다.' 란 뜻으로 해석되는데 문장에서의 의미는 "~하는 정도는 아닌데.." 라는 뜻으로 이해하고 사용하면 의미 전달이 확실해진다.

It's not fair. It's not like I'm a bad student or anything.
(너무해요. 제가 나쁜 학생인 것도 아니고...)

지인의 돈 빌려 달라는 부탁을 거절했다. 그래서 좀 미안해하고 있는데 그걸 옆에서 지켜보던 친구가 한마디 거든다. You don't have to feel sorry. It's not like you owe him anything. (미안할 필요 없어. 네가 그에게 빚진 것도 아니고.) 라고 말 할 수 있다. 내가 운동하다 다친 것에 대해 친구가 과도하게 걱정을 하면 Look, I'm fine. It's not like I'm gonna die. (이봐. 나 괜찮아. 죽는 것도 아닌데, 뭐.) 라고 할 수 있다.

본질적인 의미는 변함없지만 그런 상황이 아니라는 걸 강조할 때도 사용한다.

It's not like I didn't try, but things went wrong.
(내가 노력 안 한 건 아니야. 그런데 일이 잘못 꼬여버렸어.)

[미드 Friends : 내 소파 자리를 차지하고 앉아 있는 친구에게 항의하는 장면.]

Well, it's not like I went to Spain. I went to the bathroom. You knew I was coming back. (내가 스페인에 간 것도 아닌데. 난 화장실에 갔었고 너도 내가 돌아올 거라는 것을 알고 있었잖아.)

[미드 The Office]
I feel like I've been kind of cold to Karen. And there's no real reason for it. I mean it's not like she's ever done anything to me. (제가 그동안 캐런한테 좀 쌀쌀맞게 대했다는 생각이 드네요. 그럴 이유가 전혀 없는데도요. 제 말은 캐런이 저에게 무슨 짓을 한 것도 아닌데 말이예요.)

[미드 Grace and Frankie]
Come on. It's not like I'm asking you to get to Paris with me. We'll sit on the couch and watch our favorite TV event of the year. (이봐요. 파리에 같이 가자는 것도 아니고 그저 소파에 앉아서 우리가 가장 좋아하는 연중 TV 행사를 보자는 건데.)

[미드 Seinfeld]
You know, it's not like Marlene's a bad person or anything, but… (있잖아, 말린이 나쁜 사람이라는 건 아니야. 근데…)

[미드 Bucket List]
It's not like you're dumping her for another woman.
(다른 여자 때문에 자네가 아내를 버린 것도 아닌데 뭘 그래.)

[미드 Blue Jasmine]
Woman: I never had a sweet guy before.

(당신처럼 상냥한 남자는 처음이예요.)

Man: I hope I didn't get you in trouble with your boyfriend.
(나 때문에 남자 친구랑 문제 생기는 거 아니죠?)

Woman: No. You know, it's not like we're engaged, so… You know, I'm free. I'm free. (아뇨. 약혼한 것도 아닌데요. 전 자유로워요.)

Man: I'm glad to hear that. (그렇다면 다행이네요.)

[Get (someone) in trouble with : (누구를) ~와 곤란한 상황에 처하게 하다.]

I hope I didn't get you in trouble with him.

(나 때문에 당신이 그 사람과 곤란해지지 않았음 해요.)

I'm glad to hear that. '그 말을 들으니 다행입니다.' 라는 뜻으로 그대로 외우면 좋다. 응용표현을 보면,

I'm glad you like it. (맘에 드신다니 다행이예요.) (음식, 선물 등을 전달해 주고 맘에 든다는 말에 대한 답변.) like에 강세 발음.

I'm glad you're happy about that. (그것에 만족하시니 다행입니다.)

I'm glad you have arrived at Heathrow airport safely.

(영국 히쓰로우 공항에 안전하게 도착하셨다니 다행입니다.)

Gee, I'm glad you found the location.

(아이고, 장소를 찾으셨다니 다행이네요.)

It's not like (that) S + V의 예문을 미 드라마에 나온 여러 예문을 들면서 살펴봤는데 그 사용의 의미와 뉘앙스를 어느 정도 파악할 수 있었으리라 본다. 나만의 표현도 꼭 만들어 보면서 사용 쓰임새에 자신감을 갖도록 해 보자.

51 '깨우다, 항적(航跡)'의 뜻으로만 알고 있으면 어리둥절해지는 장례 조문용어 : WAKE

이세상에 생로병사로부터 자유로운 사람은 없다. 태어나서 죽는 것은 정해진 이치이기 때문이다. 과거 시골에 살 때는 어른이 돌아가시면 집에서 상을 치르고 조문을 받고 근처 멀지 않은 곳에 위치한 가족 선산에 돌아가신 어른을 모셨다. 필자의 한국 가족 선산도 어릴 적 살던 고향집에서 그리 멀지 않은 곳에 위치해 있다. 그러나 요즘의 도시 생활에서는 대체로 병원에서 이러한 모든 장례절차를 치르는 듯하다. 그리고 추세가 매장(to inter)보다는 화장(to cremate)하는 쪽으로 많이 바뀌고 있다.

서양에서는 장의를 관리하는 Funeral Director (장의사 또는 장의 관리사)가 있어서 일정한 수고비를 받고 모든 장례 절차를 전담 관할한다. 구체적인 이야기는 생략하고 여기서는 독자들에게 비교적 생소할 수도 있는 용어 wake 에 대해 알아보고자 한다.

Wake는 가족 친지 등 가까운 지인들이 함께 모여 서로 위로하며 돌아가신 분의 생전의 삶을 돌아보고 기리는 추모 교제 모임을 가리킨다. 즉 '가족 친지의 추도 모임'인 것이다. 한국 영어 사전에는 이러한 뜻이 설명되어 있지 않다. Wake는 원래 '깨어 있다'라는 원 뜻에서 '경야 (竟夜)', 또는 '철야'라는 뜻으로 밤을 새면서 고인의 곁을 지킨다는 의미가 들어 있다. 오늘날 우리 관습에도 밤새 고인 영정 곁을 지키며 친지 친구들이 서로 음식을 나누고 이야기를 하면서 유족의 슬픔을 위로하는 문화가 있다. 지방에서는 심지어 밤새 무료함을 덜기 위해 한쪽에선 친구들이 카드놀이를 하는 경우도 종종 있다. 이런 모임이 바로 wake 인 것이다.

과거 중세 서양에서 역병으로 숨이 멈춰 돌아가신 분이 밤사이 어느 순간 눈을 뜨고 살아나는 경우도 있었기 때문에 혹시나 해서 관 곁을 지킨다는 관례에서 나왔으며, 특히 아일랜드에서 그런 관습이 강했다고 한다. 오늘날에는 이 wake는 꼭 밤샘을 의미하는 것은 아니다. 낮에 이 모임에 가서 애도를 표하기도 하므로 밤샘과는 무관하다. 2022년 9월 8일 영국 엘리자베스 2세 여왕이 서거하고 나서 일주일 후 일반 조문객들이 Westminster Abbey 앞에 애도를 표하기 위해 긴 줄을 지어 기다리는 모습을 볼 수 있었는데 그 조문 행위를 public wake 라고 한다. Wake는 밤이든 낮이든 staying vigil (철야모임 지키기)를 하는 가족들의 모습을 상상하면 적절할 것이다.

그래서 우리가 가정집 또는 장례식장(Funeral Home), 병원, 교회, 성당 등지의 분향소에 가서 조의를 표하기 위해 가는 것을 go to the wake 라고 한다.

I'm on my way to the wake of Dr. Kim at Parramatta Uniting Church. (파라마타 연합교회에 모셔져 있는 김박사님 조문을 가는 길입니다.)

좁은 의미의 분향소는 memorial altar 라 한다. 돌아가신 분을 기리는 화환으로 장식된 기념제단 그 자체만 의미한다. 2022년 서울 이태원 거리 할로윈 축제 참사로 세상을 떠난 분들을 기리기 위해 서울 시청 앞에 마련한 분향소가 memorial altar 이다. 반면 wake 는 그런 좁은 의미에서 벗어나 지인들을 만나 사자 (死者)에 대해 담소하고 그분의 삶의 행적을 기리면서 가족을 위로하는 추도모임을 의미한다.

장례의 또 다른 절차는 wake 에 이어서 viewing (문상객의 고인과의 대면)이 있다. 얼굴 상반신만 노출된 고인의 모습을 바라보면서 애도하는 절차인데 하루 전에 가족만 하는 경우도 있고, 장례식 (funeral service)에서 전 참석자에게 대면 기회를 주는 경우도 있다. viewing 은 의무사항이 아니므로 본인이 감정적으로 원하지 않으면 참여하지 않아도 된다.

참고로 '고인'은 영어로 the deceased라고 하고 '유가족'은 the bereaved 또는 bereaved family, family of the deceased 라고 한다. 형용사로 deceased는 '사망한, 고인이 된'의 뜻이므로 their deceased child는 '그들의 사망한 자녀'이다. bereaved는 '유족이 된, 사별한'이란 뜻이다. Deceased 와 bereaved 는 부고 (obituary)기사와 함께 세트로 등장하는 단어들이므로 잘 구별해서 이해하고 사용할 수 있어야겠다. 앞에서도 잠시 언급했지만 이태원 할로윈 (Halloween) 참사 희생자 뉴스를 접하고 참담한 마음을 금할 수 없었다. 사후 약방문이 되지 않았나 하는 아쉬움 때문이다. (It looks like shutting the stable door after the horse has bolted.)

The mayor of Seoul offered his condolences to a young man's bereaved family at the memorial altar set up in front of City Hall. (서울 시장은 시청 앞에 설치된 분향소에서 한 젊은이의 유가족에게 조의를 표했다.)

[미드 Desperate Housewives]

드라마 시작 부분 얼굴 없는 주인공인 Mary 가 알 수 없는 이유로 자살을 해서 그녀 남편 Paul 을 위로하는 추도모임 (wake)에 많은 사람들이 집에 모인다. 그런데 근처 사는 주부 Lynette 이 데리고 온 세 명의 어린 사내 아이들이 철없이 뒷마당 수영장에 뛰어 들어 물놀이를 하자 엄마인 Lynette 이 당황해 뛰어나온다.

Lynette: What are you doing? We are at a wake! (너희들 뭐하는 거야? 우리 지금 추도모임에 와 있어.!) 빨리 나오지 못하겠니? 하면서 소리치는 장면이 나온다.

또 다른 장면에서는 이혼녀인 Susan 과 그녀의 딸 Julie 와의 대화다.
Julie: Hey, I saw you flirting at the wake. You're obviously into each other. Now you know he's single, you can ask him out.
(이봐요, 엄마, 난 엄마가 추도모임에서 그 남자와 시시덕대는 걸 봤어요. 두 사람 서로에게 관심 가진 게 분명해. 그 분도 혼자이신 거 아시면서, 데이트 신청해 보지 그러세요.)

Susan 딸인 Julie 가 엄마한테 wake 에서 있었던 모습을 눈여겨보고 한마디 하는 장면인 것이다.

Be into~ (뭔가 또는 누구를 좋아하다). Ask (someone) out : (누구에게) 데이트를 신청하다 라는 뜻. 같이 나가자고 요청하는 장면을 상상하면 된다. 저녁식사이든 영화, 연극이든 같이 가는 것은 서로 사귄다는 전제가 깔려 있다고 보는 것이다. 사귀고 싶지 않을 때는 이 요청을 정중히 거절하는 게 맞다. 잘못된 신호를 주면 안되기 때문이다.

끝으로 '매장하다' 는 bury 를 쉽게 떠올리겠지만 좀 더 formal 한 단어는 inter 이다.

He was interred at the Northern Suburbs Memorial Gardens.
(그는 북부지역 추모정원 묘지에 매장되었다.)

그리고 '화장하다' 는 cremate 이라고 한다. 명사는 cremation. 화장을 하는 화장터는 crematorium (크리머토리엄)이다. 납골당은 Charnel House. (촤늘 하우스). 건물안에 선반 진열대를 만들어 층층이 코너마다 유리문을 만들어 화장한 고인의 urn(항아리)과 간단한 유품을 진열해 추모하는 곳들도 늘어나고 있는데 이러한 실내 납골당을 Indoor Charnel House 라고 한다.

그리고 부고 글 말미에 반드시 나오는 표현이 하나 있는데 S + be survived by ~ (S의 유족으로는 ~ 가 있다.) : '~에 의해 생존되고 있다.' 라는 직역인데 남아 있는 직계 유족을 알려주는 관용적 표현이다.

He is survived by his wife, Alice and his son, John.
(그의 유족으로는 아내 Alice 와 아들 John 이 있다.)

52 Just because (S + V) it doesn't mean (S + V)
(~ 한다고 해서 ~ 하는 건 아니잖아요.)

"**눈**에 안 보인다고 존재하지 않는 건 아니지요." 또는 "제가 좀 도와줘 왔다고 해서 마음까지 준 건 아닙니다." 처럼 '~ 한다고 해서 ~ 하는 것은 아니다'의 문장 형태를 일상에서 우리는 많이 쓰게 된다. 대단히 중요한 표현법이라 하겠다. 문장 형식은 제목처럼 Just because A_____, it doesn't mean B_____. 형태를 취하는데 해석은 '그저 A 라는 것 때문에 B를 의미하지는 않는다.' 즉, 'A 한다고 해서 B 하는 것은 아니다' 가 되겠다. 예문을 보면서 문장을 살펴보도록 하자.

Just because we can't see, it doesn't mean the air doesn't exist.
(볼 수 없다고 해서 공기가 존재하지 않는 것은 아니지요.)

Just because they learn, it doesn't mean they change.
(그들이 배운다고 행동이 바뀌는 것은 아닙니다.)

Just because you can't see, it doesn't mean it's not there.
(안 보인다고 그게 거기에 없는 것은 아니다.)

Just because she's not looking, it doesn't mean she's not interested in him.
(그녀가 보고 있지 않다고 해서 그에게 관심이 없는 것은 아니다.)

But just because you don't want to, it doesn't mean you shouldn't. (하지만 하고 싶지 않다고 해서 하지 않아야 한다는 것은 아니다.)

Just because a substance is legal, (it) doesn't mean that it is safe to use. (그 물질이 합법적이라고 해서 사용하기에 안전한 것은 아니다.) **Just because there are no fires, (it) doesn't mean we don't need any fire fighters.** (불이 난 곳이 없다고 해서 소방관들이 필요치 않는 것은 아니다.)

여러 예문을 많이 든 이유는 이 표현이 문장 구성에서 대단히 중요하기 때문이다. 실생활에 유용한 자기만의 표현을 만들어 보면서 연습하면 더욱 유익할 것이다. 수년 전 필자는 가족들과 유럽 여행을 할 기회가 있었다. 건물이 동화 속 그림 같다는 체코의 수도 프라하에 도착했을 때 2월이라 그런지 강추위가 여전했다. 도착한 첫날 저녁 식사를 위해 가족들이 핸 폰 지도를 보면서 가까운 한식당을 찾아 골목골목을 헤매다 '비빔밥' 이라는 한식당을 겨우 찾았다. 그런데 조그만 식당안에 한인, 외국인 할 것 없이 사람들이 테이블을 다 차지하고 있어 자리가 없었다. 가족들 사이에 이런 대화가 오갔다.

Steve : Wow, packed with people. No tables are available. By the way, what's the point of coming all the way up here if we are going to have Korean food in Prague? (오, 사람으로 꽉 찼네. 빈 자리가 없어. 근데 프라하에서 한국 음식 먹을 거면 뭐하러 여기까지 왔어?)

Eric : Just because you're traveling, (it) doesn't mean you can't eat what you like. (여행한다고 해서 자기 좋아하는 것 먹지 말라는 법 없잖아.)

Steve : Look, Eric. All I'm saying is you can eat Korean dishes anytime you want in Australia. We didn't come to Prague to eat 'em. (이봐, 에릭. 내 말은 호주에서 한국 음식은 먹고 싶을 때 언제든지 먹

을 수 있잖아. 한식 먹으러 체코까지 온 건 아니거든.)

What's the point of coming all the way up here, if we are going to ~ (~ 할 거면 굳이 멀리 이곳까지 올 이유가 뭔가.)
What's the point of ~ing : ~ 하는 요점이 뭔가.
What's the point of teaching people math?
(사람들에게 수학을 가르치는 요점이 뭔가?)

Just because you're traveling, it doesn't mean you can't eat what you like.
여기서 you는 대화 상대방인 Steve를 지칭하는 게 아니고 일반 사람을 의미한다.

All I'm saying is ~ (내 말은, 내가 말하고자 하는 것은)의 뜻으로 요점을 설명할 때 시작하는 문두어로 쓰인다. The point I want to make is~, What I'm trying to say is~, 또는 그저 단순하게 What I mean is~, The point is that ~ 등등, 말을 시작할 때 화자의 포인트를 강조하는 문두어들로 잘 쓰이는 대단히 중요한 말들이므로 꼭 숙지해서 대화에서 문장 시작할 때 유용하게 사용할 수 있어야겠다.

이런 말들을 잘 사용하면 영어의 대화가 유연해지고 대화의 흐름이 자연스러워진다. 영어를 배우는 우리 학생들의 문제점 중의 하나는 하고 싶은 필요한 말만 딱딱하게 전달하려고 한다는 점이다. 그러니 대화 문맥이 딱딱 끊어지게 들린다. 그래서 이러한 filler words (채우는 말)이나 phrase (구문) 등을 대화 중간 중간에 쓰면서 대화를 이어가면 자동차의 윤활류처럼 대화가 매끄럽게 진행되는 장점이 있고 듣기에도 편해진다. 이 지적은 필자가 한국에서 영어원장으로 근무할 때 미국 선생님께서 한국학생들의 회화 능력 상태를 경험한 후 필자에게 해 주었던 중요한 지적이다. 그 원인은 아마도 생활 속에서 체득된 영어의 감각이 부족한 탓도 있겠지만 이러한 공부를 통해서 또는 드라마나 영화 대사의 흐름을 느끼면서 그 감각을 익히면 극복할 수 있으리라 본다.

그런데 Just because A, it doesn't mean B 이 표현에서 (it) 부분이 생략되고 쓰이는 경우도 많다. 문법적으로는 포함되는 게 맞지만 구어체 영어에서 흔히 생략되어 쓰인다. doesn't 앞에 카머(,)는 구분하기 좋게 편의상 붙였다.

Just because there is no war, doesn't mean there's peace.
(단지 전쟁이 없다고 해서, 평화로운 건 아니다.)

Just because something's difficult, doesn't mean that you should quit. (어렵다고 그만두어야 하는 건 아니잖아.) - 힘들더라도 좀 참고 견뎌야 한다라는 뜻.

Just because your father went to Harvard, doesn't mean you need to go there too.
(아버지가 하버드 나왔다고 해서, 너도 거기를 가야 하는 건 아니잖아.)

Just because you were right, doesn't mean I'm wrong.
(네가 맞다고 해서 내가 틀린 건 아니지.)

Just because you can understand it, doesn't mean you can actually speak it. (이해한다고 해서, 말할 수 있는 건 아닙니다.) - 외국어 공부에는 연습이 필요하다 라는 뜻.

53 I could use (something)

(~했으면 좋겠어. ~가 필요해.)

위 표현은 영.미인들이 일상회화에서 자주 사용하는 편리한 구문이다. '뭔가를 사용할 수 있을 거야' 의 뜻으로 해석하면 의미가 통하지 않는다. 이 구문은 내가 뭔가 원하고 필요로 한다는 걸 간접적으로 표현할 때 사용하는 구어체 표현이다. 주어가 I 나 We 가 올 때와 You 가 올 때 의미가 조금 달라진다.

I could use ~ : 그저 바람 이상으로 내가 간접적으로 뭔가를 좀 원하고 필요로 할 때

You could use ~ : 상대가 뭔가를 하는 게 좋겠다고 제안하거나 부드럽게 권장할 때

예문을 보면서 익혀보자.

I could use a cup of coffee. (나 커피 한잔 했음 좋겠다.)

I could use a break. (나 휴식이 좀 필요해.)

I could use some advice. (조언이 좀 필요해요.)

I could really use your help. (네 도움이 정말 필요해.)

I could use the time out of the office.

(나 사무실에서 벗어나 시간 좀 가졌음 좋겠어.)

We clearly could still use your expertise.

(분명히 말하는데 우린 여전히 자네의 전문 지식이 필요하네.)

You could use a new suit - that one's looking pretty shabby.

(너 새 양복 하나 있어야겠구나. 저것은 너무 낡아 보여.)

You could use a shower. (너 샤워 좀 해야겠다.)

You could use some new clothes. (넌 새 옷 좀 사 입어야겠다.)

[Emily in Paris]

My French could use some work. (내 불어 실력은 공부가 좀 필요해요.)

[Desperate Housewives] - Bree 와 Rex 부부의 식당에서의 대화.

Bree : Tish must have some juicy new anecdote.

(티쉬가 뭔가 흥미진진한 새로운 비사(秘事)를 알고 있는 게 분명해요.)

Rex : Get her over here. I could use a funny story today.

(티쉬를 이쪽으로 좀 데려와 봐요. 오늘 난 좀 재미난 이야기가 필요해.)

A : I could use a minute to process this.

(이걸 받아들일 시간이 잠시 필요하네.)

B : You take all the time you need. (필요한 시간을 충분히 갖게나.)

여기서 process는 어떤 '슬프고 어려운 상황에서 이걸 흡수하고 받아들일 수 있도록 숙고하다' (to think about a difficult or sad situation so that you can gradually accept it) 라는 뜻이 들어 있다.

A : Can I get you anything? (뭘 좀 갖다 드릴까요?)

B : Thanks. I could use a soft drink. (청량 음료 한잔했으면 좋겠어요.)

I could use some help putting these decorations up if you're not too busy. (그렇게 안 바쁘시면 이 장식물들 다는데 도움이 좀 필요합니다만.)

I could use some undershirts. I should get some of them while in

Korea. (소매 없는 속옷이 좀 필요하네. 한국에 가 있는 동안 몇 개 사야겠어요.)

남성들이 입는 속옷 중에 소매 없는 소위 하얀 런닝셔츠가 있다. 서양에서는 런닝셔츠하면 못 알아듣는다. 달릴 때 입는 셔츠인가 하고 상상만 할 뿐이다.

소매 없는 런닝셔츠는 영어로 undershirts 라고 하면 된다. 비슷하게 생긴 여성용 속옷은 tank top 이라 부른다. 소매가 있는 남성 속옷은 대개 slim fit undershirts 또는 short sleeve undershirts 라고 하는데 목 부분이 둥글게 파인 것은 crewneck, V 자 형태로 파인 것은 말 그대로 V-neck 라고 한다.

I need (something)를 사용해서 뭔가 직접적으로 필요하다고 표현할 수도 있겠으나 I could use (something) 표현을 쓰면 간접적이고 완곡한 어법의 표현이 된다. 이 구문을 잘 활용하는 것만큼이나 원어민의 말을 알아듣는 것 또한 중요하다.

I could use는 주어로 1, 2칭뿐만 아니라 무생물 주어도 올 수 있다.

My English could use some work. I've got a long way to go.
(내 영어는 공부가 좀 필요해요. 아직 갈 길이 멀거든요.)
My car could use an oil change. (내 차 오일 갈아야 할 때가 되었어.)
My website could use an upgrade. (내 웹사이트 업그레이드가 좀 필요해.)

주어로 1인칭 I, We 가 올 때와 2인칭 You 가 올 때, 그리고 무생물 주어가 올 때의 경우들의 차이를 잘 구별해서 자신감 있게 사용할 수 있어야겠다.

54 Actually I have an ulterior motive
(사실 다른 용건이 좀 있어서요.)

우리가 자주 만나지 않던 친구나 지인을 모처럼 만나 식사 또는 차를 마시면서 그간 소식을 나누고 반가운 정담을 나눌 때가 있다. 그런데 항상 바쁘다던 친구가 만나 차나 한잔하자고 하면 뭔가 다른 속내가 있나 하고 약간 의심할 수도 있을 것이다. 아니나 다를까 그 친구가 말하고 싶었던 용건을 밝힌다.

Actually, I have an ulterior motive in seeing you today.
(사실 오늘 자넬 보자고 한 건 다른 목적이 좀 있네.)

라고 고백하면서 대화가 이어지는 경우가 있을 것이다. 우리도 흔히 지인을 만나 "사실 자네를 만나자고 한 건 말야.." 하면서 만남의 숨은 목적을 이야기하지 않은가. 여기서 ulterior motive 의 뜻이 관건인데, 이는 '속셈, 숨은 동기'(a hidden reason for doing something)이란 뜻을 갖고 있다. ulterior 는 '감추어진, 겉으로 드러나지 않은, 이면의 (latent)'라는 형용사인데, ulterior motive 의 조합으로 흔히 사용된다.

[Obama 전 미대통령] – 과학자 시상식 연설에서의 joke.

"I must admit that I have an ulterior motive. You see, Sasha has a science fair coming up (laughter), and I was thinking

that you guys could give us a few tips. Michelle and I are a little rusty on our science."
[오늘 과학자들에게 상을 주러 온 데는] (다른 목적이 있음을 인정해야겠습니다. 제 딸 사샤가 곧 과학대회가 있는데 (일동 웃음), 여러분들이 저희 부부에게 조언을 좀 해 줄 수 있을까 생각했습니다. 아내 미쉘과 저는 과학실력이 예전 같지 않습니다.)

[Desperate Housewives]
Bree : I do have to confess that I have an ulterior motive. I need to ask you a favor. (선생님 뵙자고 한 거에는 다른 목적이 있음을 고백해야겠네요. 부탁을 하나 드리고 싶습니다.)

I've gotta be honest. I had an ulterior motive in visiting your place. (솔직히 말하죠. 당신 집을 방문한 거는 다른 목적이 좀 있었습니다.)
Anyway, I'm afraid that my visit has an ulterior motive.
(어쨌든 죄송한데 제가 찾아온 건 다른 목적이 좀 있어서인데요.)
I do have an ulterior motive in coming here tonight.
(오늘 밤 제가 여기에 온 건 다른 용건이 좀 있어서입니다.)

I do love you. (당신을 정말 사랑해요.) 에서처럼 do, did 조동사는 본동사 앞에 와서 본 동사의 의미를 강조할 때 쓰인다는 건 이미 잘 알고 있으리라 생각한다.

Do you have some ulterior motive here? Tell me, I just say that for your best interests. (이쯤해서 (그렇게 말씀하시는) 숨은 의도라도 있으신가요? 말해 보세요. 그저 당신의 최선의 이익을 위해 드리는 말씀입니다.)

I'll admit, I have an ulterior motive for dragging you here.
(자넬 여기에 끌고 온 건 다른 목적이 있다는 걸 인정하겠네.)

A : You're still not being straight with me.
(아직도 나에게 솔직하지 않고 있어요.)

B : I have no ulterior motive here. (난 숨은 속셈을 전혀 갖고 있지 않네.)

여기서 straight는 '솔직한(clear), 정직한(honest), 숨김없는'의 뜻을 갖는다. Give it to me straight. (솔직히 말해줘요.) 라는 관용 표현이 자주 사용된다.

Don't sugarcoat it. Give it to me straight.
(포장하지 말고 솔직히 나에게 말해 줘.)

You're still not being straight with me. 의 표현도 함께 관용적으로 암기해 두면 좋다. 결국 ulterior motive는 '숨은 속셈'이기 때문에 negative connotation (부정적 의미)를 함축하고 있다고 하겠다.

55 My go-to karaoke song

– 내 노래방 18 번 곡

우리가 노래방에 가면 '가장 잘 부르는 곡' 또는 '애창곡'이란 의미로 18번이란 말을 쓰곤 한다. 누구나 가장 잘하고 좋아하는 18번 곡이 있을 것이다. 그럼 하필 1번도 8번도 아닌 18번이란 말이 어디서 나왔을까. 이는 17세기 일본에서 대중에게 인기가 높았던 전통 공연 예술이었던 '가부키'와 연관이 있다고 한다. 그 당시 유명 가부키 배우 이치가와 단주로는 단막극 중 가장 성공한 가부키 작품 18기예를 선정 정리했는데 사람들은 그것을 가리켜 가부키 '광언(狂言) 18번(十八番)'이라고 불렀다. 여기에서 '가장 재미있고 자신 있는 특기 또는 자주 부르는 노래'라는 의미로 18번이라는 유행어가 탄생되었으며, 18가지 기예 중에 18번째 기예가 가장 재미있었다고 하여 '18번'이라는 말이 생겨났다고 한다.

어쨌거나 이 '18번 노래'를 영어로는 뭐라고 할까. 바로 go-to song 이라고 한다. 노래방에서 주로 부르니 go-to karaoke song (노래방 18번곡) 이라고 하면 된다.

What is your go-to karaoke song? (당신의 노래방 18번은 뭔가요?) 하면 되는데 일본의 공연문화에서 비롯되었다는 사실에 좀 거부감을 느낀다면 좋은 우리말인 '애창곡'이란 말로 순화해서 쓰면 된다. 가장 좋아하는 노래라고 하면 favorite song 이라고 해도 틀리지는 않는다. What is your favorite song in karaoke bar? 하지만 go-to song 에 18 번 노래라는 뉘앙스가 더 잘 담겨있다고 할 수 있다.

그럼 go-to 의 의미가 중요해진다. go-to 는 go-to (someone/ something) 해서 '어떤 상황에 놓이게 되면 즉각 찾게 되는 사람/어떤 대상' 을 의미한다. 즉,

go-to guy: 도움이나 충고가 필요할 때 찾는 사람. (= go-to person)
go-to place: 심신이 쉬고 싶을 때 평소 자주 가는 곳.

My mother is my go-to person when I need some home-cooked meals.
(엄마는 내가 가정 요리를 해야 할 때 제가 제일 먼저 찾는 사람이에요.)

He was everyone's go-to guy for IT problems.
(그는 컴퓨터 문제 발생 시 모든 사람이 제일 먼저 찾는 사람입니다.)

Pork rib is the perfect go-to dish for a Korean dinner party.
(돼지갈비는 한국인의 저녁식사 파티에는 완벽한 1순위 요리죠.)

위 예문 들에서 go-to 의 쓰임새가 어느 정도 파악되었으리라 믿는다. 그러니 go-to song 하면 누가 노래 불러 달라고 하면 깊게 생각할 필요도 없이 즉각 자신 있게 부를 수 있는 나의 최고 애창곡인 것이다. 그런 의미 에서 favourite song 과는 그 느낌이 좀 다를 수 있다. favourite song 은 내가 좋아만 할 뿐 잘 부르지 못하는 곡일 수도 있는 것이다.

그런데 '열창하다' 는 어떻게 표현할까. Sing one's heart out. 이라고 하면 된다. 자신의 심장이 터져나올 듯이 열정적으로 노래를 부르는

모습을 생각하면 되겠다.

He took the stage and sang his heart out.
(그는 무대에 올라 열창을 했다.)

비슷하게 dance one's heart out (열정적으로 춤을 추다.), play one's heart out (열정적으로 연주하다.) 등의 표현도 있다. 2023년 Grammy Awards 시상식 뉴스를 전하면서 모 미국 언론은 다음과 같이 보도했다.

"When Harry took the stage to perform his hit track *As It Was*, Taylor was on her feet dancing her heart out."
(Harry가 *As It Was* 를 공연하기 위해 무대에 서자 Taylor는 자리에서 일어나 열정적으로 춤을 추었다.)

Take the stage는 공연이나 연설 등을 위해 무대에 서는 일체의 행위를 가리킨다. Stand는 단순히 서 있는 행동만을 가리키니 혼동이 없길 바란다. 참고로 가수 Taylor Swift 와 Harry Styles는 오래전 연인 사이였으나 이제는 과거의 앙금 (bad blood)를 딛고 좋은 친구 사이로 남아 있다고 한다.

Go-to는 명사형으로도 쓰일 수 있다. That's my go-to. 하면 That's my first option/ choice. (첫번째 선택) 이라는 뜻이 된다. 자주 들리는 식당에서 특별히 다른 요리가 아닌 내가 평소 즐겨 먹는 음식을 주문하면서 "Bibimbab please. That's my go-to." (비빔밥 주세요. 그건 제가 즐겨 먹는 거니까요.) 라고 할 수 있다.

A : What's your go-to look? (즐겨 입는 스타일은 뭔가요?)
B : I like a classic jean and a black T-shirt.
(전형적인 청바지와 검은 티셔츠죠.)

외출할 때 여차하면 바로 입고 나가도 큰 무리가 없는 평소 좋아하는 의복을 생각하면 된다. 사람마다 편하고 즐겨 입는 의복이 있기 마련이다.

18번곡 이야기가 나와서 한마디 덧붙이자면 필자의 go-to karaoke song 은 Bee Gees의 'I Started a Joke' 이다. Gibb 형제 중 둘째인 Robin 이 부른 곡인데 애절한 그의 바이브레이션 음색이 일품이다. 비슷한 음색의 다른 대표곡 Massachusetts도 들을 때마다 오래 전 추억속에 빠져들게 하는 명곡이다. Gibb 삼형제 Barry, Robin, Maurice 중 이제는 맏이인 Barry 만 생존해 있다. Bee Gees (BGs)란 그룹명칭은 Brother Gibbs의 약어(Acronym)에서 나왔다.

70년대 디스코 음악을 견인한 이들의 인기는 영화 Saturday Night Fever (1977)의 주제곡을 다수 작곡하고 직접 부르면서 큰 전환점을 맞았고 엄청난 세계적인 인기를 누리게 된다. 이들의 가장 볼만한 공연은 'One Night Only'(1997)를 추천한다. YouTube에서 시청 가능하고 Live Soundtrack 앨범도 다운받아 들을 수 있다.

Who's your go-to person for advice?
(조언을 구할 때 달려가 도움을 청할 사람은 누구인가요?)

We do want the UK to be the go-to place for innovators and investors across the world. (우리는 영국이 전세계에 있는 혁신가들과

투자자들이 찾는 장소가 되길 원합니다.) - The former UK Prime Minister, Theresa May

참고로 go for a song 이라는 표현이 있다. go-to song 과 언뜻 비슷해 보이지만 의미가 완전히 다른 숙어로서 뭔가 "헐값에 팔리다" 라는 뜻이다.

I bought this rug from a second-hand shop. I couldn't resist it when I saw it. It was 'going for a song'. (이 양탄자를 중고가게에서 샀는데요. 그걸 보고 그냥 지나칠 수 없었어요. 아주 헐값에 팔고 있었거든요.)

I can't believe they let so many things 'go for a song' at their garage sale. I just picked up some good books. (그들이 믿을 수 없을 만큼 집안의 많은 중고물품들을 염가 판매로 내놓았어요. 난 그저 좋은 책 몇 권을 샀습니다.)

Garage sale은 개인 가정에서 쓰지 않는 각종 생활용품들을 차고에 진열해 놓고 아주 싼값에 파는 것을 말한다. 주로 토요일 판매하는데 의외로 이곳에서 우리에게 필요한 물품을 싼값에 구입할 수도 있다. One man's trash (can be) another man's treasure. (어느 한 사람에게 필요치 않은 물건은 다른 사람에게 보물이 될 수 있다.) 라는 말을 실감하는 곳이기도 하다.

56 I was thinking we could have some dinner tonight.

(오늘 밤 같이 저녁식사나 할 수 있을까 해서요.)

평소 우리가 지인과 대화를 나누다가 "~ 할 수 있을까 해서요." 하면서 상대방의 의중을 묻는 질문을 할 수 있다. 이때 쓸 수 있는 적절한 영어 표현이 I was thinking we could~ 구문이다. 직역하면 "우리가 ~할 수 있는지 생각하고 있었다." 이니까 "~할 수 있을까 해서 말씀드립니다." 라는 여운을 남기면서 상대의 의사를 타진하는 말이 된다. 앞서 예로 들었던 Obama 연설 중에 "And I was thinking that you guys could give us a few tips." (여러분이 저희 부부에게 몇 가지 조언을 해 줄 수 있을까 해서요.) 도 같은 맥락의 표현이라 하겠다.

다시 정리하면, 조심스럽게 내 생각을 제안할 때
I was thinking (that) ~ (~하면 어떨까 생각했어요. ~ 라는 생각이 들었어요.)
라고 하면서 문장을 시작하면 된다. 예문을 좀 더 들어 보자.

I was thinking we could take a walk after dinner.
(저녁 먹고 산책이나 같이 할까 해서요.)

I was thinking we could go to the movies.
(같이 영화나 보러 갈 수 있을까 해서요.)

I was thinking maybe I could take you out for a cup of coffee.
(당신을 모시고 나가서 커피 한잔 사 드릴 수 있을까 해서요.)

I was thinking maybe I could take you out to the beach.
(당신을 데리고 해변이나 갈까 해서요.)

You got any plans today? I was thinking we could go shopping for a change. (오늘 약속 있니? 기분전환도 할 겸 같이 쇼핑이나 가자고 하려고.)

I was thinking we could go for a drive to the countryside.
(지방으로 같이 드라이브나 갈까 해서요.)

I was thinking maybe we could try another way.
(다른 방법을 시도해보는 게 어떨까 생각했어요.)

You got any plans tonight? I was thinking we could go out for dinner. (오늘 밤 약속 있어? 같이 나가서 저녁이나 먹을까 했는데.)

우리가 보통 약속하면 appointment 를 쉽게 떠올리지만 대체로 의사, 변호사와의 약속이나 중요한 미팅, job interview 등등 공식적인 약속은 appointment 가 적절하지만 평상시 개인적인 식사 약속이나 친구 만남, 주말 약속, 계획 등 사소한 사적인 약속은 plan 이란 말을 흔히 쓴다. 그리고 약속이 하나 있어도 대체로 복수형 plans를 주로 사용한다는 점도 기억해 두면 좋다.

Do you have any plans for this long weekend?
(이번 긴 주말에 무슨 약속 있니?)

What are you going to do during this holiday? Any plans?
(이번 휴가 동안 뭐 할 거니? 무슨 약속된 계획이라도?)

* Don't let him get to you. (그 사람 말에 신경 쓰지 마세요.)

Get to (someone)처럼 get to 다음에 사람이 왔을 때는 get to (장소) 와는 사뭇 의미가 달라진다. 장소인 경우는 get to Busan (부산에 도착하다)처럼 '~에 도착하다.' 라는 뜻이 되지만 get to (사람) 하면 '~를 거슬리게 하다. 짜증나게 하다.' (To annoy, irritate or upset someone) 라는 뜻이고, Don't let it get to you. 는 '그걸로 인해 당신을 화나고 짜증나게 하지 않도록 하세요.' 라는 뜻이다. 즉 다른 사람의 말이나 행동으로 인해 상처받거나 영향을 받지 말라는 말이다. 결국 get to (someone) 은 '어떤 사람이나 상황이 (누구)를 괴롭히거나 짜증나게 하다' 라는 말이다.

Don't let him get to you. He's just trying to provoke a reaction.
(그 사람 말에 신경 쓰지 마세요. 그저 반응을 유도하려는 거니까요.)

But I can't let Miranda get to me. I won't.
(그러나 미란다에게 휘둘리지 않을 거야. 절대.)

The constant noise of the traffic outside really gets to me.
(주위에서 들리는 교통 소음 때문에 짜증납니다.)

Don't let her insults get to you. (그녀의 모욕적인 말에 상처받지 말아요.)

The long wait in the queue is really getting to me.
(긴 대기열에서 기다리는 것이 정말 짜증나.)

The thought of failing was getting to him.
(실패한다는 생각이 그를 괴롭히고 있었다.)

His constant nagging was getting to her.
(그의 지속적인 불평이 그녀를 짜증나게 했다.)

Don't let the traffic get to you. Just take it easy.
(차가 밀린다고 화내지 마시고. 마음 느긋하게 가지세요.)

Don't let it get to you. 와 의미가 비슷한 말이 있다. 바로 Don't take it personally. '그걸 개인적으로 받아들이지 마세요.' 라는 직역에서 → '기분 나쁘지 받아들이지 말아요. 그걸로 감정 상해하지 마세요.' 또는 '너 들으라고 하는 소리 아니야.' 등의 뜻으로 해석하면 더 자연스럽다.

Remember, it's not about you, so don't take it personally.
(기억하실 건, 이건 당신에 관한 게 아니니, 기분 나쁘게 받아들이지 마세요.)
She didn't mean to offend you, so don't take it personally.
(그녀는 당신을 기분 상하게 할 의도가 아니었으니까, 감정 상하지 마세요.)
Don't take it personally. He's just mentioning general things.
(그건 너 들으라고 하는 소리가 아니야. 그저 일반적인 걸 언급하고 있는 거지.)

Get to (누구)에서 to가 빠져 get (someone) 하면 그 사람을 데려오거나 잡아오라는 뜻이 된다. Go get him at once! (당장 가서 그 놈 잡아와!)

영화 The Fugitive (도망자:1993) 초반부에 보면 수송차에서 죄수가 탈주하자 US Deputy Marshall 로 나오는 개성파 배우 Tommy Lee Jones 가 대대적인 man-hunt 를 시작하며 빨리 가서 그 놈 잡아오라는 명령으로 Go get him! 이라고 외치는 장면이 나온다. 그러면 Get (물건) 일 경우에는 무슨 뜻일까. 추론 가능하듯이 (물건)을 가져오라는 뜻으로 쓰이게 된다. Go get the duffle bag please. (가서 그 원통형 가방 좀 갖다 줘요.) Go get ~ 은 Go and get ~ 에서 and를 생략한 구어체 표현법이다.

그런데 I'll get it. 처럼 뒤에 it 가 오면 무슨 뜻일까. 물론 '내가 그걸 가져 오겠다.'라는 말뜻도 되지만, 관용적인 표현으로 '내가 그 특정한 사항 을 돌보겠다'라는 의미로 흔히 쓰인다. 전화가 울릴 때, I'll get it. 하면 '제 가 받을 게요.'가 되며, 누가 문의 벨을 울릴 때, I'll get it. 하면 '제가 나가 볼게요.'가 된다. get it. 만 두고 생각하면 문장에서 '이해하다' 라는 뜻으 로도 많이 쓰인다.

57 It's just not growing on me.

(그건 저에게 끌리지 않아요.)

(S) + grow on (누구) 하면 '누구에게 (주어)가 점점 좋아지다. 점점 마음에 들게 되다. 마음을 끌다' 라는 뜻의 구동사이다. 누가 무엇인가에 점차 호감이나 애정을 갖게 된다는 의미로 처음에는 흥미를 느끼지 않았지만 시간이 지남에 따라 좋아하게 되는 상황을 말한다. 이 때 주어로는 사람이나 어떤 대상 모두 다 올 수 있다.

A: **She is growing on me.** (그녀가 점점 좋아지네요.)
B: [반가운 표정으로] **You mean that?** (진정이세요?)

He's a good man. Just give him some time. He'll grow on you.
(그 사람 괜찮거든. 시간을 좀 줘 봐. 그가 좋아질 거야.)

I still can't drink whiskey. It's just not growing on me.
(전 여전히 위스키는 못 마셔요. 그저 좋아지질 않는 걸요.)

한 때 필자는 호주 시드니 한인들이 즐겨먹는 월남쌈 요리에서 필수적으로 나오는 야채인 고수(Coriander 또는 Cilantro) 를 즐기지 않았었다. 고수의 강한 향 때문이었다. 그런데 세월이 가면서 좋아하게 되었는데 이 경우 It grew on me. (그게 점점 좋아졌어요.) 라고 말할 수 있을 것이다.

The beauty of that place really grew on her after spending a few days there. (거기서 며칠을 보낸 후에 그 곳의 아름다움이 진정 그녀의 마음을 끌었다.)

The more time I spend with her, the more her positive attitude grows on me. (그녀와 더 많은 시간을 보내면 보낼수록 그녀의 긍정적인 태도가 나에게 더 매력적으로 다가온다.)

* **It's not gonna cut it.** (그걸로는 충분치 않아.)

'충분한'을 뜻하는 cut it 은 대개 부정형 not cut it 형태로 쓰여서 (~로는 부족한/ 충분하지 않은, 만족스럽게 문제를 해결할 수 없는) 등의 의미를 갖는다.

A phone call is not gonna cut it. You need to be there.
(전화 통화로는 부족할 걸세. 거기에 가봐야 할 거야.)

Sorry doesn't cut it. (미안하단 말로는 부족해.)

Her excuses just didn't cut it anymore.
(그녀의 변명은 더 이상 통하지 않았다.)

I don't think an apologetic email's gonna cut it.
(사과 이메일로는 충분치 않을 거네.)

This is not gonna cut it. We need to come up with something new, something better. (이걸로는 부족할 거야. 뭔가 새롭고 더 나은 걸 생각해 낼 필요가 있어.)

빈도는 적지만 긍정문의 형태로도 물론 쓰일 수 있다.
Do you think a phone call would cut it? I have back-to-back

meetings all day. (전화 통화만으로 충분할까요? 오늘 종일 미팅이 이어서 있어서요.)

이와 관련하여 sufficient (충분한)의 동사인 '충분하다' 뜻의 suffice (써파이스) 도 있다. 같은 '충분하다' 라는 뜻을 갖지만 cut it 은 캐 주얼한 구어체 표현이라면 suffice 는 격식을 갖춘 표현이 되겠다.

Do you think a phone call would suffice? (전화통화로 충분할까요?)
Will this suffice? (이거면 충분할까요?)
Thank you for coming, but a phone call would've sufficed.
(와 주셔서 감사해요, 전화만 주셔도 충분했을 텐데(오셨네요).)

A: Should I give them some money for their help?
(그들의 도움에 돈을 좀 주어야 할까요?)
B: No, I think a simple thank-you will suffice.
(아니, 그저 고맙다는 말이면 충분할 겁니다.)

Shall I go home and change or will casual suffice?
(집에 가서 옷을 갈아입어야 할까 아니면 캐주얼한 복장으로도 충분한 건지?)

* Eventful (다사다난한, 파란만장한) [발음: 이벤뜰]

(when a lot of interesting, exciting, or important things have happened during a period of time) 하루, 한 주 또는 한 달 등의 기간 동안에 다양한 일들이 많이 일어났을 때 eventful 이란 단어를 사용하면 적절해진다.
It's certainly an eventful day. (확실히 오늘 다사다난한 하루였어.)

Well, it's been an eventful couple of months for me.
(지난 몇 달간 나에겐 여러가지로 바쁜 기간이었어.)

A: How's your week going on? (한 주 어떻게 지내고 있니?)
B: It's been eventful. (분주한 한 주가 되고 있어.)

그런데 그 반대로 uneventful 하면 특별한 일이나 사건이 없을 때 사용된다. 긍정일 때는 '별일 없는, 평온한' 이란 뜻이 되지만 부정적 뉘앙스로는 '무미건조한, 아무 재미도 없는, 그저 그런' 등의 뜻이 된다.

Hopefully this will be an uneventful evening.
(바라기는 오늘 밤은 별일 없이 지나갔으면 해.)
It was a lovely, uneventful Sunday morning.
(아름답고 아무 일 없는 (평온한) 일요일 아침이었어요.)
The movie was uneventful, with no emotionally intriguing scenes, so it felt like a waste of time. (그 영화는 전혀 감정적으로 흥미로운 장면 없이 무미건조해서 시간이 아깝게 느껴졌다.)

* Hold that thought. (잠깐만 그대로 있어봐.)

Hold that thought 는 누군가와 대화 중에 전화나 다른 급한 일을 잠깐 돌봐야 하는 상황에서 상대방에게 나와 나눈 대화내용을 생각하며 잠시 기다려 달라는 부탁을 할 때 사용하는 구어표현이다.

Could you hold that thought? I'll be right back.
(잠시만 그대로 기다려 주실래요? 곧 돌아오겠습니다.)

John, just hold that thought. I need to take this call.
(죤, 잠시만 그대로 기다려 줘요. 이 전화 좀 받고요.)

* **I just asked as a courtesy.** (그저 예의상 물어본 겁니다.)

Courtesy 는 '공손함' 또는 "예의상 하는 말과 행동', '특별 대우' 등을 뜻한다. Courtesy 의 쓰임새를 예문을 보면서 익혀보자.

We don't normally do that for our clients, but we'll do that as a one-time courtesy. (원래는 그렇게 안 해드리지만 이번 한번만 특별히 해 드릴게요.)

즉, 꼭 해줘야 하는 건 아니지만 부탁을 받으니 호의를 갖고 특별히 서비스해 준다 라는 의미가 이 단어 안에 들어 있다.

They'll usually do it as a courtesy.
(업체에서 대개 무료로 서비스해 줄 거야.)
I only asked as a courtesy. (그저 예의상 물어 본겁니다.)
I ain't asking for permission, I'm just telling you as a courtesy.
(너에게 허락을 받으려고 하는 게 아니라 그냥 예의상 말해주는 거야.)

This is just a courtesy call. It's about time for regular check-up.
(예의상 드리는 전화입니다. 정규 점검 시기가 되었습니다.)

우리가 새 차를 구입하고 나서 일정기간이 지나면 자동차 딜러에서 전화를 걸어와 위와 같이 말하는 걸 듣게 된다. 차에 만족하고 문제는 없는지, 정규 점검 서비스 받을 시간이 되었는데 예약을 하시겠는지 등을 묻는다. Courtesy call 이란 단어를 들을 때 어리둥절하지 말고 확인 차 의례적으로 하는 안내 전화라고 이해하면 되겠다.

또 courtesy 에 '무료 서비스로 제공되는' 이라는 뜻도 있다. 그래서 식당이나 pub 에서 This is a courtesy thank-you drink. 하면 감사표시로 제공하는 무료 음료가 되겠다. 그리고 Courtesy of ~ 하면 '~가 제공한 것' 이란 의미로 사용된다.

Free round of drinks, courtesy of Jenny K.
(무료 음료인데요. 제니 케이가 제공하는 겁니다.)

That's on the house, courtesy of Andy Curtis.
(가게에서 드리는 거고요, 앤디 커티스라는 분이 제공하는 겁니다.)

We have some video of that, courtesy of BBC.
(그거에 관련한 비디오가 있는데요, BBC 가 사용하도록 허락한 것입니다.)

58 미국경찰이 도주차량에 대해 시행하는 PIT maneuver의 정체

The LAPD performed a PIT maneuver to end chases.
(LA경찰은 차량 추격을 끝내기 위해 PIT 기동작전을 수행했다.)

The trooper attempted a PIT maneuver against the fleeing SUV. (주 경찰은 도주 SUV 차량에 PIT 기동작전을 시도했다.)

유튜브를 통해 미국에서 도주차량 추격 동영상을 쉽게 볼 수 있다. 필자도 가끔 머리를 식히고 싶을 때 스포츠 중계방송처럼 보여주는 차량 추격 모습을 흥미롭게 보곤 한다. 도난 차량 단속부터 신호 위반, 마약 범죄, 강도, 살인 용의자에 이르기까지 도주 차량의 유형은 다양하다. 이 모습을 헬기를 동원해 중계방송을 하기도 하니 우리와 달라도 많이 다르다. 신호위반 같은 경우엔 순순히 경찰의 검문에 응하고 벌금 딱지를 받으면 그만일텐데 기어코 과속을 하며 도주를 함으로써 일을 걷잡을 수 없이 키우게 되는 것이다. 아마도 다른 범죄와 연루된 경우가 많기 때문으로 추측이 된다.

그런데 추격 방송을 보다 보면 여기서 꼭 등장하는 중요한 용어가 있다. 그게 바로 PIT maneuver 이다. "The police are likely to try a PIT maneuver about now." (경찰이 지금쯤 PIT 제동 작전을 시도할 듯하군요.) 하면서 외치는 해설가의 멘트를 반드시 듣는다.

PIT는 Precision Immobilization Technique (정밀 이동무력화 기술)의

acronym(두문자)이다. ['움직이기 못하게 함'을 뜻하는 immobilization 의 발음은 앞서 발음 칼럼에서도 설명했듯이 m이 두개가 있다고 해서 '임모우빌러제이션'이라고 하면 안되고 '이모우빌러제이션'이라고 해야 함.] 그리고 maneuver는 '기동작전'을 뜻하므로 PIT maneuver 는 '도주차량 추격제압작전'이라고 할 수 있겠는데 보통 'PIT 기동 작전'이라고 칭한다. 그런데 이 공식 명칭 외에 또 다른 명칭 Pursuit Intervention Technique (추격개입 제압기술)로 불리기도 하는데 의미는 대동소이하다.

    미국 경찰이 도주 차량을 강제로 정지시키는 이 PIT maneuver 차량 추격 제어 방식은 빠른 주행 시에서는 양쪽 차량 모두 상당한 위험을 수반하므로 (PIT maneuver carries significant safety risks for all involved.) 고도의 훈련이 필요하다고 한다. 그래서 각 주마다 강력한 범퍼를 부착한 훈련된 PIT maneuvering police unit이 대개 따로 존재하고 이 경찰 기동대가 선두에 서서 이 작전을 수행한다. PIT maneuvering의 이해를 돕고자 그 기본 기술을 도식(圖式)으로 설명해 보았다.

[그림1]

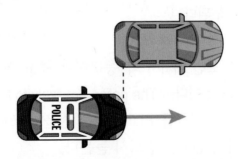

First, the officer pulls alongside the fleeing vehicle and matches its speed. (먼저 경찰은 도주차량 옆에 따라붙어 그 차량과 속도를 맞춘다.)

[그림2]

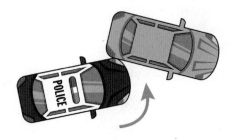

Using the front quarter panel, the officer makes contact with and gently steers into the rear quarter panel of the fleeing vehicle. (경찰은 앞쪽 패널을 이용하여 도주차량의 뒤쪽 패널에 접촉하고 부드럽게 그 차량의 방향을 밀어 바꾼다.)

[그림3]

The target vehicle spins in the opposite direction of the officer's turn. The police car continues to move forward. (목표 차량이 경찰차 방향과 반대 방향으로 회전한다. 경찰차는 전방 앞으로 계속 나아간다.)

[그림4]

The target vehicle spins out and comes to a stop. The police car continues forward until clear of the target.
(목표 차량은 완전 회전한 후 멈추게 되고, 경찰차는 목표 차량이 완전 소개(疏開)될 때까지 전방 직진한다.)

이 4단계 절차가 순식간에 일어난다. 여기서 중요한 것은 도주차량을 회전시킨 후 경찰차는 바로 멈추거나 같이 회전해서 따라붙지 않고 계속 직진 후 후방으로 돌아가 다른 추격 경찰차들과 합류한다는 점이다. 그 이유는 당황한 도주자가 총기 소지 시 총기 사용 위험도 있고 다른 경찰 차들과 마주 대하며 도난 차량을 둘러싸는 위치는 총격전이 일어날 경우 경찰의 양 방향은 서로 위험하기 때문이다.

안전한 PIT maneuver 수행을 위한 적정 속도는 35-45 mph (약 55-70 kph)라고 한다. 낮은 속도에서는 spin의 힘을 받지 못하고 또 80 kph이상의 높은 속도에서는 도난차량 및 경찰차 모두 전복 위험이 크다. 장시간 위험한 추격이 계속될 경우나 인내심을 잃은 경찰이 고속임에도 불구하고 PIT maneuver를 시행할 경우 도난차량이 굴러 날아가 버리기도 한다. The police car sent the fleeing vehicle off the road. The vehicle flipped and turned cartwheels, landing almost 500 feet away. (경찰차가 도주차량을 도로 밖으로 쳐 내자 그 차량은 뒤집어져 여러 번 구른 다음 거의 150m 멀리 튕겨 나갔다.)

과도한 작전 수행으로 치명적 사고가 날 경우 그에 대한 책임이 따를 수 있으므로 경찰은 최대한 절제하며 조심스럽게 이 PIT maneuver를 수행한다고 한다. 차가 일단 멈추면 총기를 겨눈 경찰들은 목표 차량 운전자에게 대체로 아래와 같이 크게 외치면서 명령하는 것을 볼 수 있다.

경찰차 dash cam (차량블랙박스)를 통해 실제 상황에서 녹취된 명령들을 들으면 부드럽게 하는 명령들이 아니고, 급하고 강한 어조이며 명령에 즉시 순종하지 않을 경우 같은 명령을 큰소리로 반복한다. 생명에 위협이 있을 수 있는 상황이므로 긴장이 최고조에 달한 순간일 것이다.

Show me your hands! Show me your hands out of the window so I can see them. Keep them there!
(손 내밀어! 내가 볼 수 있게 창문 밖으로 손 내밀어. 그대로 있어!)

Other passengers! Put your hands out of the door. Right now!
(다른 승객들! 문 밖으로 손 내밀어. 지금 당장!)

Don't fuckin' move. If anyone fuckin' moves, you're gonna have a lot more trouble. (움직이지 마. 어느 누구도 움직이면 문제 커진다!)

Driver, step out with your hands in the air!
(운전자, 손든 채로 차 밖으로 나와!)

Walk backwards to the sound of my voice. Keep walking backwards! (내 목소리 나는 쪽으로 뒷걸음으로 걸어. 계속 뒷걸음으로 걸어!)

Take two steps to your right. Keep coming! Keep coming! Stop! (오른쪽으로 2보 옮겨. 계속 와! 계속 와! 정지!)

Get on your knees. Get on your stomach. Put your hands behind your back. (무릎 꿇어. 배 대고 엎드려. 두 손 등 뒤로.)

(Get) On your face right now. [HANDCUFFING]
바로 얼굴을 땅에 대고 엎드려. [수갑 채움]

동승자들이 있을 경우 그들에게 한 명씩 나오도록 (one at a time) 명령한다.

Passenger, show me your hands! With your hands in the air!
(승객, 손 내밀어. 문밖으로 손 내밀어!)

Step out of the vehicle and face away from me. Walk backwards! (차 밖으로 나와. 그리고 날 향하지 말고 서. 뒷걸음으로 걸어!)

Take three steps to your left. Walk backwards. Keep coming!
(왼쪽으로 3보 옮겨. 뒷걸음으로 걸어! 계속 와!)

Face away from me. Keep coming! Stop! Hands on top of your head. (날 바라보지 마. 계속 와! 정지! 손 머리 위로.)

(접근하여 몸 수색하며) **I'm just gonna make sure that you don't have anything on you. [HANDCUFFING]**
(몸에 아무것도 없는지 확인하겠다.) [수갑 채움]

경찰 매뉴얼에 동승자도 일단 수갑을 채워 혐의자로 체포한 다음, 관련 조사를 거쳐 공범인지 무고한 승객인지 확인 후 풀어주게 되어 있다.

도주 차량 제어와는 별도로 여기서 우리가 또 하나 알아 두어야 할 사항은 형사 범죄의 경우 Miranda Rights (미란다 권리) 라는 게 있다. 미국 사법 체계에서 1966 Miranda v. Arizona 소송 사건에서부터 비롯된 명칭인데 경찰 조사에서 묵비권을 행사할 권리와 변호사를 선임할 수 있는 권리가 그것이다. 경찰 조사 전에 경찰이 Miranda Warning을 해 주게 되어 있다. 영어든 한국어든 반드시 알아 두어야 할 내용이다. 그 내용은 다음과 같다.

"You have the right to remain silent. Anything you say can and will be used against you in a court of law. You have the right to an attorney. If you cannot afford an attorney, one will be provided for you. Do you understand the rights I have just read to you?" (귀하는 묵비권을 행사할 권리를 갖습니다. 귀하가 진술한 것은 법정에서 당신에게 불리하게 사용될 수 있고 사용될 것입니다. 귀하는 변호사를 선임할 권리를 갖습니다. 선임할 수 없다면 국선 변호사가 제공될 것입니다. 제가 방금 읽어드린 권리를 이해하시겠습니까?)

The right to remain silent (묵비권) 와 The right to an attorney (변호사 선임권)이 Miranda Rights의 핵심 사항인 것이다.

끝으로 차량 운전할 때 사용되는 중요 표현 몇 가지를 살펴보고 가도록 하겠다.

1. Tailgate : 앞 차에 바짝 붙어 주행하다. (명사형: tailgating)
차량 속도에 따른 충분한 차간 거리를 유지하지 않고 길을 비키라는 암시를 하며 위협적으로 바짝 붙어 오는 jerk (미친 녀석) 들이 있다.

이것도 위법 행위에 속한다.

2. Brake check : 주행 중에 긴급 차량제동을 하다. (stop fast)

Brake checking은 자동차 운전 중에 갑자기 브레이크를 밟아서 뒤차 운전자에게 위험을 유발하는 행동을 의미한다. 대개 뒤차가 바짝 따라오면 신경쓰이게 된다. 화가 난 앞차 운전자는 뒤차 운전자를 놀라게 하고 경고를 주고자 이 brake check를 시행하지만 접촉사고 위험이 크며 사고 발생시 경찰로부터 더 큰 책임을 추궁받게 된다. 앞 차가 브레이크를 밟으면 차 뒤에 빨간 brake light 가 들어오면서 뒤 차들에게 경고를 주게 되는 데서 '브레이크를 밟아 점검하다'라는 의미가 나왔다. 천천히 안정되게 brake를 밟거나 차량 정비소에서 light 점검용으로 쓰면 brake check는 좋은 의미이지만 고속 주행 중 brake check는 '갑자기 차량을 멈추다'(act of abruptly slamming on the brakes) 라는 의미로 쓰인다.

3. Rear-end : (뒤차량이 앞차량의) 후미를 들이박다.

tailgating 하면 brake check 하게 되고 그 다음엔 필연적으로 rear-end 가 일어나게 된다. 사건이 순서대로 진행되는 모양새다. 흥분하면 안 된다.

Hey mate, you're driving too close to me. Any reason? I'm sure you know that tailgating is illegal, don't you? [억양을 올리지 않고 내린다.] (헤이 친구, 내차 뒤를 아주 가깝게 따라붙고 있는데, 무슨 이유라도? 뒤에 바짝 따라붙는 건 불법이라는 걸 당신도 알고 있을 것으로 아는데?)

I brake checked a bus last night to send a message and ended up in the hospital. (어젯밤 바짝 뒤따라오는 버스에게 메시지를 주고자 급제동을 걸었는데 결국 병원 신세를 지게 됐다.)

If this guy behind me doesn't stop tailgating, I'm gonna brake check 'em. (이 녀석이 바짝 뒤따라오는 걸 멈추지 않는다면 그들에게 급제동을 걸고 말겠다.)

I was driving home from work when some impatient asshole started tailgating me. I brake checked him, which made him rear-end me. It's gonna cost a few thousand dollars to get me back bumper repaired. (직장에서 집으로 퇴근하며 운전하고 있었는데 어떤 성격 급한 머저리 녀석이 내 뒤를 바짝 따라오기 시작했다. 난 그에게 급 제동을 걸었고 그 놈은 내 후미를 들이받고 말았다. 뒤 범퍼 수리에 몇천 불이 들어 갈 것 같다.)

4. Cut someone off : (누구) 차 앞으로 불쑥 나아가다.

고속도로에서 운전하고 있는데 내 앞으로 갑자기 예고없이 끼어들면서 차량진행 방해를 하는 위험한 운전을 말한다. (To abruptly move in front of another driver intentionally or unintentionally) [abruptly : 예고없이. 불쑥. 갑자기]

Can you believe that jerk cut me off like that? I nearly hit him. (저 또라이가 저렇게 내 앞을 가로질러 나오는 거 믿겨지나요? 거의 받을 뻔했네.)

주행의 위험성을 감안하면 이 때 나오는 언어들은 고상한 언어들이 아닌 것은 어쩌면 당연하고 받은 스트레스의 발로일 수 있다. 이보다 강한 육두문자 (cursing words) 표현들이 훨씬 많이 쓰이기도 한다.

59 병원 간호사가 반드시 묻는 질문 : Are you allergic to any medication?

우리가 영어권 병원에서 환자로서 약을 처방을 받을 때나 복용해야 할 경우 의사나 간호사들이 반드시 하는 질문이 바로 Are you allergic to any medication? (어떤 약물 복용에 알레르기 반응이 있으신가요?) 라는 질문이다. 알고 나면 아주 간단하고 쉬운 질문이지만 문제는 발음이다. 발음을 알레르기라고 알고 있으면 듣고 어리둥절하게 된다. 형용사 발음이 '얼러-쥑'이다. 약물복용에 아무런 문제가 없다면 No, I'm not. 이라고 대답하면 된다. 여기서 가끔 학생들이 medicine과 medication의 차이를 물어보는 경우가 있는데 medicine은 약이라는 뜻 이외에 의학, 의술, 의사의 직분 등의 뜻도 들어 있는 포괄적인 의미를 담고 있다. 반면에 medication 은 약물, 약물 치료, 투약 등 약과 관련한 한정된 의미를 갖고 있으므로 약물 복용을 의미하는 medication 이 위 질문의 경우 더 적절하다고 볼 수 있다. '나는 의학을 공부하고 있습니다.' 할 때 I'm studying medicine. 이라고 하지 I'm studying medication. 이라고 하지 않는다.

'Be allergic to ~' (~에 알레르기 반응을 보이다)가 다른 상황에서 쓰일 경우에는 알레르기 반응이 일어날 정도로 심한 반감을 나타내어 '~을 아주 싫어하는, ~에 지나치게 (안 좋게)민감한'의 뜻을 갖고 있다.

She is allergic to heavy metal music.

(그녀는 헤비 메탈음악을 무척 싫어해요.)

싫어서 팔에 goose bumps (소름. 닭살) 이 돋는 알레르기 반응을 상상하면 이해가 가리라 생각한다.

얼마전 필자는 정규 endoscopy (내시경 검사)를 받았다. 이 endoscopy는 대개 둘로 나뉘는데 colonoscopy (결장내시경) 와 gastroscopy (위내시경)가 그것. 보통 내시경 검사할 때 두 검사를 같이 한다. 일반 사람들도 알아 두어야 할 의료 용어들이다.

중 장년에게 가장 위험한 병들이 많지만 그 중에서도 심장질환과 뇌질환이 대표적이다. 보통 우리가 중풍이라고 칭하는 '뇌졸중' 은 stroke이라고 하는데 여기에서도 두개로 나뉜다. 하나는 뇌의 미세한 모세혈관이 막혀서 (clotting) 생기는 신체 일부의 마비, 어지러움, 구토증, 균형 장애 및 언어 장애 증상인데 이게 Cerebral Infarction (뇌경색)이다. 이는 빠른 조치가 무척 중요한다. 늦어도 한 두시간 안에 병원으로 이송되어 피를 빨리 순환시키는 게 관건이다. 시간을 끌면 결국 몸을 못 쓰게 된다. 두 번째 더 위험한 증상은 뇌출혈. 뇌에서 피가 터지는 현상인데 이는 바로 수술이 필요하고 영어로는 Cerebral hemorrhage (뇌출혈) 라고 한다. Cerebral이라는 단어는 "뇌의, 뇌에 관련한' 이라는 의미로 앞에 이 단어가 붙으면 우리 머리의 뇌를 생각하면 된다. Hemorrhage 와 비슷한 단어로 haemorrhoids (헤머로이즈) 가 있다. 이는 '치질' 을 의미한다. 이 뇌질환들은 neurologist (신경과 의사)가 담당하는데 고도의 수술실력을 요한다.

일반인들도 필수적으로 알아 두어야 할 의료 관련 용어들을 모아보았다.

Plantar Fasciitis (플랜터 풰시**아**이리스) : 족저근막염. – 발바닥과 뒤꿈치가 땅기면서 걷기 힘들 정도로 아픈 증상. 주변에 이런 환자들이 의외로 많다.

Atrial fibrillation (에이츠리얼 퐈이브럴**레**이션) : 심방세동 (心房細動). 심장이 불규칙하게 뛰는 질환으로 심장 내의 전기신호 이상으로 심방이 제대로 수축기능을 못해서 생긴다. 여기서 세동(細動)은 '잔떨림, 미세한 움직임' 을 말한다.

Myocardial Infarction (마이어**카**디얼 인**퐉**-션) : 심근경색.
Cardiovascular disease 심혈관 질환. Cardio (심장의) vascular (혈관의)
CPR [Cardiopulmonary Resuscitation] (카디오-**펄**머네리 리써서-**테**이션) : 심폐소생술.
Jaundice (**죤**디스) : 황달

Anaesthetic (애너스-**쎄**릭) : 마취제. 마취약. 마취의. [수술 시 우리 몸을 마취할 때 이 용어를 반드시 쓴다.] 명사는 anaesthesia (애너스- **씨**-져) : 마취.
local anaesthesia : 국부마취. general anaesthesia : 전신마취.

'열이 나다' 할 때 have a fever 도 좋고, febrile (풰브**라**이얼: 발열의.) 을 이용해 She's febrile. (그녀가 열이 있어요.)라고 해도 좋다. 그리고 고혈압을 high blood pressure 라고 하는데 hypertension (하이퍼**텐**션) 이라고도 한다. 저혈압은 hypotension (하이포우**텐**션). 스펠링과 발음의 미묘한 차이에 주의한다. 형용사는 각각 hypertensive (고혈압의), hypotensive (저혈압의)이다.

다음은 중요한 전문의들의 명칭을 모아봤다.

Cardiologist (심장병 전문의), **Dermatologist** (피부과 전문의)
Gastroenterologist (위장병 전문의) - 내시경 담당하는 의사이기도 하다.
Neurologist (신경과 전문의) - 뇌와 척추, 뇌졸증, 신경계 질환 전문의.
Obstetrician (산부인과 전문의), **Oncologist** (암전문의) - 종양학 전문가.
Ophthalmologist (안과 전문의) - 아프쌜 **말**러지스트
Otolaryngologist (이비인후과 전문의) - 오토우 래링**갈**러지스트
Pediatrician (소아과 전문의) - 피디어츠**리**션
Podiatrist (족병 전문의) - 퍼**다**이어츠리스트
Psychiatrist (정신과 전문의) - 싸이**카**이어츠리스트
Pulmonologist (호흡기 내과 전문의)
Rheumatologist (류마티스병 전문의) - 관절염 관련 전문.
Orthopaedic surgeon (정형외과 의사) -어써**피**딕 써젼

이러한 의학용어들은 결코 전문용어의 범주에 속하지 않고 우리가 흔히 쓰는 일상 생활영어 범주에 속한다. 의사들이 사용하는 구체적인 치료법이나 의료 보고서에는 일반 사람이 몰라도 되는 전문 용어들이 등장하지만 위의 명칭들은 일상에서 잘 모르고 있으면 의사소통에 결정적 하자가 발생하고 영어 소통에 자신감이 떨어지게 된다.

암(cancer) 에도 여러 종류가 있지만 왠만한 용어는 장기와 합해서 명칭이 이루어지니 크게 어려울 게 없다. 우리 한국인이 가장 많이 걸린다는 암을 보면 차례로 Stomach cancer (위암), Colorectal (bowel) cancel (대장암), Lung cancer (폐암) Breast cancer (유방암), Thyroid cancer (갑상선암) 순이라고 한다.

호주에서는 Prostate cancer (전립선암), Bowel cancer (장암), Skin cancer (피부암) 등이 상위를 차지한다. 기타 Pancreatic cancer (췌장암), Hematologic cancer (혈액암) 등도 있다.

Sydney 에서 보면 여성들의 Breast cancer 방지를 위해 Mammogram (매머그램 : 유방 X선(조영) 사진) 촬영을 통한 사전진단을 권유 받는다. 각 지역에 Mammogram을 위한 이동차량이 배치되어 지역 여성 주민들에게 안내 서신을 보내 예약을 받아 무료 X선 촬영을 주기적으로 해주곤 한다.

Psychiatrist (정신과 전문의) 과 연관하여 '정신 분열증'이란 병이 있다. 영어로 **schizophrenia** (스키쩌프리니어) 라고 하는데 현실에 적응하지 못하고 사고의 장애와 감정, 의지에 이상을 가져오는 질환이다. 이 schizophrenia 와 관련되어 소개하고 싶은 영화가 하나 있다. 2001년 개봉해서 4개 부분에서 아카데미 상을 수상한 Russell Crowe 주연의 'A Beautiful Mind' 라는 영화이다. 실제 노벨상을 수상했던 수학자 John Nash의 실제 삶을 바탕으로 만들어진 영화라고 하며 실제 이 분이 생전에 schizophrenia 증상을 겪었다고 한다.

Uterine cancer (유터린: 자궁암), Cervical cancer (자궁경부암), Cervical vertebra (경추, 목뼈), Lumbar vertebra (요추) 등도 참고로 알아 두면 좋다. Cervical 이란 말은 목과 관련이 있다. 원래 긴 관을 의미하는데 자궁 안에도 여성의 질과 자궁 사이에 목처럼 가늘게 연결된 부분이 있는데 이 부분을 경부(頸部)라고 한다. 이 관에서 암세포가 발생할 경우 자궁경부암이 된다. 목과 전혀 다른 부위임에도 경부와 연관이 되어 cervical이라는 용어가 쓰인 것이다.

끝으로 - phobia 라는 접미어 (suffix)가 있다. 이 접미어가 붙으면 뭔가 또는 누군가를 몹시 싫어하고 혐오한다는 뜻이 된다. 수많은 -phobia, - phobic (형용사) 이 존재하는데 여기서는 중요하게 쓰이는 -phobia의 일부를 소개하고자 한다. 일상에서 가끔 등장하는 단어들이므로 참고로 알아 둘 필요가 있다. 어떤 대상에 대해서는 '-공포증', 사람에 대해서는 '-혐오증'이란 말로 흔히 칭한다.

Acrophobia (고소 공포증) = **fear of heights, Aerophobia** (비행 공포증)

Homophobia (동성애 혐오증), **Heterophobia** (이성 혐오증)

Sinophobia (중국 혐오증 : 싸이너-포우비어),

Anglophobia (영국 혐오증)

Xenophobia (외국인 혐오증 : 제너-포우비어)

Claustrophobia (밀폐 공포증), **Demophobia** (군집 공포증)

Dipsophobia (음주 공푸증), **Halitophobia** (구취 공포증)

Haphephobia (접촉 공포증), **Monophobia** (고독 공포증)

Mysophobia (불결 공포증), **Nomophobia** (휴대폰부재 공포증)

Nyctophobia (어둠 공포증) = **Fear of darkness**

Pyrophobia (불 공푸증: 파이러-) **Tokophobia** (임신 공포증)

Aquaphobia (물 공포증: 애쿼-) - 특히 물에 빠질 것에 대한 공포.

Agoraphobia (광장 공포증: 애거러-) : 사람들이 밀집한 장소나 공공장소에 혼자 나갈 때 까닭 없이 느끼는 공포감

Gerontophobia (노인 혐오증. 노령 공포증: 져란터-) : 노인을 싫어하는 혐오증과 나이 들어 노인이 되어 가는 것에 대한 공포증 두가지 의미가 있다.

특정 동물이나 생물에 대한 혐오증을 가진 사람들도 많은데, 그 몇 가지를 더불어 소개하고자 한다.

Murophobia (쥐 혐오증), **Ophidiophobia** (뱀 혐오증 : 오피디어-)

Ornithophobia (새 혐오증 : 오니써-); **Ornithology** (조류학)

Ailurophobia (고양이 혐오증 : 아일루러-)

Arachnophobia (거미 혐오증 : 어래크너-)

Scoleciphobia (벌레 혐오증), **Ichtyophobia** (물고기 혐오증)

Herpetophobia (파충류 혐오증 : 허피터-)

Selachophobia (상어 공포증 : 쎌러커-),

Zoophobia (동물 혐오증) 등등이 있다.

[English Humor with Double Meaning]

* Hey, I'm reading a book about anti-gravity. It's impossible to put down! (이봐, 난 반중력에 관한 책을 읽고 있는 중이거든. 재미 있어서 내려 놓기가 힘드네.)

Put down 은 말뜻 그대로 뭔가를 '내려놓다. 라는 말이지만 '그만두다'의 뜻도 있다. 반중력에 관한 책을 읽는 중이라 중력이 없어서 물리적으로 '내려 놓을 수가 없다'라는 뜻과 '책읽기를 그만두다'라는 이중적인 의미가 내포되어 있다.

60 즐거운 대화의 촉매제 : 맞장구치는 표현들. (Acknowledging Expressions)

우리가 원어민과 대화하면서 상대방의 의견과 말에 공감이 갈 때 적절한 표현을 써서 같이 공감해 주어야 할 경우가 자주 있게 된다. 필자 주변에 외롭게 사시는 한 이웃 할머니는 대화의 상대가 되어 드리면 한두 시간도 짧을 정도로 수다를 이어 가신다. 그만큼 외롭다는 반증이기도 하다. 사람과의 대화를 그리워하다 보니 적절히 맞장구를 치며 공감을 해드리면 영어의 듣기 훈련은 원 없이 할 수 있다. 평소 애완동물과 벗하며 사시다가 사람과의 즐거운 대화는 가뭄에 단비와 같이 느끼실 것이다. 그런데 정확한 이해를 하지 못해 상황에 맞는 맞장구를 쳐 드리지 못하고 고개만 끄덕이면 결국 대화의 맥이 끊기게 된다. 상대방이 하는 말을 어느 정도 잘 알아듣는다는 전제 하에 말에 공감 표현을 시기 적절하게 하는 표현들을 살펴볼까 한다.

영어로 상대방의 대화에 긍정적이든 부정적이든 공감하며 맞장구 치는 반응은 acknowledgement 라고 할 수 있다. 그런데 좀 주책없이 끼어드는 것은 chime in 이라고 한다. 즉 '말참견하다. 끼어들다.' 등의 의미를 포함하는 구동사이다.

You can chime in anytime you want.
(언제든 원하면 중간에 끼어들어도 좋아.)

"It's very difficult," I said. "Impossible," she chimed in.

("그거 아주 어려워요." 라고 내가 말했더니, 그녀가 "그건 불가능한 일이예요" 라고 바로 끼어들었다.)

사실 맞장구 표현들은 대화의 중요한 윤활유 역할을 하게 된다. 그 대표적인 단어 trio가 있는데 그게 바로 Absolutely, Exactly, Definitely 이다. 일상에서 동감을 표현할 때 감초처럼 쓰이는 부사들이고 강력한 공감을 나타낸다.

Absolutely (절대적으로요.), Exactly (정확히 그래요.), Definitely (명확히 그래요.) 라는 의미로 사용된다.

You can say that again. (제 말이 그 말입니다. 두말하면 잔소리죠.)
I couldn't agree with you more. (백 번 맞는 말씀이고요.)
Who can deny that? (누가 그걸 거부하겠어요?)
Oh, that's ridiculous. (오, 말도 안돼요.)
How did you do that? (어떻게 그걸 하셨죠?)
How could you do that? (어떻게 그걸 하실 수 있으셨나요?)
Good on you. That's really lucky. (잘 됐네요. 정말 운이 좋으시군요.)

Good on you. 는 상대방이 축하받을 일이나 좋은 일이 생겼을 때 '잘됐다. 장하다. 정말 좋은 일이다' 라는 의미로 흔히 사용된다. Good for you. 도 같은 의미다. 영국 호주에서는 Good on you. 가 더 흔히 쓰인다. 원하는 대학에 합격하거나 어렵다는 운전 면허를 한번에 거뜬히 땄을 때, 그리고 친구가 회사에서 특별 연말 보너스를 받았다는 소식 등에 "잘 됐네, 친구야." 라고 격려할 때 'Good on you, mate!' 하면 적절하다.

그런데 의복과 관련될 때는 "어울린다"라는 의미로도 사용된다. That dress looks good on you. (그 의상은 당신에게 잘 어울리네요.) 하면 된다.

* **That makes two of us.** (나도 마찬가지야. 나도 그래)
[직역하면 '그 점이 우리 둘을 만든다'니까 '그 점에서 우리 둘은 하나가 된 거야' 라는 의미로 해석될 수 있다. 그러므로 결국 '나도 그래. 우리 둘은 같아' 라는 뜻으로 변형된 것으로 보인다.]

Same here! (저도 그래요. 동감입니다.) [똑같은 상황이어야 한다.]
I'm just like you. (저도 그래요. 당신과 같아요.)

A : I just like black coffee with no sugar.
(난 그저 설탕 없는 블랙커피 좋아.)
B : Same here / Me too.
(저도 그래요.) - 상대방의 취향이나 습관 등이 나와 같을 때.

* **We're in the same boat.** (우린 같은 처지네요.)
[We're in the same boat. 은 한 배를 탄 운명 공동체라는 의미인데 그 유대감이 끈끈히 느껴지는 숙어이다. 꼭 맞장구용이라기 보다는 다른사람과 내 처지가 같을 때 언제든지 사용가능한 좋은 표현이다.]

That's what I was gonna say. (그게 제가 말하려고 했던 거였어요.)
That's exactly what I wanted to say.
(그게 정확히 제가 말하고 싶었던 거였어요.)

That's what I'm saying. (제가 하는 말이 바로 그거예요.)

You hit the nail on the head. (정확히 짚으셨네요.)
You hit the nail right on the head and I think you have wonderful insight. (바로 정곡을 찌르셨고요, 훌륭한 통찰력을 가지셨다고 생각되네요.)

Ditto! (저도 그래요.) [똑 같은 마음을 전달할 때 사용.]
I love you. I love you too. (= Ditto.) 나도 사랑해요.

A : Hey! Long time no see. (헤이, 오랜만이다.)

B : Yeah. It's been a while. How have you been?
(그래. 오랜만야. 어떻게 지냈니?)

A : Getting by. Learning to live with the pandemic, you know?
(그럭저럭 지내. 세계적인 전염병과 함께 하는 삶에 적응하고 있어. 알잖아?)

B : Aren't we all? (다 똑같지 뭐.)

A : I never thought I'd hate being at home so much.
(내가 집에 있는 거를 이렇게까지 싫어하게 될지 몰랐어.)

B : Yeah. Tell me about it. (그러게 말야. 누가 아니래.)

A : I'm just glad I don't have to work from home anymore.
(더 이상 재택근무를 하지 않아도 된다는 게 난 기쁠 뿐이야.)

B : Don't I know it. I had to go through that for 2 whole years. I would probably go absolutely crazy if I had to do that again. (잘 알지. 2년이나 그걸 겪어야 했으니까. 다시 그걸 겪는다면 아마 난 완전히 미칠거야.)

A : You can say that again. I'd probably just quit.
(당연하지. 난 아마 그만 둘 거 같아.)

'그저 그래.'라는 말을 할 때 So-so. 는 안 좋다는 부정적인 뉘앙스가 포함된 표현이기 때문에 이 표현보다는 '그럭저럭 지내.'라는 표현으로 I'm just getting by. 라고 하면 더 좋다. 일상회화에서 Get by 는 특별히 별일 없이 그저 '평범하게 지낸다'라는 뜻으로 사용된다.

Aren't we all? 은 우리 모두 다 같은 거 아니니? 라는 직역에서 '우리 다 같은 처지야.'라는 의미다. 문장은 의문문 형태지만 질문하듯 끝을 올리지 말고 평서문 형태로 [안츄이올~]이라고 발음하면 된다. 역시 맞장구치는 표현이 되겠다. Tell me about it. 은 강한 긍정의 공감표현이다. '그 말 당연해.' '내 말이 그거야.' 등의 의미다. 물론 문장 그대로 '그거에 대해 이야기해봐요.'라는 말로도 사용 가능하겠으나 이 상황에서는 나도 그 점에 충분히 공감하고 있다 라는 의미로 쓰였다. 문맥상의 전후관계 (contextual relations)를 잘 살피고 이해하면 되겠다.

I'm just glad I don't have to + 동사 [~하지 않아도 되니 그저 기쁘다.] 라는 뜻으로 사용되는 중요 문장형태이다. work from home은 work 이 동사나 명사형으로 쓰인 여부에 따라 '재택근무하다' 또는 '재택근무'의 뜻으로 사용된다. 여기서는 동사로 쓰였다.

Don't I know it. 은 직역으로 '내가 그걸 모르겠니? 라는 의문문형태로 쓰였지만 이 역시 평서문의 어투와 억양으로 '내가 잘 알지. 잘 알고 말고.'라는 뜻이다. You can say that again. 은 '그 말은 다시 해도 좋아요.' '백 번 맞거든요.'라는 역시 강한 공감의 표현이다. 결국 '두말하면 잔소리죠.'라고 의역할 수 있겠다.

61 When in Rome, do as the Romans do.

– 로마에선 로마법을 따르는 게 상책.

우리가 외국 여행을 하다 보면 때로 우리와 아주 상이한 문화적 환경에 접하게 된다. 살아온 환경과 행동 방식이 다르니 어쩌면 당연한 일이다. 그 나라에 가면 그 나라의 문화와 관습을 존중해 잘 따르면 아무런 탈이 없다. 로마에선 로마법을 따르는 게 상책이다. 그에 해당하는 표현이 When in Rome, do as the Romans do.이다. 직역을 하면 '로마에서는 로마사람들이 하는 대로 하라.' 이다. 맞는 말이다.

2022년 11월에 Qatar World Cup 경기가 열렸다. Qatar가 이슬람권 국가이다 보니 서구사회와 다른 문화적 상이함이 커서 뉴스의 중심이 되는 것들도 많이 있었다. 그 중에서도 타국에서 응원 온 여성들에 대한 신체 노출의 엄격한 제약, 동성애 지지 깃발이나 티셔츠 착용 금지, 정식 결혼하지 않은 연인들의 동숙금지 등이 있었는데, 만일 이 규정을 따르지 않을 경우 이슬람 율법에 따라 상당한 벌칙과 제재가 있을 수 있었다. 그 나라에 갔으면 그 나라 규정을 지키는 게 맞는 것이다.

결국 When in Rome, do as the Romans do. 는 '다른 곳을 방문할 때는 그 곳 사람들의 관습을 따라야 한다' 라는 격언이다. (It means when you are visiting another place, you should follow the customs of the people in that place.) 말하고 싶을 때 입에서 바로 나올 수 있도록 꼭

반복해서 연습해 두도록 하자.

You know, that's why there's an adage saying, when in Rome do as the Romans do. (저 있잖아요. 그래서 '로마에 가면 로마법을 따르라' 는 격언이 있는 겁니다.)

로마 (Rome) 의 이야기가 나왔으니 로마와 관련된 속담 (adage, proverb) 이 더 있다. **Rome wasn't built in a day.** (로마는 하루 아침에 이루어지지 않았다.) 는 중요한 일을 성공시키기 위해서는 많은 시간과 노력이 든다는 의미의 속담이고, **All roads lead to Rome.** (모든 길은 로마로 통한다.) 는 뭔가를 하는 방법은 여러가지 있을 수 있으나 결국 같은 결과를 가져온다 라는 뜻의 격언이 되겠다. (All the methods of doing something will achieve the same result in the end.)

더불어 **Shape up or ship out.** 이라는 관용 표현도 알아 두자. '열심히 하든지 아니면 이 조직이나 단체에서 떠나 주세요.' 라는 말이다. 어느 직장 또는 단체에서 그 규칙을 잘 따르고 열심히 하든지 아니면 그럴 수 없다면 그만두고 그 곳을 떠나라 라는 말이다. 표현이 좀 강하긴 하지만 꼭 필요할 때는 사용할 수 있어야 하겠다. When in Rome, do as the Romans do. 표현과 일맥 상통하는 면이 있다.

The company has given you several warnings about your behavior, but there hasn't been any improvement. It's time to shape up or ship out. (회사에서 자네의 행동에 대해 여러 번 경고했지만 개선이 없었어. 개선해서 잘 하든지 아니면 조직을 떠나든지 해야 할 시간이네.)

* I know the drill. (요령을 잘 알고 있습니다.)

Drill 은 보통 '훈련, 연습, 천공' 등의 뜻으로만 알고 있지만 여기서 drill 은 구어적 표현으로 어떤 일이나 상황에 익숙함을 나타낸다. 즉, 드릴로 구멍을 반복해서 뚫듯이 어떤 일을 여러 번 이미 경험했기 때문에 어떻게 하는지 요령을 잘 알고 있다 라는 뜻이다.

A: Let me explain the process. (그 과정을 설명드릴게요.)
B: You don't have to. I know the drill. (그러실 필요 없어요. 요령을 알고 있으니까요.)

I've been working at this company for years, so when a new project comes up, I know the drill. (나는 이 회사에서 여러 해 동안 일해와서, 새로운 프로젝트가 나오면 어떻게 해야 하는지 알아요.)

연관하여 You know the drill. (어떻게 해야 되는지 잘 아시잖아요.) 이란 표현도 알아 두자. 여기서 drill 의 의미는 같고 주어만 I 에서 You 로 바뀌었다. 대선 후보들에게 TV 선거토론회 진행방식을 설명하면서 사회자가 이렇게 말한다.

You all have done this now 3 times. I'm sure you know the drill. (여러분들 이제 토론회를 3번 해보셨기 때문에 진행방식 요령을 잘 알고 계실거라 확신합니다.)

비슷하게 get the knack of 란 표현도 있다. '~의 요령을 알다' 라는 구어표현이다. 여기서 knack 은 기술, 요령, 기교 등을 뜻하며 많은 숙달

과정을 통해 능숙하게 된 기술적인 요령과 능력을 의미한다.

Once you get the knack of it, it's very easy. (일단 그 요령을 터득하면 아주 쉽습니다.)

Learning to ride a bike can be challenging at first, but once you get the knack of it, it becomes second nature. (자전거를 타는 것은 처음에는 어려울 수 있지만, 한번 요령을 익히면 자연스러워집니다.) [second nature: 제 2의 천성]

After a few weeks of practice, she finally got the knack of playing the saxophone. (몇 주 동안 연습한 뒤, 그녀는 마침내 색소폰 연주 요령을 터득했다.)

* **I'm game for it.** (그걸 할 용의가 있어요.)

Game 은 비격식 형용사의 뜻으로 '(기꺼이) ~할 마음(또는 의향)이 있는' 을 뜻하는 생활영어 표현이다.

If I have to see him, well, I'm game. (제가 그를 봐야 한다면, 글쎄요, 그럴 의향이 있습니다.)

사회자가 출연자에게 질문 공세를 시작하기 전에,

사회자: **Anna, are you game?** (애나, 마음의 준비되셨나요?)
출연자: **I'm game.** (준비됐어요.)

A: Are you game for a drink now? (지금 한잔 할 의향이 있니?)
B: Yeah, I'm game. (그래. 한잔 마시자.)

이때 Are you game for a drink? 대신에 Are you up for a drink? 라고 말할 수 있다. 다만 I'm game. 또는 Are you game? 이라고 했을 때 알 아들을 수 있어야 하겠다.

[팔다리가 없는 장애인의 강연 중에서]

The sky's the limit. Anything's possible. There's all those cliches. I'm pretty much game for anything. (한계는 없습니다. 어떤 것도 가능한 거죠. 모든 그런 진부한 말들이 있지만, 난 어떤 것도 해볼 마음이 항상 있습니다.)

[The sky is the limit. 는 '하늘이 한계다.' 라는 뜻에서 '한계는 없다.' 를 뜻하는 관용표현이다.]

62

제 3자를 힐난(詰難) 할 때 쓰는 표현 (~ 좋아하시네.)

우리가 상대방 또는 제 3자의 말에 신빙성이 없고 믿음이 도무지 안 갈 때 그 말 꼬리를 잡고 비난하거나 힐난하는 경우가 있다. '힐난하다'의 사전적 의미는 '트집을 잡아 지나치게 많이 따지고 들다'는 말이다.

예를 들어 A 라는 사람이 미국에서 대학을 나왔다고 하면서 이력을 자랑하고 다닌다고 할 경우 내가 아는 그는 한국에서 고등학교 밖에 나오지 않은 것으로 확신한다면, '뭐? 미국에서 대학 나왔다고? 대학 좋아하시네. 대학 같은 소리하고 있네. 대학은 무슨 놈의 대학.' 이라고 빈정대며 말할 수 있을 것이다. 영어에서 이런 표현은 의외로 간단히 표현할 수 있다. 핵심주제의 단어 뒤에 + my ass 를 붙이면 된다.

A : Well, I heard he had studied economics at Michigan State University. (근데 그가 미시건 주립대학에서 경제학을 공부했다고 들었어.)

B : What? Michigan University my ass! As far as I know him, he's never stepped into the university gate before.
(뭐라고? 미시건 대학 같은 소리하고 있네. 내가 아는 그는 전에 대학 문턱도 밟아본 적이 없어.)

A : It sounds like he gave her a sincere apology afterwards.
(그 일이 있은 후에 그는 그녀에게 진심 어린 사과를 한 것처럼 들려요.)

B : Sincere apology my ass! I don't think she is just okay with it, considering his thoughtless remarks against her.
(진정한 사과는 개뿔! 그가 그녀에게 생각없이 한 언사들을 고려해 볼 때 그 걸로 괜찮을 거라고는 생각하지 않아.)

A : We voted for him at the election with a hope that he will reform and innovate the real estate policy of the city. But nothing has been done or changed so far. (시의 부동산 정책을 개혁하고 혁신시킬 거라는 희망을 갖고 선거에서 그에게 표를 주어 당선시켰 는데 근데 지금까지 된 것이나 바뀐 게 아무것도 없어요.)

B : Reform my ass! He is a hopeless mayor and is simply not up to the job. (개혁은 무슨 놈의 개혁! 그 사람 희망 없는 시장이고 그 직책 을 감당할 능력이 안 되는 사람이에요.)

등등으로 사용될 수 있다. not up to the job 은 '그 일을 감당할 능 력이 안 되다.' 라는 숙어이다. 반면에 be up for 는 '할 의향이 있다' 라 는 숙어이다. It's not easy, but I would say I'm up for the challenge. (쉽 진 않겠으나 저는 도전할 의사가 있다는 말씀을 드리겠습니다.)

두번째 힐난하는 표현은

A : The new mayor made sure that he would achieve the real estate reform within his term.
(그 새 시장은 자기 임기내에 부동산 개혁을 이뤄내겠다고 확약했어요.)

B : Like hell he will. (그가 잘도 그러겠네요.)
You know, this isn't the first time he has promised the reform.
(근데요. 그거 개혁을 약속한 게 이게 처음이 아니거든요.)

절대 그럴 일이 없을 것이라는 확신에서 하는 비난의 말이다. Like hell he will. 에서 뒤에 주어가 she, they, 또는 고유명사 등이 올 수도 있다.

Like hell you will. 이라는 2인칭을 사용한 표현도 있다. 이 표현이 쓰이는 상황은 기본적인 맥락은 같으나 내용은 조금 다르게 쓰인다. 예를 들어 어떤 여자가 저수지 물에 빠져 허우적거리는데 수영도 못하는 내 친구가 용감하게 나서서 물에 뛰어들어 구조하겠다고 한다. 이 경우 "니가 구조는 무슨 구조를 한다고? 말도 안되는 소리 하지 마라." 라는 뉘앙스로 "Like hell you will." 이라고 말 할 수 있다.

A : Everyone is just watching. I think I'd better jump into the water to save her. (모두 바라만 보고 있는데, 내가 물에 들어가 저 여자를 구해야 할까 봐.)
B : Like hell you will. (네가 구하긴 뭘 구한다고.)

'수영도 못하면서 절대 넌 못 들어가. 너 역시 목숨이 위험할 수 있어.' 라는 의미로 절대 그러지 못한다는 기본 의미가 바탕에 깔려 있다.

상대방을 비난하는 것은 아니지만 나 스스로 비난을 자초할 수 있는 표현도 있다.
I will eat my hat if ~ (~하면 내 손에 장을 지지겠다.) 라는 표현이다.

(used to say that something will not happen or cannot be true) 이는 어떤 일이 절대 일어나지 않을 거라는 강한 확신에서 하는 말이다. 카우보이가 자기 모자를 씹어 먹겠다는 말을 할 때는 절대 그럴 일이 없을 거라는 확신이 들 때 하는 말이다.

I will eat my hat if she marries him.
(쟤가 그 놈과 결혼하면 내 손에 장을 지진다.)

I will eat my hat if he's here on time.
(장담하는데 그 녀석은 절대 제 시간에 안 와.)

I will eat my hat if he wins this election.
(그 친구 절대 이번 선거에 못 이겨.)

한국에서 손에 장을 지지겠다고 한 에피소드 중에 가장 회자되는 사례는 2016년 당시 여당인 새누리당 대표였던 분의 발언이었다. 야 3당이 합하여 그 때 당시 박근혜 대통령 탄핵을 추진하면 내 손에 장을 지지겠다고 한 발언이다. 절대 그러지 못할 거면서 소란만 떤다는 말이었는데 결국 탄핵은 이뤄졌고, 그 여당대표는 머쓱해지고 만 사건이었다. 그 이후로 두고두고 국민들로부터 '그래, 당신 손에 장은 언제 지질 건데?' 라는 수식어가 따라다녔다. 이 말의 영어 표현이 바로 I will eat my hat (if~) 인 것이다.

63 I would say ~, I should say의 의미와 사용법

I would say ~ 는 '~인 것 같아요.' 또는 '~일 것 같아요.' 라는 의미를 가진 접두 및 접미 구문이다. '내 개인 생각이고 추측이다' 라는 의미가 담겨있으므로 100프로 확신의 말은 아니지만 그렇게 생각한다 라는 말이다. 즉 단정을 삼가면서 하는 말이다. 발음은 I'd say 로 대부분 축약해서 발음한다.

I'd say she'll be back around two. (그녀가 12시쯤 돌아올 것 같아요.)
I'd say 가 빠지면 그녀가 2시경에 돌아온다는 게 확실해진다.

A : When are we supposed to get together tonight?
    (오늘밤 우리 언제 모이기로 되어 있지?)
B : I'd say around 7 o'clock. (7시경으로 알고 있어요.)

확신이 없을 때 문장 앞에 Maybe.., I think.. 등으로 시작할 수도 있지만 business 상에서는 I'd say 가 좀 더 격식 있는 표현법이라 하겠다. '나라면 이렇게 생각한다' 라는 뉘앙스가 함축되어 있고 자신감이 좀 더 드러난다.

How long will it take to finish this work?
(이 일을 마치려면 얼마나 걸릴까요?)
I'd say about a few hours. (몇 시간 정도 걸릴 것 같아요.)

I can't say for sure, but I'd say about 90 percent.
(확신은 할 수 없지만 약 90퍼센트 정도 될 것 같습니다.)
I'd say we have about half an hour. (약 30분 정도 남은 것 같아요.)
I'd say he's in his early forties. (그 분은 40대 초반인 거 같아요.)

* **In one's early thirties** (30대 초반에)
  In one's mid-thirties (30대 중반에)
  In one's late thirties (30대 후반에)

I'd say가 문장 끝에 와도 같은 의미로 쓰인다. 다만 앞에 콤마(,)가 온다.
We're about halfway done, I'd say. (절반 정도 끝낸 것 같아요.)

A : When is she due? (언제 출산 예정인가요?)
B : In about 4 or 5 weeks, I'd say. (약 4~5주 정도 지난 후쯤 될 듯해요.)

We need about ten, I'd say. (10개 정도 필요할 것 같아요.)
Well, she's about your age, I'd say. (그 여자 당신 나이 또래 같아요.)

그런데 주의할 점은 상황에 따라 말 그대로 해석되는 경우도 있다. 예를 들어,

If my sister calls me right now and says, hey, Anny, what are you up to? I would say, I'm working or I'm recording a video.
(저의 언니가 지금 바로 나에게 전화해서 "애니, 너 지금 뭐하고 있니?" 라고 묻는다면, 전 "나 지금 일하고 있어.", 또는 "나 비디오 찍고 있어." 라고 말할 겁니다.)

What are you up to? 라는 질문에 어떻게 답해야 하는지 요령을 가르쳐 주면서 I would say 를 사용한 문장 형태인데 이 때는 그 의미 그대로 해석하면 되겠다.

I should say 는 내 의견이나 동의여부를 강조할 때 사용한다. (used to emphasise your agreement or your opinion)

I should say I do know. (알고 말고요.) 직역하면 '잘 알고 있다고 말해야 한다' 니까 확실히 잘 알고 있다 라는 의미다. 예문을 더 보도록 하자.

I should say that the weather today is quite pleasant.
(오늘 날씨는 꽤 쾌적하다고 말할 수 있겠어요.)
I should say that learning a new skill takes time and effort.
(새로운 기술을 배우는 것은 시간과 노력이 꼭 필요해요.)
I should say that life is full of opportunities and it's up to us to make the most of them. (삶은 기회로 가득 차 있으며 그 기회를 최대한 활용하는 것은 바로 우리에게 달려있다고 할 수 있겠어요.)

I should say 는 I would say 로 시작하는 구문보다 더 확신에 찬 내 생각과 의견이 내재되어 있음을 알 수 있다. 이와 더불어 I'd rather + 동사 구문도 살펴보도록 하겠다.

I'd rather 은 I would rather 의 줄임 형태로 흔히 쓰여서 '차라리 ~하는 게 낫겠다' 등으로 알고 있는 형태지만 구어체에서는 '~하는 게 좋겠어' 라는 의미로 흔히 사용된다. 부정형은 I'd rather not (~하지

않는 게 좋겠어.) 가 되며 그 의미는 I don't want to do it. (하고 싶지 않다)라는 의미와 같으므로 이 뜻으로 이해하되 표현법 자체가 더 부드럽다는 점에 주목해야 한다.

I'd rather not talk about it. (그것에 관해 이야기하고 싶지 않아.)
I'd rather not drink alone. (혼술하고 싶지 않아요.)
I'd rather not get involved. (난 관여하고 싶지 않아요.)
I'd rather not speculate. (상황을 추측하고 싶지 않습니다.)
I'd rather handle it on my own. (그냥 나 혼자 처리하는 게 좋겠어요.)
I'd rather not worry my family about what happened.
(일어난 일로 가족에게 걱정 끼치고 싶지 않습니다.)

끝에서 두 번째 문장은 I'd prefer to handle it on my own. 으로 바꿔 써도 똑같은 의미가 된다. 즉 [I'd rather + 동사] = [I'd prefer to + 동사]이다. 그리고 '~하고 싶지 않다. ~하는 게 불편하다.' 라고 표현할 때는 I'm not comfortable ~ing 형태의 구문도 알아 두면 유용하다.

I'm not comfortable talking about it. (그걸 얘기하는 게 불편해서요.)
I'm not comfortable sharing that information with other people. (다른 사람과 그 정보를 나누는 게 불편해서요.)

중요한 것은 I want to~, I don't want to~ 의 직접적인 의사표현보다 I'd rather ~, I'd rather not ~ 표현을 쓰면 보다 완곡하고 겸손한 표현법이 된다는 점이다.

64 Day 표현의 삼총사: That'll be the day, Make my day, One of those days

Day 라는 단어는 일상 회화에서 하루도 쓰지 않는 날이 없을 정도로 사용 빈도가 높은 단어이다. 이번 칼럼에서는 day가 들어가는 중요한 관용표현 3개를 살펴보기로 하자.

먼저 **That'll be the day.** 이 That'll be the day 는 뭔가 일어나지 않을 거라는 내 생각을 나타내면서 하는 말이다. (Something you say in order to show you think that something is unlikely to happen) 즉, '그런 날이 오기나 하려나.' 또는 '그랬으면 오죽 좋겠어.' 하면서 일어날 것 같지 않은 일이나 상황에 대한 나의 강한 바람을 나타내는 표현이라고 할 수 있다. 그리고 그와 반대로 일어날지도 모르는 일에 대한 일말의 희망을 걸어 보는 상황에서도 사용된다. (It will be an unusually amazing day when that happens!). 예문을 살펴보자.

A : Mike says he's going to give up smoking.
(마이크가 금연하겠다고 하네요.)

B : That'll be the day! (그랬으면 오죽 좋겠니!)

A : Bill says he's gonna start going to the gym.
(빌이 이제 헬스에 다니겠다고 하네요.)

B : That'll be the day! (그랬으면 오죽 좋겠니!)

그동안 내가 간절히 바라 왔던 일이 일어날 가능성이 있어 보일 때 은근히 기대하는 마음으로 That'll be the day. 표현을 쓸 수 있다. 말은 반어적이지만 속마음은 정말 그러기를 희망하고 있는 것이다.

Bill : I think I'll fix the lamp now. (지금 램프를 고칠까 생각해.)
Andy : When you finally get around to fixing that lamp, that'll be the day! (램프를 마침내 고칠 생각을 하다니, 해가 서쪽에서 뜰 일이네.)
[get around to (something): ~ 할 시간을 내다.]

Get around to의 영어의 뜻은 'to do something that you have intended to do for a long time' (오랫동안 하고자 했던 것을 드디어 하다)이다. 예문을 살펴보자.

After weeks of putting it off, he finally got around to painting the living room. (몇 주 미룬 후에 그는 마침내 거실 페인트칠을 할 시간을 냈다.)
I've been meaning to call her, but I just haven't gotten around to it. (그녀에게 전화해야지 해야지 했었는데, 전화할 시간을 내지 못했어요.)

본 예로 다시 돌아와서,
Sue : I'm going to get this place organised once and for all!
(내가 이곳을 완전히 정리하고 말 거예요.)
Alice : That'll be the day! (그러면 오죽 좋겠니!)

이제 두번째 표현 **Make my day!** 이 표현은 spoken English (구어체 영어)에서 사용되는 표현으로 'make me happy by trying to do that' 이라는 사전적 뜻을 갖고 있다. 이 표현을 유명하게 만든 영화가 있다.

영화 Sudden Impact (1983)에서 배우 Clint Eastwood 가 영화 중에 사용해서 유명해진 말이 바로 이 Make my day. 이다. 영화에서 Inspector Harry Callahan (해리 경감)으로 나오는 Eastwood는 영화 도입 부분에서 아침 커피를 마시기 위해 평소 자주 들리는 작은 선술집 겸 식당에서 우연히 강도들과 마주치게 되는데 결국 모두 gun down시키고 살아남은 한 명의 강도가 총을 든 채 Loretta (waitress)를 인질로 잡고 Harry 경감과 대치한다. Harry 경감은 물러서지(backing off) 않고 강도를 향해 총을 겨누며 그 특유의 이를 악문 (with clenched teeth) 표정으로 'Go ahead, make my day!' 라고 내뱉는다. 그 이후 이 말은 이 영화의 signature(상징) 대사가 되었다. 마치 우리 한국영화 '살인의 추억 (2003)'에서 배우 송강호가 말해서 유명해진 '밥은 먹고 다니냐?' 라는 adlib 대사와 비슷하다.

Make my day. 는 크게 두가지 상황에서 이중적인 의미로 사용된다고 볼 수 있다. 첫째는 상대방이 뭔가 부정적인 일을 시도하면 그걸 멈추게 할 뿐만 아니라 단죄까지 하고 말겠다는 강한 경고성 발언의 의미로 사용되는 경우다. (used for warning someone that if they try to do something, you will enjoy stopping, defeating, or punishing them)

영화 속 Harry 경감의 말이 이에 해당된다고 하겠다. Go ahead, make my day! (어디 계속해 봐. 오늘 네 제삿날로 만들어 주겠다!) '너를 가만 두지 않겠다' 라는 단호한 메시지가 들어있다. '어디 한번 해볼 테면 해 보시지.' 라는 의미가 담겨있는 것이다.
It means if the robber attempts to harm Loretta in any way, Harry would be happy to dispatch the robber.
(그 말의 의미는 만약 강도가 로레타에게 조금이라도 해를 가하면 Harry경감이 기꺼이 강도를 처치하고야 말 것이다 라는 뜻이다.)

[dispatch : kill의 완곡어. (치명타를 가해) 죽이다. 처치하다.]

또 다른 의미로 Make my day. 는 즐겁고 기쁜 상황(to cause one to feel very happy)에서 사용되는 경우이다. 오전에 일 때문에 스트레스 받고 있어 그렇잖아도 생각났던 따뜻한 커피를 동료가 사와서 건넸을 때, 환한 미소를 지으며 다음과 같이 말할 수 있다.

Oh, goodness me. Thank you. You made my day!
(어머나. 고마워. 너 때문에 기분이 확 좋아졌다!)

Getting compliments at work always makes my day!
(직장에서 칭찬을 들으면 항상 마음이 행복해진다.)

My son, you passed the job interview? That news really makes my day. (애야, 직장 면접시험에 합격했다고? 그 소식 들으니 정말 행복하구나.)

A : Hey, is this your wallet by any chance? I've just picked it up at the entrance of Coles. (저기요. 혹시 이거 당신 지갑인가요? 방금 Coles 식품점 입구에서 주웠습니다.)

B : Gee, thank you so much. You made my day. I don't know how to thank you. (아이고, 정말 고맙습니다. 당신이 저를 오늘 특별한 날로 만들어 주셨네요. 어떻게 감사해야 할지 모르겠네요.)

여담이지만 Clint Eastwood는 1986년 California(캘러포우니어) 주 Camel-by-the-Sea 시의 시장에 출마한 후 당선되어 2년간 재직했었다. 그 때 당시 선거 유세를 위해 'Go ahead – Make Me Mayor' (어서요 –

절 시장으로 만들어 주세요.) 가 쓰여진 car bumper stickers를 지지자들과 함께 붙이고 다녔다고 한다. 자신의 유명세를 탄 영화 대사를 이용한 선거 마케팅이라 하겠다. 재선 도전은 포기했지만 재임기간 중 길거리에서 아이스크림 먹기 합법화, 해변가 공중 화장실 확충 및 도서관 증설 등의 작은 업적도 있었다고 알려져 있다.

80년대 당시 미국 대통령이었던 Ronald Reagan의 어록 중에도 Make my day 가 등장한다. 1985년 American Business Conference에서 증세 반대를 역설하면서 의회가 증세를 통과시켜 올려 보내면 거부권(veto)을 행사하겠다고 으름장을 놓으며 이 말을 사용했었다. 기업인들의 표심을 의식한 제스처일 수도 있다라는 평을 받았었다.

"I have my veto pen drawn and ready for any tax increase that Congress might even think of sending up. And I have only one thing to say to the tax increasers. Go ahead – make my day." (Audience laughter) (난 펜을 꺼내 들고 의회가 올려 보내려고 생각하고 있을지도 모르는 증세 법안에 대해 거부권 행사를 할 준비가 되어 있습니다. 증세를 하고자 하는 사람들에게 다음 한마디만 꼭 해 두겠습니다. '어디 한번 해 볼테면 해 보세요. – 가만 있지 않을테니.') (청중 웃음)

생전에 Reagan 대통령은 평소 뛰어난 유머감각의 소유자로 알려진 분이셨다.

결론적으로 간단히 정리하면,

1. S (사람, 또는 어떤 대상) + make(s) my day : 'S 로 인해 오늘 내

가 무척 행복해요.'

2. (명령형으로) Make my day : '어디 한번 해볼 테면 해 보시지.' 가 되겠다.

끝으로 **(Just) One of those days.** One of those days 는 한마디로 '일이 잘 안 풀리는 하루' 를 의미한다. '그렇고 그런 날들의 중의 하나' 이니까 '별 볼일 없는 날, 일진이 사나운 날' 등의 뜻이 되겠다. 부정적 의미로 사용된다는 점을 기억하면 된다.

영어적 의미로는 '모든 일이 원하는 대로 풀리지 않은 일진 나쁜 날' (a bad day when things do not happen as you would like them to) 이 되겠다. 모든 것이 잘못되어 가는 그런 날인 것이다. (a day when everything goes wrong.)

I missed the bus and it splashed mud all over me; it's just one of those days. (버스를 놓쳤지, 그 버스가 내 몸 전체에 흙탕물을 튕겼지; 참 안 풀리는 날이네.)

It looks like it's going to be one of those days.
(힘든 하루가 될 듯해 보인다.)

The car wouldn't start, I lost my glasses - it was one of those days. (차 시동이 안 걸리고 안경까지 잃어버렸고. - 모든 게 안 풀리는 날이었다.)

Just one of those days. 일상에서 무의식 중에 빈번히 나오는 말 중의 하나가 이 말이다.

65 [영어로 사회 보기] Hosting a Corporate year-end party or Wedding Reception as an MC

우리가 영어를 어느 정도 하게 되면 외국인이 참석하는 가족 결혼식(Family Wedding)이나 회사의 Annual meeting 또는 Year-end party 등에서 드물긴 해도 영어로 사회를 보게 되는 경우가 없으란 법도 없다. 특히 외국계 회사에 근무하면 외국인이 참석하는 연말 파티 같은 행사에서 사회를 잘 보면 자신의 영어실력을 발휘할 절호의 기회가 되어 회사 CEO의 눈도장을 확실히 받을 수도 있는 계기가 된다. 영어도 부족한데 사회까지? 하면서 고개를 갸우뚱 할 수도 있다. 뭐든 완벽해서 하는 게 아니고 사람들을 즐겁게 할 수 있는 재능 또한 중요한 변수라 하겠다. 그리고 파티 분위기 자체가 대체로 너그럽게 이해하고 웃고 넘어가는 자리이니만큼 긴장을 풀고 자신감을 가져보는 것도 괜찮을 것이다. 그런 면에서 기본이 되는 중요한 문장 패턴을 잘 암기해서 입에서 자연스럽게 나올 수 있도록 하는 게 무엇보다도 중요하다. 도전하면 된다.

이번 란에서는 영어로 사회를 보는 예문을 몇 개 들면서 독자 여러분이 그런 기회가 오면 사용할 수 있는 기본적인 패턴과 표현들을 공부해 보기로 하겠다. 발음은 천천히 리듬감 있게 읽어주면 좋다.

Good evening, ladies and gentlemen, and welcome to this very special event. My name is Kevin, and I will be your host

for this evening. We are here today to celebrate the past, to enjoy the present and to look forward to the future. (안녕하십니까. 여러분. 이 아주 특별한 행사에 오신 것을 환영합니다. 전 Kevin이고요. 오늘 저녁 사회를 맡게 되었습니다. 오늘 우리는 지난 과거를 축하하고, 현재를 즐기며, 미래에 대한 기대를 하면서 이 자리에 모였습니다.)

And this wouldn't have been possible without each and every one of you. So first of all, before we go any further, I want all of you to have a big smile on your face and put your hands together because you all are the real champions of ABC Korea, and you all are the reason that we stand here marking this amazing, amazing occasion. (그리고 이건 여러분 한 분 한 분이 없었다면 불가능했을 겁니다. 그래서 우선 먼저 더 진행하기에 앞서 여러분 모두가 얼굴에 큰 미소를 띠어 주시고 우리 스스로에게 큰 박수를 부탁드립니다. 왜냐면 여러분이야말로 ABC Korea의 진정한 챔피언들이고, 여러분 모두야말로 이 놀라운 행사를 기념하며 오늘 우리가 여기에 서 있게 된 이유이기 때문입니다.)

Each and every one of you: (청중 모두를 강조할 때 자주 쓰는 표현)
위 예문은 연례 판매실적이 우수해서 자축하는 한 회사 모임의 시작 사회멘트이다.

So come on, make some noise! (자 여러분, 어서요. 소리 좀 질러 보세요!) (= Why don't you make some noise? Come on everybody!)
You can do better than that, right at the back. I want everyone. (소리 작아요. 더 크게 할 수 있잖아요? 저 뒤쪽편에서도요. 모두 크게.)

One rule applies, and that is, we do not keep it quiet.
Are you ready, everyone? Three, two, one! [Upbeat Music]
Come on, everyone. Stand up! Hands up in the air! Hands up
in the air! (규칙이 하나 적용되는데요. 그건 바로 조용히 있으면 안된다는 겁
니다. 모두 준비되셨나요? 셋, 둘, 하나. [경쾌한 음악] 자, 여러분 모두들. 일어
서셔서. 손 위로 올리시고요.) - 음악에 맞춰 몸을 흔든다.

Big applause to all our champions, each and every one.
(우리 모든 챔피언들에게 큰 박수 부탁드립니다. 개개인 모두에게요.)
이 모두 긴장을 풀게 하며 분위기를 띄우는 멘트들이다.
[give a big applause to : ~ 에게 큰 박수를 보내다.]

누구를 단상에 모셔서 소개할 때 높은 분일 때는 모두 기립하는 것
이 예의일 것이다.

Ladies and gentlemen, please rise to welcome our president,
Mr.Kim. (신사숙녀 여러분, 모두 일어나셔서 우리 김사장님을 환영해 주시기
바랍니다.) **Please be seated.** (착석해 주시기 바랍니다.)

Please be seated. 가장 격식을 갖춘 말이다. Please take a seat. 비
격식어.

Ladies and gentlemen, now I'd like to invite Mr. Brown to the
stage. "Mr. Brown, would you please come forward to the
stage to say a few words for this celebration?" Ladies and
gentlemen, please welcome Mr. Brown, by giving him a big

round of applause. (신사숙녀 여러분, 이제 _____를 무대로 모시겠습니다. "_____님, 무대 앞으로 나오셔서 이 축하행사를 위해 몇 말씀 해주시겠습니까?" 여러분, _____를 큰 박수로 환영해 주십시오.)

위의 경우는 누구를 무대로 초청한 경우가 되겠다. 순서에 없이 갑자기 모시는 경우가 될 수도 있고, 순서에는 있지만 저런 모양새를 취하는 경우도 있을 수 있을 것이다. 다음은 연례 행사의 예정된 순서로서 회사의 사장을 무대로 모시는 말이 되겠다.

Good evening, ladies and gentlemen, and from the bottom of my heart, welcome to the annual meeting of ABC Korea 2022. My name is Kevin from the Marketing Dept., and it is my great honour to be a host on this beautiful evening. Now on behalf of ABC Korea, I'd like to extend a very warm welcome to all of you. We appreciate you taking the time off your busy schedule to join us tonight. (안녕하십니까. 신사 숙녀 여러분. ABC Korea 2022 연례모임에 오신 것을 진심으로 환영합니다. 전 마케팅 부서에서 일하는 Kevin이고요. 이 멋진 저녁의 사회를 맡게 되어 큰 영광입니다. 이제 ABC Korea를 대신하여 여러분 모두에게 따뜻한 환영의 인사를 드리는 바입니다. 오늘 저녁 이 자리에 참석하기 위해 바쁘신 가운데서도 시간을 내 주셔서 대단히 감사드립니다.)

오신 것을 환영한다에서 '진심으로' 라는 말을 넣고 싶을 때는 'from the bottom of my heart' 이라는 숙어를 문장 앞 또는 중간에 적절히 삽입하면 된다.

And now to formally kick off the event this evening, it's my

great pleasure to invite the president of ABC Korea, Mr. Kim to deliver his opening address. "Mr. Kim please." Ladies and gentleman, please rise to your feet and help me give a warm round of applause to Mr. Kim. (이제 공식적으로 오늘 행사를 시작하기 위하여, 저희 ABC Korea의 사장님이신 Mr.Kim을 무대로 모셔서 개회사를 듣게 된데 대해 무한 기쁘게 생각하는 바입니다. "사장님, 무대에 올라와 주시지요." 여러분, 모두 기립하셔서 사장님께 따뜻한 환영의 박수 부탁드립니다.)

[kick off : 스포츠나 어떤 행사 등을 시작하다. '축구경기가 시작하다'에서 나온 말이다. rise to one's feet : 기립하다.]

'박수를 보내다'라는 표현을 할 때 여러 가지가 표현들이 있다. '박수치다'의 원래 동사는 applaud 이고 명사형은 applause 이다. 그런데 '박수를 보내다'라고 할 때 다음과 같은 구동사 형태로 주로 많이 사용된다.

give (him) a big applause : (그에게 큰 박수를 보내다)
give (him) a huge round of applause : (그에게 큰 박수를 보내다)
give a big applause to ~ : (~에게 큰 박수를 보내다)
give the warmest applause to ~ : (~ 에게 따뜻한 박수를 보내다)
give (him) a big hand : (그에게 큰 박수를 보내다)
put your hands together : (박수를 보내다)
give it up for (someone) : (~ 에게 박수를 보내다.) : casual 한 표현으로 일반 모임이나 행사에서 아주 흔히 사용되는 구동사이다. 호주 Hillsong Church 등의 예배에 가 보면 guest speaker 소개 또는 환영 시 자주 쓰는 것을 보게 된다.
Let's give it up for Maria for her wonderful achievement this

month! (이번 달 올린 놀라운 성과에 대해 마리아에게 박수를 보냅시다!)

Hey folks, let's give it up for Andy! One huge round of applause please! (여러분, 앤디에게 박수 보냅시다! 대단히 큰 박수 부탁드립니다!)

My brothers and sisters, let's give it up for Pastor Lee. His New Zealand Crusade was a great success as you can imagine! (형제 자매 여러분, Lee 목사님에게 박수 부탁드립니다. 이번 그의 뉴질랜드 부흥 성회는 생각했던 대로 대 성공이었습니다!)

다음은 결혼식 피로연 행사에서의 사회 보는 예를 살펴보자. 시작 시점부터 중요 부분을 순서대로 예를 들었다. 하지만 상황에 따라 많은 변수가 있으리라 생각된다. 상황에 따라 적절하게 수정해서 사용하면 될 것이다.

Ladies and gentlemen, if I could have your attention, please! (여러분, 저를 주목해 주시기 바랍니다!)

대개 소란스러운 실내 분위기를 잠재우기 위해 두 번 정도 외칠 수도 있을 것이다. 우리가 흔히 알고 있는 May I have your attention, please! 도 물론 좋다. 여기서 if를 사용하면 요청을 부드럽게 해주는 뉘앙스의 효과가 있다. 예를 들어 Could you pass me that book please? 대신에 If you could pass me that book please? (저에게 저 책 좀 건네주시겠습니까?) 를 쓰면 후자가 좀 더 완곡한 표현으로 바뀐다.

All right. It is an absolute pleasure to welcome you all here this evening in this wonderful place for something very, very special indeed. (좋습니다. 오늘 저녁 정말 이 특별한 행사를 위해 이 멋진

장소에 오신 여러분 모두를 환영하게 되어 정말 기쁩니다.)

Now, for those of you who don't know me, my name is Kevin.
(저를 알지 못하는 분들을 위해, 저는 Kevin입니다.)

If you look around tonight, it is an intimate affair. You're all close family and friends and you are here tonight for one reason only. And that is to help celebrate something very sacred indeed. (이 밤 주위를 둘러보시면 이건 친밀한 관계의 모임이라는 것을 알게 됩니다. 여러분 모두 가족이고 친구들입니다. 여러분들은 오직 한 가지 이유 때문에 오늘밤 이 자리에 오셨는데요. 그건 매우 신성한 뭔가를 축하하기 위해서 모인 것입니다.)

Now the band's going to help you boogie the night away. Very shortly, the wonderful chefs here will be plating some great food that you're going to enjoy. But right now, you just need to sit back, relax and take a load off. (이제 음악밴드가 여러분이 즐겁게 시간을 보낼 수 있게 연주를 해 줄 것입니다. 훌륭한 요리사들이 곧 맛있는 음식을 여러분들에게 제공할 것이고요. 맛있게 즐기시면 됩니다. 지금 당장은 그저 의자에 편히 기대 앉아 느긋하게 피로를 풀고 계시면 됩니다.)

Boogie the night away : 춤추며 밤을 보내다.
Plate some food : 음식을 그릇에 담아내다.

Sit back, relax, take a load off (one's feet) 모두 비슷한 뜻의 표현으로 의자에 편히 기대어 쉬고 앉다라는 표현들이다. Take a load off 는

부담을 덜다라는 뜻. Take a load off one's feet 는 다리의 부담을 덜어 주다니까 역시 '편히 앉다' 라는 뜻이다.

We're going to have a big night tonight, but I do want to introduce four very special people. Obviously without them, this day would not have been possible. (오늘밤 우리는 대단한 밤을 갖게 될 텐데요. 그에 앞서 4명의 특별한 분들을 소개하고 싶습니다. 그 분들 없이는 오늘 이 날이 가능하지 않았을 거라는 데 이견이 없습니다.)

So first up, the wonderful parents of the bride, Michael and Carol Smith. Big round of applause! (자 그럼 먼저, 신부의 훌륭하신 부모님, 마이클과 캐롤 스미스씨 부부입니다. 큰 박수 부탁드립니다.)

Ladies and gentlemen, big round of applause for the beautiful parents of the groom, Nick and Maria Spencer. (여러분, 그리고 신랑의 아름다우신 부모님, 닉과 마리아 스펜서 씨에게 큰 박수 부탁드립니다.)

Now, you'll notice the beautiful flower arrangements on your tables. Besides the vases which you must leave, you can take the flowers home with you at the end of the evening.
(이제 각 테이블에 아름다운 꽃꽂이 된 꽃들을 보시게 될 텐데요. 모든 꽃들은 화병만 남겨 두시고 오늘밤 행사가 끝나고 다 집에 가져가셔도 됩니다.)

If you do grab a bunch, there's some paper, string and scissors that you can use to package them up and take home. That's for the end of the night. Don't take them now!

(꽃다발을 취하시면 종이와 끈 그리고 가위가 준비되어 있으니 잘 포장해서 집에 가져가시고요. 오늘밤 행사가 끝나고입니다. 물론 지금 가져가시면 안되고요.)

Ladies and gentlemen, earlier on today, they made their love official. (여러분, 오늘 일찍이 새 부부는 그들의 사랑을 공식화했습니다.) [박수]

And tonight, with the help of each and every one of you, their close family and friends, they will celebrate one of the biggest days in their lives··· everyone, your bride and groom, a big round of applause. (오늘 밤 여러분 개개인 각자와 가까운 가족 친구 여러분들의 도움으로 새 신랑 신부는 인생에서 가장 뜻깊은 날을 축하하게 될 것입니다. 여러분, 여러분의 신부와 신랑입니다. 큰 박수 부탁드립니다.)

Nice kiss for your wife, John. [Applause] **Here we go!**
(John, 아내에게 사랑의 키스 한번 해주세요. [박수] 잘하시네요!

Ladies and gentlemen, thank you very much for your attention. Please sit tight, food is coming your way. If you're looking for the restroom, it's outside in the corridor to your left. You can't miss it. Enjoy. Thank you.
(여러분, 주목해 주셔서 대단히 감사합니다. 잠시 기다려 주시면 음식이 이제 곧 나옵니다. 화장실을 가고 싶으시면 복도 왼쪽으로 나가시면 쉽게 찾을 수 있습니다. 즐거운 식사 되십시오. 감사합니다.)

Sit tight. 는 '바짝 당겨 앉다' 라는 뜻이 아니라 '차분히 인내심을 갖고 그대로 기다리다' (to stay where you are) 라는 뜻의 구동사이다.

때에 따라 '내 결심을 바꾸지 않다' (to refuse to change your mind)라는 뜻으로도 쓰인다.

여기서 화장실이 이야기가 나왔는데 대개 미국식 영어에서는 화장실을 restroom 이라고 표현하고 영국, 호주에서는 거의 toilet 이라고 한다. 호텔 같은 곳에서는 Men's Room, Ladies' Room 과 같이 구분한다. 미국에서 toilet 은 변기 그 자체만 의미하는 경우가 많다. 또 비격식어로 loo, 나 john 은 화장실을 의미하여, Where is the john? (화장실이 어디죠?), I need to go to the loo. (화장실 가고 싶어요.) 처럼 쓰인다. bathroom 은 가정에서 욕실이 딸린 화장실을 의미할 때 주로 쓰고 옛날 영국식으로 지은 가옥은 toilet 만 따로 만들어서 일반 욕실과 구분한 집들도 많이 있다.

Beautiful! Right? These very talented staff behind us here. Always do a fabulous job. All right! Ladies and gentlemen, if I could have your attention, please! (음식 훌륭했어요, 그렇죠? 우리 뒤에서 일하는 스탭들이 참 재능 있게 일을 잘 수행하네요. 자, 이제 식사도 마무리했으니. 여러분, 주목해 주시겠습니까?)

So, we've come to what I consider to be the most important part of this evening. The speeches. Now there's two reasons why I do insist that we maintain silence in the room, besides the little ones. (자 이제 이 밤의 가장 중요한 부분으로 제가 생각하는 시간이 왔습니다. 인사말씀 들인데요. 이제 어린아이들을 제외하고 이 방에 계신 어른들은 모두 조용함을 유지해 주셔야 하는 두 가지 이유가 있습니다.)

The first reason is a sign of respect for the families that are hosting you this evening. The second reason is a wedding celebration such as this one is the perfect opportunity to share feelings of love, gratitude, all the good stuff, and we want to hear all the words nice and clearly. (그 첫째는 오늘 밤 여러분들을 초대한 가족에 대한 존중심의 표시이고요. 두번째는 이와 같은 결혼 축하행사는 사랑의 감정, 감사, 모든 좋은 것들을 나누는 완벽한 기회가 되기 때문입니다. 그래서 우리 모두 그런 말씀들을 잘 경청하기를 원합니다.)

So, to start us off, he's the very proud father of the bride. Ladies and gentlemen, pick that applause going to Mr. Michael Smith. (자, 우선 시작으로, 이 분은 신부의 자랑스러운 아버지이십니다. 여러분, 마이클 스미스 씨에게 박수 부탁드립니다.)

How good was that speech! Big round of applause for the father of the bride, ladies and gentlemen. (참으로 멋진 인사말이었습니다. 다시한번 신부 아버지께 큰 박수 부탁드립니다. 여러분.)

Good on you, Michael. All right. Now next speaker, folks. (잘 하셨어요, 마이클. 자, 이제 다음 연설자 분입니다. 여러분.)

이어서 신랑 아버지 소개하면서 인사를 이어갈 것이다. 그리고 다른 여러 순서들은 상황에 맞게 적절하게 소화하면 된다. 모든 것은 Practice makes perfect. (연습하면 완벽해진다) 라는 격언처럼 하다 보면 실력과 자신감이 는다. 박수치는 표현이 반복되어 나왔으니 이제 이 표현에 좀 익숙해졌으리라 믿는다.

끝으로 2023년 4월 27일 미국을 국빈방문한 한국의 윤석열 대통령이 백악관 만찬에서 한 건배사를 함께 공유한다. 물론 윤대통령은 한국어로 메시지를 전했지만 영어로 통역이 된 문장도 함께 실었다.

윤대통령: (Biden) 대통령님! 아일랜드 속담에 우정은 네 잎 클로버 같아서 '찾기는 어렵지만 일단 갖게 되면 그것은 행운이다' 라는 속담이 있습니다. (박수)

There's an old saying, and Mr President, this one is also Irish that goes a good friend is like a four-leaf clover, hard to find and lucky to have. (applause)

여러분, 오늘은 한미동맹이라는 이 네 잎 클로버가 지난 70년의 영광을 넘어 새로운 뿌리를 뻗어 나가는 역사적인 날로 기억되기 바랍니다. 미래로 힘차게 전진하는 한미동맹을 위하여 건배를 제의합니다. 우리의 강철 같은 동맹을 위하여!

Today we will be remembered as a historic day where the ROK-US Alliance like a four-leaf clover spreads its new roots wide beyond the glory of the past 70 years. Now I ask you to join me in a toast to our alliance confidently marching toward the future. To our Ironclad Alliance!

66 "Ukraine is alive and kicking."
- 씩씩하고 용감한 우크라이나.

" **우** 크라이나는 씩씩하게 잘 해 나가고 있습니다."
이 말은 2022년 12월 21일 미국을 방문한 Ukraine [우크라이나] (발음: 유크레인) Volodymyr Zelensky 대통령이 미 상하 양원 합동의회 연설 중에 한 말이다. 자국 전쟁에 대한 미국의 지지와 지원을 호소하기 위해 Biden 미 대통령의 초청으로 극비리에 미국을 방문한 그는 이 의회연설을 통해 미국의 군사적, 경제적 지지를 다시한번 호소했다.

The New York Times는 Zelensky 대통령에 대해서 **"He delivered in halting but forceful English an impassioned speech that thanked the United States for its support in his nation's war against Russia and vowed victory as he pleaded for further aid."** (그는 더듬거리지만 강력한 영어로 자국의 러시아와의 전쟁에 대한 미국의 지지에 대해 감사하며, 더 많은 지원을 호소하고 승리를 다짐하는 열정적인 연설을 하였다.) 라고 썼다.

halting : 더듬거리는, 중간중간 끊기는.
impassioned : 열정적인, 정열적인   plead for : 을 간청(호소)하다.

그는 또한 연설 초반부에 미국 국민들에게 감사의 표현을 하면서 **"I hope my words of respect and gratitude resonate in each American**

heart. (전 저의 존중과 감사의 말씀이 미국인 개개인 마음속에 울려 퍼지기를 희망합니다.)" 라는 말로 미국인들에게 감동을 주었다.

[resonate: '반향하다. 울려퍼지다'].

"Against all odds and doom-and-gloom scenarios, Ukraine didn't fall. Ukraine is alive and kicking." (모든 역경과 절망적인 시나리오를 딛고 일어서서 우크라이나는 함락되지 않았고, 우크라이나는 씩씩하게 잘 해 나가고 있습니다.)

이 말 끝에 미 의원들의 우레와 같은 박수가 쏟아졌다.

Against all odds : 모든 난관을 헤치고. 온갖 역경을 딛고.

Doom-and-gloom : 비관적인 절망. 절망적인 상태. 어두운 전망

Be alive and kicking 은 원래 신생아가 살아있음을 증명이라도 하듯 엄마 뱃속에서 발차기를 하면서 움직이는 모습을 비유해 나온 말이다. 말 그대로의 뜻은 '살아서 발버둥치고 있다' 이지만 긍정적인 의미로 '활기 있게 또는 씩씩하게 잘 헤쳐 나가고 있다' 라는 뜻으로 쓰인다. kicking 은 진행형으로 쓰여서 '원기 왕성하다' 라는 뜻.

결국 be alive and kicking 의 영어적 의미는 'to continue to live or exist and be full of energy' 의 뜻이고, 아직 살아 존재하고 있고 에너지가 넘치는 활기찬 상태다 (healthy and active) 라는 뜻이다.

He ran a marathon late in life, just to prove he was still alive and kicking. (그는 아직 건강하고 활동적이다는 것을 증명하기 위해 늦은 나이에 마라톤을 뛰었다.)

She said she'd seen him yesterday and he was alive and

kicking. (그녀가 어제 그를 봤었는데 그 사람 여전히 씩씩하고 활기찼다고 말했다.)

I had talked to him on the phone last night and he seemed to be alive and kicking even in jail. (어젯밤 그와 전화 통화를 했었는데 감방생활임에도 씩씩하고 활기에 차 있는 듯했다.)

무생물 주어가 올 수도 있다.
Traditional jazz is still alive and kicking in New Orleans.
(전통 재즈음악이 뉴올리언즈에서 여전히 활기차게 성행하고 있다.)

누가 'Mr. Kim, how are you doing, these days?' (김선생님, 요즘 어떠세요?) 라고 물으면, 'As you can see, I'm alive and kicking!' (보시다시피, 건강하고 활기 있게 살고 있습니다!) 라고 하며 밝게 대답하면 된다.

[English Humor with Double Meaning]

* Why did the man fall down the well? Because he couldn't see that well. (왜 그 남자가 우물에 빠졌지요? 그걸 잘 볼 수가 없었던 거죠.)

Well 은 부사로는 '잘' 이라는 뜻과 명사로는 '우물' 을 의미한다. 그래서 '그 우물을 볼 수 없었던 거죠.' 라는 의미와 '시력이 안 좋아 잘 볼 수 없었다' 라는 두가지 해석이 가능하다.

67 There's only so much I can do about it.

- 한계를 말할 때 only so much

Unfortunately, there's only so much I can do about it.
(안타깝지만, 그것에 대해 제가 할 수 있는 것도 한계가 있습니다.)

Only so many 나 only so much는 '단지 그렇게 많은'의 뜻으로 생각하고 해석하면 잘못이다. 그와 반대로 '한정된, 제한적인' 수나 양을 말할 때 쓰이는 숙어이다. (used to say that there are limits to something)

There are only so many hours in your working day. You cannot possibly do all the work. (일과 시간이 한정되어 있잖아요. 모든 일을 하루에 다 처리하는 것은 불가능해요.)

You better pull yourself together. I can only give you so many chances. (마음을 가다듬어야 해. 너에게 기회를 주는 것도 한계가 있어.)

pull oneself together: 마음을 가다듬다. 감정을 차분히 진정시키고 행동하다.
(= recover control of one's emotions)

I know you're stressed out, but you need to pull yourself together and get this report done. (스트레스 많이 받고 있다는 건 아는데 마음을 추스르고 자네가 이 보고서 완성해 주길 원하네.)

쉽게 표현해서 only so many / much 가 나온 표현은 limited 라는 단어

로 바꿔 해석하면 의미가 비슷하게 된다. There's so much I can do. 는 '내가 할 수 있는 게 정말 많아.' 의 평범한 뜻이 되지만, so 앞에 only 가 들어가면 뜻이 완전히 달라진다는 점에 주목하자.

There's only so much I can do. (내가 할 수 있는 것도 한계가 있어.)

There's only so much we can do as her coworkers.
(그녀의 동료로서 우리가 할 수 있는 것도 한계가 있죠.)

I know you want to help her, but there's only so much you can do.
(그녀를 도와주고 싶어하는 건 알아. 하지만 네가 할 수 있는 것도 한계가 있잖아.)

Don't put too much pressure on yourself. There's only so much you can do. (네 스스로 너무 부담주지 마. 네가 할 수 있는 것도 한계가 있잖아.)

Of course, there's only so much the government can do.
– Barack Obama – (물론, 정부가 할 수 있는 일에도 한계가 있습니다.)

There's only so many hours in a day. You can't possibly do everything. (하루 시간도 한정되어 있잖아요. 모든 걸 다 할 수는 없는 거죠.)

여기서 주목할 점은 There's only so many hours in a day. 표현에서 뒤에 복수 주어 hours 가 나왔기 때문에 문법상으로는 There are 로 시작하는 게 맞지만 구어체 영어에서는 There is 로 말하는 경우가 아주 흔하다. 즉, 그 말은 구어체 영어에서는 There is + 복수명사 형태로 단수 복수 구분 없이 흔히 말하기도 한다는 사실에 주목할 필요가 있다. 복수 주어 앞에 단수 be 동사를 사용하면 오히려 더 미국적인 영어를 구사한다라는 평가를 받기도 한다. 그만큼 native speaker 들은 구별 없이 사용한다는 의미다.

Macmillan 영영사전은 이를 다음과 같이 명시하고 있다. (That

doesn't mean it's necessarily wrong or inappropriate to use 'there is' with a plural subject.)

(단수 be 동사가 쓰인 예)
There's many examples; you're all part of them.
[President Biden] (많은 예가 있어요. 여러분 모두도 그 예의 일부고요.)
There's two options. (두 가지 선택이 있습니다.)

I'm this close to exploding. There's only so much I can take.
(폭발 일보 직전이에요. 내가 참는 데에도 한계가 있어요.)

You defeat everyone you play. I can only lose so much.
(게임하는 사람 모두를 물리치시는데, 마냥 질 수만은 없지)

Let's dive in. There's only so much time to get this done.
(집중해서 몰두합시다. 이걸 마치기 위한 시간도 한정되어 있으니까요.)

There's only so much time. So, I'll be brief.
(시간이 한정돼 있으니 간략히 하겠습니다.)

There's only so much preparation you can do.
(당신이 할 수 있는 준비에도 한계가 있어요.)

There's only so much I can remember. Please slow down.
(제가 기억하는 데도 한계가 있어요. 좀 천천히 해 주세요.)

There's only so much work you can do in a day.
(당신이 하루에 할 수 있는 일의 양에도 한계가 있는 거죠.)

　Only so much, only so many 숙어의 확실한 이해를 통해 의사소통에 착오가 없어야 하겠다.

68 화상회의 (Virtual meeting)에서 사용되는 용어와 표현들

2022년 하반기 통계자료에 의하면 대체로 코로나 사태가 진정됐음에도 불구하고 직장인의 재택근무 (work from home)의 경향이 뚜렷해지고 있음을 보여주고 있다. 한 주에 2일 또는 3일 회사 출근하고 그 외에는 집에서 동료들과 소통하고 업무를 보는 회사가 점점 많아지고 있는 것이다.

이런 의미에서 이번 코너에서는 이러한 재택근무가 일반화된 현실을 반영해 인터넷 화상회의에서 쓰이는 영어 용어들을 공부해 보고자 한다.

1 Join the call
(화상회의에 참석하다)

화상 회의나 미팅을 call 이라고 칭한다는 점을 알아 두자.

Thanks for joining the call, everyone.

I want to thank everybody for joining the call today.

Is anyone else joining the call? (회의에 참석할 분이 또 있나요?)

When is our next meeting? (다음 화상회의는 언제죠?)

I'll ping you about our next meeting.

(다음 화상회의가 언제인지는 문자메시지로 보내 드리겠습니다.)

2 Be on the line
(화상에 접속해 있다)

원래 on the line 은 전화상으로 연결되어 상대방과 통화 준비가 된 상태를 의미한다. 화상회의에서는 다 접속해서 화면상에 얼굴을 보여 줄 수 있는 상황을 말한다.

Is everyone on the line? (모두 다 들어오셨습니까?)

Kim, (are) you on the line? (킴, 지금 들어와 계신가요?)

대화에서 (Are)는 중요한 부분이 아니기 때문에 거의 들리지 않거나 빨리 넘어가는 경우가 많고 흔히 생략하기도 한다.

Hi, Ben. Thanks for having me.

(안녕하세요 벤. 저를 초대해줘서 고맙습니다.)

Who do we have on the line? (지금 누구 누구가 들어와 계신가요?)

Really great to have everybody on the line.

(모두 참석해 주셔서 정말 기쁩니다.)

Thank you for being with us today.

(오늘 우리와 함께 해 주셔서 감사드립니다.)

Be on the line 은 줄여서 be on 으로도 쓸 수 있다.

Mr. Gibson, are you on? (깁슨씨, 들어와 계신가요?)

3 Go on mute
(음 소거를 하다.) (= put oneself on mute)

회의하는 중에 내가 대화를 하지 않고 듣기만 할 때는 혹시라도 있을 수 있는 소음 방지를 위해 내 마이크의 음 소거를 하는 게 예의이다.

Daniel, could you go on mute? (대니얼, 음 소거를 해 주시겠습니까?)
= Daniel, could you put yourself on mute?

반대로 '음 소거를 해제하다'는 unmute 이다.
Peter, sorry you're on mute. (피터, 미안하지만 음 소거가 되어 있네요.)
Peter, could you unmute yourself? (피터, 음 소거를 해제해 주시겠어요?)
Would you unmute yourself and please ask your question?
(음 소거를 해제해 주시고 질문해 주시겠습니까?)

상대방이 음 소거된 줄 모르고 말을 하는 경우도 있을 수 있다. 이 때는 We can't hear you. You're on mute. (안 들립니다. 지금 음 소거된 상태예요.) 라고 하면서 주의를 환기시키면 된다. 직접적인 지적이 아닌 좀 완곡하게 I think you might be on mute. (음 소거된 거 같네요.) 같이 표현해도 좋다.

Jenny, I can't hear you. Can you check if you're on mute?
(제니, 안 들려요. 음 소거가 되어 있는지 점검해 보시겠어요?)

4 Jump (hop) on another call
(다른 회의에 참석하다.)

바쁜 일정의 경우, 회의 주관자가 다른 화상미팅 약속이 있어서 회의를 마무리해야 한다면; I'm sorry, but I need to jump on another call. (미안합니다만, 제가 또 다른 화상회의에 참석해야 해서요.) 라고 말할 수 있다.

Sorry, I have to drop off now. (미안해요. 이제 마무리해야 하겠습니다.)

Okay. We're going to keep this meeting short today because I have to jump on another call. (오늘 미팅은 짧게 마쳐야겠어요. 다른 화상회의에 참석해야 해서요.)

I gotta hop on another call, but we'll do this again soon. (제가 다른 화상회의에 참석해야 해서요. 하지만 곧 다시 이 모임을 갖겠습니다.)

5 Break up
(끊겨서 들리다)

You're breaking up. (소리가 끊겨서 들립니다.)

이 표현은 화상회의뿐만 아니라 전화나 카톡 등 어떤 음성 메신저 상에서 연결상태가 좋지 않아 소리가 끊길 때 모두 같이 사용할 수 있는 표현이다.

Not sure if it's my connection, but Annie, you're breaking up for me. (제 연결이 문제인지 모르겠으나, 애니, 당신 소리가 끊겨 들리네요.)

You guys are breaking up a little bit. Can everybody hear me, okay? (여러분들 약간 끊겨서 들리는데, 모두들 제 목소리 잘 들리나요?)

Am I still breaking up? (아직도 제 목소리가 끊겨서 들리나요?)

화상통화에서 화면 모습과 목소리가 일치하지 않을 때, 또는 화면이 선명하지 않고 깨져 보일 때는 다음과 같이 말할 수 있다

You're lagging for me a bit. (당신 모습이 목소리에 비해 조금 뒤쳐집니다.)

You're a bit pixelated. (당신이 화면에 약간 모자이크처리 되어 보이네요.)

6 We lost you for a minute.
(잠시동안 음성이 전혀 안 들렸어요.)

상대방이 말을 하고 있는 동안 연결이 끊겨서 잠시동안 아예 안 들렸을 때 사용하는 표현이다.
We lost you for a minute, Paul. But I think you're back now. Can you say that again? (잠시동안 음성이 안 들렸어요, 폴. 이제 들리는 것 같습니다. 다시 말씀해 주시겠어요?)

7 Cut off
(연결이 끊어지다.)

Cut off 는 '잘려 나가다'라는 원 뜻에서 화상영어에서는 연결이 끊겨서 방에서 튕겨 나가버린 상황을 의미한다. 그래서 다시 접속해서 들어왔을 경우, 다음과 같이 말할 수 있다.

You just cut off for us, could you repeat that?
(방금 당신 연결이 끊어졌어요. 다시 말씀해 주시겠어요?)
Oh, sorry. Can you hear me now? (오, 미안해요. 이제 들리시나요?)

8 Share (something) in the chat
(채팅창에 (뭔가)를 공유하다)

정보를 같이 채팅창 박스에 함께 공유하고 싶을 때 사용한다.
Can you share the link in the chat?
(지금 채팅창에 그 링크를 공유해 주시겠습니까?)

Type something in the chat 는 '질문이나 정보를 채팅창에 쓰다' 라는 말이다.

If you have any questions or comments, feel free to type them in the chat. (질문이나 하실 말씀이 있으시면 언제든지 채팅창에 써 주시기 바랍니다.)

'채팅창' 은 굳이 chat box 또는 chatting box 라고 하지 않고, 그저 chat 하면 된다.

9 Pull up (something)
(뭔가를 불러오다. 화면에 띄우다.)

Could you pull up the website for us?
(웹사이트를 화면에 띄워 주시겠어요?)

Can you pull up the slides please?
(슬라이드를 화면에 띄워 주시겠어요?)

불러오는데 시간이 좀 걸릴 때는

Just a second. It's still loading. (잠시만요. 지금 올라오고 있습니다.)

I'll share my screen. Let me pull up the ~
(제 화면을 공유하겠습니다. 제가 ~ 를 불러오죠.)

10 Jump in.
(끼어들다.)

'뛰어들다.' 라는 본래의 뜻을 가진 이 구동사는 회의상에서는 누가 말을 하고 있을 때 잠시 끼어들어 한마디 꼭 하고 싶은 상황에서

양해를 구하면서 들어오는 경우를 상상하면 이해가 쉽다.

Can I jump in? (여기서 잠깐 제가 한마디만 해도 될까요?)
I love that question. Can I jump in?
(그 참 좋은 질문이네요. 제가 한마디 해도 될까요?)
Please feel free to jump in. (중간에 언제든지 끼어들어도 됩니다.)
Just to add to that⋯ (그저 that 이하를 덧붙여 말씀드리면⋯)

여기서 '대화 중에 끼어들다' 할 때, jump in 대신에 chime in 도 자주 쓰인다. 앞선 칼럼 '맞장구치는 표현들' 설명할 때 언급한 적이 있지만 이 chime in 은 긍정적으로 나의 의견을 개진하고 덧붙일 때 쓰이는 표현으로 끼어들어 간섭하고 방해한다 라는 부정적 뉘앙스는 없다.

Feel free to chime in as we move along.
(앞으로 진행해 나갈 때 언제든지 끼어들어도 좋습니다.)
Feel free to unmute and chime in.
(언제든지 음소거 제거하시고 끼어들어도 좋아요.)
Can I chime in here? (이 부분에서 제가 한마디 끼어들어도 될까요?)
You wanted to chime in, Andy? (한마디 하고 싶으셨나요, 앤디?)

이제부터는 회의를 진행하면서 할 수 있는 구체적인 표현들을 살펴보도록 하겠다.

* **Did you get a chance to ~?** (~할 기회가 있었나요?)
Did you do (something)? (~을 하셨나요?) 라는 직접적인 표현보다 조심스럽고 정중하게 표현하는 방법이 Did you get a chance to~ 이다.

물론 상황에 따라 부하 직원에게 업무처리를 급히 확인하거나 긴급을 요하는 일 등에서는 이런 완곡한 표현보다는 Did you do~ ? 와 같은 직접적인 표현도 가능할 것이다.

Did you get a chance to send the files?
(그 파일들을 보낼 기회가 있었나요?)

Did you get a chance to look at those data sets I sent over?
(제가 보내 드린 데이터 자료를 볼 기회가 있었나요?)

data 는 '데이터' 보다는 흔히 '다타 → 다라' 로 발음. 즉 '다라셋츠아이 센토우버?' 처럼 연음해서 빨리 읽으면 좋다.

Did you get a chance to sign the contract?
Did you get a chance to check my email?

Could you update us on~ ?
(~에 관한 최근 소식 (돌아가는 상황)을 알려줄 수 있나요?)

Could you update us on the project?
(지금까지의 프로젝트 진행상황을 알려줄 수 있나요?)

Could you give us an update on the project? (위와 동일한 뜻.)

Could you give us an update on how we're tracking?
(우리가 어떻게 진행하고 있는지 최근 상황을 말씀해 주시겠습니까?)

Well, can you give us an update?
(우리에게 전달할 새로운 소식 있으십니까?)
[정부 관계자에게 새로운 소식 여부를 묻는 기자의 질문] – White House -

Any update on the research?

(그 연구에 대한 새로운 진행 상황이 있으신가요?)

Do you have any update on the negotiation?

(협상에 관한 최근 소식이 있나요?)

Could you clarify~? (을 명확하게 설명해 줄 수 있나요?)

Could you clarify that a little bit? I'm not sure I fully understand your question.

Could you clarify the last sentence for me?

Do you have anything to add? (덧붙일 말씀이 있으신가요?)

논의한 내용 이외에 뭔가 덧붙이고 싶은 이야기가 있는지 물어볼 때 사용한다. 같은 의미지만 약간 변형된 표현으로, Is there anything you'd like to add? 와 같이 표현할 수도 있다. 물론 여기서 you'd 는 you would 의 준말이다.

Could I add something real quick? (정말 짧게 제가 한마디 덧붙여도 될까요?) 와 같이 선제적으로 한마디 내가 덧붙이고 싶을 때도 add 동사를 사용해서 표현하면 된다. 혹은 Could I add one thing? (한마디 해도 될까요? 우리가 언급했던 내용이 아닙니다만.) 과 같이도 쓴다. 그런데 더 이상 할 말이 없을 때는, I have nothing to add to that. (더 덧붙일 말은 없습니다.) 라고 하면 되겠다. 그리고 간단히 Just wanted to mention…(그저 ~ 를 언급하고 싶었어요.) 라고도 말할 수 있다.

If you could ~, that would be great. (~해 주시면 좋겠습니다.)

'(뭔가)를 해 주신다면 참 좋겠습니다.' 라고 할 때는 이 표현법을 이용하면 좋다. 여기서 great 는 good, fantastic 등의 여러 형용사로 바꿔 써도 무방하나 business 상에서는 너무 과장되고 긴 형용사 또는 비격식어보다는 great 가 그저 무난하다.

If you could ask him, that would be great.
(그 분께 여쭤 보시는 게 좋겠습니다.)

If you could identify yourself, that would be great.
(누구신지 본인 소개를 해 주시면 좋겠어요.)

If you could speak closer to the mic, that would be great.
(마이크에 좀 더 가까이 말씀해주시면 좋겠습니다.)

If you could get this done by tomorrow, that would be great.
(이걸 내일까지 처리해 주시면 좋겠습니다.)

시간이 곧 돈과 결부되는 게 business다. 일처리를 부탁하고 신속한 답변을 받을 시간 여부를 확인하고 싶을 때는 다음 표현을 사용하면 된다.

When should I expect to hear from you?
(귀하로부터 제가 언제 소식을 들을 수 있을까요?)

When should we expect to get an answer from you?
(귀하로부터 우리가 언제 답을 들을 수 있을까요?)

화상회의 중에 나온 중요한 사항이나 날짜 등을 인지했을 때는 스스로 알아서 적거나 메모하는 것도 중요하지만 상대방에게 그런 나의 생각을 전달하는 것 또한 중요하다. 사안을 가볍게 보지 않는다(Not taking the matter lightly)는 인상을 주기 때문이다.

I will make a note of it. (메모해 두겠습니다.)

I will make a note in my calendar. (제 달력에 적어둘게요.)

make a note 은 '물리적으로 적어두다'의 뜻도 있지만 '마음 속에 기억해 두다'의 뜻도 있다. 그래서 누가 중요한 이야기를 했을 때, Understood. I'll make a note of that. 하면 '알겠습니다. 기억해 둘게요.'라는 뜻이 된다.

Please make a note to attend that session on Tuesday at 10:30 AM. (화요일 오전 10시반 회의 참석을 기억해 두시기 바랍니다.)

Please make it a priority... (~ 하는 것을 최우선시 해 주기 바랍니다.)

뭔가 문제해결을 위해 노력하고 있을 때는 [be working to +동사]를 활용한다.

We're working to solve this. (이걸 해결하기 위해 노력하고 있습니다.)

We're working to improve the iPhone. We're still working on making it better. (아이폰 개선을 위해 노력하고 있고, 더 잘 만들기 위해 여전히 노력하고 있습니다.)

Have/get (something)+과거 분사 :

이 표현법은 I had my hair cut today. (오늘 제 머리를 깎았어요.)처럼 '다른 누군가를 통해 ~를 하게 하다.' 라는 뜻으로도 쓸 수 있지만, 또 다른 표현법으로 화자 스스로 '어떻게 해서라도 ~를 해 놓겠다.' '끝내 놓겠다' 라는 강력한 자신감의 표현으로도 자주 사용된다. 다만 동사 get 은 have 보다 좀더 casual 한 분위기를 전달한다.

No problem. I'll get that done by tonight.
(걱정 마세요. 오늘 밤까지 다 해 놓을게요.) [발음 : 바이루나잇]

I'll have the report done by the end of the day.
(오늘 중으로 보고서 준비해 놓겠습니다.) [발음: 바이디 엔더더데이]

I'll have it taken care of. (제가 처리해 놓겠습니다.)

I'll have it sent to you by tomorrow. (내일까지 보내 놓겠습니다.)

Just a reminder that ~ (혹시 몰라서 ~을 상기시켜드려요.)

Just a reminder that the next Zoom call will be on Friday at 11:00 AM.

Just a quick reminder, we have a conference scheduled for next week.

Just a reminder, the year-end party is coming up.

Just a friendly reminder to complete the survey as early as possible. (혹시 몰라 알려드리는데요, 설문 조사를 가능한 조속히 완료해 주시기 바랍니다.)

Just a friendly reminder, you only have five minutes left.
(혹시나 해서 알려드리는데요, 시간이 5분밖에 안 남았습니다.)

Just a friendly reminder, we need your RSVP for the farewell party.
(혹시나 해서 상기시켜드리는데요, 송별회 참석여부를 알려주시기 바랍니다.)

　화상 미팅에서 사용할 필수 용어와 표현법들을 여러가지 살펴봤는데, 어느 특정한 주제의 표현법이 따로 존재하는 것은 결코 아니다. 일상과 비즈니스에서 사용되는 표현들은 여러 다른 상황에서도 또 사용될 수밖에 없는 것이 언어다. 그러므로 항상 어떤 상황에서도 자신 있게 영어로 표현할 수 있는 전천후 실력으로 무장해 두는 것이 필요하다 하겠다.

69 You up for it?
(그거 하고 싶어? 그거에 관심있어?)

You up for it? 은 '그거 하고 싶어? 그거 할래?' 라는 의미로 쓰이는 관용표현이다. 앞에 Are가 생략됐고 Are you up for (something)? 해서 '~ 하기 원하느냐'를 뜻하는 생활영어 표현이다. Do you like to do (something)? 과 같은 뜻이 되겠으나 You up for(something)? 이 구어체에서 더 흔히 사용된다.

You up for it? 은 비격식 표현으로 keen or willing to try something out (뭔가 기꺼이 열의를 갖고 해보려는 시도) 또는 willing to do something or interested in doing something (뭔가를 기꺼이 하거나, 뭔가를 하는 데 흥미가 있는) 등의 뜻을 갖고 있다.

It's a big challenge and I'm up for it.
(큰 도전이긴 한데, 한번 해 볼려고요.)
We're going to the pub now. You up for it?
(우리 지금 선술집에 갈 건데, 너도 갈래?)

여기서 You down for it? 이란 표현도 있는데 흥미롭게도 You up for it? 과 같은 뜻으로 쓰인다. 글의 형태로 봐서는 정 반대의 뜻이 되어야 맞을 듯한데 정작 같은 뜻이다. 사전에는 You down for 는 US slang 으로 Are you in? Do you agree? What do you think? 등으로 정의되어 있다.

I'm planning a road trip. Are you up for it? (도로여행 갈 계획인데, 너도 관심있니?) 에서 Are you down for it? 해도 같은 뜻이 된다. 다음 예문들에서도 교차 사용이 가능하다.

The game starts in 10 minutes. You down for watching it?
(게임이 10분 있으면 시작해. 그 거 볼거야?)
I heard there's a new restaurant in town. You down for trying it out? (마을에 새 식당 열었다고 들었어. 한번 가서 먹어 볼래?)
We're going to a concert tonight. You down for joining us?
(오늘 밤 콘서트 갈 건데, 같이 갈래?)

그런데 I'm down. 은 상황에 따라 '슬프고 우울하다.' 또는 '의기 소침하다.' 라는 뜻으로도 사용될 수 있다는 점은 유념해야 한다. Feeling sad, upset, depressed 의 뜻이 되겠다.

I'm gonna go for shopping. You up for it? (나 쇼핑갈 건데, 같이 갈래?)
You up for some breakfast? (아침 먹을 거야?)
You up for beer? (맥주 할 거야?)
등에 긍정적인 답으로 Yea, I'm up for it. 또는 I'm down for it. 또는 I'm down. 해도 좋다.

그런데 여기서 You 까지 생략을 하고 간단히 Up for a drive? (드라이브 갈래?) 라고까지 표현하기도 한다. Still up for golf? (그래, 여전히 골프치러 갈거야?)

누군가 Would you like to have dinner with me tonight? 하고 제안

했을 때 I'm up for it. 라고 대답하면 당연히 '그래 같이 저녁 먹고 싶어.'의 뜻이 된다. 그런데 이 때 더 적극적인 대답은 I'd love to. That sounds great! 정도가 되겠다. 그렇다고 I'm up for it. 이 무성의한 답변은 결코 아니다. 다만 가까운 사이에 부담 없고 격식을 차리지 않는 표현으로 잘 사용된다는 점을 기억하면 된다.

You got it. (알겠습니다.)

I got it 하면 (1) '난 그것을 샀다. 구입했다. (buy, purchase)'의 뜻과 (2) '이해했다. (understand)' 그리고 (3) '잘 받았다. 잘 접수했다. (receive) 의 뜻이 있고 그리고 끝으로 (4) '나 혼자 해결할 수 있어. 혼자 감당할 수 있어. (I can handle it)' 등 4가지 뜻이 있다. 상황에 따라 적절하게 해석하고 이해하면 되겠다. '이해했다.'의 뜻으로는 I got you. (아이갓츄) 표현도 쓸 수 있다. 여기서 중요한 것은 (4)번째 뜻인 I got it. 인데, "내가 혼자 그걸 처리할 수 있다." 라는 뜻으로 사용된다는 점 잊지 말자. 목적어 it 대신에 this, that 등이 올 수도 있다.

그런데 You got it. 은 무슨 뜻일까. 이 때는 상대방이 뭔가 부탁을 했을 때, 예를 들어 전화상으로 '지금 그 서류 좀 이메일로 보내주시겠어요? (Could you send it to me now by email please?) 라고 부탁했을 때, You got it. I will send it right away. 하면 (잘 알겠습니다. 바로 보내드리죠.) 의 뜻이 된다.

A : **Would you get me a cup of coffee on your way to the office, Susan?** (수잔, 사무실 오는 길에 커피 한잔 사다 주시겠어요?)

B : **You got it. Anything else?** (알았어요. 더 필요한 건 없나요?)

그런데 You got it? 으로 의문문 형태가 되면 뜻이 어떻게 변할까? 이때는 '혼자 할 수 있겠어?' 의 뜻이 된다. 앞서 설명한 I got it. (나 혼자 해결할 수 있어.) 의 의문문 형태인 것이다. 회사 동료가 무거운 짐을 낑낑거리며 들고 올 때,

A : **You need some help?** (좀 도와줄까?)
B : **No, thanks. That's fine.** (아니, 괜찮아.)
A : **Are you sure you got it?** (정말 혼자 할 수 있겠어?)

That's heavy, you sure you got it?
(그거 무거운데, 혼자 확실히 할 수 있겠어요?)
I got it. Thank you. (혼자 할 수 있어요. 고마워요.)

You've got me there. 라는 말도 있다. 이 말 뜻은 직역하면 '거기서 당신은 나를 잡았다. 이겼다.' 의 뜻인데 어떤 퀴즈나 게임 등에서 답을 몰라 결국 포기할 때 '나 모르겠어. 내가 졌다.' 의 뜻으로 쓰인다. 시드니 주말 라디오 Talk Show 를 듣다 보면 청취자가 상품 퀴즈에 대한 답을 모를 경우, 진행자에게 You've got me there! 이라고 말하며 포기하는 것을 종종 듣는다.

A : **Who was the 44th president of the United States?**
　　(44대 미국 대통령이 누구였죠?)
B : **Nope, No idea. You've got me there!**
　　(아니, 모르겠네요. 포기할래요.)

I wouldn't know. (내가 알 리 없지. 나도 몰라.)

I don't know 는 단순히 '난 모른다.' 라는 뜻이지만 I wouldn't know 는 '내가 알 리가 없다. 내가 어떻게 알겠어?' 등의 의미가 된다.

A : Do you know where Jessica is?
B : I wouldn't know. I haven't talked to her since last night.
(어젯밤 이후로 연락 안 해서 난 모르지.)

He hasn't seen her for a while, so he wouldn't know.
(그도 그녀를 안 본 지가 좀 돼서 잘 모를 걸.)
He wouldn't know you. (그가 널 알 리기 없지.)

What do I owe you? (값이 얼마죠?)

카페나 식당, 술집, 마트 등에서 계산할 때 묻는 질문이 되겠다. '얼마나 빚을 졌나요?' 의 직역에서 그런 심각한 뜻으로 쓰이기보다는 가볍게 '값이 얼마죠?' 의 의미로 일상에서 사용된다. 발음은 '워루아이/오우유?' 라고 발음한다.

그런데 **I owe you one.** 이란 표현이 있다. '난 너에게 하나를 빚졌어.' 라는 직역에서 '이 신세 잊지 않고 꼭 갚을게.' 라는 뜻으로 흔히 사용된다. 뭔가 꼭 금전적 빚만을 의미하는 것은 아니고 정신적인 도움도 해당되겠다. 예를 들어 부모에게 한 거짓말이 들통 날 상황에서 친구가 잘 변명해 줘서 그 상황을 무사히 모면했을 때 친구에게 신세를 진 경우가 있을 수 있다. 장차 나도 되돌려 그 신세를 갚겠다 라는 뉘앙스가 함축되어 있다. 또 다른 예로, 내가 이사할 때 친구가 와서 큰 도움이 되었을 때 'Thank you, Dave, I owe you one today.' (고맙다

데이브. 오늘 너한테 신세졌구나.) 다음에 너도 이사할 때 날 부르면 꼭 달려가겠다 라는 뜻이 담겨 있다. 꼭 이사가 아닌 어떤 도움이라도 상관없을 것이다.

Thank you for not ratting me out to the boss about being late this morning. I owe you one. (오늘 늦게 출근했는데 상사한테 밀고하지 않아서 고마워. 신세졌네.)

[rat (someone) out: 밀고하다.] '밀고하다' 라는 뜻으로 dob (someone) in 도 쓰고, '누구를 일러바치다' 할 때 tell on (someone) 이라는 구동사도 있다.

Taxi 이용 후 요금 계산할 때 손님이 가장 많이 쓰는 표현은 What's the damage? (요금이 얼마인가요?) 이다. 물건을 사고 파는 것이 아닌 서비스를 주고받으면서 일어나는 비용의 청구 시에 흔히 사용된다. Damage 가 상대방에게 봉사해준 피해에 대한 대가인 것이다. '잔돈은 됐습니다.' 라고 할 때 표현은 Keep the change. 이지만 You keep the change. 와 같이 평서문 형태로 쓰면 좀더 공손한 명령형이 된다. 간단히 You keep it, Mr driver. 라고 하면 가장 좋다. 평소 필자가 taxi 이용 시 쓰는 표현이기도 하다. Mr. 는 남성에게는 극 존칭에 해당한다. 그래서 대통령도 가장 높은 존칭은 Mr. President 인 것이다.

I don't see it that way. (난 그렇게 보지 않아.)

상대방과 의견이 같지 않을 때, I don't agree with you. (자네 생각에 동의하지 않네.), 또는 I think you're wrong. (자네가 틀렸다고 생각해.)

등과 같이 직접적인 표현보다는 I don't see it that way. (난 그렇게 보지 않네.) 처럼 완곡하게 간접적인 표현을 사용하면 더 좋다.

I couldn't ask you to do that. (그렇게까지 신세 질 수는 없어요.)

I couldn't ask you to do that. 은 그렇게 해달라고 할 수는 없어.' 라는 직역에서 '그렇게까지 신세 질 수는 없어.' 라는 의미로 사용된다. 이 말은 상대방의 호의를 그냥 받기 미안할 때 예의상 쓰는 표현이라고 보면 된다. 즉, 백프로 거절의 의사는 아닌 것이다.

친구집에서 하룻밤 신세를 지게 되었는데 가서 보니 single bed 하나만 있을 경우 친구가 'You sleep on my bed and I can sleep on the floor.' (넌 내 침대에서 자라. 난 마루에서 잘게.) 했을 때, No, I couldn't ask you to do that." (아니야. 그렇게까지 신세져서야 되겠니.) 하면서 사양할 수 있다. 지방에서 여행 온 나를 배려한 친구의 호의가 고마울 뿐이다.

손님으로 오신 분이 마당 청소를 하겠다고 빗자루를 들고 마당으로 나갈 때,
"I couldn't ask you to do that. You're a guest here."
(그런 신세까지 질 수는 없죠. 이곳에 오신 손님이시잖아요.)

라고 할 수 있다. 발음은 /아이 쿠든/**애스큐루**/**두댓**./ 과 같이 하면 가장 원어민과 가깝다. 여러 번 반복해서 내 입에서 자연스레 나오게 해보자. 한글 발음 bold 체는 강조해서 읽는다.

70 What do you make of it?
(그걸 어떻게 생각하세요?) - 생각을 묻는 표현들.

우리가 뭔가에 대해 "어떻게 생각하십니까?" 라는 질문을 하고 싶을 때 What do you think of it? 또는 What do you think about it? 이라고 할 수 있다. 당연히 틀리지 않고 가장 일반적인 표현이다. 여기서 it 는 상황과 주제에 따라 다양한 관련 명사로 바꿔 쓰면 된다. 그런데 영어 권에서는 무슨 말 끝에 특히 뭔가를 제안을 하고 (making a suggestion) "당신 생각은 어때요?" 라고 바로 이어서 의견을 물을 때는 What do you reckon? (워류레컨?) 이란 말을 이어서 흔히 쓴다.

Let's go out for a cup of coffee. What do you reckon?
(커피 한잔하러 나가자. 당신 생각은 어때?)

How much do you reckon it's going to cost?
(비용이 얼마나 될 것으로 보시나요?)

바로 위 예문처럼 문장을 이끄는 주동사로서도 물론 사용된다. reckon 은 think, guess, presume 등과 같이 '생각하다. 간주하다. 추정 하다.' 뜻의 동사인 것이다. 그런데 이 What do you reckon? 은 뒤에 전치 사와 목적어 없이도 잘 사용되는 informal 한 동사이다.

A : I think we could visit grandma's today. What do you reckon? (오늘 우리 할머니 댁에 방문할 수 있을 거 같은데, 어떻게 생각해?)

B : Sure. But first we'd better call and let her know.
(좋아. 근데 먼저 전화해서 간다고 알려드려야지)

After my husband suggested going to the beach, I said to our kids. "We want to go to the beach now. What do you reckon, kids?" (남편이 해수욕장에 가자고 제안해서 우리 애들한테 말했어요. "지금 해수욕장에 가려고 하는데. 얘들아, 어떻게 생각하니?)

Presume 의 경우엔 I presume that~ 식으로 (~라고 생각합니다.) 라는 표현도 물론 만들어 쓸 수 있지만 가장 잘 쓰이는 경우는 누군가를 만나 신분을 확인할 때 쓰면 아주 적절해진다. Excuse me. You're Mr. Lee, I presume. (실례합니다. 이 선생님이 혹시 아니십니까?) 와 같이 쓴다. 확신은 좀 들지만 혹시나 해서 확인하는 질문이 되겠다.

오늘의 표현 What do you make of it? 은 역시 '그 것 또는 그 점을 어떻게 생각하십니까.' 라는 질문인데, 특히 이 질문 속에는 '그게 뭘 의미하고, 그 의도가 뭐라고 생각하시나요? 라는 뜻이 들어 있다. TV 나 라디오 톡쇼에서 어떤 정치, 사회 주제에 대한 상대방의 생각이나 의견을 물을 때 아주 많이 등장하는 표현이다. 뭐를 만든다는 것과는 전혀 상관없고 쉽게 think 와 같다고 생각하면 되겠다. 다만 그 배경과 의도까지 묻는 질문이라는 점만 기억하면 된다.

What do you make of her dismissal by the president?
(대통령에 의한 그녀의 해임을 어떻게 보십니까?)

What do you make of the recent military buildup of Japan?
(일본의 최근 군비 증강의 의도가 뭐라고 생각하십니까?)

이 표현은 I don't know what to make of it. (그것의 의도가 뭔지를 모르겠어요.) 와 같이도 사용할 수 있다. 관용적인 숙어 표현으로 I honestly can't make heads or tails of it. (솔직히 그게 뭐가 뭔지를 전혀 모르겠어요.) 와 같이 표현하기도 하는데 어떤 대상이나 주제의 머리와 꼬리 즉, 앞뒤를 분간할 수도 없는 상황을 상상하면 된다.

2023년 2월 22일 러시아의 우크라이나 침공 1주년을 맞아 러시아 의회에서 한 Putin의 국정연설 후, 긴급 분석 뉴스를 내보내면서 영국 Sky News 앵커는 국방전문 교수와의 생방송 인터뷰에서 다음과 같이 질문했다. "Professor Clark, what did you make of what President Putin had to say?" (Clark 교수님, Putin 대통령이 말하려고 했던 것이 무엇이었다고 생각하셨습니까?) 라고 질문했다. Putin의 연설 내용의 의도가 무엇이며 무슨 의미를 갖는 것인지 단순한 think 보다도 좀 더 심도 있는 생각을 묻는 질문인 것이다.

다음으로 생각을 물을 때 쓸 수 있는 표현이 What's your take on it? (그거에 대한 당신의 생각은 어떠신지요?) 이다. 여기서 take는 동사가 아닌 명사로 쓰였다. 그리고 take는 그 문제에 대해 당신이 받아들이는 것, 의견, 생각, 그리고 더 나아가 상황을 파악하고 난 나름대로의 분석까지 듣고 싶어하는 질문이 되겠다. 그러므로 상황파악이 제대로 안 돼 있는 상태에서는 이 질문에 대한 답은 곤란할 것이다. 비슷하게 I'd like to hear your take on it. (그거에 대한 당신의 의견을 듣고 싶습니다.) 라고도 말 할 수 있다. 여기서 take는 단순히 피상적인 opinion 보다 더 심도 있는 의견을 묻는 질문이라는 점을 명심해야 한다.

Where do you come down on it? (당신은 그거에 관해서 어느 쪽 의

견에 동의를 하시나요?). 이 질문도 상대방의 의견을 묻는 질문이다. 여기서 come down on 은 '어느 쪽으로 내려오다' 라는 직역에서 의견이 어느 한 쪽으로 기우는 것을 의미한다. 이 질문은 여러 의견들이 나와서 토론이 진행되고 있는 상황에서 '당신은 어느 의견에 동의를 하는지' 를 묻는 질문이 되겠다. 이에 대한 답변으로

'It's really difficult to come down on one particular side, but if I had to choose, I'd have to agree with Dr. Brown.' (어느 한 특정한 쪽을 지지하기는 정말 어려운데 굳이 선택을 하라면 브라운 박사님 의견에 동의를 할 것 같습니다.) 와 같이 말할 수 있을 것이다.

[English Humor with Double Meaning]

* **Why was six afraid of seven? Because seven ate nine.**
(왜 6이 7을 두려워했지? 왜냐하면 7이 9를 먹어버렸기 때문이에요.)

Seven eight nine 이 맞지만 발음이 eight 과 ate 이 같다. 자기도 먹힐지 모른다는 두려움 때문에 6이 7을 두려워하는 것이리라.

71 I mean 과 I'm sorry 의 각기 3가지 다른 쓰임새

I mean 과 I'm sorry 는 일상 회화에서 가장 흔히 쓰이는 표현들이지만 각기 3가지의 다른 용도로 중요하게 사용된다는 점을 꼭 알고 넘어가야 하겠다.

먼저 I mean 의 첫 번째 뜻은 '제 말은~' 이란 뜻으로, 문장 시작 시 추가적인 정보나 말을 덧붙이는 용도로 사용한다. 다음은 James Dean 과 Natalie Wood 주연의 'Rebel Without A Cause' (이유없는 반항. 1955)의 한 장면이다. 영화 초반부에 비행 소녀 Judy (Natalie Wood) 가 경찰에 끌려와서 평소 혼만 내는 아빠에 대한 감정을 경찰서 경감에게 울면서 하소연하는 장면이다.

Inspector RAY : Do you think your father really means that?
(레이 경감: 너의 아빠가 진심으로 그런다고 생각하니?)

JUDY : (Crying) Yes! No! I don't know. I mean, maybe he doesn't mean it…but he acts like he does.
((울면서) 네, 아니요. 모르겠어요. 제 말은, 아빠가 진심이 아닐지 모르지만 진심인 것처럼 행동하시는 걸요.)

I mean, he's a good teacher, but I just don't like him.
(제 말은 그는 좋은 선생님이세요. 그런데 제가 좋아하지는 않아요.)

I really love him. I mean, as a friend.

(그를 정말 사랑해요. 내 말은 그저 친구로서.)

You're more of an expert than me. I mean, you've got all that experiences. (당신은 나보다 더 전문가잖아요. 제 말은 당신은 모든 경험들을 다 하셨으니까요.)

두 번째 I mean 의 쓰임새는 자기가 한 말에 대해 수정을 할 때 '아니 (그게 아니고)' 라는 의미도 사용된다.

She plays the violin, I mean the viola, really well.
(그녀는 바이올린, 아니 비올라를 정말 잘 연주해요.) [발음: 봐이얼린, 뷔오울러]

Lisa, I mean Sarah, is coming to the party too.
(리사, 아니 사라도 파티에 온데요.)

세 번째로 I mean it. 이 표현은 관용어로서 '진심입니다. 진정이에요.' 의 뜻으로 방금 말한 내용이 정말임을 강조할 때 사용된다. I mean business. 도 같은 뜻이다. 위에 든 '이유없는 반항'의 예문에서 Do you think your father really means that? 와 Maybe he doesn't mean it. (그의 진심이 아닐지 몰라.) 등은 세 번째 의미로 사용되었다.

Mean 은 동사의 뜻 외에도 명사와 형용사로도 잘 사용된다. 명사의 중요한 뜻으로는 '수단, 평균, 중간' 이란 뜻 등이 있다. 특히 수단을 의미할 때는 means 처럼 복수형을 사용한다. 형용사로는 '비열한, 심술궂은, 초라한, 비천한' 등의 뜻이 있다. 대화나 글을 읽다가 상황과 문맥에 따라 정확한 이해와 해석이 가능하려면 한 단어의 여러 뜻을 파악하고 있어야만 된다는 것을 이 mean의 단어에서도 보게 된다.

Means of communication (통신수단)

The end justifies the means. (목적이 수단을 정당화한다.)

Mean motives (비열한 동기)

He is very mean to me. (그는 내게 아주 심술궂게 군다.)

A woman of mean appearance (초라한 모습의 여자)

수단이 목적을 정당화한다고 했을 때 생각나는 표현이 우리말 '끝이 좋으면 다 좋다.' 라는 말이다. 이 표현을 영어로는 **All is well that ends well.** 이다. 직역하면 '잘 끝나는 모든 것은 다 좋다' 이니까 돌려 말하면 우리말 표현과 일치한다고 볼 수 있다.

다음 주제는 'I'm sorry.'

I'm sorry. 는 일반적인 '미안하다.' 라는 사과의 뜻이 일차적으로 있다는 것은 모두 잘 알고 있다. 두 번째는 '유감이다.' 라는 뜻이다. 무슨 불미스러운 일로 인해 회사에 사표를 내는 직원이 바로 위 상사인 팀장에게 사직서를 제출하면서 다음과 같은 대화가 가능하다.

Staff : I'm sorry. (죄송하게 됐습니다.)

Team Leader : I'm sorry too. I wish you all the best.
(나 역시 유감이네. 행운을 빌겠네.)

영화 The Bigamist (중혼자. 1953)에서 주인공 Harry 가 Beverly Hills 버스 투어 중 만난 Phyllis 에게 식사 초대 의사를 밝히는 장면이 나온다. 서양에서는 이성 간의 저녁식사 초대는 사귐의 첫 단추가 된다. 승낙과 거절에 따라 앞으로서 관계를 가늠할 수 있게 된다.

Harry : I'd like to invite you to dinner tonight.
(오늘 저녁 초대하고 싶습니다.)

Phyllis : I'm afraid I can't. Sorry. (곤란하겠는데요. 미안합니다.)

Harry : I'm sorry too. (저 역시 유감이군요.)

중요한 것은 Harry 가 말한 I'm sorry too. 부분이다. 영화 자막에는 '저도 그래요.' 라고 돼 있어서 '저도 미안해요.' 라는 의미로 해석될 소지가 있다. 하지만 '곤란하시다니 저 역시 유감이네요' 라는 의미로 해석해야 맞다. 같은 I'm sorry 를 쓰기 때문에 I'm sorry too. 로 받은 것뿐이다.

영화 Waterloo Bridge (애수. 1940) 첫 시작 장면에 독일의 공습으로 런던 Waterloo Bridge 근처 지하 방공호로 피신한 두 주인공, 로이 크로닌 대위 (로버트 테일러 분) 와 마이러 레스터 (비비안 리 분) 발레 댄서의 대화 장면이다.

ROY : Well, I hope I'm around the next time it happens.
(다음 공습이 있을 때도 여기 근처에 있으면 좋겠어요.)

MYRA : It isn't very likely, is it? You go back to France and...
(그럴 일은 없지 않겠어요? 당신은 프랑스 전선으로 돌아가고…)

ROY : And you? (그럼 당신은 요?)

MYRA : We may go to America. (우리 발레단은 미국으로 갈지 몰라요.)

ROY : Oh, that does make it unlikely. I'm sorry. (그럼 정말 희망이 없군요. 유감이네요.) - 오늘 같은 일은 다시 일어날 것 같지 않다 라는 뜻이 암시되어 있다.

MYRA : So am I. (저도 그래요.) (저도 유감이예요.)

여기서의 I'm sorry. 의 뜻은 당연히 '유감스럽다'라는 표현이고 So am I. 도 같은 의미로 사용되었다.

세 번째 뜻으로는 '안됐다' 이다. 친구의 부모나 가족이 상을 당했을 때,

I'm so sorry, Jason. I was very saddened by the news.

(제이슨, 정말 안됐구나. 그 소식 듣고 아주 슬펐어.)

우리가 누구와 이야기를 하면서 현재든 과거든 상대방이 자기 가족이나 지인의 죽음 이야기를 언급했을 때 바로 Oh, I'm sorry. (아, 안됐군요.) 라고 위로의 말을 건네면서 대화를 이어가는 게 예의다. 이 때를 놓치지 말고 바로 말해주는 센스가 필요하다 하겠다. 그러면 상대방은 그 과거를 회상하는 사실로 우울해하기보다는 대화 중에 나온 이야기인만큼, Thank you. That's ok. (고마워요. 괜찮습니다.)라고 하면서 대화를 이어 나가게 된다. 우리도 대화 중에 그런 슬픈 이야기가 나오면 '아 그러셨어요. 참 안됐군요.' 하면서 위로의 말을 바로 건네지 않는가. 세상 살아가는 이치는 다 비슷한 것이다.

그리고 아는 지인이 입학 또는 입사 시험에 아쉽게도 낙방했을 경우,

I'm sorry you have failed the examination.

(시험에 불합격하셨다니 안됐네요.)

라고 했다면 상대방이 시험에 떨어져서 안됐고 안타깝다는 내 마음을 표시한 것이지 내가 미안해야 할 일은 아니다. 그러면서 Cheer up! I believe you can do it next time. (힘내요. 다음에는 해내리라 믿어요.) 라고 격려해 주면 된다.

72 Early bird (아침형 인간)와 Night owl (저녁형 인간).

'당신은 아침형 인간인가요, 저녁형 인간인가요?' 라고 묻는 경우가 있을 것이다. 말 그대로 아침형 인간을 morning person, 저녁형 인간을 night person이라고 해도 전혀 문제가 되지 않는다. 그런데 영어식 감정에 더 와 닿는 표현으로 Are you an early bird or a night owl? 이 있다.

Early bird는 a person who gets up early in the morning or who does something before other people. (아침에 일찍 일어나거나 남들보다 앞서서 뭔가를 하는 사람)을 지칭한다. 즉 부지런한 사람의 대명사가 early bird 인 것이다.

Early bird와 관련된 속담으로 **The early bird catches the worm.** (이른 새가 벌레를 잡는다.) 란 말이 있다. 성경 잠언 (Proverbs) 24장 33절 말씀을 보면 '네가 좀 더 자자, 좀 더 졸자, 손을 모으고 좀 더 눕자 하니 네 빈궁이 강도 같이 오며 네 곤핍이 군사같이 이르리라. (A little sleep, a little slumber, a little folding of the hands to rest – and poverty will come on you like a thief and scarcity like an armed man.)' 라는 말씀이 나온다. 게으른 자들을 성경은 꾸짖고 경고하고 있는 것이다. 그런데 흥미로운 사실은 이와 정확히 똑같은 말씀이 잠언 6장 10절에도 나온다. 부지런함의 중요성을 그만큼 강조한 것으로 해석된다.

아침 일찍 Sydney 시내를 주행하다 보면 주차장 건물마다 "Early Bird $15 All Day" 과 같은 간판을 쉽게 볼 수 있다. 물론 건물마다 주차 요금은 조금씩 차이가 있다. 9시 근무시간 전에 주차를 하면 하루 종일 주차비로 15불만 내면 된다는 말이다. 주차장들마다 정규 직장인 고객유치 경쟁을 보여주는 장면이기도 하다.

그렇다면 저녁형 인간이라고 해서 반드시 나쁜 건가 하면 꼭 그렇다고 말할 수도 없다. 일의 효율면에서 밤에 머리 회전이 잘 되어 글을 쓰거나 그림을 그리거나 또는 어떤 프로젝트를 계획할 때 밤 늦게 실력발휘를 하는 사람들도 분명 있기 때문이다. 또 밤에 일할 수밖에 없는 여러 유형의 직업들도 많다. 자의든 직업상이든 이런 저녁형 타입의 사람을 night owl 이라고 한다. 즉 밤 늦도록 자지 않는 사람들을 총칭한다. 그대로 해석하면 '밤 올빼미'가 되겠다.

필자도 오래전에는 night owl 형이었지만 시간이 가면서 early bird 로 습관을 바꿨다. 아침에 일찍 출근해야 하는 이유도 있었지만 무엇보다도 건강에 더 좋은 영향을 미쳤기 때문이다. Night owl 의 문제점 중의 하나는 밤참(late night snack)을 먹게 되는 경향도 있다는 점이다. 또 서울에서 야간 늦게 Taxi를 타면 할증료가 붙듯이 Sydney 도 밤 10시부터 아침 6시까지는 낮 요금의 20%가 자동으로 할증 계산된다. 밤 늦게 일하지 않는 운전기사들의 근무를 독려하기 위한 당근 책인데 이러한 밤에 자지 않고 일을 하는 운전기사들을 night owl 이라고 부른다. Pandemic 전에는 금, 토요일 밤에는 파티 등으로 자정을 넘어 새벽 2시까지 많은 사람들로 인해 night owl 택시 기사들의 수입도 짭짤했었다. 3년여의 코로나 공백기를 거치면서 그런 모습들은 모두 사라졌지만 2023년부터는 조금씩 경기가 되살아 나는 분위기이다.

73 You've always had it in for him!

(트집만 잡는 had it in for)

You've always had it in for him! (당신은 항상 그 애 트집만 잡아왔 잖아요!)

생활 영어는 구동사(phrasal verb)를 많이 사용한다. 다시 말하면 한 단어로 동작의 뜻을 나타내는 단어보다는 기본 주요동사와 전치 사, 부사 등의 조합을 통해 다양한 의미를 만들어내는 동사의 조합 을 구동사라 부르고 있다.

위 표현 have it in for (someone) 은 너무 쉬운 단어들의 조합인데 그 대로 보면 무슨 말인지 이해가 힘들 것이다. 이 구동사는 ' ~에게 앙 심을 품다. 트집을 잡다. 못살게 굴다.' 라는 뜻을 갖고 있다.

영어로는 have a particular dislike of someone and behave in a hostile manner towards them. (누군가에게 특별한 반감을 가지며, 그들을 향 한 적대적인 태도로 행동하는 것)를 가리킨다.

영화 To Sir, with Love (마음은 언제나 태양. 1967)는 2022년 94세의 나이로 타계한 전설의 흑인배우 Sidney Poitier가 주연한 영화로서 당시 불량학생들로 가득했던 런던의 한 빈민가 고교에 갓 부임한 흑인교사 Mark Thackeray의 애정 어린 교육을 통해 반항기 많은 학생들을 포 용하는 과정을 그린 영화이다.

이 영화 중간 부분에 잠깐 등장하는 중년의 체육교사(Mr. Bell)가 학생들에게 뜀틀 (buck) 넘기 훈련을 시키다가 몸이 뚱뚱해 자신없어 하는 한 학생을 계속 강요한 끝에 그 학생의 뜀틀 넘기 시도로 인해 뜀틀이 부서지고 학생도 넘어지면서 부상을 당하게 된다. 이에 분노한 다른 학생(Potter)이 광포해져서 (go berserk) 막대를 집어 들고 체육교사에게 거칠게 대드는 장면이 나온다. 선생에게 욕설도 불사하는 Potter.

Potter : You bloody bastard! (이 후레자식!)

Mr. Bell : Put that down! Potter (그거 내려 놓거라. 파터!)

Potter : You knew Fats couldn't do that. You've always had it in for him. (뚱보는 그걸 할 수 없다는 걸 알았으면서. 맨날 그 아이 트집만 잡고. (or 항상 못살게 굴고.) [발음: 유브 올웨이즈 해리린포어임]. (him을 '임'으로 빨리 발음함.)

Mr. Bell : Potter, Put that down! (파터, 그거 내려 놓으라니까!)

여기서 fats는 복수형으로 뚱보를 의미한다. 그리고 학교나 군대에서 한번 선생이나 상관에게 찍히면 괴로운 법이다. 이유 없이 괴롭힘 당하고, 트집 잡히고 못살게 구는 이런 상황이 바로 have it in for (someone) 인 것이다. 그런 분노를 표출할 때 이 표현이 적절하다.

This is the third time in a row my professor has given me F on my paper. I think he has it in for me or something.
(교수님이 내 논문에 F 학점을 연속 3번을 주시는데, 나한테 무슨 악 감정이라도 있는 거 아닌가 생각하고 있어.)

Please stop having it in for your sister, for God's sake.

(제발 네 여동생 못살게 좀 굴지 마, 지겨워 정말!)
[for God's sake, for Christ's sake, for goodness' sake: 제발!]

그런데 표현이 조금 변형되어 have it in (one) 하면 역시 비격식 표현으로 전혀 다른 의미가 된다. 즉 to have a particular quality or ability to do something (뭔가를 할 특별한 능력과 자질이 있다) 라는 뜻이 된다.

Oh, I always knew you had it in you, Jane!
(오, 난 너에게 그런 능력이 있다는 걸 항상 알았지, 제인.)
His speech was really fun - we didn't know he had it in him.
(그의 연설은 참 재미있었어. 우린 그가 그런 자질이 있는 줄 몰랐었네.)

결국 전치사 for 하나 있고, 없고의 차이로 뜻이 전혀 달라진 경우라 하겠다. 그런데 이런 구동사 형태의 숙어는 수없이 많다. 예를 들어 **take (something) out on (someone)** 은 무슨 뜻일까. 이 구동사는 '(뭔가를) ~에게 화풀이하다.' 라는 뜻의 구동사이다. 영영사전의 의미는, to treat someone badly because you are upset or angry, even if they have done nothing wrong (화나고 흥분해서 상대가 잘못이 없음에도 불구하고 아주 못되게 대하다) 이다. 합당한 이유도 없이 누군가에게 화풀이하고 신경질내는 상황을 생각하면 이해가 된다.

Why are you taking it out on me? (그걸 왜 나한테 화풀이하세요?)
I know you've had a bad day, but you don't have to take it out on me. (오늘 일진이 안 좋은 건 아는데, 그렇다고 나한테 화풀이하면 안 되지.)

Don't have to : '~할 필요는 없다.' 의 뜻이지만 생활영어 가운데 쓰이면 '그렇게까지 할 필요는 없잖아. 꼭 그래야 되겠니?' 등의 뉘앙스가 포함된 구어체 표현이다.

앞선 칼럼에선 다뤘던 '~에게 박수를 보내다.' 뜻의 give it up for (someone) 도 일상에서 자주 쓰이는 구동사이다. 단어의 조합만 보고서는 이해가 힘든 형태다. 이 Give it up for 구동사는 give (someone) a round of applause (~에게 박수를 보내다) 와 같은 뜻의 구어체 표현인 것이다.

또 다른 예로 come down with (병명)는 무슨 뜻일까. 이는 '~ 병에 걸리다.' 이다. 그런데 이 때 중요한 것은 암 등 심각한 중병이 아닌 경우를 가리킨다. 생명을 위협하지 않는 가벼운 감기, 유행성 독감, 식중독, 바이러스 감염, 피부 발진, 설사 등등이 되겠다.

I feel like I'm coming down with a cold. (나 감기 걸린 거 같아.)

다음 몇 가지 구동사 예를 더 들어본다면,

Put up with (참다. 감수하다), **put up at** (~에 묵다. 투숙하다),
Get along with (잘 어울리다. 친하게 지내다),
Come up with (뭔가 새로운 아이디어를 생각해 내다),
Get around to (something) (~할 시간을 내다) :
I will get around to it someday this week.
(금주에 그거 손볼 시간을 내 볼게.)

Get back at (~에게 앙갚음하다.) (= take revenge on)

Maybe you think you can get back at your dad this way.
(아빠 속을 이런 식으로 썩혀드리려고 그렇겠지.)

I think he's trying to get back at her for what she said in the meeting.
(내 생각에는 그는 그녀가 모임에서 한 말에 대해 앙갚음을 하려는 것 같아.)

Something's up. Did Mr. Cha say that he was going to get back at Raul? (뭔 일이 있는 게야. 차무식이 라울시장에게 복수하겠다고 했나?)

– 카지노 시즌2 제 7화 : Big Boss Daniel 이 부하 John 에게 한 말이다.

The employee planned to get back at his boss for treating him unfairly. (그 직원은 사장이 자기에게 부당하게 대우하는 것에 대해 앙갚음할 계획을 세웠다.)

결론적으로 훌륭한 회화 구사력은 Vocabulary(어휘력) 과 Phrasal verbs(구동사) 로 잘 무장된 영어 실력에서 나온다고 해도 과언이 아니다. 특히 능숙한 구동사의 활용 능력은 영어회화에서 강력한 파괴력을 갖게 해 준다.

2023년 2월 22일, 러시아의 우크라이나 침공 1주년을 맞아 Putin 대통령이 러시아 의회에서 한 대국민 국정 연설에 관한 소식을 전하면서 CNN은 다음과 같이 썼다.

Putin also said that he doubled down on his war in Ukraine and sought to blame the West for the conflict during his state

of the nation speech on Tuesday. (푸틴은 또한 화요일 국정연설에서 우크라이나에서의 전쟁을 한층 더 강화하겠으며 분쟁의 원인을 서방국가들에게 돌리려 했다.)

여기서 중요한 구동사는 double down on (something) 이다. 이 뜻은 to continue to do something in an even more determined way than before. (전보다 훨씬 더 결의를 갖고 뭔가를 계속 진행하다) 이다. 즉 뭔가를 한층 강화하면서 지속하겠다는 뜻이다. Double 이 두 배라는 뜻을 갖고 있지만 여기 구동사를 쓰일 때는 명시적으로 두 배라는 말은 아니고 그저 더욱 강화하겠다는 의미로 쓰였다.

결국 Putin은 지난 일 년간의 전쟁으로 러시아도 엄청난 물적, 인적 손실과 피해를 겪었으면서도 결코 그냥은 물러서지 않겠다는 결의를 그대로 보여주고 있다 하겠다.

이 때에 맞춰 폴란드를 방문 중에 Biden 미 대통령은 Putin 연설의 맞대응으로 당일 몇 시간 후 폴란드 수도 Warsaw (바르샤바) The Royal Castle 앞에서 행한 밤 연설에서 ;

"When President Putin ordered his tanks to roll into Ukraine, he thought we would roll over. He was wrong."
(푸틴 대통령이 자국 탱크들에 대해 우크라이나 진격 명령을 내렸을 때 그는 우리가 굴복할 것으로 생각했다. 하지만 그의 생각은 틀렸습니다.)

라고 말했다. 여기서도 두 구동사가 쓰였다. roll into 는 '굴러 들어가다. 진입하다. 둘둘 말다.' 등의 뜻이 있다. 그런데 문제는 roll over

이다. roll over 는 roll into 보다 더 다양한 뜻을 갖고 있기 때문이다. 1. 돌아 눕다. 2. (차량이) 전복되다. 3. 포기하고 항복하다. 굴복하다. 4. (은행에서 부채나 융자를) 연장해 주다. 5. (회계상에서 전월 또는 전년도 남은 금액을 차기 월 또는 차기 년도로) 이월시키다. 6. (로또에서 당 회에 당첨자가 없는 경우 상금을 다음 회 차로) 이월 합산시키다. 등의 다양한 뜻이 있다.

여기서 Biden 이 사용한 roll over 는 두말할 필요도 없이 3번째 뜻으로 사용되었다. '항복하다'의 다른 표현이 있음에도 roll over 를 쓴 이유는 roll into 와 대귀를 이루는 표현이기 때문이다.

구동사 표현은 한영 사전으로 잠깐 보고 넘어가지 말고 인터넷을 통해 Cambridge, Collins, Longman, Macmillan, Merriam-Webster 등의 영영사전을 통해 의미와 예문을 살펴보면 정확한 의미 파악이 가능해진다. 이런 중요 구동사의 의미를 살펴보는데 5분만 투자하면 된다. 이런 노력이 꼭 필요하다는 점을 강조한다. 사전마다 특징은 조금씩 있는데 Cambridge는 간결 명확하고, Collins는 더 평이한 문장으로 뜻을 잘 설명해준다. 두 사전은 반드시 찾아보기를 추천한다.

74 Reservations 의 의미와 쓰임새.

우리가 정확히 뜻을 파악하고 있지 못하는 단어 중에 reservation 이 있나. 흔히 예약하다의 reserve 나 make a reservation (예약하다.) 처럼 호텔이나 비행기 또는 식당 등에 미리 약속을 잡다라는 뜻으로 사용하는 것은 여러분도 잘 알 것이다. 또 reserve 하면 어떤 자원의 '매장량' 을 뜻하기도 하고, reserve army (예비군) 란 뜻도 있다.

그런데 대개 복수형태로 reservations 하면 의구심(doubt), 거리낌, 불확신, 주저함. 그리고 걱정 (misgiving), 불안, 의혹, 염려 등의 부정적인 뜻이 있다는 점을 반드시 기억할 필요가 있다. 어떤 계획이나 생각에 대한 의구심을 떨칠 수 없을 때, 그리고 뭔가 정확한 확신이 안 설 때 (when you're not sure that it is entirely good or right) 사용한다.

I have to admit, I still have reservations about this plan.
(솔직히 인정하겠는데, 이 계획에 대한 의구심이 여전히 있습니다.)

미드 Desperate Housewives (위기의 주부들)에서 어느 한 부부의 아내가 남편과 사업을 같이 하는 것에 대한 우려를 표명하면서 남편에게 하는 말이다.
I have to admit I had some reservations about us working together. (솔직히 말씀드리는데 우리가 같이 일하는 것에 대한 거리낌이 좀 있었어요.)

We have reservations about letting the children stay home alone. (우린 어린애들을 집에 홀로 남겨두는 것에 대한 우려가 있습니다.)

With these reservations in mind, the following conclusions could be drawn from the current investigation. (이러한 의구심들을 염두에 두고, 현 조사에서 다음과 같은 결론이 도출될 수 있었습니다.)

My only reservation about buying the car was its high price. (저의 그 차 구매를 꺼리게 한 유일한 점은 높은 가격이었어요.)

Without reservation(s) 하면 거리낌 없이, 기탄없이, 유감없이, 전적으로 (completely) 등의 의미로 사용된다.

He accepted my advice without reservation. (그는 내 충고를 전적으로 받아들였다.)

We condemn their actions without reservation. (우린 그들의 행동을 전적으로 비난한다.)

He supported her decision without reservation. (그는 전적으로 그녀의 결정을 지지했다.)

그런데 reserved 란 단어에는 '점잖은, 조용한, 속 마음을 잘 드러내지 않는' 등의 뜻이 있다. 내성적인 성격을 나타낸다고 볼 수 있다.

She was very reserved, and they felt she was shy. (그녀는 아주 조용한 성격이고, 그들도 그녀가 수줍어 한다는 걸 느꼈어요.)

영화 Waterloo Bridge (애수)의 후반부 장면에서 삶의 곤고함으로 인해 정신적으로 낙담해하고 있는 Myra 에게 전장에서 살아 돌아온

Roy 대위의 위로의 말과 장난기 섞인 질문이 이어진다. 신혼 첫날 이후 생이별을 해왔지만 법적으로 둘은 부부사이이다.

ROY : Happy? (행복해?)   MYRA : Yes. (네.)

ROY : Completely? (완전히?)   MYRA : Yes. (네.)

ROY : Ecstatically? (황홀하게?)   MYRA : Yes. (네.)

ROY : No doubts? (의심 없이?)   MYRA : No. (없어요.)

ROY : **No reservations?** (어떤 거리낌도 없고?) MYRA : No. (없어요.)

ROY : No defeatism? (패배주의도 없고?)   MYRA : No. (없어요.)

ROY : Darling, every once in a while, I see fear in your eyes. Why? Oh, life's been hard for you, I know that. You've had to struggle and endure privation, but that's all over now. You're safe now. Don't be afraid. You needn't be ever again. I love you. (여보, 그런데 가끔 보면 당신 눈에 두려움이 있어 보여. 왜 그래? 당신 삶이 힘들었지. 알아. 당신이 어렵게 궁핍한 생활을 견뎌야 했다는 것을. 그러나 이제 다 지난 일이야. 이제 당신은 안전해. 두려워 말아요. 다시는 그럴 필요가 없을 거야. 사랑해.) **privation** [프라이베이션] : 궁핍, 결핍, 부족. 박탈

Myra는 엉겁결에 올린 결혼식 하루만에 전장으로 떠난 Roy를 학수고대하며 기다려 오던 중 우연히 본 신문의 전사자 명단에 Roy가 포함된 걸 보고 크게 좌절한다. 자포자기한 상태로 몸을 팔며 삶을 이어오다 기차역에서 귀환하는 병사들 사이에서 Roy를 우연히 다시 만나는 기쁨을 누리지만 순결하지 못한 여자라는 죄책감에 시달린다. Roy의 변함없는 위와 같은 애정 어린 사랑고백도 Myra의 감정을 되돌릴 수는 없었다. 스코틀랜드의 부유층 자제인 Roy 가족들의 축복을 받으며 가정을 이루지

만 양심의 가책을 이기지 못한 Myra는 결국 런던의 Waterloo Bridge에서 몸을 투신하고 만다.

80년전의 영화라 21세기 젊은이들의 사고와는 사뭇 다른 순애보적 내용이지만 당시에는 그런 정조관념과 집안 내력을 따지는 시기였음을 보여주는 고전영화다. 이 영화에서 조각 미남 Robert Taylor 와 최전성기의 Vivien Leigh 의 모습을 볼 수 있다. 필자는 이 영화 '애수'를 좋아해서 2018년 런던을 방문했을 때 Waterloo Bridge를 직접 걸으며 이 영화를 생각했던 기억이 있다.

Hollywood의 50 ~70년대 고전영화들의 장점 중 하나로 이 당시의 영화들은 대체로 대사 녹음이 깨끗하고 정확하다. 대화 부분은 불필요한 소음을 일절 배제해서 듣기 공부에 최적이다. 다만 영어표현에 있어서 시간에 따른 변천은 있을 수는 있겠으나 배울 게 훨씬 많은 우리에겐 큰 문제가 되지 않는다고 생각된다.

75 I have had it. 의 3가지 중요한 뜻.

여러분은 I've had it. 이란 표현을 본 적이 있는가. 이 역시 단어만 가지고는 비로 이해하기 쉽지 않은 표현이라 하겠다. 이 간단한 표현에는 3가지 알아 두어야 할 중요한 뉘앙스가 들어 있다.

첫째, '이젠 끝장이다' 라는 뜻이다. If someone has had it, they are in serious trouble, or have no hope of succeeding. 즉, '심각한 문제에 직면해 있거나 성공 가능성이 전혀 없다' 는 뜻이 담겨있는 것이다.

If the boss hears what you've been doing, you've had it.
(사장이 네가 해온 일들을 들어 알게 되면, 넌 끝장이야.)
When they scored that second goal, I knew we'd had it.
(상대팀이 두 번째 골을 넣었을 때, 우리는 게임 끝났다라는 걸 알았다.)

두 번째 뜻은 '수명이 다했다' 이다. 이 때는 물질 명사가 주어로 온다. If something has had it, it cannot be used any longer because it is in such bad condition. 즉, 상태가 아주 안 좋아 더 이상 사용할 수 없는 지경에 이르렀을 때를 말한다고 하겠다.

I'm afraid my old bike's just about had it.
(내 오래된 자전거가 이제 수명이 다 된 것 같아요.)
I'm afraid는 I think 와 유사하게 사용, 해석을 하되 부정적인 상황

(negative situation)에서 '내 생각은 그렇다' 라는 의미이다. '난 두려워한다' 라는 뜻으로 해석하면 안된다.

This sofa has had it. (이 소파는 수명이 다했어요.)

I'm afraid your car battery has had it. (네 차 배터리 수명이 다 된 것 같다.)

세 번째, '지긋지긋하다. 진절머리가 나다.' 의 뜻이다. To be so annoyed with someone or something that you do not want to be involved with them any longer. (뭔가에 또는 누군가에 많이 짜증나고 골치가 아파, 이제는 더 이상 관여하고 싶지 않은) 상황인 것이다. 해 볼만큼 했으니 이제는 더 이상 해당 문제나 사람과 엮이고 싶지 않다는 뉘앙스가 들어 있다. 이 뜻이 일상에서 가장 많이 등장하니 잘 기억해 둘 필요가 있다.

He says he's had it with politics. (그는 정치라면 지긋지긋하다고 말한다.)

정치에 대한 보람과 긍지보다는 권모술수가 난무한 정치판에 염증을 느낀 어느 정치인의 고백이라 하겠다.

I've had it with that kind of treatment of political opponents.
(난 정적들에 대한 그런 대우에 진절머리가 났어.)

그런데 이 세 번째 뜻 안에는 아주 지쳤다(be exhausted, be knackered) 뜻도 있다.

I've had it. Let's call it a day. (기진맥진하네. 오늘은 그만합시다.)

상황과 문맥에 따라 센스 있게 판단하면 되겠다.

아래 영화 속 대화에서 아내는 개인사업을 하고 있고, 남편은 성공한 세일즈맨으로서 집을 떠나 타지에 머무는 경우가 많은 상황. 두 사람 간의 대화다.

Wife : I've been so wrapped up in the business that I thought

you liked things the way they are, traveling around and meeting people. (아내 : 난 내 사업에 아주 몰두하느라 난 당신이 현재 되어가고 있는 상황들, 즉 여기저기 여행다니며 사람 만나고 하는 것을 좋아하는 줄로 생각했어요.)

Husband : I did, but I've had it. Now I want to stay put. (남편 : 좋아했지. 하지만 이젠 지쳤어 (or 진절머리가 나). 지금부턴 가만히 집에 있고 싶어.)

Be wrapped up in : ~에 몰두하다.
Stay put : (싸돌아 다니지 않고) 가만히 있다. 그대로 있다.

'지긋지긋하다' 와 '많이 지치다' 는 언뜻 뜻이 달라 보여도 육체적인 피로감이 아닌 정신적인 피로감을 의미한다면 같은 의미로 사용될 수 있다.

I've had it with your constant negativity.
(당신의 끊임없는 부정적인 태도에 지쳤어요.)
I've had it with this noisy environment.
(이 시끄러운 환경이 지긋지긋해요.)
I've had it with your excuses. (당신의 변명에 지쳤어요.)
I've had it with this slow internet connection.
(이 느린 인터넷 연결이 지긋지긋해요.)
I've had it with this traffic jam!
(이 교통체증에 진짜 질렸어!)

위 표현 들에서 '지치다' 와 '지긋지긋하다' 를 교차사용해도 의미가 크게 달라지지 않는다는 것을 알 수 있다. 이어서 다른 표현들을 살펴보자.

2. Could you take a moment to (do) ~ ? (잠깐 ~ 해 주시겠어요?)

Take a moment to (do) ~ . 하면 '잠시 ~ 할 시간을 갖다.' 라는 숙어이다. 일상에서 공손하게 표현할 때 Could you do that? 도 좋지만 Could you take a moment to do that? 하면 더 공손한 어법이 된다.

I would like to take a moment to introduce myself.
(잠시 제 소개를 하고 싶습니다.)

Please take a moment to look at those photos.
(잠시 저 사진들을 좀 봐 주시기 바랍니다.)

Could you take a moment to fill this out?
(잠시 이 서류를 좀 작성해 주시겠습니까?)

3. That's what you're getting at. (그 점을 말씀하시고자 하는 거군요.)

이 표현은 상대방이 무슨 말을 하려고 하는지에 대한 이해여부를 확인하는 표현이다. 예문과 함께 뜻을 파악해 보도록 하자.

I think I understand what you're getting at. You're suggesting that we focus more on our core business? (당신이 무슨 말을 하려는지 이해할 거 같아요. 우리의 핵심 사업에 더 초점을 맞추자는 제안을 하시는 거죠?)

I'm not sure what you're getting at. Can you explain it in a different way? (당신이 무슨 말을 하려는지 잘 모르겠어요. 다른 방식으로 설명해 줄 수 있나요?)

I think I understand what you're getting at, but let me make sure I've got it right. (당신이 하고자 하는 말을 이해는 했지만, 제가 확실히 올바르게 이해했는지 확인해 보겠습니다.)

I think I know what you're getting at. You're saying that we should focus on the long-term benefits instead of short-term gains. (당신의 말씀이 무슨 말씀인지 알겠어요. 우리가 단기적인 이익이 아니라 장기적인 이점에 초점을 맞춰야 한다는 것을 말씀하고 계시는 거죠?)

I know what you're getting at. (무슨 말을 하려는지 알아요.) 라고 했을 때, 다른 표현으로 하자면, I know what you're trying to say. I know what you mean. 또는 I know what you intend to say. 등으로 바꿔 말할 수 있을 것이다. 다만 Is that what you're getting at? (그게 말하시고자 하는 거예요?) 라고 말했을 때 바로 알아듣고 말할 수 있어야 한다. 구어체 대화에서 자주 등장하는 표현이기 때문이다.

We didn't fire him. That's what we're getting at. He fired us. (He) Got a better deal. (우리가 그를 해고한 게 아닙니다. 우리가 알고 있기로는 그래요. 그가 우리를 해고한 거죠. (그가) 더 나은 사업상 거래를 땄으니까요.) - 영화 대사 중 -

Get at 은 기본적으로 '~에 도달하다.' 라는 뜻이 있지만, 비격식 구어체에서 진행형 (getting at)으로 쓰여서 '~을 의미하다' 라는 뜻으로 변형되어 쓰인다는 점을 기억하기 바란다.

76 Binge-watching
(드라마 몰아보기. 정주행하기)

영한사전에 binge 뜻을 찾아보면 '폭식, 진탕 떠들며 마시기' 등의 뜻으로 나와 있다. 그런데 본래의 속 뜻은 '어느 특정한 활동에서의 과도한 탐닉' (Excessive indulgence in an activity)을 의미한다. 그리고 binge-watching 처럼 prefix (접두어)로 흔히 쓰이며, [binge-동사 or binge-동명사] 형태로 와서 '과도한 -, 정상 수준을 벗어난 - 등의 의미로 사용된다. 과도한 것이니 부정적 암시 (negative connotation)가 있다고 하겠다.

binge-gaming : 쉬지 않고 게임하기
binge-listening : 장시간의 과도한 음악 청취
binge-reading : 단시간에 여러 권의 책과 글 읽기
binge-purchasing : 생각없이 하는 다양한 충동 구매
binge-drinking : 폭음 (단시간의 과도한 음주 행위)
binge-surfing : 목적없이 인터넷 검색에 과도한 시간 보내기

이처럼 binge 를 접두어로 한 다양한 뜻의 단어가 가능해진다. 제목에서 언급한 binge-watch 는 TV 드라마를 몰아서 보다, 또는 정주행하다. 라는 뜻이다. '정주행 하다' 란 말은 '자동차 등이 정해진 길을 따라 앞으로 똑바로 달리다' 라는 일반적인 뜻 이외에 '원래 예정했던 목표를 향해 단계를 밟아 앞으로 나아가다.' 와 '드라마, 영화 등의 시리즈물 따위를 처음부터 끝까지 차례대로 보다' 라는 뜻이 있

다. 즉 '드라마 연재물을 한번에 몰아서 보는 행위'를 말한다.

She found a new show and binge-watched it.
(그녀는 새 프로를 찾아 그 걸 정주행했다.)

The new season came out last weekend, so I spent the whole day binge-watching shows on Netflix. (지난 주말 드라마의 새로운 시즌이 나와서 난 넷플릭스에서 그 드라마를 몰아 보며 온 종일 보냈다.)

When a new TV series comes out, I like to binge-watch it all at once. (새 TV 시리즈물이 나오면 난 한 번에 몽땅 몰아보는 것을 좋아해요.)

Binge 를 이용한 단어 중에 binge-watching 만큼이나 생활에서 자주 등장하는 단어가 binge-drinking 이다. 역시 예문을 같이 보도록 하자.

Sarah's binge-drinking habit was starting to affect her work and personal life. (사라의 폭음 습관이 그녀의 직장과 개인생활에 영향을 미치기 시작하고 있었다.)

After a night of binge-drinking, Tom woke up with a terrible hangover. (지난 밤의 폭음이 있은 후 톰은 아침에 지독한 숙취를 느끼며 눈을 떴다.)

Binge-drinking is a serious issue on college campuses and can lead to long-term health problems. (폭음은 대학 캠퍼스에서 심각한 이슈이며 장기적인 건강 문제로 이어질 수 있다.)

A group of friends went out every weekend for binge-drinking sessions at the local pubs. (한 친구 무리가 매 주말 지역 선술집에서 폭음 모임을 이어갔다.)

호주에서 binge-drinking은 국영 ABC 탐사 보도 프로인 FOUR CORNERS 에서도 다뤘을 정도로 매년 고교 졸업생들의 과도한 음주 파티가 큰 문제가 되고 있고, 더 심각한 건 이 때 대개 마약복용 (drug-taking)도 같이 일어난다는 사실이다. 마약과 폭음은 이미 호주 사회의 큰 사회 문제이다. Victoria 주의 어느 한 마을의 경우 마을 전체가 마약에 중독이 된 사례를 ABC TV에서 보도한 적도 있다.

Binge-drinking 만큼이나 호주에서 이슈였던 문제 중에 Gay marriage (동성애 결혼) 합법화가 있다. 호주는 2017년 국민전체의 찬반을 묻는 plebiscite (국민투표) [플레버싸잇]에서 과반을 넘는 (62%) 찬성으로 국민의 지지를 얻어 이듬해 7월부터 합법화가 이뤄졌다. 그 당시 질문은 다음과 같았다. "Should the marriage law be changed to allow same-sex couples to marry?" (동성커플이 결혼할 수 있도록 혼인법이 바뀌어야 하는가?) 였는데, 국민의 2/3 정도가 찬성표를 던진 것에 대해 필자는 내심 많이 놀랐다.

국민투표라고 할 때 두 단어 referendum과 plebiscite가 사용되는데 이 둘 사이의 의미의 차이를 알아 둘 필요가 있다. plebiscite는 국민여론 수렴용이다. 우선 그 결과에 법적 구속력은 없다. 다만 그 결과를 보고 의회에서 합법화를 추진할 때 의원들이 참고를 한다. 그러나 대체로 여론을 반영하는 결과로 이어진다. 반면에 referendum은 법적 구속력이 있는 국민투표이다. 이미 법안통과를 의회에서 이룬 다음 국민투표 결과에 따라 바로 합법화로 이어진다. 헌법개정이 대표적이다. 미리 법안을 세밀하게 준비한 후 국민의 추인을 받는 절차인 것이다.

11 Did I catch you at a bad time?

(바쁘신데 전화 드렸나요?)

이번에는 일상에서 업무적으로 사용하는 다양한 표현들을 한번 살펴보겠다.

상대방에게 전화를 걸자마자 다짜고짜 용건을 이야기하는 건 좀 무례하다. 아주 가까운 사이가 아니라면 먼저 잠시 통화 괜찮냐는 질문을 하는 게 예의일 것이다. 그럴 때 위 표현 Did I catch you at a bad time? 을 사용한다.

앞 칼럼에서도 잠깐 언급했었지만 진행형을 써서 Am I catching you at a bad time? 해도 같은 의미다. 대답으로는 질문에 따라 No, you didn't. (아니, 바쁘지 않아요.) 또는 No. you aren't. 로 답하면 되고, Not at all. (전혀 아닙니다.) 도 괜찮다.

지금 좀 곤란할 때는 Sorry, I'm in the middle of something. Can I talk to you in half an hour? (미안, 지금 뭐 하던 중인데 30분 후에 통화할 수 있을까요?) 와 같이 양해를 구하면 좋고, 좀 다른 표현으로 완곡하게 I'm just a little tied up right now. (지금 좀 약간 바빠서요.) 와 같이 쓰면 좋다. be tied up 은 '뭔가에 잠시 묶여 있다' 라는 뜻이니 단도직입적인 I'm busy at the moment. 보다 뜻이 부드럽다.

업무상 관련이 있는 사람을 우연히 어느 장소에서 만났을 때는, I'm glad I met (caught) you. Do you have a minute? (때마침 만나 반

갑네요. 잠시 대화할 시간되나요?) 라고 인사하면서 하고 싶은 대화를 나누면 된다.

같은 동료에게 I'm sorry to interrupt your work, but what are your thoughts on that matter? (일을 방해해서 미안한데, 그 문제에 대한 자네 생각은 어떤가?) 라고 말할 수 있겠는데, 생각과 의견을 묻는 질문에 대한 여러 표현들을 앞선 칼럼에서 살펴본 적이 있다. What are your thoughts on ~ ? 은 그 연장선의 한 표현으로 생각하면 되겠다. 큰 의미 부여가 필요없이 평이하게 생각을 묻는 질문이다.

If you are busy, I can work around your schedule. (바쁘시면 제가 선생님 일정에 맞추겠습니다.) 여기서 work around one's schedule 은 '누구의 일정에 맞추다' 라는 뜻으로 상대방 일정에 맞추어 자신의 일정을 조정하거나 계획하는 것을 의미한다. 세일즈 맨이라면 당연히 해야 하는 필수 매너라 하겠다.

As a freelancer, I have to work around my clients' schedules, which can sometimes be challenging. (프리랜서로서 일할 때 고객의 일정에 맞춰 일해야 하는데 이게 때때로 어려울 수도 있습니다.)

We'll need to work around the highway construction schedule when planning our road trip. (우리는 도로여행 계획을 세울 때 고속도로 건설 일정을 고려해야 할 것입니다.)

10년전 필자가 Sydney 에서 Gold Coast 까지 자동차 여행을 했을 때 동부해안을 따라 이어진 간선도로인 Pacific Highway 의 확장공사로

곳곳에서 서행했던 경험이 있다. 900km의 거리이니 중간에서 하루 쉬고 이틀 걸리는 거리인데, 중간중간 도로 확장 공사가 너무 많아 좀 불편했던 기억이 있다. 위 표현은 그런 점을 고려한 문장이라 하겠다. 참고로 Gold Coast는 북부 Queensland 주에 속한 호주의 대표적인 관광 휴양지이다. 그림 같은 호수가 내륙으로 가지처럼 뻗어 있고 해안가에 고층건물과 호텔들이 마천루를 이루고 있는 곳이다.

I appreciate that the doctor's office is willing to work around my schedule for the appointment. (저는 의료원에서 기꺼이 내 일정에 맞춰 진료 예약을 해 주신 데 대해 감사드립니다.)

When is a good time for you? I'll try to work around your schedule. (언제가 좋으세요? 제가 선생님 일정에 맞춰보도록 하겠습니다.)

누구를 급한 일로 갑작스럽게 만나야 하는 경우에는 on short notice (갑작스럽게, 촉박하게)라는 표현을 써서 Thank you for seeing me on such short notice. (갑작스러운 요청에 만나주셔서 감사합니다.) Thank you, Ben. Sorry for the short notice. I know you're busy, so I'll be brief. (고마워요, 벤. 촉박하게 알려드려 미안합니다. 바쁘신 거 알기 때문에 간단하게 말씀드릴게요.) 등과 같이 사용한다.

I'm glad we're on the same page. (우리가 서로 생각이 같아 다행입니다.) Be on the same page 는 '같은 의견이다' 라는 뜻.

Did you check with the front desk? (안내데스크에 문의해 보셨나요?) Check with는 '~에 문의해 보다' 라는 중요한 구동사이다. 다양

하게 이 뜻으로 사용 가능하다. Did you check with the accounting dept.? (회계부서에 문의해 보셨나요?) Did you check with the Lost & Found office? (분실신고 사무실에 문의해 보셨나요?)

All right. I'll see that he gets the message.
(좋습니다. 제가 그분께 메시지 전달해 드리도록 하겠습니다.)

I'll see that ~ 은 that 이하를 그저 보겠다는 뜻이 아니고, that 이하가 되게끔 '책임지고 살피겠다' 라는 확답의 표현이다.

I'll see to it. (그걸 잘 처리하겠습니다.)
I'll see to it that the house is cleaned.
(집 청소가 잘 되게 책임지고 살피겠습니다.)

여기서 it는 that 이하를 가리킨다. 결이 조금 다르지만 I'll see you to the door. 하면 (선생님을 문까지 배웅해 드리겠습니다.)라는 뜻이다. See (someone) to the door 는 You go to the door with a visitor when they leave. (손님이 집을 떠날 때 배웅을 위해 함께 문까지 가주다) 라는 뜻이다.

How is ~ coming along? (~는 어떻게 되어가고 있나요?)
How's your report coming along? (보고서는 어찌 돼 가고 있나요?)
How's your book coming along? (책 출간은 잘 준비되고 있나요?)
It's taking some time, but it's coming along well.
(시간이 좀 걸리지만 잘 진행되고 있어요.)
Well, it's coming along nicely. (잘 진행되고 있어요.)

I really look forward to working with you, Mr. Kim.

(김 선생님, 앞으로 정말 잘 부탁드립니다.)

우리는 초면에 인사할 때 흔히 '잘 부탁드린다' 라는 말을 많이 사용한다. 일본어에도 비슷한 말이 있다. 하지만 영어에는 우리 표현과 딱 들어맞는 표현은 없다. 위 표현은 같은 직장에서 함께 일하게 되었을 때 앞으로 기대가 된다라는 희망적인 뉘앙스를 전달하고 있다. 꼭 같은 직장은 아니더라도 뭔가를 같이 해 나가야 하는 관계라면 이 표현이 직절하다.

앞서 이메일 쓰기에서도 설명한 바 있지만 I look forward to ~ ing 또는 I'm looking forward to ~ ing 의 표현은 서신 말미에 자주 사용되는 표현이기도 한데, '장차 ~를 기대하고 있다' 라는 희망을 표시하는 문장이다.

Let's just talk in person. Okay? (직접 만나서 이야기합시다. 괜찮죠?)
You would have to sign these papers in person.
(직접 오셔서 이 서류에 서명을 하셔야 합니다.)
in person 은 '직접, 몸소' 란 뜻으로 사용된다.

I heard you wanted to see me. (저를 보자고 하셨다고 들었습니다.) -
회사 상사나 집안 어른이 날 보자고 불렀을 때.

Keep me in the loop on that. (그거에 관한 진행상황을 계속 알려줘요.)

Keep (someone) in the loop, Keep (someone) posted (updated, informed) 4표현 모두 '(누구에게) 최신 소식을 알려주다' 라는 의미이다.

78 친구를 의미하는 영어의 여러 호칭들.

이번에는 친구의 뜻으로 사용되는 영어의 여러 호칭들에 대해 살펴보도록 하겠다.

영미 모두에서 friend 라는 호칭은 친구를 말하는 가장 일반적이고 공식적인 호칭에 속한다고 볼 수 있다. 그런데 미국의 경우 가장 흔히 쓰이는 친구의 호칭은 dude 이다. 이 dude 는 남녀 구별없이 사용된다. 당연히 남자들끼리 많이 사용되지만 가까운 여자 친구에게도, Hey, what's up, dude? (무슨 일 있어? 친구야.)와 같이 사용하기도 한다. 남자끼리, 여자끼리, 또는 남녀간 서로에게 dude 라고 불러도 괜찮을 정도로 허물없고 가까운 사이인지를 먼저 잘 살피는 게 좋다. 미 드라마에 이 dude 가 흔히 등장하는 걸 알 수 있다. 영국과 호주에서는 이 dude 라는 호칭을 미국처럼 흔히 사용하지는 않는다.

그리고 남자들 사이에서는 청장년 불문하고 Hey, man! 이라는 호칭도 흔히 잘 쓴다. 그런데 Hey, what's up, woman? 이란 표현은 없다. 영어회화에서는 woman 은 호칭으로 아예 사용되지 않는다. 대신 Hey, girls! 처럼 girl 은 호칭으로 사용된다. 또한 남자들끼리 Hey, boy! 란 호칭도 잘 쓰지 않는다. 학교에서 선생님이 애들을 불러모으며 Hey, boys! 하고 부르며 뭔가를 지시할 수는 있겠으나 친구 간의 호칭으로 boy 는 사용하지 않는다.

Buddy 라는 호칭도 있는데 물론 좋은 표현이다. 하지만 과도하게 사용하지 않는 편이 낫다. Buddy 의 단어에는 귀여움을 나타내는 의미가 함축되어 있다. 그래서 귀여운 어린아이를 호칭하며 How are you doing, buddy? 같이 사용하기도 하고, 심지어는 개나 고양이 같은 애완동물에도 사용되기도 한다. 이 buddy 에는 약간 빈정대는 듯한 또는 겸손하지 않게 좀 비하하는 (condescending : 칸더센딩) 뉘앙스가 들어있다고 현지인들은 말한다. 그렇다고 사용하기에 거북하거나 나쁘다는 뜻은 결코 아니며 허물없는 친구나 가까운 사이라면 괜찮다. 다만 아무나 함부로 buddy! 라고 칭하면 반갑지 않은 눈초리를 받을 수 있으니 주의가 필요하다.

영.호주에서는 젊은이들 사이에 chap 라는 호칭도 가끔 들을 수 있는데 요즘 호주 젊은이들 사이에서는 거의 쓰이지 않는다. 필자가 처음 호주에 와서 아침 우유를 배달하는 delivery man 이 거리에서 날 만나면 Hello, chap! ("안녕, 친구!") 하고 인사하던 기억이 난다. Chap 란 단어가 친구라는 뜻으로 쓰인다는 것을 그 때 처음 알았다. 대체로 이 chap 는 영국에서만 주로 사용된다고 한다.

Lad 란 호칭도 있다. 10대 젊은 남자청소년을 의미한다. 이 호칭도 미국 호주에서는 거의 사용하지 않는다. 역시 영국의 구어체 호칭이다. Young lads! 하면 젊은 제군들! 이라는 말이다. Brother 단어는 흔하게 사용된다. 줄여서 Bro. 또는 Bruv. 라고도 칭한다. 흔히 허물없는 친구들 사이에서 Listen, bro! (이봐, 친구!) 등과 같이 쓰이며 남자 친구들 간의 가장 보편적으로 사용되는 호칭의 하나로 보면 된다. 무례한 표현이 절대 아니니 안심하고 써도 괜찮다. 최근 마무리된 한국 드라마 '카지노'에서도 필리핀 사람과의 영어대화 시 이 Bro. 라는 호칭이 자주 등장했었다. '카지노' 이야기가 나왔으니 말인데 필리핀 경찰 Korean

Desk 의 오승훈 경감역으로 나온 손석구 배우도 필리핀 동료를 칭할 때 dude 란 표현을 자주 사용했었다.

그리고 평소 Hey, Boss! 라는 호칭도 등장하는데 나보다 나이가 많은 연배이거나 상대의 이름을 모를 때 Boss 라는 표현을 쓰곤 한다. 절대 무례한 표현은 아니다. Pal 이란 호칭도 있다. Pen pal 친구 등의 의미로 잘 알려져 있는데 서로 서신을 주고받는 친구 사이를 의미한다. Hello pal! (안녕, 친구야!) 의 호칭도 무리 없는 표현으로 사용된다.

Bestie! 라는 호칭도 있다. Social media의 친구에게 친근한 방법으로 대화를 나누거나 좋은 인상을 주고자 할 때 bestie 라는 호칭을 사용한다. '가장 좋은 친구'란 뜻으로 호감을 주는 호칭이라 하겠다. BFF 라는 말도 쓰는데 Best Friends Forever (영원한 내 친구)란 뜻으로 오랫동안 친분을 유지해 온 평생의 친구를 말할 때 쓰면 된다. BFFL (Best Friends for Life) 란 호칭의 약자도 있다.

젊은 여성들 친구사이에서는 SMS 등으로 소통할 때 Babe 라는 호칭도 서로 잘 사용한다. 원래는 사랑하는 연인사이에서 쓰이는 호칭이지만 여성 친구들 상호 간에 잘 쓰이며, Sister의 준 말인 Sis. 도 여성들 간에 친근하게 쓰이는 호칭이다.

젊은 여자를 지칭할 때 속어로 casual 하게 'chick' 이라는 호칭도 있다. 원래 병아리를 의미하고, '젊은 여자, 계집애' 등의 귀여운 의미로 사용하는데 고상한 표현이라고 볼 수 없기 때문에 사용하기보다는 알아만 들으면 된다. 남자들끼리 다른 그룹의 여자를 언급하면서 사용하는 호칭이지 절대 직접 대놓고 하는 호칭은 아니다.

70년대 후반부터 80년대 Disco 음악 열풍을 견인했던 영화 Saturday Night Fever (1977 : John Travolta 주연)에서 보면 사내들이 매력 있고 섹시한 젊은 여성들을 지칭할 때 chick 이란 호칭을 많이 사용하는 걸 볼 수 있다. 이마저도 요즘에는 잘 쓰지 않는다.

Mate 란 호칭이 있다. 미국영어에서는 친구의 호칭으로 mate를 잘 쓰지 않는다. 미국에서는 '짝(짓기), 교미하다.' 란 뜻으로 주로 사용된다. 그런데 친구를 지칭할 때 호주에서 제일 많이 쓰는 호칭이 mate이다. 남녀, 나이 불문하고 다양한 계층에서 차별없이 사용된다. Mateship (친구의 의리)이 호주 사람에게 어떤 의미를 갖고 있는지 그리고 호주의 대표적인 인사 G'day, mate! 에 대해서 앞선 칼럼에서 이미 설명한 바가 있다. 호주에서는 mate를 빼면 친구는 존재하지 않는다. 그만큼 중요한 단어이다. 10대 청소년이 환갑을 넘은 어른에게도 Hello, mate! 하고 인사할 정도다. 발음은 '마잇' 이다. G'day, mate! (기레이마잇!) 호주 방문할 일이 있을 때 이 발음을 잘 연습하고 오면 유용하다.

끝으로 Sir, Ma'am 인데 이 표현은 아주 공식적인 표현으로 호텔 등 서비스업에서 또는 서신이나 전화문의 시 공손하게 여쭐 때 사용된다. 경찰에게 단속을 당할 때 사용해도 좋다. 아마도 경찰이 먼저 나에게 이 호칭을 사용할 것이다. 호주에서는 경찰을 officer 라고 부르지 않고, 영국식으로 constable 이라고 호칭하므로 Good morning, constable. Did I do something wrong? (안녕하세요, 경관님. 제가 잘못한 일이라도 있나요?) 하고 단속 시 말하면 된다.

79 일상에서 자주 사용되는 중요 구어표현들 (Phrases)

이번에도 일상 생활에 자주 쓰이는 유용한 구어 표현들을 살펴보도록 하겠다.

1 Anything goes.
(어떤 것이든 가능해.)

어떤 일에 뭔가 특별히 제한된 규정이나 규칙이 없을 때 (When there are no rules to something) 이 때 '뭐든지 가능해.' 라고 말할 수 있는데 이 때 사용하는 영어표현이 Anything goes. 이다. 예문을 보자.

Anything goes here. You can dress however you want.
(여기서는 어느 것이든 괜찮아요. 당신이 원하는 대로 옷을 입으시면 됩니다.)
[however you want : 당신이 원하는 대로]
Anything goes at the Halloween costume party, so feel free to wear whatever you like.
(할로윈 의상파티에 뭐든 괜찮으니 마음 내키는 대로 자유롭게 입으세요.)

At the company's brainstorming session, anything goes, and everyone is encouraged to share their ideas, no matter how unconventional they may seem.
(회사의 집단 사고를 통한 묘안도출 회의에서는 어떤 것도 가능하며, 아이디어가

아무리 독특해 보여도 (주저 말고) 함께 공유하는 것을 장려하고 있습니다.)

[unconventional : 자유로운, 틀에 박히지 않는, 관습에 얽매이지 않는]

When it comes to music, anything goes, and there is no right or wrong genre to listen to. (음악에 있어서는 어떤 장르든 들어도 괜찮으며, 옳고 그름이 없습니다.)

[When it comes to + (명사) : ~로 말하지면]

In this debate club, we encourage open-mindedness and believe that anything goes as long as it's respectful and constructive. (이 토론 동아리에서는 개방적인 태도를 장려하며, 예의 바르고 건설적인 의견이라면 무엇이든 가능합니다.)

2 Period!
(더 이상 말하지 마!)

평상시 문장에서 period는 마침표를 의미한다. 물론 incubation period (잠복기)처럼 '어느 일정 기간'이란 뜻도 있다. 또는 여성들의 생리를 뜻하기도 한다. 의사를 만나, I haven't got my period this month. (이번 달 생리를 안 했어요.)라고 말할 수 있다. 그런데 마침표를 의미할 경우 영.호주에서는 full stop 이란 표현을 사용한다.

오늘의 표현으로 period는 구어체에서 감탄사로 쓰여 누구와의 언쟁 끝에 또는 확신에 차서 말할 때 대화 말미에 쓰여 '더 이상 말하지 마! 그걸로 끝!' 이란 의미로 사용된다. Period. 라고 말하면 그걸로 최종적인 선언 (final & definitive statement)이 되는 것이다.

I'm not going, period. (난 안 간다니까. 더 이상 말하지 마.)
The answer is no, period. (대답은 '노' 야. 더 이상 말하지 말자.)

일상 대화에서 That's on, period! 라는 말도 빈번히 사용한다. I'm not playing around. Very definitive. (장난하는 게 아니야. 완전 확실하거든.) 의 뜻이 되겠다. '그걸로 끝이니 더 이상 언급하지 마.' 라는 의미다. You should study English every day. That's on, period. (매일 영어공부해야 합니다. 더 이상 부연할 게 없어요.)

3 Since day one.
(처음부터)

누군가를 또는 뭔가를 처음 접하거나 알게 된 경우 since day one 이란 표현을 사용할 수 있다. I liked her since day one. (그녀를 처음 만난 날부터 좋아했어요.)

Since day one, she has been my closest friend.
(그녀는 알게 된 첫날부터 나의 가장 가까운 친구였어요.)
Since day one of her pregnancy, she has been taking great care of her health. (그녀는 임신 시작부터 건강에 대해 매우 신경을 써왔다.)
Since day one of the pandemic, our lives have been turned upside down. (세계적 전염병이 시작한 날부터 우리의 삶은 완전히 뒤바뀌었어요.)
Since day one of the company's founding, they have been dedicated to providing excellent customer service.
(회사 창립이래로 그들은 우수한 고객 서비스 제공에 전념해 왔습니다.)
Since day one of the school year, the teacher has been

working hard to create a positive learning environment for her students. (학년 시작부터 그 여선생님은 학생들에게 긍정적인 학습환경을 조성하기 위해 열심히 노력해왔습니다.)

4 I'm open to it.
(그 점에 대한 제 생각은 열려 있습니다.)

말뜻 그대로가 되겠다. 누군가의 의견이나 생각을 받아들일 준비가 돼 있다는 의미다. 당장 100% 확신은 아니지만 장차 가능성의 문은 열려 있는 것이다. 누군가의 제안이나 생각에 I'm open to the idea. 라고 답했다면 좀 더 내용이나 정보를 알아본 다음 동의하거나 받아들일 수 있는 것이다.

Do you want to move somewhere warmer someday?
(언젠가 더 따뜻한 곳으로 이사 갈 생각은 있나요?)
I'm not sure. I haven't really thought about it, but I'm definitely open to the idea.
(글쎄요. 정말 생각해 본적은 없는데 그런 생각에 당연히 열린 마음이긴 합니다.)

I'm open to 의 목적어로 it, the idea, the thought, your offer, your suggestion 등등 대화 상황에 맞게 적용하면 되겠다.

5 To say the least
(과장 없이 말해서, 아무리 좋게 말해도)

뭔가의 중요성이나 심각성을 아주 강한 어조로 언급할 때 쓰는 표현이다. 불만이나 못마땅함을 직접 대놓고 표현하기 보다는 우회적으로 순화한 표현이라 하겠다.

I was really excited on my wedding day, to say the least.
(과장 없이 말해서 내 결혼식 날 진짜 흥분되었어요.)

His behaviour at the party was inappropriate, to say the least.
(그의 파티에서의 행동은 아무리 좋게 말해도 부적절했다.)

The movie was disappointing, to say the least.
(그 영화는 아무리 최소하게 말해도 실망스러웠어요.)

His actions were unethical, to say the least.
(그의 행동은 최소한 윤리적으로 문제가 있었다.)

결국 to say the least 는 어떤 상황이나 사실을 표현할 때 최소한 이 정도는 말할 수 있겠지만 사실 이보다 더 나쁠 수도 있다는 것을 나타낸다. 실망이나 불만, 혹은 부적절함 등을 강조하기 위해 주로 사용된다고 하겠다.

6 Typical!
(항상 이래!)

Typical 은 (전형적인, ~에 독특한) 이란 뜻의 형용사다. 어떤 것 또는 어떤 사람이 가지고 있는 평소의 성질, 특성을 나타낸다고 할 수 있다. His typical walk (그 사람의 독특한 걸음걸이), It is typical of him to harass his staff. (직원을 괴롭히다니 그사람답다.) 등과 같이 사용된다.

This kind of hot and spicy food is very typical of the food in

South Korea. (이런 종류의 맵고 양념이 강한 음식은 한국 음식의 전형이죠.)

평소 뭔가에 또는 사람으로부터 기대되는 나쁜 특징을 나타낼 때 쓰면 적절하고 짜증나는(annoying) 뉘앙스가 들어 있다.

It's just typical of Ben to spend all that money on the equipment and then lose interest two months later. (장비에 돈을 다 써버리고 2달 후 흥미를 잃어버리는 게 벤의 전형적인 성격입니다.)

마지막 뜻의 연장선에서 Typical! 이라고 하면 일상회화에서 감탄사처럼 단독으로 쓰여, '항상 이래! 혹시나 했는데 역시나네.' 등의 뜻으로 사용된다. 실망과 불만을 유감없이 표현하는 말이다.

My boss wants me to work on the weekend again. Typical!
(상사가 또 주말에 일하라고 하네. 대충 예상한 바였지!)

The train is delayed by half an hour. Typical on weekends!
(기차가 30분 늦어진데. 주말마다 항상 이래.)

The airline lost my suitcase. Typical with Simple Airline!
(항공사가 내 가방을 분실했어. Simple 항공사, 대충 예상한 바야!)

The restaurant is fully booked tonight. Typical! So popular.
(식당이 오늘 밤 예약이 다 찼어. 항상 이래. 인기 많아.)

The internet is down and I can't work from home. Typical with this internet provider. I don't trust it any more. (인터넷이 끊겨서 재택근무를 할 수 없어요. 이 인터넷 회사는 항상 이래요. 이제 더 이상 신뢰가 안 가네.)

은행 또는 자동사 등록소 [미- DMV(Dept of Motor Vehicles) ; 호

주- RTA (Road & Traffic Authority) 등 관공서에 일보러 갔는데 긴 줄에 서비스까지 느려 터지면 마음이 지치게 된다. 이 때 머리를 좌우로 흔들면서 Typical! (항상 이 모양이야!) 라고 내뱉을 수 있을 것이다. 과거엔 호주 RTA도 긴 대기시간과 느린 서비스로 불만이 많았었는데 NSW 주의 경우 근래에 Service NSW 라는 이름으로 여러 기관이 통합 개편되고 정부가 아닌 외부 위탁(Outsourcing)기관이 운영 관리하면서 부터 신속한 서비스의 장이 열리고 있다.

7 Back-to-back
(연이은)

Back-to-back 은 말뜻 그대로는 '등을 맞대고' 라는 뜻이다. 평지에서 두 사람이 등을 서로 맞대고 쉬는 모습을 상상하면 적절하다. 사실 이 말은 19세기 산업혁명 시대의 영국에서 서민 노동자를 위한 길게 늘어선 Terrace House (영국식 서민형 연립주택)가 서로 등을 맞대고 있는 것처럼 양쪽에 쭉 늘어선 모습에서 나왔다고 전해진다. 시드니 경우 도심 근교에 위치한 Paddington, Surry Hills, Balmain 등지에 테라스 하우스가 즐비하다. 전형적인 영국식 주택인데 과거엔 서민 주

Terrace Houses in Paddington, Sydney

택의 상징이었지만 요즘엔 도심에 가까운 지리적 위치가 복합되어 부의 상징으로 뒤바뀌었다. 오랫동안 거주해 오셨던 노인들이 은퇴 후, 더 따뜻한 북쪽 Queensland Retirement Village 등지로 이주해 가면서 이 지역은 소위 DINK (Double

Income No Kids)라고 불리는 젊은 White Color 세대들이 주 거주자로 자리를 잡았다.

이야기가 잠시 빗나갔는데 이와 같이 주택이 줄지어 붙어 있는 것처럼 back-to-back 은 중간에 끊김이 없이 두 사건이 연이어서 일어났을 때 사용하는 구어체 표현이다. 스포츠 경기 등 다양한 상황에서 사용할 수 있다.

My favorite team won back-to-back championships.
(내가 가장 좋아하는 팀이 지난 번에 이어 이번에도 챔피언 자리에 올랐어요.)

이틀 연속 비와 태풍이 몰아치면, Gosh, we got back-to-back rainstorms this week. (아이고, 이번주는 이틀 연속 폭풍우가 몰아쳤어요.) 라고 말할 수 있다.

She gave back-to-back speeches at the conference, impressing the audience with her knowledge and charisma. (그녀는 회의에서 연속해서 연설을 했고, 지식과 카리스마로 청중을 감동시켰다.)

I watched two back-to-back episodes of new TV show last night, and now I'm hooked. (어제 밤에 새로운 TV프로그램 두 개를 연속해서 봤는데, 이제 중독되어 버렸다.)

The comedian delivered back-to-back jokes that had the audience laughing hysterically. (그 코미디언은 청중들이 기절할 정도로 웃게 만드는 연속된 농담을 들려줬다.)

물론 연속이란 말을 할 때 in a row (연이어서) 라는 숙어도 잘 쓰인다. In a row는 back-to-back과 달리 두 번 이상의 경우에도 사용 가능하다.

The company has been named the best place to work three years in a row. (회사는 3년 연속 가장 일하기 좋은 직장으로 선정되었다.)

I have eaten Kimchi stew five days in a row, I think it's about time for something else. (5일 연속 김치찌개를 먹었는데, 이제 다른 것으로 바꿔야 할 것 같다.)

The team lost four games in a row before finally winning the fifth. (그 팀은 4번 연속해서 패배를 한 후 마침내 5번째 승리를 거뒀다.)

Back-to-back 이 나오니 neck-and-neck 이란 숙어도 생각난다. 서로 연관은 없지만 어감이 유사해서다. neck-and-neck 은 경마에서 유래한 숙어로 말이 경주하면서 앞서거니 뒷서거니 하는 말 머리의 모습을 상상하면 이해가 쉽다. '막상막하' 라는 뜻이 되겠다.

I think the election is likely to a close race, neck-and-neck.
(선거전은 막상막하의 접전이 될 거라 생각합니다.)

8 It's a wrap.
(다 마쳤어요.)

원래 이 말은 당일 또는 전체의 영화 촬영을 마치고 배우나 스탭들에게 감독이 하는 말에서 유래되었다고 한다. Informal 한 표현이므로 격식을 갖춘 서신에서는 사용하지 않는 것이 좋다. 하루 일과를 마치고 난 후 부담 없이 말할 수 있는 좋은 표현이다.

Well done, everyone. That's a wrap. Let's go home.
(모두 수고하셨어요. 다 끝났습니다. 이제 집에 갑시다.)

The project that we've been working on for months is finally complete. It's a wrap!
(몇 달간 작업한 프로젝트가 드디어 완성되었어요. 이제 끝났습니다!)

After weeks of filming, the movie has finally finished production. It's a wrap!
(몇 주간의 촬영 끝에 영화 제작이 드디어 끝났습니다. 마무리되었습니다!)

The last day of the music festival ended with a big finale. It's a wrap! (음악 축제의 마지막 날 대단원의 막이 내렸고요. 이제 끝났습니다!)

또 뭔가를 마무리했을 때는 wrap something up 이라는 구동사를 사용하면 좋다.
I've just wrapped up my work today.
(전 방금 오늘 일과를 마무리했습니다.)

회사 동료가 일 마쳤으면 같이 퇴근하자고 했을 때, Let me wrap this up and then I'll be done. (이것만 마무리하면 다 끝나.) 라고 말할 수 있다.

9 Please bear with me one second.
(잠시만 기다려 주세요.)

전화나 직접 관공서, 병원, 보험회사 등에 뭔가를 문의할 때 담당 상담원이 Bear with me one second. 이란 말을 아주 흔히 쓴다. '잠깐만 (one second) 나를 참아 달라' 는 뜻이다. 인내를 갖고 기다려 주면 곧 확실한 답을 주겠다는 의미로 흔히 쓰이는 표현이다. bear 라는 단어가 들리면 당황하지 말고 이 뜻으로 알아 두면 된다. Please wait for me. 와 달리 간접적인 공손한 구어체 표현이다. 그저 단순하게 Please bear with me, sir. (선생님, 잠시만 기다려 주세요.) 와 같이도 잘 사용된다.

Please bear with me one second while I look up the information for you. (당신을 위해 그 정보를 찾아보는 동안 잠시만 기다려 주세요.)

Please bear with me for a minute while I finish this email. I'll be with you shortly. (이메일을 마치는 동안 잠시만 기다려 주세요. 곧 함께 하겠습니다.)

참고로 bear in mind (that) ~ 이라는 표현도 있는데 이는 (that) 이하를 '명심하다. 마음에 새기다.' 라는 표현이다.

80 Sarcastic and Rude English Phrases

이시간에는 일상적인 영어표현에서 좀 빈정대는 듯하면서도 풍자적인 뉘앙스를 풍기며 때론 무례하기까지 한 표현들을 살펴보도록 하겠다. 그런데 우리말 할 때도 그렇지만 영어에서도 이런 표현을 사용해야 할 상황이 자주 생기기 마련이다.

1 Nobody has time for that.
(그럴 시간이 어디 있어?)

이는 물리적인 시간이 없다는 표현이 아니고 그걸 위한 시간을 내고 싶지 않다는 뜻이다. (I don't want to make time for that.) 그 일에 시간을 낼 만한 가치가 없거나 크게 중요치 않을 때, 또는 내가 다른 일에 얽매여서 시간을 낼 수가 없을 때 사용한다.

A coworker suggested we attend a two-hour meeting on a Friday afternoon, but I told him, "Nobody has time for that." (한 동료가 금요일 오후 2시간짜리 회의에 참석하자고 제안했지만 나는 "그럴 시간 없어." 라고 말했다.)

When my roommate suggested we start a garden, I told her, "Nobody has time for that when we can barely keep up with our studies." (같은 방 친구가 정원 가꾸기를 시작하자고 제안했을 때, 나는 "우리 공부도 겨우 따라갈까 말까 한데 그럴 시간이 어디 있니?" 라고 대답했다.)

그런데 이 표현에서 변형된 **Ain't nobody got time for that.** 의 표현도 알아 둘 필요가 있다. Ain't 은 구어체 영어에서 쓰여서 am not, is not, are not, 심지어 have not, has not 등을 대신하는 만능의 부정을 뜻하는 줄임 동사표현으로 사용된다. 위 표현에서는 Ain't 과 nobody 가 같이 사용되어 이중부정이 된 상황이지만 회화는 문법적 원칙을 무시하는 경우가 흔하므로 그저 단일 부정으로 이해하고 그대로 외우면 되겠다. Nobody has time for that 은 비교적 공손한 중립적 표현이지만 Ain't nobody got time for that 은 더 확실하게 강조된 부정을 나타내며 비격식 구어체 표현이라 하겠다.

이 표현이 인터넷 social media 에서 meme (재현과 모방의 사회현상)이 된 사건이 있었다. 다음은 2012년 미국 오클라호마 시의 어느 아파트에서 불이 났을 때 Sweet Brown 이라는 흑인 여성이 한 방송 인터뷰이다.

Well, I woke up to go get me a cold pop, and then I thought somebody was barbecuing. I said, "Oh Lord Jesus. It's fire." Then I ran out. I didn't grab no shoes. Jesus! I ran for my life. And then the smoke got me. I got bronchitis. Ain't nobody got time for that. (글쎄, 일어나서 시원한 사이다 한잔 마시려 하는데 누가 바비큐하는 줄 알았어요. "오, 맙소사. 화재였어요." 전 바로 뛰쳐나왔죠. 신발 신을 겨를도 없었고요. 주여, 죽을 힘을 다해 뛰었어요. 그런데 연기를 들이마시는 바람에 기관지염에 걸렸어요. 그 땐 그런 걸 따질 틈이 없었어요.)

이 분은 이 인터뷰에서 사용한 Ain't nobody got time for that. 으로 유명세를 탔고 광고까지 찍었다는 후문이다. 처음 이 동영상을 올린 사람은 조회수 인기에 감사하는 마음으로 이분께 음료수 몇 박스를 선물로 보냈는데 이를 받은 Brown은 "I really got time for this."(이걸 마실 시간은 물론 있죠.) 라고 말하며 너스레를 떨었다고 한다.

The teacher assigned a lot of homework, but one student said, "Ain't nobody got time for that. I have to work my part-time job tonight." (선생님이 많은 숙제를 내 줬지만, 한 학생은 "그럴 시간이 어디 있어요? 오늘 밤 전 알바해야 돼요" 라고 말했다.)

A : Let's go hiking his weekend! (이번 주말에 도보여행가자.)
B : Ain't nobody got time for that. I have to study for my final exams. (아니, 그럴 시간 없어. 기말고사 공부해야 해.)

The manager suggested a team-building event, but one employee said, 'Ain't nobody got time for that. We have too much work to do. (매니저가 팀 단합행사를 제안했지만, 한 직원은 "지금 그럴 만한 시간이 없는데요. 힐 일이 너무 많아서요" 라고 말했다.)

결국 Ain't nobody got time for that. 은 본인의 바쁜 일정을 강조하고 싶을 때 사용된다고 할 수 있다. 다만 무례함이 포함된 말이기도 하니 때와 장소를 잘 고려하여 사용함에 주의가 필요하다 하겠다.

2 Wake up, dude!
(정신차려, 친구야!)

이 말은 '일어나! 눈 떠!' 등의 직접적인 의미로 쓰이기도 하지만 구어에서 순진한 친구에게 '정신차려! 그건 사기야. 조심해!' 라는 경고의 말로 흔히 쓰인다. 친구 간에도 좀 순진하고 바보같이 남의 말이나 설득에 잘 넘어가는 친구들이 있게 마련이다. 그럴 때 이 말을 하면서 경고해 주면 된다. 이 말과 더불어 Grow up! 이란 숙어도 같이 알아 둘 필요가 있다. 때때로 어린아이에게 What do you want to be when you grow up? ("넌 커서 뭐가 될 거니?") 라는 질문을 하는 것처럼 grow up 은 '자라다. 성인이 되다.' 라는 뜻이다. 그런데 어른에게 이 말을 쓸 경우에는 '철 좀 들어라. 언제 철 들래?' 라는 뜻으로 쓰인다. 예를 들면 때와 장소를 가리지 못하고 성숙치 못한 농담을 하거나 어린애들과 같은 언행을 할 경우, Come on. Grow up, mate! (야야. 철 좀 들어, 친구야!) 라고 말할 수 있다.

Stop making excuses for yourself and face reality. You need to grow up and start dealing with your problems like an adult.
(자기 변명 그만하고 이제 현실을 직시해 봐. 철 좀 들어서 어른처럼 문제를 해결하는 게 필요해.)

You can't rely on your parents forever. It's time to grow up and become independent. (언제까지 부모님에게 의존할 수는 없잖아. 철 좀 들어서 독립해야 할 때야.)

3 Put your big boy (girl) pants on.
(이제 어른답게 행동해라.)

아주 어린아이 때는 기저귀를 차다가 점점 성장해가면서 바지를 입게 되고 어른이 되어 가는 법이다. 뭔가를 어린아이처럼 무서워하거나 두려워할 때 '용기를 가져. 어른답게 행동해야지.' (Act brave. To begin to behave as a mature adult man should) 라고 말할 때 Put on your big boy pants 혹은 Put your big girl pants on 이라는 숙어를 사용한다. 청소년이 되어서도 치과에 가기를 두려워하는 소년들이 있다면 이 구어의 사용이 적절하다. 여성의 경우면 girl 을 쓰면 된다.

Don't be afraid to take risks and try new things. Put your big girl pants on and go for it. (위험을 무릅쓰고 새로운 도전을 해 보는 걸 두려워하지 마. 용기를 내서 도전해 봐.)

You can't always rely on others to solve your problem. Put your big boy pants on and figure it out yourself. (다른 사람이 항상 문제를 해결해 주지는 않아. 당당하게 성숙한 책임감을 갖고 스스로 해결책을 찾아봐야지.)

결국 Put your big boy pants on 은 어려운 상황에서 말이나 행동을 멋대로 하지 말고 책임감을 가지고 당당히 대처하라는 격려의 영어 표현이라 하겠다.

4 Take a chill pill.
(진정해. 긴장 풀어.)

무슨 일로 누군가가 안절부절 못 하거나 감정을 추스리지 못할 때 Take a chill pill. (진정해라.) 라고 권면할 수 있다. 직역하면 '진정제를 복용해.' 라는 뜻이다. chill 은 차가움. 싸늘함. 을 뜻하는 명사, 형용사로 주로 쓰이지만 chillout 하면 '차분히 마음을 안정시키는' 등의 뜻이 있다. 그래서 chillout music 또는 chilled-out music 하면 마음을 차분하게 해주는 연주음악을 뜻한다. Hey, relax, take a chill pill. (이봐, 마음 차분히 하고 진정 좀 해라.) 라는 뜻이 되겠다. 이와 비슷한 뜻으로 Take it easy! (진정해!) 라는 표현도 있는데 앞서서 간단히 설명한 바가 있다.

5 Don't hold your breath.
(너무 기대하지 마.)

Hold one's breath 는 '숨을 참다' 라는 뜻이지만 위 표현은 그런 직접적인 뜻을 의미하지 않고 'Don't expect it as it's not likely. (기대하지 말아요. 일어날 거 같지 않으니.) 라는 부정적인 의미로 쓰인다.

She said she'd get back to us, but don't hold your breath!
(그녀가 우리에게 연락해줄 거라고 말했지만 너무 기대는 하지 마.)

숨죽이고 기다리고 있건만 아무런 소식이 없으면 낙담 일보직전이다. 아예 기대하지 않는 게 나으리라. 심부름 보낸 사람을 고대하며 기다리는데 소식이 없을 때 우리말 사자성어로 함흥차사(咸興差使)라는 말이 있다. 태조 이성계가 왕위에서 물러나 함흥에 있을 때 태종(太宗)이 보낸 사신(使臣)을 잡아 가두어 돌려보내지 않아 소식이 없었다는 데에서 비롯된 말이라고 한다.

Don't hold your breath for a promotion. There are a lot of qualified candidates.
(승진을 기대하지 마세요. 많은 우수한 후보자들이 있으니까요.)
Do you think she'll show up to the party? Don't hold your breath. (그녀가 파티에 나타날까요? 너무 기대하지 마세요.)
Don't hold your breath waiting for him to change his mind.
(그가 마음을 바꿀 때까지 숨죽이고 기다리지 마세요.) (즉, 그가 마음을 바꾸지 않을 가능성이 높다는 뜻.)

6 We haven't got all day.
(서둘러 주세요. 시간이 없어요.)

이 표현은 시간이 없어서 서둘러야 할 때 재촉하는 표현으로 사용된다. 사실 아주 rude 한 표현이므로 사용에 주의가 필요하다. 가까운 친구나 동료, 아랫사람에게 쓸 수는 있어도 손윗사람에게 쓰기엔 부적절할 수 있다. 주의를 갖고 사용하면 완벽하고 좋은 표현이다. '하루 종일 붙잡고 있을 거야? 남아도는 시간 없으니 빨리 서둘러 달라' 라는 의미가 되겠다.

그런데 상황에 따라 강하게 의사표현을 해야 할 때도 생긴다. 그럴 땐 We haven't got all day. 라는 말도 필요에 따라 쓸 땐 써야 한다. 필자가 영어원장으로 한국에서 근무할 때 얘기다. 학원 선생님들 중에 호주에서 온 나이든 50대 여선생님이 계셨는데 이 분이 아침 강의 시간에 상습적으로 늦게 오곤 했었다. 그래서 하루는 전화를 걸어 'Are you still at your place? (아직 숙소에 있나요?)' 라고 묻자 그렇다고 해서 'Step on it, Jane!'(제인, 빨리 서둘러요!) 라고 소리를 쳤다. 나중에 이분이 Step on it. 이라는 말에 꽂혀 기분이 나빴는지 나와 언쟁을 벌였던 기억이 난다.

'서두르다'를 말할 때 Be quick, Hurry up, Make it snappy, Shake a leg, Step on it. Move on! 등 다양한 표현이 있고 어감에 약간의 차이가 있긴 하나 다 같은 뜻이다. Step on it! 은 '빨리 밟아! 라는 뜻이 숨어 있다. Please 란 말도 없이 썼으니 기분 나쁠 수 있을 것이다. 전속력으로 라고 할 때는 at full speed, at full throttle 또는 flat-out 이란 말이 쓰인다. flat-out 은 자동차 엑셀을 바닥까지 깊게 밟고 계속 가는 상상을 하면 이해가 될 것이다.

I drove flat-out for hours just to arrive in Seoul on time.
(제 시간에 서울에 도착하려고 몇 시간을 전속력으로 달렸어요.)

7 Do you want a cookie?
(그게 무슨 대수로운 일이라고?)

이 표현은 말 뜻 그대로 '쿠키 먹을래?' 라는 직접적인 의미로도 사용될 수 있으나 풍자적이거나 비꼬는 의미에서 위와 같은 뜻으로 사용된다. 상황과 분위기 파악을 잘 해야 한다. 이 때는 먹는 쿠키와는 아무 상관이 없다. 보기에 그저 평범한 일이고 행동일 뿐인데 상대가 자기가 한 행동에 대한 칭찬이나 인정을 기대할 때 snarky and rude response (기분 상하고 무례한 반응)으로 Do you want a cookie? 하고 말할 수 있다. 먹을 쿠키도 없는데 누군가 이런 말로 반응했을 때 어리둥절하면 안된다.

cookie 대신에 medal [발음 : 메들. 훈장]을 써서 What, do you want a medal? (뭐, 그래서 훈장이라도 원하는 거니?) 라고도 흔히 쓴다. 무례하게 들릴 수 있으니 가까운 지인 사이에서 쓰면 좋다.

A : I read a whole book over the weekend.
(나 주말에 걸쳐 책 한 권 다 읽었어.)
B : You want a cookie for that? Plenty of people read books, you know. (그게 무슨 대수로운 일이라고? 많은 사람들이 책들을 다 읽는데 뭐.)

8 Cool.
(그래, 잘 했어.) – 별로 인 표정으로.

이 표현 역시 원래 반갑고 기쁜 표정으로 "와, 잘 됐다." "좋은 일이네." 등의 좋은 의미로 자주 사용되는 감탄사적 표현이다. 그런데 기분이 별로 안 좋고 짜증나는 상황, 마음에 조금도 안 드는 그런 상황에서는 상대방의 흥분된 감정을 공유하고 싶어하지 않을 것이다. 그런 상태에서 Cool. 이라고 하면 그 의미는 완전히 그 반대로 바뀐다. 말할 때의 상황과 얼굴 표정 그리고 억양이 중요하다 하겠다. 풀 죽은 목소리로 Cool. 하면 '그러거나 말거나 내 알 바 아냐.' 라는 의미가 되겠다.

9 What a surprise.
(놀랄 일도 아니야.)

이 표현 역시 대체로 생일파티 등에서 (깜짝 선물이야!) 등의 긍정적인 뜻으로 흔히 사용되나 그 반대의 부정적인 뜻으로도 사용된다. 맥락을 잘 살펴야 한다. 부정적으로 사용될 때는 상대방을 신뢰할 수 없다는 의미에서 모욕감까지 주고자 하는 의도가 숨겨져 있다. 빈정대는 표현인 것이다. 공식 저녁만찬에 같이 참석을 위해 나를 픽업하겠다는 친구를 기다리는데 픽업 약속 시간이 되어도 나타나지 않는 친구에 대해 What a surprise! (이 친구 하는 게 매사 이래.)라고 했다면 친구에 대한 여과 없는 불만의 표출이 되겠다.

Sorry, we're out of milk. (미안. 우유가 떨어졌네.)
What a surprise. I can never count on you to have what I need.
(그럼 그렇지. 내 필요한 걸 너한테 기대하는 내가 잘못이지.)

The weather forecast says it's going to rain all week.

(일기예보에 한 주 내내 비가 온다네요.)

What a surprise. Just when I wanted to go hiking.

(하필이면 참 내. 하이킹 가고자 할 때면 꼭 그러더라.)

I'm sorry, but we can't give you a refund on your purchase.

(미안하지만, 구매하신 물건에 대한 환불을 해드릴 수 없습니다.)

What a surprise. Your company always finds a way to rip off customers.

(놀랄 일도 아니네요. 귀사는 항상 고객들 등쳐먹는 방법만 찾으니까요.)

마지막 예문에서 황당한 표정으로 "놀랄 일도 아니네요." 귀사의 악명은 익히 들어서 알고 있긴 한데 직접 겪어보니 정말 그렇다는 뉘앙스로 말하고 싶을 때, 그 표현이 바로 What a surprise. 인 것이다. 이 뉘앙스를 나타내기 위해 이리저리 한국식으로 영작을 해봤자 그 감정을 살리지 못한다. What a surprise! 라고 한마디 하면 그만이다. 현지에 살다 보면 항의성 영어를 해야 할 때가 너무나 많이 생긴다.

10 Thanks for your help, buddy.
(너도 좀 도와라. 친구야.)

이 표현이 반대의 의미로 쓰일 때는 남들은 힘들고 바쁘게 일하는데 한가하게 앉아서 폰만 만지작거리며 놀고 있을 때 빈정대는 말투와 함께 지나가는 말로 '너도 좀 도와야 하지 않겠니?' 라는 의미가 들어 있다. 실제 말 속에는 빈정대는 투의 말일 뿐 진정 도와달라 라는 의미는 들어 있지 않다. 당사자가 알아서 처신해야 할 일이다. 이 경우에 친구라는 말로 buddy는 적절한 선택이다. 빈정댈 때는 buddy가 제격이기 때문이다.

11 Take your sweet time.
(그래 천천히 해라. 가진 건 시간뿐이니까.)

이 표현이 역시 긍정적으로는 '천천히 해. 서둘지 말고.' 등 아주 좋은 의미의 구문이다. 그런데 풍자적인 의미로 배고파 죽겠는데 음식을 천천히 하거나 뭔가 답답할 정도로 느릴 경우 Take your time. 하면 '참 빨리도 한다. 더 천천히 해. 괜찮아!' 등의 비난조의 의미가 된다. 일상 표현에도 항상 긍정적인 뜻만 있는 것은 아니라는 것을 알아야 한다.

12 You're wearing that?
(그렇게 입고 가려고?)

친구가 파티에 가는데 옷을 너무 야하게 차려 입었을 경우 You're wearing that? 이라고 하면서 눈을 치켜뜰 수 있다. 보니까 노출이 너무 심한 복장이었으니까. 그리고 공식적인 자리에 청바지 등 너무 casual한 복장도 어울리지 않을 수 있는데 이 때도 You're wearing that? 이라고 말할 수 있다. 이때 중요한 건 정식 의문문 형태로 Are you wearing that? 이라고 해도 되지만, 평서문에 끝만 올리는 형태가 되어야 이 뉘앙스가 더 잘 살아나게 된다.

13 Well, what do you know?
(아니 이거, 뜻밖인 걸!)

주로 놀람이나 깜짝 놀라는 감정을 표현하는 구문이다. 위처럼 감탄사적 표현으로 쓰였을 때는 '네가 뭘 아느냐'는 직접적인 뜻으로 해석하면 안 된다. 이 표현은 예상치 못한 사실이나 상황을 접했을 때 사용하고 보통 Well이 앞에 선행한다.

A : Did you know that Sarah won the lottery?
(사라가 복권 당첨된 거 알고 있었어?)

B : Well, what do you know? That's incredible!
(오, 놀라운데. 믿기지 않아.)

A : I just found out that Psy is coming to town next week.
(방금 보니까 싸이가 다음 주 이 도시에 온다나봐.)

B : Well, what do you know? I didn't realize he was on tour!
(오, 뜻밖인데. 그가 투어 중이라는 걸 몰랐어.)

A : I cleaned my entire room today. (나 오늘 방을 완전히 정리했어.)
B : Well, what do you know? That's impressive!
(와, 웬일로? 대단하구나.)

Gregory Peck 주연의 영화 The Gunfighter (1950) 첫 장면에 나오는 대사이다.

MAN : Do you know who that is? (쟤가 누군 줄 아니?)
Eddie : Who? (누구?)
MAN : Jimmie Ringo. (지미 링고잖아.)
Eddie : Well, what do you know? (그가 여기 오다니, 뜻밖인 걸!)

영화 자막에는 '정말, 어떻게 알았지?' 라고 번역되어 있는데 좀 어색하다.

81 I want to give him a piece of my mind.

[확실한 불만과 화남을 전달할 때 쓰는 표현]

이시간에는 나의 불만과 불쾌한 감정을 여과없이 드러내는 표현을 함께 살펴볼까 한다. Give someone a piece of one's mind 는 '불편한 심기를 여과없이 드러내다. 따끔하게 한마디 하다' 라는 의미를 갖고 있다. (to speak angrily to someone about something they have done wrong) 화가 나서 김이 머리에 팍팍 올라가는 상상을 하면 그 느낌이 와 닿는다.

I'm going to give that mechanic a piece of my mind if the car's not fixed this time again. (이번에도 차를 못 고치면 정비사에게 한마디 따끔하게 할 거야.)

If that neighbor doesn't stop playing loud music at night, I'm going to give him a piece of my mind.
(만약 그 이웃이 밤에 계속 시끄러운 음악을 틀면, 그에게 제대로 얘기할 거야.)

The customer service at that store was terrible, so I gave the manager a piece of my mind. (그 가게의 고객 서비스가 형편없었기 때문에, 나는 매니저에게 제대로 한마디 했다.)

I want to give her a piece of my mind so that she can stop

leaving her dog poop in my yard. (나는 그녀에게 다시는 내 마당에서 그녀 개가 똥을 누지 못하게 하도록 따끔하게 한마디 할 거예요.) [poop: 개똥. 똥을 싸다.]

이와 유사한 표현으로 give someone an earful 이 있다. 여기서 earful 은 형용사가 아니라 '긴 충고, 호된 꾸중'을 뜻하는 명사다. 그 뜻은 '~에게 잔소리하다. ~일로 꾸짖다.' 이다.

He gave me a real earful about being late so often.
(그는 나의 빈번한 지각에 호된 꾸중으로 했다.)

My mom gave me an earful once she heard about my speeding ticket. (어머니는 내가 속도위반 티켓을 받았다는 말을 듣고 엄청 잔소리를 하셨다.)

When the restaurant served undercooked chicken, the customer gave the waiter an earful. (식당에서 다 익히지 않은 치킨을 제공하자, 손님은 웨이터에게 크게 불평했다.)

The teacher gave the students an earful after they were caught cheating on the exam. (시험에서 부정행위가 걸리자, 교사는 학생들에게 호된 꾸중을 했다.)

누구를 화나게 하거나 짜증나게 할 때 쓰는 구문으로 It drives me up the wall. 과 It grinds my gears. 라는 말도 있다. 둘 다 화나고 짜증나는 상황에서 쓸 수 있다.

My roommate's constant snoring drives me up the wall every night. (같은 방 친구의 끊임없는 코 골이는 매일 밤 날 짜증나게 한다.)

It drives me up the wall when people talk during a movie.
(영화 관람 중 사람들이 말하는 건 나를 짜증나게 해.)
The constant delays and cancellations of my flights are driving me up the wall. (나의 항공편이 계속해서 지연되거나 취소되는 것은 날 화나게 만든다.)

It grinds my gears. 도 비슷한 뜻으로 사용된다. 누군가가 날 화나고 짜증나게 할 때 사용하면 적절한데 특히 이 표현은 미 Animated sitcom 'Family Guy'에서 유행했다고 알려져 있다. 1999년 시작한 이 프로는 2023년 현재 21 season을 진행하고 있는 장수 프로그램이다.

It really grinds my gears when people don't hold the door open for others. (사람들이 다른 사람을 위해 열린 문을 잡아주지 않으면 정말 화가 납니다.)
The way she interrupts me when I'm speaking really grinds my gears. (그녀가 내가 말할 때 말을 끼어들면 정말 짜증나게 됩니다.)
It really grinds my gears when people are late without any notice. (사람들이 사전 통보 없이 지각하게 되면 정말 화가 납니다.)

이런 일련의 표현들은 앞선 칼럼에선 다뤘던 pet peeve (짜증나게 하는 것)과 관련이 있다고 할 수 있다. 유사하게 It rubs me the wrong way. 라는 표현도 알아 두면 좋다. 동물들의 등을 쓰다듬을 때 털이 난 방향과 반대로 문지르면 동물들도 불편해한다고 한다. 털이 난 방향으로 쓰다듬어 주어야 좋아하는 법이다. 그러므로 It rubs me the wrong way. 는 '날 화나게 하다. 짜증나게 하다.' 라는 뜻의 표현이 된다.

이렇게 이런저런 일로 인해서 서로 관계가 서먹해지면 말을 안 하고 지내게 된다. 특히 회사에서 동료들과 그런 상황이 되면 최악이다. 근무환경이 좋을 리 없다. 이렇게 서로 말하고 지내지 않는 사이를 Not on speaking terms 라고 한다.

I'm not on speaking terms with him.
(그와는 만나도 말도 나누지 않는 사이입니다.)

Sarah and John had a huge argument last week and now they are not on speaking terms. (사라와 존은 지난 주 큰 언쟁을 했고, 지금은 서로 의사 소통을 하고 있지 않습니다.)

After the breakup, Mary and Tom are not on speaking terms anymore. (서로 결별한 후 메리와 탐은 더 이상 서로 의사 소통을 하고 있지 않습니다.)

The two neighbouring countries are not on speaking terms due to a territorial dispute. (두 이웃 국가는 영토 분쟁으로 인해 서로 의사 소통을 안 하고 있습니다.)

My sister and her best friend had a falling out and now they are not on speaking terms. (내 여동생과 그녀의 가장 친한 친구가 사이가 틀어져, 지금은 서로 말을 안 하고 있는 상태입니다.)

[have a falling out with : ~ 와 사이가 틀어지다. 나빠지다.]

살면서 좋은 일만 있는 것은 결코 아니다. 화나고 나쁠 때도 항상 공존하는데 그럴 때에 사용하면 적절한 표현들도 잘 알아 둘 필요가 있다.

82 Keep someone in the dark.

누굴 어둠 속에 가두면 어떻게 될까.

우리가 앞을 못 보면 어둠 속에 있는 것이나 다름없다. 비유적으로 어떤 상황에서 내가 정보에 무지하고 아무런 내용 파악을 하고 있지 못하고 있다면 난 어둠 속에 있는 거와 별반 다를 게 없다. 이에 해당하는 영어 표현이 keep someone in the dark (~를 어둠 속에 있게 하다. ~를 어떤 정보로부터 무지한 상태로 있게 하다) 이다. I was kept in the dark about it. (난 그거에 관해 아무것도 모르고 있었다.) 와 같이 표현할 수 있다.

They have not told me about anything and I don't know any information about it. They have kept me in the dark.
(그들은 나에게 어떤 것도 말해 준 적이 없었고, 나는 그것에 관한 정보는 아무것도 모릅니다. 그들은 나에게 아무 정보도 주지 않았습니다.)

그래서 나에게 아무런 정보를 주지 않고 있을 때, I feel like I'm in the dark. (어둠 속에 있는 느낌입니다.) 등과 같이 말할 수 있다. 필자도 평소 이와 비슷한 상황이 발생하면 Look, I was kept in the dark on that matter as well. (이봐요, 그 문제에 관해 나 역시 아무것도 몰랐어요.) 라고 말하곤 하는데 이 말 속에는 내가 무관심해서 몰랐다기보다는 아무도 나에게 어떤 정보를 제공해 주지 않아 몰랐다는 뜻이 내포되어 있다. Nobody told me about it. 인 것이다.

He was kept in the dark about the details of the project until the very last minute. (그는 프로젝트 세부 사항을 마지막 순간까지 전혀 알지 못하고 있었다.)

The government is accused of keeping the public in the dark about the real scale of the environmental disaster. (정부는 환경 재해의 실제 규모에 관한 정보를 대중들에게 숨겨왔다는 비난을 받고 있다.)

The investors were kept in the dark about the company's true financial situation. (투자자들은 회사의 실제 재정 상황에 대해 전혀 모르고 있었다.)

Cold shoulder (무시. 냉대. 쌀쌀하게 대함)

누군가 나에게 cold shoulder (차가운 어깨)를 주고 있다면 그는 나에게 말을 하려고 하지 않을 것이고, 한다 해도 극히 필요한 말만 하며, 결국 나에게 아주 무례하게 대하는 것이 된다. (If someone gives you the cold shoulder, they won't talk to you or they'll talk to you as little as possible and they'll actually be quite rude to you.) 즉 무관심을 넘어 적대적인 태도를 보이는 행위라고도 볼 수 있다.

After the disagreement, she gave him the cold shoulder and refused to speak to him for days. (논쟁 후 그녀는 그에게 무관심하게 대하며 며칠 동안 말하기를 거부했습니다.)

The new employee felt uncomfortable in the office when he received the cold shoulder from his coworkers. (신입사원은 동료들로부터 무관심한 태도를 받아 사무실에서 불편함을 느꼈습니다.)

The restaurant gave us the cold shoulder when we complained about the quality of the food. (음식의 질에 대해 불평하자 그 레스토랑은 우리에게 무관심한 태도를 취했습니다.)

Take a turn for the worse
(상태가 악화되다. 상황이 나쁜 방향으로 바뀌다.)

현재 상황보다 건강이나 어떤 상황이 나빠질 때 사용되는 중요 숙어 표현이다. 건강을 이야기할 때는 심각한 상황에 돌입했음을 암시한다.

After a few days of feeling better, his health suddenly took a turn for the worse and he is now in ICU (Intensive Care Unit). (며칠 조금 호전되던 그의 건강 상태가 갑자기 악화되어, 현재 중환자실에 있습니다.)

The weather forecast says that the storm is going to take a turn for the worse and become a hurricane.
(날씨 예보는 폭풍이 악화되어 허리케인이 될 것이라고 합니다.)

The political situation in the country took a turn for the worse after the controversial election.
(논란이 된 선거 이후에 그 나라의 정치 상황은 악화되었습니다.)

상상할 수 있듯이 그 반대의 상황은 take a turn for the better (호전되다. 상황이 개선되다.) 로 표현하면 된다.

After several days of rest, the patient's condition took a turn for the better and he was able to leave the hospital. (며칠 휴식을 취한 후에, 환자의 상태가 좋아져서 그는 병원을 떠날 수 있었습니다.)

The company's financial situation took a turn for the better after they implemented cost-cutting measures. (비용 절감 대책을 시행한 후에 회사의 재정 상황은 좋아졌습니다.)

The weather forecast says that the rain is going to stop and the temperature will take a turn for the better tomorrow.

(일기예보에 따르면 내일은 비가 그치고 기온이 좋아질 것이라고 하네요.)

The relationship between the two friends took a turn for the better after they had an honest conversation about their problems. (서로의 문제에 대해 솔직하게 대화한 후에 두 친구의 관계는 좋아졌습니다.)

Keep to oneself (남과 어울리지 않다.)

남과 교제하지도 않고, 잘 어울리지도 않으며, 자신의 테두리 안에 갇혀 사는 것이 keep to oneself 이다. 사교적이지 않고 내성적인 사람 (introvert) 이라고 할 수 있다. 주로 혼자 시간을 보내는 것을 좋아하고, 다른 사람과 소통하거나 관계를 유지하지 않는 것을 의미하는 구어적인 표현이다.

She has always been very quiet and prefers to keep to herself. (그녀는 항상 매우 조용하고 혼자 시간을 보내는 것을 선호합니다.)

He's not the kind of outgoing person and tends to keep to himself at social gatherings. (그는 외향적인 사람은 좀 아니며, 사교모임에서 남들과 잘 어울리지 않는 경향이 있습니다.)

After a long day of work, I just want to go home and keep to myself for a while. (긴 하루 일과 후에는 전 그저 집에 가서 한동안 혼자 있고 싶어져요.)

그런데 keep 과 to oneself 사이에 목적어가 들어가면 의미가 달라진다. 예를 들어, keep it to myself 하면 '내가 알고 있는 그 무언가를 다른 사람들과 공유하지 않다' 라는 뜻이 된다. 즉, '(~를) 마음속에 묻어두다. (~를) 비밀로 해두다. 가슴속에 간직해 두다.' 등의 뜻이다.

I found out a secret about my friend, but I promised to keep it to myself. (내 친구의 비밀을 알게 되었지만, 내가 알고 있는 것을 비밀로 해두기로 약속했다.)

Sometimes it's better to keep your opinions to yourself, especially if you know they will upset someone else. (가끔은 자신의 의견을 내놓는 대신에 그냥 혼자 마음속에 담아두는 것이 더 나을 때도 있습니다. 특히 다른 사람을 화나게 할 것 같은 의견을 가지고 있을 때는요.)

단순히 명령형으로 Just keep it to yourself. 하면 (그저 너만 알고 있어.) 라는 뜻이 된다. 그걸 네 마음속에만 간직해 두는 거니까 누구에게도 이야기하지 말고 혼자만 알고 있으라는 뜻인 것이다. 이와 유사한 표현으로 아무한테도 이야기하지 말라는 당부로 Between you and me, (우리끼리 이야기인데,) 라고 하면서 대화를 이어가는 경우가 있다. 원래는 Between you and me and the bedpost, (너와 나 그리고 침대 다리기둥만 아는 일,) 인데 줄여서 Between you and me, 라고 보통 표현한다.

그리고 '그것을 비밀로 해 주세요.' 라고 할 때 Please keep it under your hat. 이라는 표현도 있다. 그걸 모자 밑에 감춰두라는 말이니 발설하지 말고 비밀로 해 달라는 뜻이다. 또 '비밀을 누설하지 마세요.' 라고 말할 때 **Don't let the cat out of the bag.** (직역: 고양이를 자루에서 꺼내지 마세요.) 라는 표현이 있고, **Don't spill the beans.** (직역: 콩을 쏟지 마세요.) 등의 관용표현도 있다. 실 생활에서 유용하게 잘 쓰이는 표현이니 안심하고 사용해도 좋다. Spill the beans (비밀을 누설하다)의 표현은 고대 그리스에서 투표용으로 사용된 흰콩(찬성)과 검은콩(반대)을 담은 단지가 실수로 넘어져 콩들이 쏟아져 나옴으로

써 투표 내용이 미리 공개돼 버리는 상황에서 유래되었다고 전해진다. Don't let the cat out of the bag. 은 새끼 돼지 (piglet) 대신에 고양이를 넣어 파는 사기 행위에서 비롯된 표현이다.

Social butterfly (사교적인 사람)

위의 Keep to oneself 인 사람 즉, 내향적인 사람(introvert) 과 반대되는 사람을 extrovert (외향적인 사람) 이라고 하는데 다른 구어적인 표현으로 social butterfly 라고 한다. 단어의 표현만 봐도 의미를 짐작할 수 있다. 사교계에서 나비처럼 날아다니면서 바쁘게 사람과 교제하는 모습에서 나온 표현이다.

My sister is a total social butterfly. She can walk into a room full of strangers and leave with a dozen new friends.
(내 여동생은 완벽한 사교성을 가진 사람이지. 그녀는 낯선 사람들이 가득한 방에 들어가서도 새로운 친구들 열두 명쯤 만들어서 나오니까.)

Even though he's a bit shy around new people at first, but he still manages to be a social butterfly. (새로운 사람들 앞에서 처음엔 좀 수줍어하지만, 그는 여전히 뛰어난 사교성을 발휘해.)

An eyesore (눈에 거슬리는 것. 불쾌하게 보이는 것)

어떤 물건이나 대상에 대해서 주로 쓰인다. 집에 지인이 찾아왔는데 집 안 한쪽에 정리가 안 된 물건들이 쌓여 있을 때 민망해하며, Hey, it's an eyesore. Don't look over there. I need to clean it soon. (이봐. 눈에 거슬리니 저쪽은 보지 마. 내가 곧 치울 거야.) 와 같이 말할 수 있다.

The abandoned building on the corner of the street is a total eyesore. (이 거리 구석의 버려진 건물은 완전 눈에 가시예요.)

The huge pile of garbage in the park is not only an eyesore, but also a health hazard. (공원에 있는 큰 쓰레기 더미는 눈에 거슬릴 뿐만 아니라 건강에 위협이 된다.)

The graffiti on the walls of the historical building is an eyesore and should be removed immediately. (역사적 건물의 벽에 그려진 낙서는 눈에 거슬리니 즉시 제거되어야 한다.)

Graffiti 는 '낙서'라는 뜻의 Graffito 의 복수형이나 오늘날에는 총칭해서 주로 쓰이고 단수, 복수 모두 혼용해서 쓰인다. 발음은 [그러**퓌**디]. 단수형 Graffito는 고고학 문서에서만 쓰임.

A sight for sore eyes 란 표현도 있다. '보기만 해도 좋은 것' 또는 '반가운 사람' 이란 뜻으로 쓰인다.

After a long day of work, seeing my family waiting for me at home was a sight for sore eyes. (긴 하루의 일과 끝에 집에 기다리고 있는 가족을 보는 것은 보는 것 자체로 좋은 기분이었죠.)

The beautiful sunset over the ocean was a sight for sore eyes after weeks of cloudy weather. (몇 주간 구름 낀 날씨가 지속된 후, 바다 위로 보이는 아름다운 일몰은 정말 상쾌한 광경이었습니다.)

I'm all ears. (모두 듣고 있어. 어서 말해봐.)
누군가의 말에 귀를 기울이고 경청하고 있으니 어서 말해보라고 이야기할 때, I'm all ears. 라고 한다. Are you listening, guys? (여러분, 듣고 있나요?) Yes, we're all ears. (네, 듣고 있으니 어서 이야기하세요.) 상대방의 말을 집중해서 듣고 공감해 주거나 도움이 될 만한 의견제시도 할 수 있다 라는 의도가 포함된 아주 좋은 표현이다. 누가 옆에서 이야기하고 있는데 내가 서류정리에 몰두하고 있을 때, '당신, 듣고 계시나요?' 하면 'I'm all ears. Go on.' (다 듣고 있어요. 계속 말해요.) 할 수 있다.

I'm all ears. Go ahead and tell me whatever it is that you need to tell me. (다 듣고 있으니, 어서 나에게 하고 싶은 말이 무엇인지 다 말해 보세요.)
When it comes to constructive criticism, I'm all ears. It's the only way I can improve. (건설적인 비판에 대해서는 귀 기울일 준비가 돼 있어. 그게 내가 발전할 수 있는 유일한 방법이거든.)
My friend is a great listener. Whenever I need to talk, she's all ears. (내 친구는 대단히 잘 들어줘. 언제든지 얘기하고 싶으면 그녀는 귀 기울이거든.)

Put in a good word for someone (~을 추천하다. 천거하다.)
누군가를 위해 좋은 말을 해줘서 일이 잘 성사되게 할 때 쓰는 숙어이다. 좋은 말을 해 주는 거니까 결국 칭찬하는 결과가 된다. 직장을 구할 때나 어떤 계약을 성사시킬 때 믿을 만한 사람이라는 신뢰를 주기 위해 잘 소개해 달라는 부탁의 말로 쓰면 적절하다. (If someone puts in a good word for you, it means that they have recommended you and they've actually said that you do a good job or you're a good person or whatever it is.)

I want to put in a good word for this restaurant. The food is

amazing and the service is excellent. (이 식당에 대해 좋은 말 좀 해 주고 싶어요. 음식은 놀랄 만큼 맛있고 서비스도 훌륭합니다.)

Can I put in a good word for my friend who's been struggling to find a job? She's a hard worker and deserves a chance.
(직장을 구하는 데 어려움을 겪고 있는 제 친구를 위해 좋은 말 좀 해도 될까요? 그녀는 열심히 일하는 사람이고 일할 기회를 가질 자격이 있어요.)

Would you put in a good word for me with him?
(그 분께 저에 대해 말 좀 잘 해주시겠어요?) - 전체 문장을 외워 두면 좋다.

I've got your back. (내가 도와(지켜)줄게.)

말 그대로 네 등 뒤에서 지지하고 도와주겠다는 의미를 가진다. 누가 나에게 이런 말을 해 준다면 든든한 마음이 들지 않을 수 없을 것이다. (= I'm supporting you and I'm defending you.)

Don't worry about anything, I've got your back.
(아무 걱정 마세요. 제가 뒤를 지켜 줄 테니까요.)

I won't let anyone hurt you, I've got your back.
(아무도 널 다치게 그냥 두지 않을 게. 네 뒤를 지켜 줄 거야.)

I will be there for you no matter what, I've got your back.
(무슨 일이 있어도 네 곁에 있을 게. 네 뒤를 지켜 줄 거니까.)

Follow in one's footsteps (~의 발자취를 따르다.)

말뜻 그대로 부모나 선배 또는 존경하는 분들의 뒤를 따라 나도 그렇게 되고 싶다라는 강한 바람이 담긴 숙어라 하겠다.

His grandfather was a successful businessman, and he wants

to follow in his footsteps and run his own company one day.
(그의 할아버지는 성공한 사업가였고, 그래서 그도 언젠가는 그의 발자취를 따라 자신의 회사를 운영하고 싶어 합니다.)

She's a great writer, and I hope to follow in her footsteps someday. (그녀는 훌륭한 작가신데, 언젠가는 나도 그녀의 발자취를 따라가고 싶습니다.)

위 두 예문에서 one day 와 someday 가 '언젠가' 또는 '장차' 등의 의미로 똑같이 사용되었다. 두 표현의 차이점은 우선 띄어쓰기에 주목할 필요가 있고, one day는 과거, 미래시제 모두에 쓰이는 반면, someday 는 미래의 상황에서만 쓰인다. 중요한 의미상 차이점은 one day는 자신의 결의, 다짐, 약속 등을 나타내는 반면 someday는 막연히 시간의 경과로 이뤄지는 상황의 변화에서 쓰이는 경향이 있다. 예를 들면 I'll get married to have a lovely baby someday. (나도 언젠가 결혼해서 사랑스런 아기를 갖게 되겠지.) 와 같이 someday는 시간이 가면 그렇게 될 것이다 라는 막연한 기대감만 보여주고 있다. 대체적으로는 시제에 주의해 준다면 기본적으로 의미상 엄격한 구분없이 사용되기도 한다.

누구의 업적이 훌륭하여 그의 발자취를 본받고 싶은 경우에 have big shoes to fill 이란 표현이 있다. '(전임자가 세운 높은 기준을 충족하기 위해) 열심히 일하다' 라는 뜻이다. 채워야 할 큰 신발이 있으니 그 큰 신발에 맞게 채우려면 열심히 노력해야 하는 것이 되리라. 또 leave big shoe to fill. 은 비슷하지만 약간 다른 각도로 '(따라가기 힘든) 훌륭한 업적을 남기다' 라는 뜻이다.

After the legendary coach retired, the new coach of the

basketball team knew he had big shoes to fill in maintaining the team's winning record and reputation.

(전설적인 감독이 은퇴한 후, 농구 팀의 새로운 감독은 팀의 승리 기록과 명성을 유지하기 위해 큰 부담이 있음을 인지하고 있었다.)

The renowned professor's retirement left big shoes to fill in the department as the new faculty member had to uphold the same level of academic excellence. (유명한 교수의 은퇴로 인해 학과에는 학문적 탁월성을 유지해야 하는 새로운 교수에게 큰 부담이 생겼습니다.)

10개의 중요한 숙어 표현을 살펴보았다. 평상시 대화 또는 문서 작성 시 유용하게 쓰일 수 있는 표현들이므로 잘 숙지해서 내 것으로 꼭 만들어야 할 것이다.

83 It remains to be seen.
[그건 지켜볼 일이다.]

어떤 사태나 상황이 불분명해서 지금 정확한 판단을 내릴 수 없을 때, '그건 두고 봐야 할 일이다, 또는 지켜봐야 한다.' 라고 흔히 말한다. 그와 맞는 표현이 remains to be seen 이다. 정치 관련 영어 시사뉴스에 특히 자주 등장하니 정확히 이해하고 넘어갈 필요가 있다. 시사(current affairs) 에 관한 실 생활영어 대화를 나눌 때 사용해도 좋은 문장 표현이다.

It remains to be seen who will become the new president of that country. (그 나라 새 대통령에 누가 당선될지 지켜볼 일이다.)
It remains to be seen whether he lives up to such public expectations. (그가 그런 대중의 기대에 부응해 살아갈지 두고 봐야 할 일이다.)

최근 러시아-우크라이나 전쟁 14개월만에 처음으로 시진핑 중국 국가주석이 젤렌스키 우크라이나 대통령과 통화를 했다는 뉴스가 속보로 나왔다. 이에 CNN뉴스는 이렇게 기사를 썼다. Analysts say it suggests there are more drivers than just peace in China's calculus.... Xi likely timed the call to quell fears in Europe, but it remains to be seen whether the call will help Beijing much...(분석가들은 중국의 계산법에 그 전화는 단순한 평화 이상의 더 많은 동력이 작용하고 있다는 것을 제시한다고 보고 있다... 시 주석은 유럽의 두려움을 잠재우기 위해 그 전화를 시기 적절히 맞춘 듯해 보인다. 그러나 그 전화가 베이징 당국에 많은 도움이 될지는 두고 볼 일이다.)

불과 얼마 전에 모스크바를 방문해 푸틴과 공조를 과시한 시 주석이 갑자기 우크라이나 대통령과의 통화를 통해 유럽에 평화 중재자 역할을 자처하는 듯한 모습을 보이니 고개가 갸우뚱해질 만하다. 아마도 전쟁 후 우크라이나 재건 사업에 참여하고 싶어하는 중국의 숨은 계획을 위해 물밑 작업에 들어간 것 아니냐는 분석이 나오는 이유다.

여기에서도 it remains to be seen 구문이 사용된 걸 볼 수 있다. 그만큼 시사관련 신문기사, 방송 논평에 흔히 등장하는 구문이다. 예문을 좀 더 보면;

The success of the new marketing strategy remains to be seen. (새로운 마케팅 전략의 성공 여부는 지켜 봐야 할 일입니다.)

The long-term effects of the medication on patients remains to be seen. (그 약의 환자들에 대한 장기적인 영향은 아직 두고 봐야 합니다.)

It remains to be seen how the pandemic will affect the travel industry in the long run. (팬데믹이 장기적으로 여행 산업에 어떤 영향을 미칠지는 아직 지켜볼 일이다.)

His days are numbered. (그의 시간이 며칠 남지 않았다.)

이 표현에서 numbered 는 쓰임새에서 알 수 있듯이 동사로 쓰여 숫자를 손으로 꼽아 셀 수 있을 정도로 임박했다라는 의미이다. 그래서 건강의 악화로 생명이 다했음을 의미할 수도 있고 관직이나 회사의 어느 직분에서 물러날 날이 멀지 않았을 때도 쓰이는 시사 표현이다.

특히 정치인들의 사임이 임박했을 때 이 표현이 등장한다.

The doctor said his condition is terminal. I'm afraid his days are numbered. (의사는 그의 상태가 매우 위독하다고 말했어요. 그의 삶이 얼마 남지 않은 것 같습니다.)

The cancer has spread to her lungs. Now her days are numbered. (암이 그녀의 폐로 번졌어요. 이제 얼마 못 사십니다.)

The company is going bankrupt. Its days are numbered. (회사가 파산 직전입니다. 문 닫을 날이 멀지 않았습니다.)

The president has lost the support of his party and the public. His days are numbered as leader of the country. (대통령은 자신의 정당과 대중의 지지를 잃었어요. 나라 지도자로서 직무를 수행할 날이 얼마 남지 않았습니다.)

The scandal has taken a heavy toll on the senator's reputation. His days seem to be numbered in office. (그 스캔들은 그 상원의원의 평판에 큰 타격을 입혔습니다. 그의 직무를 수행할 수 있는 날이 얼마 남지 않은 것 같습니다.)

You don't have to be (a person) to think (know) that ~
[굳이 ~ 가 아니더라도 ~ 라는 것을 생각할 수 (or 알 수) 있을 겁니다.]

직역을 하면 ' ~라고 생각하거나 (알기) 위해서는 반드시 (누가) 될 필요는 없다.' 즉, '~ 굳이 (누가) 아니더라도 ~ 라는 것을 생각할 수 있다.' 라는 뜻이다. 필자도 영어로 위와 같은 표현을 해야 할 상황이 가끔 생긴다. 무언가를 생각하거나 알 수 있게 되기까지 앞에 전제한 사람이나 대상이 꼭 아니어도 된다는 의미인데, 예문을 보면서 익혀 보자.

You don't have to be a scientist to think that the world is headed for disaster in terms of the climate change.
(굳이 과학자가 아니더라도 세계는 기후변화 면에서 파국으로 치닫고 있다고 생각할 수 있을 것입니다.)

You don't have to be a farmer to guess that the draught is a devastating factor in raising cattle.
(굳이 농부가 아니더라도 가뭄이야말로 가축을 기르는데 있어서 치명적인 요인이 된다고 생각할 수 있을 거예요.)

You don't have to be a gambler to know that gambling has a terrible impact on our lives. (굳이 도박꾼이 아니더라도 도박이 우리 삶에 미치는 끔찍한 영향을 알 수 있을 겁니다.)

You don't have to be in Alaska to feel the freezing cold here in winter. (굳이 알래스카에 가 있지 않아도 여기 겨울의 강추위를 느낄 수 있을 겁니다.)

You don't have to be in America to command good English.
(여러분은 굳이 미국에 살지 않아도 훌륭한 영어를 구사할 수 있습니다.)

이 표현들에서 You don't have to be (누구) to 동사 + that (구문)으로 이어지는 문장 구조를 잘 살펴보고 '굳이 ~가 아니더라도 ~하다.' 라는 표현법을 잘 구사할 수 있어야 하겠다. (누구)의 자리에 반드시 사람만 오는 것은 아니고 (be + 장소)와 (be + 형용사)도 올 수 있다 라는 것을 예문에서 볼 수 있을 것이다.

84 The buck stops here.

[모든 책임은 내가 진다.]

33대 미국 대통령을 지낸 Harry Truman의 집무실 책상 명패에 쓰여진 글귀로 유명한 말이다. 여기서 중요한 건 buck 의 뜻이다. Gambling에서 유래된 말로 알려졌는데 Table game 에서는 player 와 dealer 가 bank 의 역할을 돌아가면서 하기도 한다. 그런데 과거엔 bank 가 누구인지를 알려주기 위해 buckhorn knife (숫사슴 뿔로 만든 소형 칼)을 이용했다고 한다. 물론 buckhorn 은 칼자루를 만드는 데 사용되었다. 한 player 가 bank 역할이 끝나면 그 책임을 다음 사람에게 넘기게 되는데 이를 pass the buck 이라고 했다. 여기에서 '~에게 책임을 전가하다' (pass the buck to~) 라는 표현도 나왔다. 이 buckhorn knife 를 가진 player 가 한 게임 책임을 지고 bank 역할을 감당했던 것이다. Truman 대통령은 일이 잘못되었을 때 변명하지 않고 그 '모든 책임은 내가 진다' 는 각오로 업무에 임하기 위해 이 명패를 책상 앞에 두고 항상 마음을 새롭게 했다고 전해진다.

후에는 도박에서 bank 를 가리키기 위해 knife 대신에 silver dollar 를 사용하게 되었는데 이로부터 자연스럽게 buck 이 dollar 를 의미하게 되었다고 한다. 현재에도 비격식어로 dollar 대신에 buck 를 흔히 쓴다.

영화 Three Billboards Outside Ebbing, Missouri (쓰리 빌보드. 2017)에 보면 초반부에 다음과 같은 장면에 나온다.

Reporter: And Chief Willoughby, why single him out?
(기자: 그런데 월러비 서장, 왜 그를 지목하시는 거죠?)

Mildred: He's the head of them, ain't he? The buck's gotta stop somewhere. (밀드릳: 그가 경찰 수장 아닌가요? 누군가 책임을 져야죠.)

Reporter: And the buck stops at Willoughby?
(기자: 그러면 월러비 서장이 책임이 있는 건가요?)

Mildred: Yeah, the buck stops at Willoughby. Dead right it does. (밀드릳: 네, 월러비 서장이 책임져야 합니다. 완전 맞는 얘기죠.)

청소년 딸이 살해당한 사건을 두고 지역 경찰이 해결을 못 하자 이에 분노한 어머니 Midred 가 지역 TV 방송국기자와의 인터뷰에서 The buck stops at Willoughby. (책임은 윌러비에게 있어요.) 라고 단호히 말하는 장면이다. 이 영화로 Mildred 를 연기한 Frances McDormand 는 두 번째 아카데미 여우주연상을 수상했다. 여기서 The buck has got to stop somewhere. (누군가 책임을 져야 하는 것 아닙니까?) 란 표현이 쓰였다. 책임소재가 어디엔가 있어야 한다는 의미로 쓰인 것이다.

Shaken, not stirred. (흔들어 줘요, 휘젓지 말고.)

007 영화에 한번씩은 꼭 등장하는 유명한 iconic line (상징적 대사) 이다. James Bond 가 호텔 바텐더에게 Martini 를 주문하면서 하는 말이다. 휘젓는 거와 흔드는 것이 크게 어떻게 다른지 우리는 알 수 없지만 맛에 민감한 사람들은 까다로운 주문도 할 수 있을 것이다. 다만 저 표현은 이 영화의 Signature phrase 중 하나로 꼽힌다.

007 영화에서 유명한 line 이 또 있다. 'Bond, James Bond.' 라는 표현

이다. 'Shaken, not stirred.' 와 같은 three words 형태를 취한다. 이 표현이 제일 처음 사용된 것은 1962년 007 Franchise 1편, Dr. No. (살인번호)에서였다. 바카라게임 테이블 앞에 앉은 여성 Sylvia와의 대화 장면이다.

Sylvia : I need another thousand.
(천 불 더 필요해요.) - 카지노 직원에게 한 말임.

BOND : I admire your courage, Miss...
(용기가 대단하시군요. 성함이...)

Sylvia : Trench, Sylvia Trench. I admire your luck, Mr...
(츄렌취, 실비아 츄렌취예요. 당신의 행운에 경의를 표해요. 존함이...)

BOND : Bond, James Bond. (본드, 제임스 본드입니다.)

Sylvia : Mr. Bond, I suppose you wouldn't care to raise the limit? (본드씨, 상한가를 올려도 괜찮겠지요?)

BOND : I have no objections. (그러시죠. = 반대하지 않습니다.)

Care to 는 '을 좋아하다. ~하고 싶어하다.' 의 뜻으로 부정문, 의문문, 조건절에서 자주 쓰이며 격식을 갖춘 정중하고 우회적인 표현에 속한다. Would you care to have a cup of coffee? (커피 한잔 드시겠습니까?) 여기서 wouldn't care to 는 '~하는 것 별로 내켜 하지 않는다.' 라는 뜻으로 '상한가를 올리는 것 별로 내켜 하지 않으실 거로 생각합니다만' 하면서 평서문으로 말하면서 끝을 올려 상대방의 의중을 떠보며 동의를 구하는 질문으로 사용되었다.

그런데 흥미로운 사실을 필자가 발견했다. 1955년 영화 '이유없는 반항' (Rebel Without A Cause)에서 주인공 Jim Stark으로 나온 James Dean이 영화 중반에 고교 청년그룹의 leader격인 Buzz가 "What did you say your name was?" (이름이 뭐라 그랬지?) 라고 묻자, "Stark, Jim Stark." 이라고 답하는 장면이 나온다. 필자의 개인적 의견이지만 007 작가가 시리즈의 첫 영화가 나오기 7년 전 유명했던 이 영화의 장면에서 "Bond, James Bond." 대사의 아이디어를 얻은 건 아닌가라는 합리적 의심이 들기도 했다.

Blessing in disguise (위장된 축복, 전화 위복, 행운으로 드러난 불행)

우리가 전화위복(轉禍爲福)이란 말을 생활 가운데 자주 쓰게 된다. 영어로는 이를 어떻게 표현할까. 바로 blessing in disguise 이다. 축복이 아닌 것처럼 위장된, 감추어진 축복이니까 현재는 불행하고 재난처럼 보이지만 시간이 지나고 보니 그게 행운이었고 축복이 되는 경우가 종종 발생한다. 실제 우리 삶 가운데 그런 경험이 있을 것이다. 그게 바로 blessing in disguise 인 것이다. 한자로 전화위복이란 '재앙이 바꾸어 오히려 복이 됨.' 이란 뜻이다. 새옹지마 (塞翁之馬)란 한자 숙어도 비슷한 의미를 담고 있다. 예문을 통해 의미를 익혀보자.

Losing my job turned out to be a blessing in disguise. It gave me the opportunity to start my own business.
(일자리를 잃은 것은 결국은 전화위복이 되었다. 그것이 나에게 내 자신의 사업을 시작할 기회를 주었기 때문이다.)

The car accident was a blessing in disguise. It made me realise how important life is and how I should drive a car every moment. (차 사고는 나에게 전화위복이 되었다. 그걸 통해 나는 생명의 중요성과 모든 순간 어떻게 차를 운전해야 하는지를 깨달았기 때문이다.)

Not getting accepted to my first-choice university was a blessing in disguise. It led me to attend a school that was a better fit for me and where I met lifelong friends. (내 첫 번째 선택 대학에 합격하지 못한 것은 결국 행운이었어요. 그 때문에 나에게 더 맞는 학교를 다니게 되었고, 평생 친구들을 만날 수 있었으니까요.)

Being laid off from my job was a blessing in disguise. It gave me the opportunity to pursue a career I was truly passionate about. (일자리에서 해고당한 것은 전화위복이었다. 그게 내가 진정 열정을 쏟아부을 경력을 추구할 기회를 주었기 때문이다.)

Like a water off a duck's back
[마이동풍(馬耳東風)격으로, 아무런 효과도 없이]]

오리는 가볍기도 하지만 원래 털과 몸에 기름기가 많아서 물 위에 둥둥 잘 뜬다. 그리고 오리 등 위에 물을 부으면 젖지 않고 그대로 다 흘러내린다고 한다. 이에서 나온 표현이 It's like water off a duck's back. 이다. '오리 등 위에서 흘러내린 물처럼'이란 말은 무슨 말을 해도 심각하게 듣지 않고 흘려보내듯 다 무시한다 라는 의미이다.

한자 숙어 마이동풍(馬耳東風) 이란 말은 원래 당나라 시인 이백(李白)의 시에서 나온 말로 '말의 귀에 동풍이 불어도 아랑곳하지 않는다'는 뜻으로 남의 말을 귀담아듣지 않고 그냥 지나쳐 흘려 버리는 것을 말한다.

I tried to give him some advice, but it was like water off a

duck's back. He just ignored everything I said. (난 그에게 조언을 해 보려 했지만, 그에게는 마이동풍이었어요. 내가 말한 모든 것을 그는 그저 무시 했으니까요.)

I've tried to explain the risks to him, but it's like water off a duck's back to him. (그에게 위험성을 설명해 보려 했지만, 그건 그에게 마이동풍이었어요.)

No matter how much I criticise her, it seems to be like water off a duck's back to her. (내가 아무리 비판해도, 그녀는 마이동풍격으로 말을 귀담아듣지 않는 것 같습니다.)

역시 시드니 주요 Radio Talk Show 방송을 듣다 보면 정부관리들을 비판할 때 자주 등장하는 표현 중의 하나이다. 문제의 심각성을 수차례 경고했건만 귀담아듣지 않아 결국 어떤 문제가 커지는 상황에서 이 표현을 쓴다.

"We've mentioned the severity of the matter several times, but they wouldn't listen, it's like water off a duck's back." (여러 번 문제의 심각성을 언급했지만 그들은 들으려 하지 않았어요. 마이동풍격이었죠.)
[severity 심각성. 엄정함, 가혹함.]

85 Great Aussie Adjective: Bloody!

Bloody 는 mate 와 함께 호주를 대표하는 단어이고, 영.호주(특히 호주)에서 가장 흔하게 쓰는 강조의 형용사다. 원래의 뜻인 '피가 나는, 유혈의, 잔혹한' 이라는 형용사의 뜻과는 상관이 없고, 그저 강조의 용법으로 쓰인다. 때론 욕설에 가깝게 쓰이기도 하지만 대개는 어감을 강조하거나 분노를 강하게 표출하는 표현이다.

Bloody 는 그 셀 수 없는 용도 때문에 '위대한 호주의 형용사' 로 언급되기도 한다. (Bloody is often referred to as 'the great Australian adjective' due to its myriad uses.) 예를 들면; Bloody brilliant! (대단히 멋지군!) Bloody idiot! (바보 천치 같은 녀석!) Bloody hell! (이런 제기랄!) Too bloody right! (그 말 정말 맞아!) No bloody way! (절대 안 되고 말고!) Bloody damned politicians! (빌어먹을 정치인들!) 등과 같이 쓰인다. 발음은 '블러리' 로 흔히 들린다.

호주에 와서 필자가 제일 많이 들었던 토속적인 단어가 mate 와 bloody 였으니 호주에서 이 단어가 얼마나 빈번히 쓰이는 지를 가늠할 수 있을 것이다. 이 단어를 적절히 잘 쓰면 호주사람이 다 된 거나 다름없다고 해도 과언이 아니다. 그리고 상황에 따라 그 의미를 잘 알아듣는 것 또한 중요하다. 강하게 내뱉는 강조어이지 꼭 욕설을 의미하는 것은 아니다. 중요한 실 생활의 비격식 형용사인 만큼 좀 더 예문을 살펴보면서 익혀보자.

What the bloody hell are you doing? (아니 대체 뭐 하고 있는 거냐?)

I'm so bloody tired. (나 정말 피곤하다.)

That's a bloody good idea! (그거 참 좋은 생각이네!)

You're a bloody genius! (와, 너 정말 천재구나!)

Stop bloody nagging me! (이제 그만 시끄럽게 굴어!)

It's bloody freezing outside. (밖이 진짜 추워.)

I've got a bloody headache. (나 머리가 진짜 아파.)

This bloody car won't start. (이 빌어먹을 차 시동이 안 걸리네.)

Get the bloody hell out of my way! (내 앞길 막지 말고 비켜!)

[보통 the bloody hell 이 같이 쓰이면 더욱 강한 강조의 표현이 된다. 그런데 명사, 형용사 앞에서는 bloody 만 쓴다.]

Bloody typical! (제기랄, 항상 이 모양이야.) - 서비스 등의 느림에 짜증을 내며.

Bloody awesome! (진짜 멋지네!)

I need a bloody drink. (나 정말 술 한잔 필요해.)

It's a bloody mess in here! (여기 진짜 엉망이구나!)

Hey, that's bloody unfair. (이봐요. 그거 정말 불공평하잖아요.)

PAM : I thought you'd understand. I thought you were different. But you're just as others said. I'm not taking the bloody flowers! (선생님은 이해할 거라고 생각했어요. 선생님은 다를 거라고 생각했던 거죠. 근데 남들이 말한 것과 똑같네요. 그 엿 같은 꽃다발 전달하러 가지 않을 거예요!)

역시 [To Sir, With Love] 에서 Pamela 가 학급을 대표해 조문을 당한 친구의 집에 조문 화환을 전달해 주겠다는 약속을 했었는데 내심 짝사랑한 선생님과 논쟁으로 화가 난 그녀가 그 역할을 하지 않겠다며 던진 말이다. 여기서 bloody 는 꽃다발 자체와는 상관없고 자기의 흥분된 감정을 참지 못하며 한 말이다.

　2006년 호주의 모델이며 방송인인 Lara Bingle 이 호주 관광청 홍보대사로 일했을 때, TV광고에 나와 호주의 풍경을 소개한 다음, So, where the bloody hell are you? 라고 외치는 유명한 copy 문구가 있다. (대체 여러분들, 어디에 계신 건가요?) 라는 평범한 문장이지만 광고방송에서 속어인 the bloody hell 을 사용함으로써 야릇한 뉘앙스를 준다. '아니 여러분들 도대체 여기 호주에 안 오고 어디에서 뭣들 하고 자빠져(?) 있는 건가요?' 라는 살짝 비난의 의미도 내포되는 유머성 멘트이다. 이 문구에 bloody가 들어간 것을 문제 삼아 북미 TV 방송들과 영국 BBC 등이 광고 방송금지 명령을 내리자 당시 호주 관광장관(Minister for Tourism) 이었던 Fran Bailey는 이렇게 반응했었다.

"This is a great Australian adjective. It's plain speaking and friendly. It is our vernacular." (이 단어는 위대한 호주 형용사입니다. 평범하고 친근감 있는 단어일 뿐만 아니라 우리의 일상적인 토속어인 거죠.)

　Bloody 가 원 뜻 그대로 쓰인 표현도 있다. give (someone) a bloody nose 이다. '~에게 타격을 가하다. 패배시키다. (defeat someone)' 의 뜻으로 어떤 대회나 경쟁에서 상대방을 패배시킨다는 의미다.

　The new startup is giving its established competitors a bloody nose by offering better service and lower prices. (새로운 신생업체는 더 나은 서비스와 더 저렴한 가격을 제공하여 기존의 경쟁업체들을 물리치고 있다.)

86 Love and Dating Expressions

이번에는 이성 간의 관계를 보여 주는 여러 표현들을 살펴보도록 하겠다.

Hit on : 이성에게 관심을 보이며 다가가다.

관심이 가는 이성에게 인사하고 대화를 제안하거나 술을 한잔 사겠다거나 할 때, hit on이라는 구동사를 사용한다.

David hit on her. (데이빗이 그녀에게 말을 걸며 관심을 보였다.)
He hit on me at the bar last night, but I wasn't interested.
(그는 어젯밤 바에서 나에게 다가와 대화를 시도했지만 난 관심이 없었다.)

Check someone out : (누구에게) 관심을 갖고 쳐다보다.

위 hit on은 비교적 적극적인 관심의 표시라고 한다면 check someone out은 일단 위아래로 살펴보며 쳐다보고 관망하는 단계라고 볼 수 있다.

Go out with : 누구와 함께 나가다.

이 표현은 남녀관계에서 중요한 의미를 지닌다. 일단 They're going out together. 단계라면, 둘은 사귀는 관계다. 즉 그들은 couple이고, 단순히 같이 영화나 식사하러 나가는 것 이상을 의미한다. 서양에서는 좋아하거나 상당한 관심을 보이지 않으면 함께 식사하러 같이 나가지 않는다. 식사하는 자체가 데이트를 의미한다. 따라서 Alex goes out with Amy 하면 '알렉스는 에이미와 사귀고 있어요.' 라는 뜻이 된다. 어디로 같이 나가서 시간을 보내는지는 듣는 사람에게 중요하지 않다. Going out 자체로 둘은 연인관계라고 판단하는 것이다.

이와 연관하여 Why don't you ask her out (for dinner)? (저녁 먹으러 같이 나가자고 하지 않고?) 여기서 ask her out 는 '그녀에게 데이트를 신청하다' 라는 뜻으로 그녀가 그 제의를 허락했다면 저녁먹으로 가는 것만 허락하는 것이 아니라 같이 사귈 수도 있다는 전제가 깔려 있다. 일단 호감을 보인 것이다. 내가 한 친구에게 Hey, are those two guys going out? 이라고 물었다면 '이봐, 쟤들 둘이 사귀니?' 라는 질문이 된다.

We've been going out for a year now.
(우리는 지금 1년 동안 데이트해 오고 있습니다.)

I asked her out for dinner and she said yes, so we're going out tonight. (난 그녀를 데이트에 초대했고, 그녀는 예라고 답했으니, 오늘밤 데이트할 겁니다.)

They used to go out, but they broke up last month.
(그들은 계속 데이트를 해오곤 했는데, 지난 달 헤어졌습니다.)

She's been wanting to go out with him for a long time, but she's too shy to ask. (그녀는 오랫동안 그와 데이트하고 싶었지만, 너무 부끄러워 말을 못 하고 있어요.)

Stand (someone) up : (누구를) 바람맞히다.
만나기로 한 상대를 사전 통보도 없이 만나러 가지 않는 행위를 말한다. 동서양을 막론하고 이런 예의범절은 받아들이기 어렵지만 종종 일어나기도 하는 모양이다.

My date stood me up. (내 데이트 상대가 날 바람맞혔어.)
I got stood up last night. (나 어젯밤 바람맞았어.)

Turn (someone) on (off) : (누구에게) 성적 매력을 느끼게 하다 (못
느끼게 하다)

Turn on, turn off 는 불을 켜고 끄는 것을 의미하기도 하지만, 누구에
게 사랑의 불을 켜고 끄게 하는 것도 가능하다. 그러므로 It turns me
on. 하면 나의 사랑의 불을 켜게 하는 거니까 '날 흥분하게 한다. 매
력을 느끼게 한다' 라는 의미로 쓰인다.

The way she talks turns me on.
(그녀의 말하는 방식이 매력 있어.)

He has a great sense of humor that turns me on.
(그는 유머 감각이 좋아 나에게 매력을 느끼게 해.)

Bad breath turns me off.
(구취는 밥맛이야.) [bad breath: 입 냄새. 구취]

His bad manners and being disrespectful really turns me off.
(그의 나쁜 매너와 무례함은 정말 날 밥맛 떨어지게 해.)

Make out : 열정적으로 키스하다. (Kiss passionately)

공원에서 남녀가 키스를 나눌 때, You can say, "they are making out
over there." (쟤들이 저쪽에서 뜨겁게 키스하고 있네.) 라고 말할 수 있
다. 비격식의 미국식 영어 표현이다.

They made out in the backseat of the car.

(그들은 차의 뒷좌석에서 키스를 했다.)

I caught my roommate making out with her boyfriend on the couch. (난 내 룸메이트가 소파에서 그녀 남자친구와 키스하고 있는 것을 목격했다.)

She didn't want to make out with him, so she pushed him.
(그녀는 그와 키스하기 싫어서 그를 밀쳐냈다.)

Hook up : 성적인 관계를 갖다. 연인이 되다.

앞서 hook 동사와 관련된 표현을 공부할 때 다루긴 했지만 연인관련 란이라서 한번 더 복습하자. Hook up with 하면 상황에 따라 '~와 함께 작업을 하다.' 라는 뜻으로, hook (one) up with (something)는 '~에게 (뭔가)를 구해주다.' 와 같은 의미로도 쓰이지만 연인 관계에서는 '로맨틱한 성적관계를 갖다. ~와 사귀다' 라는 뜻으로 쓰인다. When did you two first hook up? 하면 '너희 둘 언제 처음 사귀었나?' 라는 질문인데 이 말속에서 '언제 깊은 관계를 맺고 사귀게 되었니?' 라는 의미가 들어 있다.

I don't want to hook up with someone I just met.
(내가 방금 만난 사람과 관계를 맺고 싶지 않아.)

They hooked up while they were on vacation.
(그들은 휴가 중에 서로 관계를 맺었다.)

이 표현과 더불어 to get laid 라는 표현도 알아 두자. 비속어이므로 사용에 주의를 요하긴 하지만 to have sex (성관계를 갖다)라는 말이다. 이 표현을 '눕다', 또는 '누임을 당하다' 등으로 해석하면 안되고 have sex 의 다른 표현으로 보면 된다.

I don't just want to get laid. I want a real connection.
(나는 단지 섹스하고 싶은 게 아니라, 진짜 연결고리가 필요해.)

I'm not the type of girl who gets laid on the first date.
(난 첫 데이트에서 섹스하는 타입의 여성이 아니예요.)

Dave hasn't even touched a woman in six months. We have to get him laid. (데이브는 지난 6개월간 여자 몸에 손도 못 대봤어. 여자 맛보게 해 주어야 해.)

Cheat on (someone) : (누구) 몰래 바람을 피우다.

Cheat on an examination은 '시험에서 커닝을 하다.' 라는 뜻이 되지만, Cheat on his wife 는 '그의 아내를 속이고 바람을 피우다' 라는 뜻이다.

He cheated on his wife with his secretary.
(그는 아내를 속이고 비서와 바람을 피웠다.)

She accused him of cheating on her with his ex-girlfriend.
(그녀는 자기를 속이고 그가 전 여자친구와 관계를 맺었다고 비난했다.)

He admitted to cheating on his taxes for several years.
(그는 몇 년 동안 세금을 조작해서 속였다고 시인했다.)

Break up with : 누구와 헤어지다. 연인관계를 끝내다.

She broke up with her partner after finding out he had cheated on her. (그녀는 파트너가 배신했다는 것을 안 후에 이별했다.)

He broke up with his partner because they had different values and beliefs. (그는 그의 파트너와 가치관과 신념이 달라서 이별을 했다.)

Tie the knot (결혼을 하다. = get married)

'매듭을 묶다'에서 나온 표현으로 백년가약의 결혼서약을 의미한다. 생활영어에서 그저 단순히 I'll get married in June this year. 라고 말하기보다 I'm tying the knot with Hannah in June this year. 라고 하면 좀 더 세련된 표현이 되겠다.

After a whirlwind romance, they decided to tie the knot after just a few months of dating. (열정적인 열애 후, 그들은 데이트 몇 달 만에 결혼하기로 결정했다.)

They've been friends for years but only recently realised they were in love and ready to tie the knot. (그들은 오랫동안 친구였지만 최근에 서로를 사랑하고 있으며 결혼한 준비가 됐음을 깨달았다.)

87 In my wildest dreams
혹여 내 꿈에서라도.

이번에는 일상에서 사용되는 다양한 중요 표현들을 같이 살펴보도록 하겠다.

In one's wildest dreams 는 주로 부정문과 함께 쓰여서 '꿈에서라도 ~ 한 적이 없다' 라는 뜻으로 화자의 지극히 낮은 기대감을 표시할 때 쓰이며, 흔히 동사 think, expect, imagine 등과 함께 주로 쓰인다.

Never in my wildest dreams did I expect her to apologise.
(난 그녀가 사과하리라는 것은 꿈에도 기대하지 않았다.)

Never in my wildest dreams did I think I would ever meet my match. (난 내 짝을 만날 거라는 생각은 꿈에도 하지 않았어요.)

In my wildest dreams, I never thought I'd become a millionaire by the age of 30. (난 내가 30살의 나이에 백만장자가 될 줄은 꿈에도 생각하지 않았다.)

In her wildest dreams, she never imagined that she would one day become a famous actress.
(그녀는 자신이 언젠가 유명한 배우가 될 줄은 꿈에도 상상한 적이 없었다.)

"Canada! You haven't seen the last of us."
(캐나다! 우린 널 다시 찾게 될 거야.)

이것은 영국의 어느 여행 전문 YouTuber 가 캐나다 전국을 여행한 후 마지막으로 남긴 멘트이다. 추웠지만 인상깊고 아름다운 캐나다 모습을 보고 난 후 다시 찾아오겠다는 다짐의 멘트였다. 여기서 see the last of (someone) 이 중요 숙어인데, '(누구)를 다시 보지 않다.' 라는 뜻이다. '누구의 마지막을 보다'이니 이제 다시는 보지 않는다는 말이 된다. 특히 별로 반갑지 않은 사람일 때는 더더욱 그럴 것이다. 그런데 주로 부정문 형태로 쓰인다. 위 표현은 '캐나다! 넌 우릴 다시 보게 될 거야.' 바꿔 말하면 '우리는 널 다시 찾아올 거야.' 라는 말이 된다. 인상 깊었으니 다시 찾는 건 당연한 일이다. '또 올 테니 기다리고 계세요.' 라는 의미가 함축되어 있다.

It was a relief to see the last of them.
(그들을 다시 보지 않게 되어 다행이었다.)

I'm sure we haven't seen the last of him.
(우린 그를 다시 보게 될 걸로 확신해.)

See the last of (something) 처럼 뒤에 사람이 아닌 어떤 대상이나 주제가 올 수도 있다. 이 때는 to not have to deal with something anymore (뭔가를 더 이상 다루거나 처리할 필요가 없게 되다)라는 뜻이 된다.

Police hoped they'd seen the last of the joy riding.
(경찰은 더 이상 난폭운전이 없어지기를 희망했다.)

We may not have seen the last of this controversy.
(우린 이런 논란을 다시 다루게 될지도 모른다.)

You might have won this round, but remember that you haven't seen the last of me.

(이번 라운드는 네가 이겼을 수도 있지만, 내가 다시 올 거라는 걸 기억하세요.)

I may have made a mistake, but you haven't seen the last of me. I'll make it right and come back stronger.

(내가 실수를 했을 수도 있지만, 날 다시 보게 될 겁니다. 제대로 고쳐서 더욱 강해져서 돌아올 거예요.)

상대가 사람이든 대상이든 상관없다. You haven't seen the last of me. 하면 '당신을 다시 찾을 거예요.' 라는 말이 된다. 칭찬이 될 수도 있고 뭔가 다짐의 말이 될 수도 있다. 대화와 문장의 앞뒤 문맥을 잘 살펴서 뜻을 이해하는 게 중요하다.

Whatchamacallit (거시기. 그 무엇이라는 것. 아무개 씨)

우리도 대화하다가 갑자기 사람이나 어떤 물건의 이름이 생각 안 나는 경우가 있다. 그래서 전라도 사투리로 '거시기'란 말이 있다. 그런데 듣는 사람은 화자의 그 말 뜻을 알아듣는 경우가 많다. 전후 사정으로 파악하는 것이다. 이때 '거시기'에 해당하는 말이 영어로 whatchamacallit 이다. What you may call it의 변형이라고 보면 된다.

Where is my whatchama-call-it? (내 거시기 어디 있지?)
I can't find the whatchamacallit that hold the door open.
(문을 열어 두도록 해주는 그 '거시기'를 찾을 수 없네.)
Yes, he did wear a whatchamacallit.
(네, 그 사람 뭣이냐 거시기 입었어요.) - 갑자기 의복이름 생각이 안 났을 때.

I'm trying to remember the name of that whatchamacallit bakery on King St. Do you know what I mean?

(킹 거리에 있는 그 무슨 빵집이름 기억하려고 하는데, 내 말 무슨 말인지 알지?)

Can you hand me that whatchamacallit over there? I need it to fix this thing. (거기 있는 거시기 좀 건네줄래? 이걸 고치려면 필요해.)

(As) snug as a bug in a rug (아주 편안한)

이 표현은 rhyme(운)이 있는 숙어이다. 즉, snug, bug, rug 이 운율이 맞는 단어들이다. Snug (아늑한, 편안한), bug (빈대). '양탄자 밑에 있는 빈대처럼 편안한' 이니 그 따뜻한 양탄자 밑에 편안한 상태로 배를 깔고 쉬고 있는 빈대를 상상해보면 느낌이 갈 것이다.

I'm snug as a bug in a rug now. (전 지금 아주 편안해요.)

The baby is sleeping soundly in her crib, looking as snug as a bug in a rug. (아기가 침대에서 새근새근 자고 있어요. 아주 편안한 모습이예요.)

After a long day at work, I love to come home, take a shower, and crawl into bed, feeling as snug as a bug in a rug. (하루 종일 일한 후, 집에 오면 뜨거운 샤워를 하고 침대에 들어가 편안함을 느끼는 게 참 좋아요.)

When the weather is cold and snowy outside, there's nothing better than staying indoors with a warm fire, feeling as snug as a bug in a rug. (날씨가 춥고 밖에 눈이 올 때는 따뜻한 난로 옆에서 실내에 머무는 것보다 좋은 게 없어요. 아주 편안함을 느끼면서 말이죠.)

So be it. (맘대로 하라지.)

그렇게 하면 해야지. 하는 수 없지. 우린들 어쩌겠는가. 그렇게 하도록 해야지. 등의 의미를 가진 중요 표현이다.

A : I can't believe they rejected my proposal. What should we do

now? (그들이 내 제안서를 거절했다는 게 믿어지지 않아. 우린 이제 어떻게 해야지?)

B : There's nothing we can do. So be it.
(우리가 할 수 있는 게 없어. 냅 둬. 어쩔 수 없지.)

The judge handed down his ruling, and though it wasn't what he had hoped for, the defendant simply sighed and said, "So be it. I'll accept my punishment."
(판사는 판결을 내렸고, 비록 그가 바랐던 것이 아니었더라도, 피고인은 그저 한숨을 내쉬며 "그렇게 됐으니 하는 수 없지. 처벌을 달게 받겠다"고 말했다.)

거기에 투자하면 안 된다고 내가 친구에게 권유했건만 친구가 굳이 하겠다고 고집부리면, 제3자가 나에게, **So be it. If he really wants to invest, let him do it.** (맘대로 하라 그래. 정말 투자하고 싶으면 하도록 내버려 둬야지.)

Make no mistake (분명히 해 두겠는데.)

뭔가 확신을 가지고 경고할 때, 그리고 말의 진실성이나 정확성을 강조할 때 사용한다. 문두에서 이야기를 시작할 때 쓰여서 '명심하세요. 분명히 말해 두겠는데요.' 등의 확신에 찬 강조의 표현이다. Make no mistake. 또는 Make no mistake about it. 과 같이 표현한다.

Make no mistake, if you don't address these problems now, they will only get worse. (분명히 말해 두겠는데, 지금 이 문제들을 해결하지 않으면 더 악화만 될 거야.)

Make no mistake about it. I'm not going to put up with this anymore. (명심해. 더 이상 이걸 참지 않을 테니까.)

Make no mistake about it. She knew I was there.

(분명히 말해 두겠는데요. 그녀는 내가 거기에 있었다는 걸 알고 있었어요.)

Make no mistake, this decision is going to cause you a lot of problems.

(분명히 말해 두겠는데, 이 결정은 너에게 많은 문제들을 일으키게 될 거야.)

No offence, but S + V (기분 나쁘게 듣지 마세요, 그런데...)

부정적인 의사를 전달하는 경우 상대방이 화내거나 상처받을 것 같을 때 No offence, but...이라는 전제를 깔고 시작하면 '좀 기분 나빠도 상처받지 말고 들으세요.' 라는 말이 된다. 즉, 대화 상대방이 감정이 상할 수도 있는 내용을 말하기 전에 상대방을 불쾌하게 하지 않으려는 의도를 나타내는 표현이라 하겠다.

No offence, but you have zero sense of fashion.

(상처받지 말고 들어. 근데 너 너무 패션감각이 없어.)

No offence, but I honestly think you're boring.

(상처 주고 싶진 않지만, 너 정말 재미없는 사람 같아.)

No offence, but I don't think we're a good match.

(상처받지 말고 들어. 우린 잘 어울리지 않는 것 같아.)

No offence, but I think you should reconsider your plan.

(기분 나쁘게 듣지 마시고, 당신의 계획을 재고해보는 게 좋을 거 같아요.)

No offence, but your cooking could use some improvement.

(상처받지 말고 들어. 네 요리는 개선이 좀 필요해.)

[could use + 목적어. ~가 필요해.] 앞 칼럼 Ch 53 참조.

No offence, but I don't think you're qualified for that job.

(기분 나쁘게 듣지 마시고요. 근데 당신은 그 일에 적격하지 않은 것 같습니다.)

88 No sooner had A than B
(A 하자마자 B 하다.)

이번에는 공식 문서나 문학적 표현에서 반드시 등장하는 '~하자마자 ~하다'를 뜻하는 'No sooner had A +과거분사 than B +과거동사' 형태의 문장구성과 표현법을 익혀볼까 한다. 설명과 예문들을 통해 개념을 확실히 이해하고 표현법에 자신감을 갖도록 해보자.

No sooner 구문은 한 사건이 일어나자마자 또 다른 사건이 바로 뒤이어 일어날 때 사용한다. (It is used show that something happens immediately after something else.) 앞 부분은 동사 과거완료(Past Perfect) 시제가 오고 than에 이어서 과거형(past tense) 동사 시제가 온다.

No sooner had I started mowing the lawn than it started to rain. (잔디 깎기를 시작하자마자 비가 내리기 시작했다.)

원래 문장은 I had no sooner started mowing the lawn than it started to rain. 순서인데 (직역: 비가 내리기 시작했을 때보다 더 빨리 잔디 깎기를 시작하지 않았었다.) 여기서 강조를 위해 No sooner 가 맨 앞으로 나옴으로써 조동사 역할을 하는 had 가 주어와 도치(倒置)된 것이다. 문장에서 부사나 강조어가 맨 앞으로 나오면 조동사와 주어가 도치되는 건 영문법의 기본 원칙 중 하나다. (When 'no sooner' is used in front position, we invert the order of the auxiliary verb and subject.)

[event 1] *They had no sooner arrived than*
[event 2] *They were arguing.*

No sooner had they arrived than they were arguing.
(그들은 도착하자마자 다투고 있었다.)

[event 1] *We had no sooner started to work than*
[event 2] *There was a power cut.*

No sooner had we started to work than there was a power cut.
(우리가 일을 하기 시작하자마자 전기가 나갔다.)

No sooner had he closed his eyes than he fell asleep.
(그는 눈을 감자마자 잠에 떨어졌다.)

No sooner had we opened the shop than we were inundated with morning orders. (우리가 가게를 열자마자 아침 주문이 밀려들었다.)
[be inundated with~: ~이 쇄도하다.]

No sooner had she started cooking than the smoke alarm went off. (그녀가 요리를 시작하자마자 화재 경보기가 울렸다.)

No sooner had he pressed the button than the elevator door opened. (그가 버튼을 누르자마자 엘리베이터 문이 열렸다.)

No sooner had she turned on the TV than she saw the breaking news. (그녀가 TV를 켜자마자 긴급 속보를 보았다.)

No sooner had I walked in the door than the phone rang.

(내가 문 안으로 걸어 들어오자마자 전화가 울렸다.)

No sooner had the teacher written the assignment on the board than the students began taking notes.
(선생님이 과제를 칠판에 쓰자마자 학생들은 필기를 하기 시작했다.)

여러 예문을 살펴보았는데 그 기본 원칙은 단순하다는 것을 알았을 것이다. 평소 공식문서나 서신, 이메일, 에세이 등에서 유용하게 사용할 수 있는 formal 한 표현 방식이니 확실히 기억해 둘 필요가 있다.

여기서 또 하나 알아야 할 관용표현 **no sooner said than done** 이 있다. '말이 떨어지기 무섭게, 말하자마자 행동에 옮기다.' 의 뜻을 가졌다. 예문을 살펴보면;

When our manager suggested a new project, our team no sooner said than done, and we immediately started working on it. (매니저가 새로운 프로젝트를 제안했을 때, 우리 팀은 말하자마자 행동에 옮겨 즉시 작업을 시작했다.)

The customer expressed their dissatisfaction with the service, and the manager no sooner said than done. They immediately offered a refund and apologised for the inconvenience. (고객이 서비스에 불만을 표시했을 때, 매니저는 말하자마자 행동에 옮겨 즉시 환불을 제공하고 불편에 대해 사과했다.)

이어서 의미와 뜻은 다르지만 비슷한 어감을 가진 관용표현 (It's) **Easier said than done.** (말이야 쉽죠.) 의 표현도 알고 가자. 이 표현은 평소 '말하기는 쉽지만 실제로 실행하기는 어렵다' 라는 뜻을 가진다. 평소 대화체에서 흔히 등장하는 표현이니 이 역시 잘 익혀 둘 필요가 있다. 직역을 하면 '행해지는 것보다 더 쉽게 말하여 진다' 이니 의미가 통할 것이다. 이는 어떤 도전적인 작업이나 문제를 해결하는 과정에서 어려움이 있음을 강조하고자 할 때 사용된다.

Becoming fluent in a foreign language is easier said than done. It requires consistent practice and dedication.
(외국어에 유창해지는 것은 말이 쉽지 실제로는 그렇지 않다. 꾸준한 연습과 헌신적인 노력이 필요하다.)

Quitting smoking is easier said than done. Many people struggle with addiction and find it challenging to break the habit. (담배를 끊는 건 말하기는 쉽다. 많은 사람들이 중독에 어려움을 겪으며 습관을 깨는 게 큰 도전임을 알게 된다.)

Resolving conflicts in a peaceful manner is easier said than done. It requires effective communication and the ability to empathise with others. (평화로운 방식으로 갈등을 해결하는 것은 말하기는 쉽지만 실제로는 그렇지 않다. 효과적인 의사소통과 타인과 공감하는 능력이 요구된다.) [empathise: 공감하다. emphasise: 강조하다.] 이 두 단어의 발음 차이에 주의한다.

대화에서 그저 Look, Easier said than done! (이봐, 말이야 쉽지. 그게 말대로 쉽게 되니?) 라는 의미로 단독 문장으로도 잘 사용된다.

89 Fair Enough!
(충분히 그럴 법해요!)

일상에서 자주 등장하는 중요한 표현 Fair enough. 보통 앞에 (That's) 가 생략된다. 우리말로 번역하면, '좋아요. 공평한 거죠. 당연한 거죠. 충분히 그럴 법하죠.' 등의 뜻이다.

이 표현은 내가 '상대방이 말한 것에 대해서 반드시 동의하는 것은 아니지만, 왜 그렇게 행동하고 말을 하는지 이해한다' 또는, '일리는 있다.' 그리고 '상식적으로 판단할 때 합리적이라는 생각은 든다' 라는 의미를 담고 있다. (= An expression that means you understand why someone has done or said something.)

예를 들어보자.

A : I will cook dinner and you can wash up.

(내가 저녁 준비할 테니, 설거지는 당신이 해요.)

B : Fair enough. (그래 좋아. = Sure, that's fine.)

이 예문에서 알아야 할 사항 하나는, 명령문은 동사로 바로 시작하지만 you can~ 또는 you may~ 로 시작하는 명령문은 아주 완곡한 부탁의 명령문이다. 예를 들어 차를 타고 가다 내리고 싶은 곳에 왔을 때, You can pull over here. 하면 '여기에 차를 댈 수 있어요' 라는 직역보다는 '여기에 차를 대주세요.' 라는 뜻이다. 물론 '여기서 날 내려 주세요.' 라는 뜻으로 You can drop me off here. 라고도 말할 수 있다.

또 차의 길 안내를 해줄 때, 반드시 여기서 왼쪽으로 돌아야 하는 데도 불구하고 영미 사람들은 완곡하게 You can turn left at the next corner. (다음 코너에서 좌회전해 주세요.) 라고 마치 운전자가 선택할 수 있다는 것처럼 말한다. 영어표현에서 서양 사람들의 이런 완곡한 명령법은, 무례하지 않게 화자(話者: 말하는 사람)가 청자(聽者: 듣는 사람)를 배려한 표현인 것이다.

본론으로 돌아와서 예문을 더 보자.
A : I'm going to stop dating that girl because she never returns my phone calls. (그녀와 데이트 그만 하려고. 왜냐면 내 전화에 회신을 안 주거든.)
B : Fair enough. (네가 그럴 만도 하구나.)

B가 친구 A의 결정에 꼭 동의하는 것은 아니지만, 그저 '합리적으로 생각할 때 이해는 간다' 라는 뜻이 담겨 있다.

A : I think we should fire Bill. (Bill을 해고하는 게 좋겠어.)
B : If you don't like him, fair enough. But you can't say that he's bad at his job. (그가 맘에 안 들면 뭐 그럴 수 있겠으나, 그가 일을 못한다고 할 수는 없잖아.)

B의 뜻은 A가 왜 그렇게 생각하는지 이해는 하지만, 우리가 그를 해고할 정도는 아니다. 즉, '이해는 하지만 동의하지는 않는다' 라는 의미가 담겨있다. (I understand why you think that, but I don't think we should fire him. In other words, I understand, but I disagree.)

(전화 통화 예문)

A : I won't be able to finish the report by Friday, because I've had a cold. (감기 걸려서 금요일까지 보고서를 마무리 못 하겠어요.)

B : Fair enough, but you had the same excuse last month.
(뭐 그렇다면 할 수 없지. 근데 지난 달에도 똑같은 변명을 했었잖아.)

B의 의미는 못마땅한 감정으로, '이해는 어느정도 해주겠지만, 내가 보기엔 변명처럼 들린다' 라는 뉘앙스가 포함되어 있다. (Well, I kind of understand you, but it sounds like you're just making excuses.)

* Beat the living daylights out of ~ (누구를 ~혼쭐내다.)

첫눈에 쉽게 이해가 안 되는 관용구문이다. 여기서 daylights 은 '일광' 이란 뜻이 아니고 복수형으로 '눈, 시력'이란 뜻을 가진다. 이 living daylights 이란 단어는 인기있었던 007 영화 'The Living Daylights' (1987. Timothy Dalton주연) 로 다시 주목받기 시작했었다. 그런데 보통 beat (scare) the living daylights out of (someone) 해서 '~를 혼내주다. ~여지없이 박살내다.' 또는 '몹시 겁주다.' 등의 의미를 갖는다. 원래 말뜻은 '의식을 잃을 정도로 누구를 심하게 때리다.' (to beat them severely, to the point where they lose consciousness) 이고 scare 동사를 사용하면 '상대방이 벌벌 떨게 할 정도로 겁을 주다.' 라는 뜻이 된다.

The superhero managed to defeat the villain and beat the living daylights out of his henchmen.
(슈퍼히어로는 악당을 물리치고 그의 부하들을 박살냈습니다.)

When they discovered the thief in their house, they were so

furious that they almost beat the living daylights out of him. (그들은 집에 도둑이 든 걸 발견하고 너무 화가 나서 그 놈을 반 죽여 놨습니다.)

The angry customer threatened to beat the living daylights out of the manager if he didn't resolve the issue immediately. (화난 고객은 문제를 즉시 해결하지 않으면 매니저를 그냥 가만두지 않겠다고 위협했습니다.)

[영화 A Summer Place (피서지에서 생긴 일), 1959] 끝장면:
Jonny: I think your father's gonna beat the living daylights out of me. (너의 (여친 Molly를 지칭) 아버지도 날 가만두지 않을 거 같아.)

참고로 영화 A Summer Place 는 가족 간의 사랑과 갈등을 그린 고전 영화로 좋은 영어 표현들이 가득하다. 영어 공부하는 독자들에게 추천한다.

90 성경 속에 나오는 생활영어 표현들

외국인이 한국어를 유창하게 구사하고 우리의 정서를 잘 이해하려면 그 기본적 사고의 밑바탕에 깔려 있는 불교와 유교의 정신을 이해하지 않고서는 제대로 공부했다고 할 수 없을 것이다. 고리타분하게 들릴지 모르지만 군주에 대한 충(忠), 부모에 대한 효(孝), 친구 간의 신(信) 등을 담고 있는 삼강오륜(三綱五倫)을 비롯한 여러가지 예의 범절, 도덕과 관련된 언어의 표현들이 다 이러한 유교적 배경에서 나온 것이 많기 때문이다.

서양도 마찬가지다. 2천 년 이상 이어온 기독교 정신은 누가 뭐라 해도 서구사회의 정신적 지주이며 언어의 삶 가운데서도 중요한 몫을 하고 있다고 할 수 있다. 이런 점을 고려하여 이번에는 성경 (The Bible)에 나오는 영어 표현들 중에서 영미권 실생활에서 흔히 사용되는 주요 표현들을 모아 보았다.

1 The Writing on the Wall
(불길한 징조)

구약 Daniel 서 5장에 나오는 말이다. Babylon의 Belshazzar (벨사살) [발음: 벨쉐저] 왕이 베푼 연회에서 갑자기 기이한 손이 나타나더니 벽에 글씨를 쓰고 사라지는데, 글의 해석 요청을 받고 달려온 Daniel

이 와서 그 뜻을 해석하기를 왕이 죽고 바빌론 왕조가 멸망한다고 예언하는데 결국 그대로 이루어진다. 여기서 '벽 위에 쓰인 글씨' (The writing on the wall)의 표현이 나왔으며 현대 영어에서 '불길한 징조, 안 좋은 예감, 임박한 재앙의 조짐' 등의 뜻으로 사용된다. (It is used when there are clear signs that something unpleasant or unwelcome is going to happen.)

The writing was on the wall years ago.
(불길한 조짐이 수년 전에 있었다.)

I haven't lost my job yet, but the writing is on the wall: a lot of companies close their doors by the Corona pandemic these days. (난 아직 직장을 잃지는 않았지만 불길한 징조는 있습니다. 많은 회사들이 요즘 코로나 전염병으로 인해 문을 닫고 있기 때문이죠.)

2 At the eleventh hour
(마지막 순간에)

Matthew (마태복음) 20장에 나오는 말로 영어적 의미는 'at the very last minute' 이다. 본래 성경의 의미는 No matter what time you start work, the reward will always be the same. (일을 언제 시작했든 품삯은 항상 같다.) 는 예수님 비유의 말씀에서 나왔다. 아침 일찍 일을 시작했든 11시(현대의 오후 5시) 막판에 시작했든 품삯을 똑같이 주겠다는 것은 절대적으로 주인의 마음인 것이다. 구원의 시기는 꼭 시간을 정해서 결정하는 것은 아니라는 비유의 말씀으로도 해석된다.

3 At your wits' end
(어찌할 바를 모르고)

Psalm (시편) 107장 27절에 이 표현이 나온다. 여호와께서 바다에 광풍이 불게 함으로 배가 위아래로 요동치며 "저희가 이리저리 구르며 취한 자 같이 비틀거리니 지각이 혼돈하도다" (so that they reel to and fro, and stagger like a drunken man, and are at their wits' end.) 라고 나와있다. '어찌할 바를 모르다' 란 뜻을 '지각이 혼돈하도다' 로 번역된 의역이 돋보인다. 광풍을 만난 배 위에서 어쩔 줄 모르는 상황이니 지각이 혼돈되고 세상이 뒤집어지는 것과 같은 느낌일 것이다.

I'm at my wits' end, I don't know how to help him.
(어찌할 바를 모르겠어요. 그를 어떻게 도와야 할지 모르겠어요.)
The baby's been crying for hours, and I'm at my wits' end.
(아기가 몇 시간째 울고 있는데 어찌할 바를 모르겠네요.)

영어적 의미로는 so worried, confused, or annoyed that you do not know what to do next. (너무 걱정되고 혼란스럽고 짜증나서 다음으로 무엇을 해야 할지 모르겠다.) 라는 뜻이다. 지혜(wit)가 끝(end) 이 보이도록 발생한 문제에 대한 가용한 모든 수단을 다 써서 노력해 보았지만 신통치 않아서 앞으로 어찌해야 할지 한계점에 이른 상황을 의미한다.

4 By the skin of one's teeth
(아슬아슬하게, 간신히)

Book of Job (욥기) 19장 20절에 나오는 말이다. 그 의미는 '아주 근소하게, 간신히' (by a very narrow margin) 이다. 다시 말하면 You just manage to do it. (그저 간신히 해내다.) 이다.

The Book of Job records how Job is put through a series of trials, but eventually escapes "with the skin of his teeth". (욥기서는 욥이 어떻게 일련의 시련을 겪게 되었으며 종국적으로는 어떻게 가까스로 그 시련을 모면했는지를 기록하고 있다.) 오늘날 이 구문의 해석은 He escaped only by the narrowest of margins. (그는 아주 아슬아슬하게 그 시련을 피했다.) 의 뜻으로 해석된다.

I only got away by the skin of my teeth.
(난 그저 간신히 벗어났다.)

He won, but only by the skin of his teeth.
(그는 이기긴 했지만 아주 근소한 차로 이겼다.)

5 A fly in the ointment
(옥에 티. 단점)

Ecclesiastes (전도서) [발음 : 이클리지애스티즈] 10장 1절에 이 표현이 나온다. '옥에 티' 라는 의미로 현대 영어에서 사용된다. 직역하면 '향기름 (연고) 안에 든 파리' 라는 말인데 그 귀한 향기름 안에 불결한 파리가 들어가 있는 상상을 해보면 된다.

Mary's lack of experience turned out to be the fly in the ointment when she applied for the job.
(메리의 경험부족이 직장을 구할 때 결국 단점이 되었다.)

The only fly in the ointment was the bad weather.
(날씨가 안 좋았던 게 유일한 옥에 티였어요.)

결점, 단점을 말할 때 drawback 이라고도 한다. flaw 라는 단어도 있는 데 이는 '결함, 흠' 등의 뜻으로 같은 결점을 의미하지만 쓰이는 결이 조금 다르다. character flaw (성격상 결점), structural flaw (구조적 결함) 등으로 사용된다. '옥의 티' 라는 의미로는 a fly in the ointment 가 적절하다.

6 Do to others as you would have them do to you.
(남에게 대접받고자 하는 대로 남을 대접하라.)

Book of Matthew (마태복음) 7장 12절과 Book of Luke (누가복음) 6장 31절에 Sermon on the Mount (산상수훈)으로 나오는 내용이다. Do to others / as you would've them / do to you. (두투아더즈 / 에즈유 우르브뎀 / 두투유)처럼 천천히 떼어 읽고 점점 속도를 높여가면서 외워보자. 완벽하게 외우지 않으면 사용하고 싶을 때 입에서 절대 바로 나오지 않는다.

Treat others as you would like to be treated 또는 Do to others as you would be done by. 등도 같은 뜻으로 사용된다. 여러 표현을 익히게 되면 사용에 혼란을 주기 쉬우니 위 타이틀 표현으로 확실히 암기하되, 다른 표현법도 있다는 것을 알아 두면 되겠다.

7 A leopard cannot change his spots.
(천성은 바뀌지 않는다.)

Jeremiah (예레미아) [발음: 제러**마**이어] 13장 23절에 나오는 말이다. 이 말의 뜻은 '천성은 바뀌지 않는다. 제 버릇 개 못 준다.'의 뜻으로 오늘날 사용된다. 특히 부정적인 의미로서의 천성을 말하는 경우가 많다. (This means a person can't change their essential nature – especially when they have an inherently negative quality.)

"Can a leopard change his spots? No way."

(천성이 바뀔 수 있겠니? 결코 그런 일은 없을 거야.)

성경 원문에는 his spots 으로 나와 있으나 현대 생활영어에는 its 또는 his spots 을 혼용해서 쓰고 있다. 동물의 암수 구별을 할 수 없을 때는 it 를 사용하는 것과 같다.

이 표현은 '세 살 버릇 여든까지 간다' (What is learned in the cradle is carried to the grave.) 라는 속담과도 일맥상통한다고 볼 수 있다. 타고난 성격과 기질은 쉽게 변하지 않는다는 것을 의미한다. Leopard 발음은 '레오퍼드'가 아니다. '(을)**레**퍼얻' 라고 하면 가장 원어민 발음에 가깝다.

8 A drop in the bucket
(새 발의 피)

Isaiah (이사야) [발음: 아이**제**이어] 40장 15절에 나와 있는 표현이다. 양동이에 있는 물 한 방울이란 뜻이니 더 이상 부연 설명이 필요 없다. 아주 작고 보잘것없는 수량이나 큰 문제에 대한 대수롭지 않은 미미한 기여 등을 언급할 때 인용되는 관용어이다. (A drop in the bucket is a small, inadequate quantity, or an insignificant contribution towards a larger problem.)

A drop in the ocean 이라고도 한다. '새 발의 피'는 한자어로 창해일속 (滄海一粟: 넓은 바다 가운데 한 알의 좁쌀) 또는 구우일모(九牛一毛: 아홉 마리 소 가운데 한 개의 털)라는 사자성어로도 통용된다.

A needle in a haystack (건초 더미 속의 바늘 하나) 란 표현도 자주 인용되는데, 이 때는 매우 작고 미미하다는 뜻보다는 지리적으로 또는 물리적으로 뭔가를 찾기가 무척 어렵다 라는 뜻으로 주로 쓰인다.

It's like looking for a needle in a haystack.
(건초 더미에서 바늘 하나 찾는 격이죠.)

Although we are grateful for all the donations received, the total raised so far is still just a drop in the bucket. (받은 기부에 고마운 마음은 있지만 지금까지 모금된 총액수는 여전히 극히 적은 액수에 불과하다)

9 A wolf in sheep's clothing.
(양의 탈을 쓴 늑대)

Matthew (마태복음) 7장 15절 말씀에서 나왔다. 겉으로는 친절하고 해를 주지 않는 친구인 척하지만 사실은 사악한 속셈을 가진 사람 (Someone who seems friendly or harmless, but is wicked and shouldn't be trusted.)을 지칭할 때 쓴다. 이솝우화 (Aesop's Fables)에도 같은 제목인 'The wolf in sheep's clothing'으로 된 이야기가 나온다.

10 Four corners of the earth.
(세계 방방곡곡)

Isaiah (이사야서) 11장 12절에 나오는 말씀이다. 말뜻 그대로 '이 땅의 처소 곳곳' 이라는 의미 (The length and breadth (far reaches) of the globe.)로 쓰인다. Four corners of the world 라고도 잘 사용된다.

호주 국영 ABC방송국의 간판 프로그램 중에 'Four Corners' 가 있다. 국내외적으로 이슈가 되는 중요 문제들을 기획취재해서 매주 월요일 방송하는 1시간 프로인데 그 영향력이 상당하다. 이 방송을 통해 경찰 수사가 진행되거나 정부 정책의 변화가 오기도 한다.

11 You reap what you sow.
(뿌린 대로 거둔다.)

Galatians (갈라디아서) [발음: 걸레이션즈] 6장 7절 말씀이다. 자기 행동에 수반되는 결과를 말할 때 쓰인다. (It is often used as a warning to convey the moral principle that our actions carry consequences.) 우리말의 인과응보, 업보(karma : 카~머) 와 같은 의미다.

12 Spare the rod, spoil the child.
(매를 아끼면 아이를 망친다.)

아이의 잘못을 제때 훈계하지 않으면 아이의 태도와 행동이 더 나빠지게 된다는 Proverbs (잠언) 13장 24절의 교훈에서 나왔다. (A child's attitude and behaviour will deteriorate if you do not adequately punish wrongdoing.) 위 표현 그대로 암송하면 좋다.

13 In the twinkling of an eye
(눈 깜짝할 사이에)

1 Corinthians (고린도전서) 15장 51-52절에 나온 표현이다.
Their eyes met across a crowded room, but in the twinkling of an eye, she was gone. (붐비는 방에서 그들의 눈이 서로 마주쳤으나 순식간에 그녀가 사라졌다.)

14 You can' t + V ~ and V ~.
(당신은 ~ 하면서 동시에 ~ 할 수는 없다.)

위 구문은 You can't have your cake and eat it too. (케익을 먹으면서 동시에 가질 수 없다.) 라는 격언에서 나온 표현이다. 이 말은 두 가지 원하는 상황을 동시에 충족시킬 수는 없다는 뜻으로, 케익은 먹으면 없어지는 것이고 그냥 예쁘게 두고 보고 싶으면 먹어서는 안된다. 이 can't ~ and ~ 의 표현법은 회화, 설교 또는 연설에서 양립할 수 없는 뭔가를 비교 강조할 때 유용하게 사용된다.

[영화 Elmer Gantry (1960) 중에서]
You can't go to church on Sunday and cheat at business on Monday. (일요일엔 교회에 나가면서 월요일에 사업으로 속일 수는 없는 것입니다.)
You can't pray the kingdom come and play bridge or poker.
(여러분은 하늘 나라가 임하기를 기도하면서 카드게임을 할 수는 없는 것이죠.)

15 Fight the good fight.
(선한 싸움을 싸우다.)

올바른 일을 위해 온갖 고난과 어려움을 인내하고 극복한 것에 대한 격려의 말이 되겠다. (An encouragement to persist and overcome any difficulties, by doing what is right.)

2 Timothy (디모데 후서) 4장 7절 말씀에서 나왔다. 1973년 백만 명이 운집한 Billy Graham 목사님의 여의도 대부흥집회 때 통역을 맡아 큰 사역의 동반자가 되셨던 김장환 (Billy Kim) 목사님께서 2018년 3월 12일 North Carolina, Charlotte에 위치한 Billy Graham Library에서 열린 Graham 목사님의 장례식 추도사에서 다음과 같이 말씀하셨다.

"May the Lord give you perfect rest in the presence of our Heavenly Father. You have fought a good fight. You finished the course. You have kept a faith. Henceforth, there is laid up for you a crown of righteousness." (주께서 당신께 하나님 전에서 완전한 쉼을 얻게 하소서. 목사님은 선한 싸움을 싸우고 달려갈 길을 마치고 믿음을 지키셨으니 이제 의의 면류관이 목사님 앞에 예비되었습니다.)

끝으로 영어 청취력 강화를 위해 영어 설교도 틈틈이 듣기를 권한다. Listening comprehension에도 시간의 투자가 필요하다. 듣기 이해가 잘 되면 회화에 자신감이 배가되는 건 너무도 당연하다. 우선 세계적인 평신도 부흥 목사이셨던 Billy Graham 목사님 설교 청취를 권장한다. 발음이 정확하시며 강력하고 폭발적인 힘을 느끼게 하는 말씀을 경험할 수 있다. 유튜브에서 청취 및 파일 다운로드가 가능하고 Transcript 도 이용 가능하다. 시작을 위해 'Billy Graham - 3 things you can't do without' (없이는 살 수 없는 3가지 것) 이라는 제목의 설교를 추천한다. 반복적이며 쉽게 말씀하셔서 비교적 이해하기 쉬우리라 믿는다. 하나가 마무리되면 알고리즘에 의해 많은 설교 동영상이 올라올텐데 관심이 가는 제목의 설교를 클릭해서 하나씩 마스터해 가면 좋다.

[English Humor with Double Meaning]

* What does a nosy pepper do? It gets jalapeño business.
(간섭 좋아하는 고추가 뭘 하는 거죠? 당신의 모든 일에 간섭하는 거죠.)

여기서 nosy는 '시끄러운'의 뜻이 아니고, 매사에 간섭하고 '참견하기 좋아하는, 꼬치꼬치 캐묻는' (too curious) 등의 뜻이고 그러한 사람을 말한다. jalapeño (할라페이뇨)는 멕시코 요리에 등장하는 작고 매운 고추(a spicy pepper)를 말한다. 그런데 여기에서 중요한 것은 이 jalapeño 의 발음이 casual English 의 all up in your 와 발음과 아주 흡사하다. 그래서 It gets all up in your business. 라는 문장으로 바뀌어져 '당신의 모든 일에 간섭하게 된다.'라는 뜻이 된다.

미국영어 표현의 내용을 알아야 알 수 있는 약간 수준 높은 유머이다. jalapeño (할라페이뇨) = all up in your (올업인유어). 빨리 발음하면 두 발음이 거의 비슷해진다.

Studying a foreign language is no doubt a challenging endeavour. As a second-generation, English-speaking, Korean-Australian living in Sydney, I can empathise with the difficulties of understanding and learning the nuances of the Korean language. I was fortunate enough to have the opportunity to spend time in Daegu, South Korea for a year during high school and that experience was pivotal in improving my Korean proficiency.

Whilst immersing yourself in the local environment is the most ideal situation, I appreciate that it may not always be feasible. In such cases, there are alternative methods to indirectly experience and learn the practicalities of English through mediums such as television shows and movies.

I am confident that this conversational English book can be used as a comprehensive guide to real-life English expressions used by Americans or Australians. It explains the meanings of vocabulary commonly used by English speakers in America or Australia, idiomatic expressions, and the proper usage of phrasal verbs.

By using this book as a foundation, you will make large strides in your journey of learning English. I wish you the best of luck with your English studies!

Jessica in Sydney

영어 표현 감수를 마치며...

외국어를 공부하는 것은 도전적인 일이 아닐 수 없습니다. 시드니에 거주하는 호주 한국인 2세로서, 저 역시 한국어 이해와 습득 과정에서 그러한 어려움을 공감할 수 있었습니다. 운 좋게도 저는 고교시절 한국 대구의 한 중학교에서 1년간 공부할 기회를 가졌었고 그 때 한국어 구사에 큰 진전이 있었습니다.

영어도 현지의 환경에서 배우고 경험하는 게 최선이겠지만 그게 항상 가능하지는 않다는 점 충분히 이해합니다. 그런 경우, TV 드라마나 영화 등을 통해 간접적으로 실생활에 사용되는 실용영어를 경험하고 배우는 방법도 있다고 생각합니다.

이 영어회화책은 그러한 현지에서 사용되는 실생활 영어 표현들을 집대성한 책이며, 영미 호주인들이 자주 사용하는 어휘력의 의미, 각종 숙어 표현들, 그리고 구동사의 적절한 사용법 등을 잘 설명해 놓은 이상적인 영어회화 학습서라고 확신합니다.

이 책을 발판으로 꾸준히 정진하면 머지않아 여러분의 영어 학습 여정에서 장족의 발전이 있게 될 것입니다. 여러분의 영어 학습에 행운을 기원합니다.

시드니에서 제시카

'행복에너지'의 해피 대한민국 프로젝트!

〈모교 책 보내기 운동〉〈군부대 책 보내기 운동〉

한 권의 책은 한 사람의 인생을 바꾸는 힘을 가지고 있습니다. 한 사람의 인생이 바뀌면 한 나라의 국운이 바뀝니다. 그럼에도 불구하고 많은 학교의 도서관이 가난하며 나라를 지키는 군인들은 사회와 단절되어 자기계발을 하기 어렵습니다. 저희 행복에너지에서는 베스트셀러와 각종 기관에서 우수도서로 선정된 도서를 중심으로 〈모교 책 보내기 운동〉과 〈군부대 책 보내기 운동〉을 펼치고 있습니다. 책을 제공해 주시면 수요기관에서 감사장과 함께 기부금 영수증을 받을 수 있어 좋은 일에 따르는 적절한 세액 공제의 혜택도 뒤따르게 됩니다. 대한민국의 미래, 젊은이들에게 좋은 책을 보내주십시오. 독자 여러분의 자랑스러운 모교와 군부대에 보내진 한 권의 책은 더 크게 성장할 대한민국의 발판이 될 것입니다.

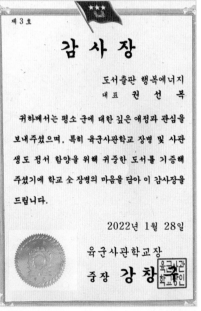